제주학회 제주학 총서 2

제주학의 선구자
석주명

윤용택
강영봉
양정필
정세호
안행순

석주명(1908. 10. 17. ~1950. 10. 6.)

제주학회 제주학 총서 2
제주학의 선구자 석주명

인쇄일 2021년 11월 20일
발행일 2021년 11월 30일

엮은곳 (사)제주학회
집필진 윤용택, 강영봉, 양정필, 정세호, 안행순

발행인 김영훈
편집 김지희
디자인 나무늘보, 부건영, 이지은
마케팅 강지인
발행처 한그루
　　　　출판등록 제6510000251002008000003호
　　　　제주특별자치도 제주시 복지로1길 21
　　　　전화 064 723 7580 　전송 064 753 7580
　　　　전자우편 onetreebook@daum.net 　누리방 onetreebook.com

ISBN 979-11-90482-85-1(93300)

『제주학의 선구자 석주명』은 오리온재단의 출판비 지원에 의해 발간되었습니다.

값 25,000원

**제주학의 선구자
석주명**

차례

일러두기

※ 원문 인용은 필요에 따라 독자들이 읽기 쉽도록 오늘날에 맞게 맞춤법과 띄어
쓰기를 했다. 한문을 우리말로 옮긴 곳도 있고, 원래 그대로 인용한 곳도 있는
데, 2부 강영봉의 『제주도방언집』과 『제주도수필』 해제에서는 원문을 인용할
때 원래 그대로 인용했다.

※ 문헌 제목이 단순히 한자로 된 것은 우리말 다음에 원래 제목을 괄호 없이 넣
었고, 외국어로 된 문헌들은 우리말로 옮긴 후 원래 제목을 괄호 속에 넣었다.
  예 조선무속문화권朝鮮巫俗文化圈
  제주도하계조류관찰기濟州島夏季鳥類觀察記
  제주도의 속담과 전설(濟州島の俚諺と傳說)
  제주도의 양서류 및 파충류에 대해(濟州島ノ兩棲類及爬蟲類ニ就テ)
  제주도에서의 40일(Forty Days in Quelpart Island)

※ 한국인명은 우리말 다음에 괄호 없이 한자를 넣었고, 외국인명은 성(姓)만을
우리말로 기재하고 괄호 속에 전체 이름을 넣었다.
  예 고정종高禎鍾, 김두봉金斗奉, 석주명石宙明
  오구라(小倉進平), 오카모토(岡本半次郎), 이치카와(市河三喜)
  디스탄트(Distant W. L.), 앤더슨(Anderson M. P.), 타툼(Tatum T.)

※ 참고문헌은 중복을 피하기 위해서 전체를 모아서 정리하였다.

책을 내면서

석주명(1908. 10. 17.~ 1950. 10. 6.)은 구한말 평양에서 태어나 일제강점기에 개성에서 그리고 해방 이후엔 서울에서 활동하다가 민족의 비극인 한국전쟁 중에 세상을 떠났다. 그는 42년이라는 짧은 삶을 살았지만, 하루를 자신의 인생의 마지막 날인 것처럼 최선을 다해 살았기에 보통 사람으로서는 이루기 힘든 학문적 업적을 쌓았다. 하지만 그가 학문적 절정기인 40대 초반에 세상을 떠난 것은 우리 민족으로서도 안타까운 일이다.

그는 나비박사로 널리 알려진 자타가 공인하는 세계적인 나비학자이다. 그러나 나비박사 석주명은 그의 다양한 모습 중에 일면일 따름이다. 그는 나비가 그저 아름다운 곤충이어서라기보다는 그를 통해 자연법칙을 발견하고 궁극적으로는 인간의 행복을 위해 나비 연구에 몰두했다. 그는 나비를 보다 깊게 알기 위해 생물학과 자연사뿐만 아니라 우리의 고전에 대해서도 섭렵했고, 그 과정에서 자연 분야뿐만 아니라 인문사회 분야에도 관심을 갖게 되었다.

그는 전국의 산야를 누비며 나비채집을 하면서 지역에 따라 나비 종류뿐만 아니라 언어와 문화도 달라진다는 것을 알았다. 지역이 달라지면 식생과 동물상이 달라지고, 인간의 삶도 달라지는 것은 너무도 당연하다. 하지만 당시에 아무도 그것들을 연결시킬 생각을 하지 못했다. 탐구심이 누구보다 강했던 그는 '방언과 곤충' 사이에 유사성이 있다는 것을 안 다음부터 곤충학에서 방언학으로 연구범위를 과감하게 확장해나갔다.

그는 1936년 여름 한 달간 제주도에서 나비채집을 하면서 제주도의 독특한 자연과 문화에 매료되었다. 그리고 그는 1943년 4월 서귀포에 경성제국대학 부속 생약연구소 제주도시험장이 개장되면서 책임자로 부임하여 1945년 5월까지 2년 남짓 근무하였다. 그는 그 기회를 이용하여 제주도의 자연, 언어, 역사, 민속, 인구, 문헌 등에 대해서 자료를 수집하고 분석하였다. 그는 제주도를 입체적으로 연구하는 과정에서 자연, 인문, 사회 분야를 두루 넘나드는 통합학자가 되었다.

그는 제주자연이 민족의 삶의 터전을 확장해주고, 제주도의 방언과 문화가 옛 우리 말과 문화의 모습을 잘 간직하고 있어서 민족문화를 풍성하게 해준다고 확신했다. 그러 기에 곤충학자이자 이방인이었던 그는 곧바로 제주도 연구에 뛰어들었고, 마침내 6권의 제주도총서, 즉 『제주도방언집』(1947), 『제주도의 생명조사서-제주도 인구론』(1949), 『제주도문헌집』(1949), 『제주도수필-제주도의 자연과 인문』(1968), 『제주도곤충상』(1970), 『제주도자료집』(1971)을 결집해내었다. 제주도의 가치를 알고 사랑했던 그는 스스로를 '반半제주인'이라 자부하였고, 후학들은 그를 '제주학의 선구자'로 이름하였다.

그는 일제강점기와 해방공간을 살면서 약소민족의 아픔을 절감했고, 민족이 소중하다는 것을 체득하였다. 그는 우리가, 우리를 위한, 우리의 생물학(조선적 생물학)을 해야 한다는 것을 주창하면서 자연과학 분야에서 국학운동에 참여했다. 그리고 그는 우리의 입장에서 세계과학사와 인류문화사를 이해해야 한다고 보고 『한국본위 세계박물학연표』(1992)를 펴내기도 하였다. 하지만 그의 민족주의는 수구적이고 배타적인 닫힌 민족주의가 아니라 지역을 존중하고 세계와 조화를 이루려는 열린 민족주의였다.

그는 지역문화가 살아야 민족문화가 융성하고, 인류문화가 풍성해지려면 다양한 민족문화가 생생하게 살아있어야 한다는 것을 일찍 깨달았다. 그러한 깨달음은 그가 학창시절에 접한 에스페란토 정신으로부터 얻어진 것이다. 그는 모든 인류가 잘 살아가려면 각 민족과 국가 간에 과학기술과 문화가 교류되어야 하는데, 자국민끼리는 모국어로, 외국인과는 배우기 쉬운 국제어인 에스페란토로 소통하자는 운동에 적극적으로 참여했다. 그는 지역주의, 민족주의, 세계주의가 서로 배척적인 것이 아니라 잘 녹여내어 조화를 이뤄야 한다는 것을 직접 실천한 열린 정신의 소유자였다.

그는 세상이 제주의 자연과 문화의 가치를 잘 알지 못할 때 그것들을 발굴하여 세상에 알렸다. 그가 남긴 자료들을 유고집으로 세상에 내놓은 그의 누이동생 석주선

(1911~1996) 교수는 오빠가 제주도를 아끼고 사랑했던 데 비해 정작 제주도에서는 오빠를 몰라주는 것에 대해 아쉬워하고 섭섭해했다. 제주도에서 석주명을 조명하기 시작한 것은 그가 타계한 지 50년, 석주선 교수가 세상을 떠난 지 4년이 지난 2000년에 제주전통문화연구소가 주최한 학술세미나(제주학 연구의 선구자 고 석주명 선생 재조명)부터였다. 그 이후 제주도는 석주명의 업적과 뜻을 기리는 중심 역할을 하고 있다.

1부에서는 제주학의 선구자 석주명의 생애를 그동안 잘 알려지지 않은 제주도에서의 행적을 중심으로 정리하였다. 2부 석주명의 제주도총서 해제에서는 6권의 제주도총서 내용을 상세히 소개하고 평가와 과제를 제시하였다. 이 부분은 제주특별자치도 제주학연구센터의 과제로 수행했던 『제주학의 선구자 석주명에 대한 기초연구』(2018)에서 강영봉, 양정필, 윤용택, 정세호의 글들을 다듬은 것이다. 3부에서는 그동안 발표되었던 석주명의 제주학 관련 연구들을 손질하여 넣었다. 그리고 부록에는 일본어로 된 석주명의 「제주도나비채집기(濟州島産蝶類採集記)」(1937)를 안행순의 우리말 번역으로 실었고, 석주명의 제주도에서의 행적, 그의 제주도 관련 논저들, 그리고 학술세미나의 성과물들을 연도별로 정리하였다.

석주명은 여러 분야에 두루 능통한 학자여서 한국의 르네상스인으로 불리기도 한다. 하지만 그가 곤충전문가이면서 육지 출신이다 보니 제주도의 인문사회 분야의 성과물들 가운데는 오류도 더러 있다. 이 책이 석주명의 제주학을 제대로 평가하고, 그의 업적을 계승하고 오류를 바로잡는 계기가 되기를 기대한다. 그리 대중적이지 못한 학술서인데도 선뜻 출판에 응해준 한그루출판사 김영훈 대표께 고마움을 전한다.

이 책을 제주학의 선구자 고 석주명 선생과 그를 세상에 드러낸 그의 누이동생 고 석주선 교수께 바친다. 이 책을 발간할 수 있도록 기회와 용기를 준 제주학회 이영돈 회장과 발간 경비를 지원해준 오리온재단 이경재 이사장님께 깊은 감사를 드린다.

2021년 10월 집필진을 대표하여
윤용택 씀

1부

석주명과
제주도

제주학의 선구자
석주명

윤용택

제1장 석주명의 생애

석주명石宙明은 구한말인 1908년 10월 17일(음력 9월 23일) 평양의 이문리에서 광주廣州석石씨 평양파 30대손 승서承瑞(?~?)와 전주全州 김金씨 의식毅植(1881~1938)의 2남으로 태어났고, 동기同氣로는 형 주흥宙興(1905~?), 누이동생 주선宙善(1911~1996), 막냇동생 주일宙日(1914~1981)이 있다. 당시에 그의 부친은 평양에서 가장 큰 요릿집인 우춘관又春館을 경영하고 있어서 꽤 부유한 환경에서 성장한 셈이다.

그는 열세 살 되던 1921년 보통학교를 졸업하고 숭실학교에 들어갔다. 평양숭실학교는 그 지역의 3·1만세운동에 주도적 역할을 한 기독교 계열 학교여서 1920년부터 민족의식을 지닌 학부모와 학생들에게 인기가 있었다. 당시 숭실학교는 갑자기 늘어난 학생들을 다 수용할 수가 없어서 2부제 수업을 하는 등 학습 환경이 매우 열악한 데다, 총독부의 인가를 받은 고등보통학교가 아니었다. 조선총독부는 1922년 제2차 조선교육령을 발표하면서 기독교 계열 학교가 학력을 인정받으려면 성경과목과 예배의식을 폐지하도록 했다. 하지만 숭실학교는 이에 응하지 않았다. 학생들은 학력을 인정받는 고등보통학교로 승인받을 것을 요구하면서 장기간 동맹휴학에 들어가게 되었고, 석주명도 이 과정에서 숭실학교를 떠나 1922년 9월 개성의 송도고등보통학교(이하송도고보)로 전학을 하게 되었다.

당시 송도고보는 학력을 인정받는 5년제로 한옥 기숙사와 최신식 보일러시설을 갖춘 석조 본관에 전천후 체조장이 있었고, 각종 표본과 실험기구를 갖춘 박물표본실과 이화학실이 있었다. 당시 송도고보 생물교사 원홍구(1888~1970)는 일본 가고시마고등 농림학교鹿兒島高等農林學校 출신으로 그에게는 더할 나위 없는 좋은 스승이었다. 송도고보의 좋은 시설과 훌륭한 스승 밑에서 공부에 재미를 붙인 일본 유학을 결심했다.

〈그림 1〉 가족(1934)
맨 뒷줄 왼쪽 두 번째부터 석주흥, 석주명, 석주일, 셋째 줄 맨 왼쪽 석주선, 둘째 줄 두 번째 어머니 김의식(단국대 석주선기념관 소장)

석주명은 스승의 영향을 받아 1926년 일본 규슈에 있는 가고시마고등농림학교(이하 가고시마고농) 농학과에 입학하였다. 농학과 1학년생들은 수신修身, 작물학, 지질 및 토양학, 측량학, 양잠학, 법률 및 경제학, 물리학 및 기상학, 화학, 동물학 및 곤충학, 식물학 및 식물병리학, 외국어, 체조, 실습 등을 수강하였다. 그리고 2학년에 진급할 때 제1부(농학일반), 제2부(농예생물학전수) 중 하나를 전공으로 선택해야 했다. 당시 농예생물학은 농작물에 피해를 주는 해충을 많이 연구했는데, 가고시마고농 생물학 교수들은 주로 나방에 대한 관심이 많았다. 석주명은 2학년에 진급하면서 농예생물학을 전공으로 선택하였다.

당시 가고시마고농은 실습에 중점을 둬서 농학과의 경우, 1학년은 가고시마현 사다佐多실습장에서 3일간, 2학년은 규슈의 동서연안지대를 6일간, 3학년은 조선, 타이완, 일본 국내를 3주간 견학하여 조사보고서를 쓰도록 하였다. 당시 '농촌조사'는 특정 농촌지역을 직접 답사하여 그 곳의 지세, 지질, 기후, 교통, 인구, 토지, 농업경영상태, 주요작물, 가축, 연중행사, 명소, 풍습, 방언 등에 관한 자료를 수집하여 종합적 사회조사 보고서를 제출하는 것이었다. 석주명이 농학과에서 농예생물학을 전공했지만, 제주도의 방언과 민속학을 비롯한 인문사회 분야에서 폭넓은 성과를 남길 수 있었던 것은 당시 가고시마고농의 필수 교육과정이었던 '농촌조사' 덕분이었다(전경수, 2019).

석주명은 가고시마고농에 입학한 후 시게마츠(重松逸一郎, 1868~1940) 교수에게 에스페란토를 배웠다. 에스페란토는 폴란드의 자멘호프(Zamenhof, L. L., 1859~1917) 박사가 1887년 인도유럽어, 라틴어, 로망스어, 슬라브어 등을 참고하여 창안한 언어로 세계 주요언어에서 공통어휘를 뽑고 문법도 한 페이지에 쓸 수 있을 정도로 대단히 간략해서 쉽게 배울 수 있다. 에스페란토운동은 어려운 강대국 언어를 세계 공용어로 쓰지 말고 모든 나라와 민족은 자국민과 소통할 때는 모국어로, 외국인과 소통할 때는 에스페란토로 소통하자는 것이다. 석주명은 식민지 학생으로서 에스페란토의 취지와 에스페란토운동의 평화정신에 가슴 깊이 공감하였다. 그는 가고시마고농 에스페란토연구회에 적극적으로 참여하여, 교내 잡지에 에스페란토 학습과 교육의 필요성에 대해

발표하였다. 석주명은 가고시마고농을 졸업하자마자 조선으로 돌아와 1929년 4월 함흥 영생고등보통학교 박물교사에 부임하여 2년 동안 재직하였다. 당시에 그가 평양매일신문(1930. 10. 26.~28.)에 '국제어 에스페란토'를 기고한 것으로 보아 이때까지만 해도 나비보다는 에스페란토에 관심이 더 많았던 것으로 보인다.

송도고보에 박물교사로 재직 중이던 스승 원홍구가 평남 안주공립농업학교에 전근하게 되자 석주명은 1931년 4월 모교로 전근하게 되었다. 그가 개성의 송도고보의 박물교사로 부임하게 된 것은 그의 일생을 바꿔놓는 계기가 되었다. 일단 송도고보에는 당시 고등보통학교로서는 보기 드물게 앞서 언급한 바와 같이 수많은 동식물 표본들이 있는 박물교실과 2인 1대의 현미경이 갖추어진 이화학교실 등 교육과 연구를 위한 시설이 잘 갖춰져 있었다. 게다가 송도고보가 전국적으로 유명세를 타서 팔도의 학생들이 모여들어 전국의 나비를 수집하는 데 큰 도움을 받을 수 있었다.

그는 채집한 나비의 종들을 확인하는 과정에서 마츠무라(松村松年)의 『일본곤충대도감』(1931)을 비롯한 일본의 곤충 연구서들을 사용하였다. 당시 일본학자들은 동일종인데도 크기와 모양이 다르면 다른 종으로 명명하는 경향이 있었다. 그는 이를 바로잡기 위해 수많은 나비들을 수집하였다. 그가 시도한 방법은 동일종도 환경에 따라 개체의 크기와 모양이 다를 수 있다는 것을 보여주는 개체변이 연구였다. 이를 위해서는 나비의 종류마다 수십, 수백, 수천, 때로는 수만 개체가 필요했다. 그는 연구에 필요한 나비를 수집하기 위해서 여름방학 과제로 학생들에게 나비채집을 부과하였다. 그리고 우종인, 장재순, 왕호 등 제자들과 백두산, 금강산, 관모봉, 지리산, 한라산 등 전국 명산의 나비를 채집하였고, 때로는 혼자서 험한 벽지의 나비를 채집하였다. 개성 주변에서 시작된 나비채집은 우리나라 최북단 온성에서 최남단 마라도까지, 동쪽의 울릉도에서 서쪽의 가거도까지 전국의 산과 들과 섬으로 확장되었다. 그의 나비채집 여행지도를 보면 우리나라에 그의 발길이 닿지 않은 곳이 거의 없고, 일본, 중국, 내몽골의 일부까지 그 영역이 광범위했다.

그는 나비를 채집하느라 전국의 산야를 누비면서 "산과 강이 지역을 나누고, 지역이 달라지면 식생과 곤충 분포가 달라지고, 문화와 방언도 달라지며, 동식물이 친연 관계가 있듯이, 방언도 다른 지역과 서로 영향을 주고받는다."라는 것을 알았다. 특히 그는 1936년 여름 한 달 동안 제주도에서 나비채집을 하면서 육지와는 너무도 다른 제주의 자연과 문화에 매료되었다. 2,000미터급의 한라산이 중앙에 있고 아열대와 온대의 점이지대에 위치한 화산섬 제주는 육지와 경관과 식생이 색다를 뿐만 아니라 문화와 언어도 독특했다.

석주명은 1942년 송도고보 교사를 퇴직하고 개성에 있는 경성제국대학 부속 생약연구소 촉탁으로 들어갔다. 그리고 1943년 4월 서귀포에 제주도시험장이 개설되자 책임자로 자원하여, 1945년 5월까지 2년 남짓 근무하였다. 그는 경성제국대학 부속 생약연구소 제주도시험장에 근무하면서 해양문화와 목축문화가 어우러진 제주문화가 우리 문화를 풍성하게 해주고, 제주어에 우리 고어古語가 많이 남아있어서 우리말의 옛 모습을 밝히는 데 중요하다는 것을 알게 되었다. 육지와는 다른 제주의 자연과 문화의 가치를 깨닫게 된 그는 자신의 전공 분야와는 전혀 다른 제주도의 방언, 인구, 역사, 민속, 문헌 등의 자료를 닥치는 대로 수집하였다. 그는 제주도시험장 근무를 마치고 개성에 있는 경성제국대학 부속 생약연구소로 복귀한 직후인 1945년 5월 수원농사시험장으로 자리를 옮겨 병리곤충부장을 맡아 1년 남짓 근무하다가 1946년 9월 마지막 직장인 국립과학박물관의 동물학연구부장에 부임하였다.

해방이 되면서 우리말을 되찾게 되자 그는 우리 나비 이름 248개를 짓고 조선생물학회에 통과시킨 후 나비 이름을 짓게 된 유래를 밝힌『조선 나비이름의 유래기』(1947)를 펴냈다. 그는 제주도의 방언, 민속, 인구, 문헌, 곤충 등의 자료를 분석하여 6권의 제주도총서로 간행할 계획을 세웠다.『제주도방언집』(1947),『제주도의 생명조사서』(1949),『제주도문헌집』(1949)은 그의 생전에 발간되었다.

하지만 1950년 6월 25일 한국전쟁이 발발하면서 석주명은 공적인 일은 거의 할 수 없었다. 언제 죽을지 모르는 상황이 되면서 그는 자신의 연구 성과들을 하루빨리 최종 정리하려 하였다. 그는 피난도 가지 않은 채 동생 석주일이 사는 동대문 근처 지하 골

방에서 불빛이 새어 나가지 못하게 담요로 창문을 가린 채 아직 발간되지 못한 한국나비와 제주도 관련 저서들의 원고를 마무리 짓느라 혼신의 노력을 하였다. 그는 한국전쟁 중에도 제주도총서와 우리나라 나비분포를 규명하고 나비연구사를 정리하기 위해 혼신을 다하여 인쇄 직전까지 이르렀지만, 졸지에 세상을 떠나면서 그 결실을 보지 못했다. 당시에 발간되지 못한 『제주도수필』(1968), 『제주도곤충상』(1970), 『제주도자료집』(1971)을 훗날 누이동생 석주선이 유고집으로 출간하면서 석주명의 제주도총서는 완간되었다.

그의 마지막 모습에 대해서는 정확히 알 길이 없다. 석주명의 에스페란토 제자 이계순(1927~)에 따르면, 그는 1950년 10월 6일 오후 동대문에서 남산에 있던 국립과학관 쪽으로 가다가 충무로 4가 근처 개울가에서 술 취한 청년들에게 총격을 당해 숨을 거뒀다. 세계적인 나비학자이자 온 국민의 존경과 사랑을 받던 과학자의 마지막 모습치고는 너무나 황당하게 생을 마감한 것이다. 그의 나이 42세였다. 그의 시신은 수습되어 홍제동 화장터에서 화장된 후 탑골승방에 30여 년 동안 안치되어 고향으로 돌아갈 날을 기다리다가 1981년 경기도 광주군 오포면 능평리에 있는 삼성공원묘지에 안장되었다.

석주명을 기리는 추도식이 열린 것은 그가 세상을 떠난 지 5년이 지나서였다. 1955년 10월 6일 서울대학교 대강당에서 대한생물학회와 한국산악회 공동주관으로 고 석주명 선생 5주기 추도회가 열렸다. 우리나라의 생물학계, 산악계, 에스페란토계의 지인과 친지들이 모여 그의 위대한 삶을 추모하였다. 대한민국 정부는 1964년 그의 학문적 업적을 높이 평가하여 건국공로 훈장을 추서하였고, 한국과학기술원 한림원은 2008년 그를 '명예로운 과학자'로 선정하고 2009년 '과학기술인 명예의 전당'에 헌정하였으며, 과학기술정보통신부는 2017년 우장춘, 이휘소 등과 함께 그를 '과학기술유공자'로 선정하였다.

그는 75만 마리 나비를 수집하고, 37만 마리를 관찰하여 250여 종으로 분류하고, 우리말 나비이름을 짓고, 나비분포도를 그리고, 우리나라 나비연구사를 정리하여 우리 나비의 모든 것을 보여주었기 때문에 나비박사라 불리는 세계적인 나비전문가이다. 그는 나비를 제대로 알기 위해선 곤충을 알아야 하고, 생물을 알아야 하며, 더 나아가 물리, 화학, 지질 등 자연과학 일반과 자연사를 알아야 하고, 문학, 역사, 철학 등의 인문학뿐만 아니라 예술에도 조예가 있어야 한다는 것을 깨닫고 우리 고전과 미술에까지 관심을 가졌으며, 곤충연구에서 터득한 방법론을 방언연구와 인구조사의 분야까지 응용한 융복합학자이자 우리 생물학(조선적 생물학 朝鮮的 生物學)을 주창하면서 자연과학 분야에서 국학운동을 펼친 주체적 과학자였다.

그리고 그는 인문, 사회, 자연, 예술 등 다양한 분야에 많은 업적을 남겼고, 고전과 현대, 인문과 자연을 넘나들며 큰 업적을 남긴 한국의 르네상스인이다. 또한 일생 동안 줄기차게 국제어 에스페란토 확산운동을 펼쳤고, 지역어 제주방언을 연구하였으며, 우리 민족이 새 나라 건설을 모색하던 시기에 국제어 에스페란토 교재와 지역어 제주도방언집을 펴내는 등 언어적으로 지역, 민족, 세계 사이에 민주적 소통이 중요하다는 열린 생각을 가지고 세계주의(globalism)와 지역주의(localism)를 자유롭게 넘나든 '세역주의자(世域主義者, glocalist)'였다.

그는 제주방언과 제주문화가 사라지는 것은 곧 옛 우리말과 우리 문화가 사라지는 것임을 잘 알았기에, 자신의 전문분야인 나비에 국한하지 않고 제주도의 자연과 인문사회 분야에 이르기까지 관심을 넓혀 제주도의 인문, 사회, 자연에 대한 자료들을 수집하고 정리함으로써 제주학의 선구자가 되었다. 그리고 그는 해방 이후부터 한국전쟁 직전까지 4년 동안 서울에서 발행하는 십여 종의 신문에 등장하는 제주도 관련 기사들을 스크랩하고, 제주도의 가치를 알고 사랑한 반(半)제주인이었다.

제2장 제주도와 맺은 인연

석주명은 제주도에 세 차례 방문하거나 체류했다. 첫 번째는 1936년 여름 제주도의 나비를 채집하기 위해 1개월 남짓 체류한 것이고(석주명, 1937b: 1937c), 두 번째는 1943년 4월부터 경성제대 부속 생약연구소 제주도시험장에 부임하여 1945년 5월까지 2년 1개월간 근무한 것이며, 마지막으로 1948년 2월 조선산악회 한라산동기등반대漢拏山冬期登攀隊의 조난사고를 수습하기 위해 제주도를 찾아 일주한 바 있다.

제1절 제주도 나비채집 여행

석주명은 송도고보 교사 시절 미국 자연사박물관의 왓슨(Watson, F. E.)의 지원을 받아서 1936년 7월 21일부터 8월 22일까지 한 달 남짓 제주도에서 나비를 채집하였다. 당시에 나비채집에 동행한 이들은 제자인 우종인과 동생 석주일이었다. 그들은 1933년 백두산에서 나비채집할 때도 함께했었다. 그들은 제주도를 일주하고, 제주읍, 삼성혈, 사라봉, 별도봉, 열안지오름, 삼의양오름, 관음사, 칡오름, 한라산, 백록담, 영실, 서귀포, 미악산, 섶섬, 성산포, 덕수리, 모슬포, 가파도, 산방산, 한림 등을 답사하면서 총 58종의 나비를 채집하였다.

당시 채집여행 기록은 '제주도 나비채집기'(濟州島産蝶類採集記)와 '제주도의 회상'(濟州島の思の出)에 실려 있다. 석주명(1937c)은 '제주도의 회상'에서 당시 제주도의 모습을 다음과 같이 서술하고 있다.

> 도시와 농촌을 막론하고 제주도의 민가에는 강풍을 피하는 장치가 되어있어서 육지의 해남지방의 느낌이 들고, 일본 오사카풍(大阪風)이 많이 들어와 있어서 전체적으로 육지에 비해 오히려 진보된 것처럼 보인다. 소도시의 상점을 들여다보더라도 꽤 물건이 많고 이발소 같은 시설도 개성 등지의 것에 비할 바가 아니다. 더욱이 서홍리와 토평리는 훌륭한 마을들로 제일 깨끗하고 나무가 많이 심어져 있고, 상수도 설비가 있는 등 대도시에 비해서도 부끄러울 바가 없다. 다른 마을들도 대부분 이와 유사하다.

그리고 조를 파종한 후 흙을 덮고 땅을 고르는 풍경은 다른 지역에선 보기 힘든 것으로 석주명의 관심을 끌기에 충분했다.

제주도 특유의 것으로 좁씨를 뿌리고 그 위를 10여 마리, 많을 때는 수십 마리 소와 말로 밟게 하는데 남녀 여럿이 우마牛馬를 따르면서 부르는 민요는 우리에게는 그 의미를 알 수 없어서 이국정취까지 느껴지지만 어딘가 로맨틱한 데가 있어서 곤충채집 중인 우리들은 포충망을 옆에 놓고 앉아서 황홀히 그 노래를 듣고 있는 때가 있었다.

그는 국토의 최남단 마리도를 가려고 몇 차례 시도했지만, 기상이 안 좋아서 가파도에 다녀오는 것으로 만족해야 했다. 그는 당시 상황에 대해서 다음과 같이 언급하고 있다.

〈그림 2〉 제주도에서 나비채집할 당시로 추정되는 석주명 사진

가파도는 마라도에 비하여 면적이 크고 인구가 많지만, 보통 지도에 마라도는 실려 있고 가파도는 빠져 있다. 이것은 아마 마라도가 지리학상으로 더욱 중요성을 많이 갖기 때문일 것이다. 가파도에는 170여 가구, 700여 명이 살고 있으며 비교적 훌륭한 학원이 있다. 신유의숙 辛酉義塾인데 직원은 2명, 보통학교 정도의 개량서당으로 가파도민이 운영하고 있어서 섬 주민 전체가 이용하고, 또 소중히 여기는 모양이다. 주민 중 성인 남자는 전부 어업에, 여자는 전부 해녀에 종사하는데 40세 이하는 남녀를 막론하고 글 모르는 사람이 단 한 명도 없다. 제주 본섬에서는 여자는 일하고 남자는 노는 악습이 있지만 이 섬에서는 남녀가 평등하게 일하는 아름다운 풍습이 있다. 그러니만큼 남녀는 모두 기개가 있고 용감하며 아이들까지도 모두 활달하다. 아이들은 공부하면서 때로는 부업인 농업을 돕고 놀 땐 수영을 하는데 거의 물고기처럼 자유롭게 헤엄을 친다. 여자아이는 해녀가 되는 훈련을 하고, 남자아이는 창을 가지고 바다에 들어가 헤엄치는 물고기를 찌른다. 이 여행으로부터 돌아와 손기정 선수가 베를린 올림픽대회에서 마라톤에서 일등한 것을 듣고는 더욱 감격하였다. 이 아이들을 볼 때 나에게는 직각적으로 전부가 먼 훗날 올림픽 수영 선수가 될 것으로 보인다. 또 섬사람들이 배를 조종하는 기술은 실로 신기에 가깝다. 나는 모슬포로부터 왕복 모두 가파도민이 조종하는 작은 범선을 탔는데, 배를 전복시키지 않는 그들의 조종술에 감탄하였을 뿐이다. 가파도의 명물이라고 하면 해녀들이 따오는 큰 전복과 가파도 참외이다. 나는 다행히 신유의숙 교원인 문시욱 씨의 호의로 두 가지를 모두 맛볼 수 있었다. 또 '자리회'도 가파도의 명물이란다. 그러나 뼈째로 먹는 데는 육지인인 나에게는 친해질 것 같지가 않았다.

그는 한라산에서 나비채집을 하다가 성널오름과 흙붉은오름 사이에 펼쳐진 속밭(石坡) 주변의 경관을 보면서 '한라정원'이라 감탄하고 있다.

제주도는 한라산으로 된 섬이다. 한라산은 해발 2,000미터 가까운 크고 높은 산으로 깊은 계곡, 호수, 삼림, 초원, 암석 등의 아름다운 경관을 포함하여 주위의 푸른 바다와 어울려 흠잡을 수 없을 정도로 조건이 구비된 큰 공원이다. 그러나 그 속에는 유감스럽게도 세상 사람들에게 간과된 것이 하나 있다. 그것이 내가 '한라정원'이라고 가칭하여 여기에 소개하는 것이다. 즉 흙붉은오름 동쪽 속밭(石坡)이라는 완만한 경사지에 있는 천연정원으로 실로 훌륭하여 보는 이로 하여금 누구나 인위적으로 조성했다고 단정할 정도로 미관을 자랑한다. 그 규모가 커서 배후의 한라상봉과 어울려 제주도의 자랑이라고 감히 주장하는 바이다.

그는 한라산에서 나비채집을 하는 도중에 여러 차례 하천을 건너야 했는데, 제주도의 산중하천에 대해서 다음과 같이 서술하고 있다.

보통 때는 단순히 돌 바위로 된 계곡도 큰 비가 오면 훌륭한 하천으로 되는 것은 다른 산에도 볼 수 있다. 제주도에서도 산에서 비를 만나 그치기를 기다리려고 계곡 바위 아래에서 은신하다가 불행하게도 떠내려가 비참하게 죽는 경우가 때때로 있다고 한다. 또 현재 큰 강 모양으로 흐르다가도 몇 시간 동안 수량이 퍽 줄어드는 수도 때때로 있다. 나도 실제로 이번에 이런 경험을 하였는데 수량이 너무 많고 물 흐름이 너무 빨라 부득이 물가에서 몇 시간 기다려서 수량이 줄어든 때 일행이 모두 팔들을 끼고 옆으로 걸어서 내를 건널 때가 있었다.

이처럼 석주명은 제주도 특유의 자연과 문화에 깊은 인상을 받았다. 그리고 이러한 체험들은 훗날 그가 제주도 연구에 몰입하게 되는 계기가 되었다.

제2절 경성제국대학 생약연구소 제주도시험장 근무

경성제국대학은 1938년 10월 고려인삼 원산지로 유명한 황해도 개성에 약초원을 개설하고, 이듬해인 1939년 12월 부속생약연구소를 설치하였다. 생약연구소는 경성제대 의학부 소속으로 인삼을 비롯한 한방약초를 시험 재배하고 연구하였다. 세계적인 나비학자 반열에 오른 석주명은 1942년 3월 말 송도중학을 사직하고 7월부터 개성에 있는 경성제국대학 의학부 부설 생약연구소에 촉탁으로 들어갔다.

한편, 우리나라에서 가장 따뜻한 제주도는 다른 곳에 없는 과일들과 150여 종의 약초가 자생하는 곳이어서 각종 약용식물과 아열대식물을 시험재배하기 위한 최적지였다. 따라서 경성제국대학 의학부에서는 1941년 11월부터 제주도에 생약연구소 제주도시험장(약초원)을 개설할 계획을 세우고 22,000평 규모의 개설 준비에 들어갔고, 마침내 1943년 4월 서귀포 토평에 제주도시험장이 개장되었다.

석주명은 1936년 여름 제주도에서 나비채집을 하면서 제주의 독특한 자연과 문화에 강렬한 인상을 받은 바도 있고, 자연과학자의 한 사람으로서 제주도에서 사계절을 지낼 수 있는 좋은 기회라고 생각해서 제주도시험장 근무를 자원하였다. 그는 1943년 4월 24일 제주도시험장이 개장되면서 책임자로 부임하여 1945년 5월 개성으로 복귀할 때까지 2년 남짓 근무하였다. 당시 제주도시험장에서 그를 도운 이들은 서귀포 호근리 출신 김남운(1920~1998)과 토평리 정성숙(1920~?) 등이었다.

〈그림 3〉 개장 당시 경성제대 부속 생약연구소 제주도시험장 전경

〈그림 4〉 경성제대 부속 생약연구소 제주도시험장 배치도

개장 당시 제주도시험장 책임자로 파견된 석주명은 초기에는 디기탈리스와 계피 등을 재배하는 데 주력하였다. 그는 디기탈리스는 높이 자라기 때문에 바람 많은 지대에는 불리하지만, 재배는 확실히 가능하고 다른 약초에 비해 유리하다고 보았다. 제주도시험장의 주된 목적은 약용식물과 아열대식물을 시험재배하는 것이었기 때문에 시험 조건들 간에 정확한 인과관계를 따지기 위해 정량적 방법을 사용했다. 목향木香을 재배하는 경우 밭두둑 넓이를 2자(60.6cm), 보도를 1자(30.3cm)로 일정하게 했고, 심는 그루 수나 퇴비량도 정확히 했다. 그리고 피마자의 경우 한 곳에 씨앗을 4알씩 심고, 흙은 1촌(3.03cm)으로 덮으며, 그루 사이는 3자(90.9cm)로 하는 등 시험조건을 일정하게 했다. 그러한 제주도시험장의 과학농법은 전통적 영농법에 익숙한 지역주민들에게는 문화충격을 주었다.

석주명은 1944년 봄에 제주도시험장을 둘러싼 1,320미터 돌담 안쪽에 1미터 간격으로 동백나무 1,230그루를 삽목하고, 아열대식물인 탱자나무, 감귤나무, 비파나무, 무화과나무, 차나무, 올리브나무 등도 심었다. 지금도 제주도시험장 울타리 주위에는 당시에 그가 삽목했던 동백나무 몇 그루가 남아있다.

석주명은 제주도시험장에 부임한 이후에도 틈틈이 나비를 채집하여 1936년 나비 채집 당시에 부족했던 점들을 보완하면서 제주도의 나비와 곤충에 대해서 자료를 정리하였다. 그리고 그는 육지와 판이한 모습에 흥미를 느끼고 '제주도濟州島'를 자신의 연구테마로 삼아, 방언, 전설, 역사, 문화 등과 관련된 자료를 수집하느라 열정을 쏟았다. 1943년 4월 제주도에 도착한 그는 이삿짐 정리를 마치자 제주방언을 수집하기 시작하였다. 그리고 그는 5월 말 우리나라 최남단 마라도를 방문하였다. 1936년 여름 제주도 나비채집 여행 도중에 마라도행을 두 차례나 시도하였지만 실패한 적이 있어서 이번 마라도 여정에 대한 감회는 남달랐다. 당시 마라도에는 13호에 48명이 살고 있었다. 그는 마라도에서 2박하면서 김성종 어르신(1943년 73세)으로부터 마라도본향당 유래와 마라도 개척 이야기를 채록하였다. 그리고 그는 이후에도 '눈까진 장서방(눈먼 장꿩)', '독버르니', '토산당유래기' 등의 전설과 속담들을 수집하였고, 새로운 것에 대한

〈그림 5〉 석주명이 삽목한 것으로 추정되는 영천동주민센터 앞 동백나무

호기심이 많던 그는 제주도의 자연, 언어, 민속, 역사, 인구 등을 연구하는 데 더욱 심취하게 되었다.

석주명은 제주도의 인구를 조사해 분석하고, 인구 구성의 특성을 밝히기 위해 1944년 2월 7일부터 1945년 4월 5일까지 1년 2개월 동안 제주도의 16개 마을, 4,689호, 4,851명의 자녀를 낳은 남자(父)들로부터 인구조사를 시행하였다. 그에 대한 분석을 끝내고 『제주도의 생명조사서』가 발간된 것은 그로부터 4년 후인 1949년 3월 30일이다. 그 사이에 제주도는 4·3사건을 겪게 되고, 이 책이 나올 쯤에는 조사 대상지였던 마을들을 포함하여 중산간마을 대부분이 불타서 없어지고 수많은 인명이 희생되었다. 그렇기 때문에 그는 이 책은 출판과 동시에 고전이 되었다고 자평하고 있다.

그가 '인구조사'라 하지 않고 '생명조사'라고 한 데는 그 나름의 이유가 있다. 제주도는 자녀의 사망률이 높아서 출산신고가 지연되거나 제대로 되지 않기 때문에 가족 수나 연령 등이 호적과 일치하는 경우가 적어서 제주도민의 호적은 신뢰할 수 없었으므로 종래의 인구조사에는 한계가 있었다. 따라서 그는 제주도 인구 특징을 확인하기 위하여 제주의 문화적 측면을 고려하면서 제주도 전체의 모습을 반영할 수 있도록 산남과 산북, 동부와 서부, 해안과 내륙 어느 한 쪽에 치우치지 않도록 9개 면 16개 마을(토평, 법환, 신하효, 함덕, 교래, 상도, 송당, 성읍, 오라, 명월, 대정, 화순, 의귀, 토산, 저지, 용수)을 선정하였다. 이는 제주 본섬의 12면 160개 리의 10퍼센트에 해당한다.

그는 당시 인구조사를 통해 제주도에서는 남자들이 결혼하여 자식을 두게 되면 대부분 세대를 분리하고, 제주도에 거주하는 주민들 가운데 여자가 많은 원인은 남자들의 높은 사망률과 돈을 벌기 위해 타지로 출가하는 비율이 남자가 더 높기 때문이라는 것을 실증적으로 입증하였다.

곤충에서 시작된 제주도 연구는 언어, 역사, 문화, 사회문제 등으로 광범위하게 확장되어 갔다. 그의 제주도 연구 성과의 대부분은 6권의 제주도총서 속에 결집되어 있다. 해방이 되자 그는 제주도시험장에 2년 남짓 근무하는 동안 수집한 자료들을 분석하여 제주도총서로 발간할 계획을 세웠다. 제주도총서 가운데 『제주도방언집』, 『제주도의 생명조사서』, 『제주도문헌집』은 그의 생전에 출간되었고, 『제주도수필』, 『제주도곤충상』, 『제주도자료집』은 한국전쟁이 시작된 1950년 6월 이미 교정이 완료되고, 활자가 뽑히고, 집필이 끝난 상황이었다. 하지만 안타깝게도 그가 한국전쟁으로 졸지에 세상을 떠남으로써 완간되지 못하다가 여동생 석주선의 노력으로 1971년에야 완간되었다.

그의 학문 전체를 놓고 볼 때, 제주도 연구 이전과 이후는 확연히 다르다. 그가 1943년 4월 제주도에 오기 전까지 그의 관심은 주로 나비와 에스페란토였지만 제주도에 머물게 되면서 인문사회 분야까지 확장된다. 제주도에 오기 전까지는 곤충학자였던 그는 제주학 연구를 거치면서 자연, 인문, 사회 전반을 아우르며 연구하는 명실상부한 통합학자기 되었다.

제주도시험장에서 석주명을 돕던 서귀포 토박이인 김남운(1920~1998)은 제주방언을 수집하는 데도 도움을 주었다. 그는 당시를 다음과 같이 회고한 바 있다.

석주명 선생의 명령으로 일본출장을 갔다가 일본 다카라스카(寶塚)곤충관에 들른 적이 있다. 그곳에 석주명 선생의 곤충표본이 있어서 깜짝 놀라 일본인에게 이유를 물었더니 '석주명은 세계적인 곤충학자여서 그의 표본을 비치하였다.'고 해서 고개를 숙인 적이 있다. 나는 밀감묘목, 유채, 겨자 등을 시험재배하여 제주도에 처음으로 보급하였는데, 이 모든 것이 '연구소의 본분은 나라를 위해 뭔가 개발해야 하는 것이다.'는 석주명 선생 말씀 덕분이다. 나는 석주명 선생의 제주방언 수집을 돕는 과정에서 비어(卑語)로 말했던 두 가지가 마음에 걸린다. 그가 '처녀'와 '기혼부인'을 제주어로 뭐냐고 묻자, 언뜻 생각이 안 나서 처녀를 비천하게 말할 때 '비바리'라 하고, 과부가 과부답지 못하여 나쁘게 칭할 때 '넹바리'라 하는 것을 생각하여, 처녀를 '비바리', 기혼부인을 '넹바리'라고 대답했던 것이다.

(KBS TV인물열전 〈나비박사 석주명〉 1980년 인터뷰에서)

제주도시험장 근처에 살던 오봉국(1933~)은 당시 상황을 다음과 같이 기억하고 있다.

약초원 부지는 제주도지사를 지낸 강성익 씨가 그 지역 땅을 사서 경성제국대학에 기증한 것이다. 낙성식 때는 하얀 수염을 한 노인이 와서 축사를 했다. 약용식물과 나무들 앞에는 식물이름이 적힌 팻말들이 꽂혀 있었다. 그 집에 가보면 나비를 채집하여 핀으로 꽂은 표본들이 가득 차 있었고, 죽은 소나 말의 뼈를 수집하여 진열해 놓은 것도 있어서 약간 무섭기도 했다. 석주명은 동네 제삿집에 즐겨 찾아가곤 했는데, 오홍삼 씨네 제삿날에 그를 몇 번 보았던 기억이 또렷하다. 아마도 제주방언이나 풍습에 대한 자료를 수집하기 위해 제사에 참석했을 것으로 보인다. 석주명은 창씨개명을 하지 않아서 세키(石)상이라 불렸는데 그 점에서 애국자라 할 수 있다. 연구소 건물 안쪽에 목욕탕이 있었는데, 명절 때는 동네사람들이 땔감을 가져가 물을 데워 목욕을 하곤 했다. 당시는 약초원 건물과 서귀포읍사무소 건물이 신식 건물이어서 마을사람들은 4·3 때는 성담을 약간 서쪽으로 쌓아서 약초원 건물을 보호하였다. 석주명 선생 따님과 메뚜기와 나비를 잡으면서 허물없이 놀던 기억이 있다.

당시에 석주명과 알고 지내던 부친의 심부름으로 감귤을 전달하러 약초원을 다녀온 적이 있는 오홍석(1934~) 교수는 다음과 같이 어렴풋이 회상한다.

약초원에서는 많은 종류의 약초를 시험 재배하였다. 넓고 평평한 농장 형태의 중심부에는 몇 채의 신식건물을 세워놓고 있었고, 토지구획부터가 그동안 주변에서 보아왔던 형태와는 달랐다. 가로와 세로가 직선이면서 직각으로 연결된 격자식의 형태였다. 그 위에 재배되는 식물들은 블록마다 종류를 달리하고 있었으므로 규칙적 배치이면서 다양한 모습이었다. 놀라운 것은 농장의 끝머리까지 아득하게 직선 농로가 뚫려있고, 그 길을 따라 한 대의 마차가 오는 유별난 풍경이었다. 마차 위에 탄 사람이 석 선생임을 직감하고 그 자리에 멈춘 채 마차가 오기를 기다렸다. 장비를 끄는 말도 제주 조랑말과는 다른 몸집이 큰 호마였고, 마차는 융단으로 자리를 덮고 있었으며, 마차에 동승한 부인은 긴 드레스 차림의 양장미인이었다. 안내를 받고 집 안으로 들어가니 응접실엔 서가書架로 가득 찼고, 신식 응접세트며 조용하고 정갈한 분위기에 달콤한 다과까지 대접받았다. 어린 나로서는 난생 처음 경험이었다.

당시 서귀남소학교에 다녔던 석주명의 외동따님인 석윤희(1935~) 교수는 다음과 같이 서귀포 생활을 회상한다.

내가 여덟 살 때쯤 아버지가 경성제대 생약연구소 제주도시험장 책임자로 근무하게 되어 제주도로 이사왔다. 제주도시험장은 서귀포에서 몇 마일 떨어진 곳에 있었다. 우리는 제주시험장 건물 맞은편 관사에서 살았다. 당시 우리 집 주변엔 집도 건물도 없는 황량한 들판이었다. 다른 전통적인 가족들처럼 아버지가 하시는 일이 우리 가족 생활의 중심이었다. 아버지가 아침 일찍 일하러 가시면, 나는 매일 말이 끄는 마차를 타고 서귀포에 있는 일본 초등학교인 서귀남소학교로 갔다. 하지만 학교가 끝나면 혼자 집에까지 걸어와야 했다. 어머니는 가사를 돌보시면서 마당에 작은 꽃나무와 채소를 가꿨고, 가끔씩 나타나는 여러 종류의 뱀들과 싸움을 벌여야 했다.

당시 서귀남소학교 고등과에 다녔던 윤세민(1930~) 선생은 석윤희의 어린 시절을 다음과 같이 기억하고 있다.

일본인만 재학하는 심상과에 세키(石)라는 성을 가진 한국인 여학생이 있어 우리들은 늘 눈여겨봐 왔다. 때로 하교시간에는 채집통을 맨 청년이 오곤 했다. 같은 연배인 사와무라 교장도 고개를 끄덕이며 극진한 예우를 하는 것을 봐 심상치 않은 명사라는 생각이 들었다. 어느 날 교장선생님은 식물표본을 보여주며 우리들에게 경성제대 생약연구소 제주시험장에 근무하면서 나비채집과 식물채집하는 분으로 장래 일본학계에서 이 분야의 대학자가 될 분이라고 말씀해주었다. 그러면서 심상과 3학년 세키(石)상 아버지라면서도 조센징이라 하지 않

〈그림 6〉 서귀남소학교 재학 당시 석윤희 - 둘째 줄 오른쪽 세 번째(윤세민 소장)

〈그림 7〉 근대문화유산 국가등록문화재 제785호로 등재된 제주도시험장 연구동 건물

있다. 이때가 1944년 봄철이었다. 이따금 하교시간 쯤 되면 딸을 데려가려고 풍치림 간의 의자에 앉아있을 때 한국인 학생들이 인사하면 그저 묵시조로 고맙다며 미소로 맞아주었다.

석주명은 자신을 반#제주인이라 할 정도로 제주도를 사랑했으며, 동네사람들과 허물없이 지냈다. 하지만 1945년 5월 석주명이 제주도를 떠난 지 얼마 안 되어 일제가 패망하자 경성제국대학은 문을 닫게 되었고, 생약연구소 제주도시험장은 경성대학, 서울대학교 등의 소속으로 바뀌었다.

1962년 3월 제주대학이 도립에서 국립으로 변경되면서 제주도시험장도 이관되어, 1964년 3월부터 제주대학 농과대학 식물원으로 사용되다가 몇 차례의 명칭 변경을 거쳐 2003년에 아열대농업생명과학연구소로 되었다. 그리고 구 경성제대 부속 생약연구소 제주도시험장 연구동 건물은 설립 당시인 1940년대 초기의 모습을 잘 간직하고 있어서 2020년 6월 국가등록문화재 제785호로 지정되었다. 제주도시험장은 제주도 과학농법의 발상지일 뿐만 아니라 나비박사 석주명이 제주도 연구를 하여 제주학의 선구자가 됨으로써 제주학의 산실로서도 의미가 크다.

서귀포시에서는 2003년 한국곤충분류연구회, 제주전통문화연구소, 한라일보사 문화유적지표석세우기추진위원회 등에서 뜻을 모아 석주명이 근무했던 구 경성제국대학 부속 생약연구소 제주도시험장 부근에 소공원을 조성하고 석주명 흉상을 건립하여 그를 기리고 있다.

〈그림 8〉 석주명기념비(서귀포시 토평동 소재)

제3절 조선산악회 한라산등반대 적설기 조난 수습

석주명은 제주4·3 직전인 1948년 1월 30일부터 2월 6일까지 제주를 방문한 적이 있다. 조선산악회에서 1948년 1월 한라산에 적설기 등반대를 파견하였다. 전탁田鐸을 대장으로 하는 등반대는 1월 6일 서울을 출발하여 9일에 제주에 도착하였고, 한라산에서 조난하여 전田 씨가 숨졌다. 제주도 지리에 밝은 석주명은 이를 수습하기 위해 1월 30일 조선산악회 회장대리 자격으로 한라산동기등반대漢拏山冬期登攀隊의 조난사고를 수습하기 위해서 제주도를 찾았다(제주신보, 1948년 2월 4일자). 하지만 눈이 많이 쌓였기 때문에 시체를 수습할 수가 없어서 생존자들과 함께 2월 6일에 제주를 떠났다. 이후 조선산악회에서는 3월 9일 김정호 씨를 대장으로 당시 조난대원이던 박종대 씨와 함께 서울을 출발하여 제주도에 도착해 15일에 전田 씨의 시체를 수습하였다.

그리고 석주명은 제주도를 찾은 일주일 남짓 기간 동안 제주섬을 일주하고 제주신보사를 방문하기도 하였다. 그는 당시에 제주도를 일주하고 느낀 점을 다음과 같이 서술하고 있다(석주명, 1968: 11).

① 주민에게 활기가 있다.

② 분 바른 부녀자가 많다.

③ 경찰관이 많다.

④ 학교의 신축과 증축이 많다.

⑤ 간판들을 보니 '조선朝鮮'이니 '대한大韓'이니 하는 전국적인 것은 없고 모두 '제주적濟州的' 인 것뿐이다.

⑥ 한림에는 춘향이발관이란 간판이 눈에 띈다.

⑦ 제주전등은 화력에 의한 것이니 석탄 부족으로 동서 이분되어 격일로 송전되고 서귀포 것 은 수력이니 약하나마 매일 송전된다.

그리고 당시 그는 제주도총서를 기획하여 『제주도방언집』이 막 출간되고, 『제주도의 생명조사서』와 『제주도문헌집』 등의 출간을 준비하던 때였다. 그는 제주도에 머무는 동안에 제주신보에 기고한 칼럼 '조선의 자태'에서 자신이 제주도에 관심을 갖고 연구하는 이유를 다음과 같이 밝히고 있다.

소크라테스의 자기 자신을 알라는 말은 예로부터 유명하다. 자기가 자기를 모르고서 자처하기에 곤란한 때문이다. 이 말은 다만 개인에게 한할 것이 아니고, 단체에도, 민족에도, 국가에도 적응될 수 있는 것으로 나는 생각한다. 그런고로 조선사람은 조선의 자태를 잘 알아야만 할 것이다. 조선사람이 조선의 자태를 잘 앎으로써, 조선의 문화재를 세계문화건설에 제공하여, 우리 조선도 열국에 끼어서 발언권을 얻게 되는 것이다. 세계문화건설에 있어서 아무 이바지하는 바 없는 국가나 민족은, 국제간 혹은 민족간의 회합에서 발언권을 가질 수가 없는 법이다.

… 제주도에는 언어, 풍속, 관습, 기타에 있어서 예로부터 육지와는 다르다고 하여 왔지만, 자세히 살펴보면 조선의 옛날 모습 내지 진정한 모습을 말해주는 자료가 많다. 진정한 조선의 자태를 찾으려면 제주도에서 그 자료를 많이 구할 수가 있겠다. 왜냐하면 제주도는 고도이므로 육지에서와 같이 외래문화에 침윤받을 기회가 적었고, 그리 작지 않은 면적과 인구는 고유문화를 보존할 수 있었기 때문이다. 우리가 흔히 쓰는 공기와 물을 귀하게 생각하지 못하는 것처럼, 제주도 사람은 제주도의 특이성 내지 조선의 고유문화성의 귀한 줄을 모른다. 육지인의 한 사람으로 내가 제주도에 2개년이나 생활한 경험으로는, 제주도에는 조선의 자태를 밝혀줄 금조각 같은 자료가 지극히 많이 흩어져있음을 알 수가 있다. 이도 후 4년 만에 다시 와 보니 해방과 38선 관계로 육지인들의 입도와 소위 육지문화의 침윤으로 제주도의 특이성이 없어져감을 느낀다. 그것도 필연적 현상이기는 하나, 하루바삐 조선의 식자들은 금조각 같은 제주도의 자료를 수집하여 계통을 세우려고 노력해야겠고, 제주도민들도 많이 성원해주서야겠다.

(제주신보, 1948. 2. 6.)

그가 제주도의 자연과 문화에 관심을 가졌던 이유는 한반도와 다른 제주자연은 우리 민족의 터전을 확장하고, 우리 문화의 옛 모습을 간직한 제주문화를 잘 보전하고 연구한다면 궁극적으로 우리 문화를 풍성하게 해줄 것이라고 확신했기 때문이다.

제3장 제주도 관련자료 수집과 연구

제1절 제주어 수집과 분석

석주명은 제주도와 관련된 인문(언어, 전설, 종족, 역사, 인물, 민속, 문화), 사회(지리, 도읍, 촌락, 섬, 지도, 교통, 통신, 정치, 행정, 사회, 산업, 교육), 자연(기상, 해양, 지질, 광물, 식물, 곤충), 문헌 등 다양한 분야에서 닥치는 대로 자료들을 수집하고 분석하였다.

우선 그는 제주어(제주도방언) 7,000여 어휘와 제주속담 등을 수집하였다. 그리고 그는 단순히 제주어를 수집하는 데 그치지 않고 전라도, 경상도, 함경도, 평안도 등 다른 지역 방언들과 비교하면서 그들과는 많이 다르며, 옛 우리말(조선 고어)이 많이 남아있다는 것을 밝혔다. 뿐만 아니라 그는 제주어에는 몽골어, 중국어, 만주어, 일본어 등 동아시아 언어에서 유래한 어휘가 다수 있으며, 심지어는 말레이어(馬來語), 필리핀어(比島語), 베트남어(安南語) 등 남아시아 언어에서 유래한 것들도 있다고 주장하였다. 이에 대해서는 전문가들의 좀더 면밀한 검토가 필요하다.

그리고 그는 농민들로부터 직접 수집한 제주도의 식물명 550여 개, 동물명 330여 개, 농업관련 550여 개, 목축관련 300여 개, 임업관련, 90여 개, 어업관련 110여 개 등의 제주어를 수집하였다. 이를테면 그가 수집한 제주도 식물명으로 가마귀똥(섬엄나무), 녹촌남(쪽동백), 도육남(느릅나무), 멩게낭(청미래덩굴), 박달낭(참꽃나무), 사오기(벚나무), 종낭(때죽나무), 천상쿨(망초) 등이 있고, 동물명으로 게염지(개미), 누네누니(하루살이), 돗줄레(유혈목이), 미(해삼), 보건치(조기), 셍성/솔나리(옥돔), 주넹이(지네), 하늘생이(종달새) 등이 있다. 농업

관련 제주어로는 고고리(이삭), 놉(품), 도난다(절로 난다), 마친다(장마진다), 불치(재), 서속(잡곡), 우막다(웃순 지르다) 등이 있고, 임업관련 제주어로 고지간다(나무하러 간다), 낭섭(나뭇잎), 사농(사냥), 소낭(곰솔), 황술(소나무) 등이 있으며, 목축관련 제주어로 것(먹이), 나롭쇠(네 살 먹은 소), 다간송애기(두 살 먹은 송아지), 머리(마리), 부렝이(수소), 쇠막(소외양간), 출(꼴) 등이 있고, 어업관련 제주어로 놀(폭풍), 덕(낚시터), 바릇(해산물), 절(물결), 춤대(낚시대) 등이 있다.

그는 육지와 음音과 훈訓이 다른 한자漢字, 이를테면 가를별(別: 다를별), 것물(物: 만물물), 궨당쳑(戚: 겨레척), ᄀ를왈(曰: 갈왈), 때후(垢: 때구), 말불(弗: 아니불), 무렆실(膝: 무릎슬), 씨집씨(媤: 시집시), 임주(主: 임금주), 직글열(悅: 기쁠열), 탕국탕(唐: 나라당) 등 200여 개를 수집했고, 가물개(성산 신산리), 날레(대정 일과리), 돋드르(서귀 토평리), 모룩밭(안덕 상천리), 베렝이(한림 금능리), 어등개(구좌 행원리), 종보기왓(중문 강정리 일부) 등 제주도 190여 개 마을 이름들을 수집하였다.

그의 제주어 수집과 연구의 성과들은 제주도총서 가운데『제주도방언집』(1947),『제주도수필』(1968),『제주도자료집』(1971) 등에 고스란히 담겨있다.

제2절 역사문화 자료수집

석주명은 1936년 여름 제주도 나비를 채집할 때 조를 파종한 후 남녀 여럿이 수십 마리 소와 말과 흙을 밟으면서 부르는 제주민요를 넋을 잃고 들은 적이 있었다. 1943년 4월 제주도시험장에 부임하자마자 그는 5월 말에 우리나라 최남단 마라도를 찾았다. 그는 당시 마라도의 김성종金成宗(1943년 당시 74세) 어르신으로부터 마라도 본향당本鄕堂의 유래를 채록하여 '마라도 엘레지(エレヂ—)'라는 제목으로 경성제국대학의 1944년『성대학보城大學報』에 발표했는데, 그 일부를 소개한다.

> 자연상으로든 인문상으로든 마라도는 가파도의 부속 섬이고, 가파도는 제주본섬의 부속 섬이다. 마라도민은 거의 어업에 종사하면서 가파도에 의존하는데, 가파도민은 반농반어를 하면서 제주본섬에 의존한다. 나는 다행히도 1943년 5월 말 좋은 기회를 얻어 이 섬에 건너와

2박을 곤충채집을 하면서 섬의 전설이나 기타까지도 채집하려고 애써보았다. 그랬더니 과연 이 섬에는 애처로운 한 전설이 있었다. 섬 북단 선창 가까이 우물 옆에는 원시적 사당이라 할 만한 돌무더기가 있다. 분명히 오랫동안 제사를 지낸 흔적이 있고 마을주민들은 아미씨당[본향]이라고 하여 영험하다는 것이다. 이 신당의 유래는 마을에서 가장 연장자인 김성종金成宗 어르신으로부터 들은 것이다. 수백 년 전 모슬포에는 이李 아무개 부인이 살았다. 어느 날 이 부인이 물을 길러 가다가 수풀 속에서 어린애 우는 소리를 들었다. 울음소리를 향하여 가니 생후 3개월도 못되는 어린 여자애가 있었다. 우는 어린애를 달래면서 안고 와서 그곳 원님께 아뢰었다. 원님은 팔방으로 유아의 생모를 찾았지만 알 도리가 없어서 그 고아의 양육을 이 부인에게 부탁하였다. 세월은 흘러서 그 고아가 8살 즈음에 이 부인에게도 아이가 생겨서 그 여자애는 자연스럽게 애기업개가 되었다. 마침 당시는 매년 봄마다 망종으로부터 반 달 동안 은 마라도에 건너가는 것이 허가되는 때라 해녀인 이 부인도 마을주민들과 함께 마라도에 건 너갔다. 섬에 들어 이틀이 지나자 갑자기 바다에는 풍랑이 일고 짙은 안개가 개지 않으므로 적은 식량을 가지고 간 일행은 굶주림과 싸우게 되었다. 일행의 비탄이 극도에 달한 어느 날 밤 선주, 선두, 이 부인 등 세 사람은 이상한 꿈을 꾸었다. 백발노인이 꿈에 나타나서 데리고 온 애기업개를 이 섬에 남겨둔다면 모두 무사히 돌아갈 수 있다고 했다. 세 사람이 모두 같은 꿈을 꾸었고 돌아갈 것만 생각하는 일행은 애기업개가 뭍에 애기포대기를 가지러 간 사이 그 만 창파에 배를 띄우고 말았다. 갑자기 잔잔해진 바다에서 무사히 돌아온 일행은 다음 해 4월 다시 마라도에 건너와서 해변 가까이에 있는 동굴에서 희생되어 죽은 여자애의 백골을 발견 하여 장례를 지냈다. 일신을 바쳐서 일행을 구한 이 가련한 여자애의 영靈을 공양치 않았던 한 처녀는 바다에 들어가 죽고 한 나무꾼은 발을 몹시 다쳤다고 한다. 이 슬픈 이야기를 하는 김 어르신은 먼 하늘을 바라보며 가련하게 일생을 마친 여자애의 영을 위하는 이 신당을 아직도 바닷일을 하는 사람들은 잘 위한다고 말하였다.

그리고 그는 해방 이후인 1946년 발표한 '제주도 남단부의 자연 더욱이 그곳의 접 상蝶相에 대하여'에서 김성종 씨로부터 들은 마라도 개척 이야기를 소개하고 있다.

옛날 마라도에 들어가면 제주 전도全島가 흉작이 된다는 미신이 있었다. 지금(1943년)으로부터 약 60년 전, 그가 12세 소년이었을 때 여럿이 모여 마라도에 들어간 한 해의 일이었다. 제주 본도本島의 노인들은 마라도에 사람이 들어간 것을 알고 만일 그해에 흉작이 된다면 마라도에 들어간 사람들을 모조리 죽이기로 의논되었다. 마라도에 들어간 김 소년을 포함한 일행은 해산물을 주우러 온 사람들에게 이런 말을 듣고 농민들이 자기네를 잡으러 오면 그들을 전부 상륙시키고 자기네는 그 배로 도망하기로 의논하였다. 다행히 그해는 풍작으로 그 걱정은 자연스레 사라졌고, 그 후에도 계속하여 4, 5년은 풍작으로 문제가 되지 않았다. 마라도에는 김씨가 입도하기 전, 지금으로 수백 년 전에도 사람이 거주한 형적은 있지만, 분명히 사람이 이주한 것은 약 60년 전 김소년을 포함한 일행이 그 다음 해에 섬 안의 원시림을 불대우면서 시작되었다고 한다. 토지는 비옥하나 풍해風害로 농사를 할 수 없을 거라고 보았다. 그러나 처음 몇 년 동안은 비료를 주지 않아도 풍족한 수확이 있었다고 한다. 그리고 이것이 좋게 평가되어 마라도는 가파도와 더불어 어업상 확실한 근거지가 되고 모슬포의 부호들도 대개는 가파도나 마라도에 거주한 경험을 갖게 되었다. 그 후로 마라도의 환경은 좋았지만 이상하게도 최근에는 전에 없던 폭풍이 또 생겨서 현재는 어업과 농업 모두 폐업되어가는 형편이라고. 요즘은 마라도로 건너가는 것이 자유롭고 전도全島가 황폐되어 나무 같은 것은 하나도 없지만, 옛날에는 자유롭게 건너갈 수도 없었고 울창한 원시림으로 덮여 있었다고 한다.

그리고 그는 제주도의 대표적인 뱀신앙의 근거지인 '토산당兔山堂' 유래를 당시 토평리 남자 무당이었던 김해춘으로부터 듣고 채록하여 『향토』(1946년 9월호)에 발표하였다. 그는 아카마츠(赤松智城)과 아키바(秋葉隆)가 『조선무속의 연구(朝鮮巫俗の研究) 상권』(1937)에 수록한 서귀포 남자 무당 박봉춘 구전의 토산당본풀이(兔山堂本解)와 수집시기가 10년 정도 차이가 있고 구전자가 달라 약간의 차이가 있기에 자료로서 가치가 있다고 본다.

한편 그는 '눈까진 장서방(눈먼 장꿩)'과 '독버르니' 전설을 채록하였고, '고양부삼신인高良夫三神人' 설화에 대해서도 고찰하였다. 그리고 '산방덕山房德'과 '오돌똑' 전설 등에 대해서도 자신의 의견을 피력하고 있다. 기타와 만돌린을 잘 연주하고 송도고보 교사 시

오 돌 똑 (濟州道民謠)

천천히 情緒있게

오돌 똑 — 이 저기 춘향 보 — 소

달 — 도 밝 — 은데 연자 머리로 갈거나

둥구데 당실 둥구데 당실 여도 당실 연자 머리로

달 — 도 밝 — 은데 내가 머리로 갈거나

오 돌 똑 歌辭

二, 한라산 허리엔 쌀안개 본송만송
아지마님 품안엔 잠이나 든송만송

(후렴)
둥구데 당실 둥구데 당실 여도당실
연자머리로 달도 밝은데 내가 머리로 갈거나

三, 청사 초롱에 불밝혀 놓고
춘향의 방으로 잡수질 하려나나 갈거나

四, 가며는 가고 말며는 말지
찜세기를 심고서 씨집살이를 갈거나

《本書二三七面 參照》

〈그림 9〉 석주명이 채록하고 채보한 제주민요 '오돌똑'

절 음악부장을 맡기도 했던 그는 육지의 아리랑에 해당하는 제주도의 대표민요인 오돌똑의 가사를 채록하고 음보를 채보하기도 하였다.

그리고 그는 삼국사기三國史記, 고려사高麗史, 수서隨書, 당서唐書, 자치통감資治通鑑, 일본서기日本書紀 등에서 제주도관계사료濟州島關係史料들을 뽑아서 "백제 문주왕文周王 2년(서기 476년) 탐라국에서 방물을 바쳤다."라는 기록에서부터 "신라 문무왕文武王 5년(서기 665년) 유인궤劉仁軌가 신라新羅, 백제百濟, 탐라耽羅, 왜인倭人의 4국의 사신使臣을 영솔領率하여 태산泰山에서 모이기 위해서 바다 건너 서쪽으로 돌아갔다."라는 기록에 이르기까지 통일신라 이전의 중요한 사건들을 정리한 「탐라고사耽羅古史」를 『국학國學』(3호, 1947)에 발표하였다.

그는 『제주도수필』(1968)에서 『경국대전經國大典』, 『동국여지승람東國輿地勝覽』, 『조선왕조실록朝鮮王朝實錄』 등 우리의 옛 자료와 일제강점기 총독부 자료, 당시 조선학자와 일본학자의 자료를 인용하여 고려에서부터 일제강점기에 이르는 제주의 주요 사건과 인물, 외국인 등에 대해서 정리하였다. 그리고 민속, 의식주, 일상생활 등의 관련 자료와 자신의 체험을 바탕으로 무속巫俗, 남극노인성南極老人星, 몽골유풍蒙古遺風, 도민의 특성, 제주속담 등을 기록하고 있다. 뿐만 아니라 그는 지리, 도읍, 촌락, 산악, 도서島嶼, 지도, 교통, 통신, 정치, 행정, 사회, 교육 등 제주사회 전반에 관련된 자료들을 수집하였다.

그는 음식문화와 제주도민의 식료품 조사를 통해 보리와 조를 주식主食으로 하고, 배추, 무, 미역, 자리돔, 멸치, 콩잎, 호박잎, 호박, 오이, 달래, 미나리, 해초, 돼지고기 등을 흔히 먹으며, 고사리는 많아 생산되는데도 요리하는 데 손이 많이 가기 때문에 많이 쓰이지 않는다는 평을 하고 있다. 그리고 그는 제주도 상피병象皮病의 증상, 원인, 분포지역, 민간요법 등을 소개하는 글을 『조선의보』(2권 2호, 1948)에 발표하기도 하였다.

제3절 제주도 인구조사

석주명은 제주도시험장에 근무하면서 1년 남짓(1944. 2.~1945. 5.) 인구를 심층 조사하였다. 그는 제주도 마을의 10퍼센트에 해당하는 16개 마을 4,689호를 전수 조사하였다. 그는 제주도의 출산 성비性比는 남(52)〉여(48)이지만, 성장하는 동안 남자가 더 많이 사망하여 인구구성 비율은 출산 당시와는 반대로 남(48)〈여(52)로 되며, 게다가 남자들이 일본으로 많이 나감으로써 여자들이 더 많이 거주하게 되고, 여자들이 활동적이어서 바깥일을 많이 함으로써 제주도의 여다女多 현상이 있다는 것을 『조광』(11권 2호, 1945)에 발표하였다.

그의 『제주도의 생명조사서-제주도 인구론』(1949)는 당시 성별, 연령별, 출생자, 사망자, 거주자, 이주자 등을 면밀히 조사하고, 그것들을 통계내고 분석하여 제주사회와 인구구성의 특징을 규명한 것이다. 이는 제주4·3으로 파괴되기 이전 제주사회의 모습을 보여주는 의미 있는 자료로서, 석주명 자신이 평하듯이 출간과 동시에 고전이 된 논저라 할 수 있다.

그는 제주도 인구조사를 했던 경험을 바탕으로 전국으로 확장하여 출생했을 때 성비가 '남〉여'였다가 생장하면서 '남〈여'로 바뀌는 경계선을 밝힌 '남녀수의 지배선支配線의 위치'를 『대한민국통계월보』(5호, 1949)에 발표하였고, 당시에 우리나라 인구 성비가 '남〉여'인데 특수한 사정으로 '남〈여'가 되는 지역을 조사한 '대한민국의 여다女多지역'을 『대한민국통계월보』(8호, 1950)에 발표하였다.

제4절 제주도 산업 자료 정리 및 약용식물 재배시험

석주명은 당시 일제의 총독부 일본학자들의 자료를 인용하여 제주도의 감귤, 고구마, 보리 등 주요작물, 윤작법輪作法, 토양과 토질 등 농업 자료, 표고버섯을 중심으로 한 임업 자료, 말, 소, 목장 등의 축산 자료, 해조海藻를 비롯한 수산 자료 등 1차 산업 관련 자료들을 수집하고, 앞으로 확충 강화해야 할 산업 분야를 다음과 같이 정리하였다.

농업: 보리, 조, 감자, 메밀, 면화, 귤, 제충국, 약초.

수산업: 자리, 멸치, 황옥돔, 참돔, 복어, 소라, 미역, 다랑어, 갈치.

임업: 소나무, 동백나무, 벚나무, 삼나무, 노송나무, 표고버섯.

축산: 소, 말, 돼지, 닭, 양잠, 양봉.

공업: 주정酒精, 요오드팅크, 조개단추, 전분, 통조림.

그리고 그는 제주도가 발전하려면, 우수한 과학자가 10년 이상 머물러야 하고, 물문제를 해결해야 하며, 돌 많고 바람 많은 것을 응용해야 하고, 수산업과 임업에 힘을 쏟아야 하며, 고구마 시험장을 설치하고, 소토법燒土法과 계분鷄糞을 이용하여 토지개량을 하며, 위생사상과 그 시설이 보급되어야 한다고 주장하기도 하였다.

그리고 그는 약용식물인 '목향木香'과 윤활유 재료로 쓰이던 '피마자' 재배시험을 하였다. 목향 재배시험을 위해 개장 이전인 1943년 3월 13일 정지整地작업을 하고, 퇴비를 주고, 모종을 심었고, 5월 11일부터 제초하고 잎과 꽃줄기를 따내면서 비교시험을 한 후, 11월 10일 수확을 하였다. 당시 목향 재배시험 보고서는 다음과 같다(석주명, 1971: 194~195).

3월 13일: 땅을 고르고 584본 심음.

　　　밭두둑 2자(60.6cm), 보도 1자(30.3cm), 밑거름 퇴비 105관(393.75kg)

5월 11일: 1차 풀 뽑음.

6월 8일: 잎 따기 시험개시, 이후는 수시 적당히 잎을 땀.

8월 2일: 2차 풀 뽑음.

11월 10일: 수확.

〈표 1〉 목향의 잎 따기 시험성적

계급	근두부根頭部 위에 남긴 잎 수	시험 개수	1본本의 수확고(3.75g)		
			4개 눈이 있는 근두부根頭部	생뿌리 양	계
1	4	179	13.41	11.17	24.58
2	6	172	17.09	21.75	38.84
3	8	160	18.75	26.50	45.25
4	꽃줄기 딴 것	41	12.44	26.83	39.27
5	씨받이용	21	26.67	33.33	60.00

(1) 위 시험은 석주명石宙明의 지도하에 김남운金南雲 군이 담당한 것이었다.

(2) 시험 개수는 모두 573본이고 5계급으로 구분하여 시험하였는데, 각 그루에 환경을 같은 조건으로 하고, 1회 시비施肥와 3회 제초도 모두 각 그루에 같은 조건으로 하였다.

(3) 제5계급의 씨받이용이 최고 좋은 성적인 것은 재검토를 필요로 한다.

(4) 본 시험의 결과 얻은 결론은 다음과 같다.

　가. 잎을 4~6매 남기는 것은 손해이다.

　나. 8매 남긴 것, 꽃줄기 딴 것, 씨받이용 등은 재시험 후 비교하여 그 우열을 결정할 것이다.

　　그는 목향 재배시험에서 씨받이를 위한 채종주採種株가 단연 양호하고, 꽃줄기를 제거하고 8잎을 남긴 것은 비슷하며, 단계적으로 불량한 것으로 볼 때, 제주에서는 목향을 재배하면서 굳이 잎을 딸 필요가 없다는 것을 확인하였다.

제5절 제주도의 자연조사

　　석주명은 기상, 해양, 지질, 광물, 식물, 동물, 곤충 등에 대한 자료들을 수집하고 정리하였다. 그리고 그는 **제주**조릿대, **한라**부추, **탐라**석송, **제주**오색딱다구리 등과 같이

동식물의 학명, 국명, 일본명, 한자명 등에서 제주(濟州, cheju, zezu, saishu, saisiu, サイシウ), 탐라(耽羅, タンナ), 영주(瀛州, エイシウ), 한라산(hallasan), 켈파트(quelpart) 등 제주도지명이 들어간 식물명 100여 개, 동물명 40여 개 등을 제시하였다(석주명, 1946b: 1~4). 이들 가운데는 학술적으로 효력이 없어진 것도 있지만, 제주도가 생물종다양성 측면에서 많은 가치가 있다는 것을 잘 보여주는 자료이다.

그는 1936년 여름 한 달간 제주도에서 58종의 나비를 채집했던 기록을 일본에서 발행하는 나비 전문학술지 『제피루스Zephyrus』에 발표한 적이 있고, 1941년에 제주도 특집호였던 『문화조선』에 제주도의 곤충에 대해서 발표한 적이 있다(석주명, 1941f). 하지만 부족함을 느낀 그는 1943년 4월부터 2년 남짓 제주도시험장에 근무하는 동안 틈틈이 나비를 채집하고 제주도의 나비와 곤충에 대한 자료를 수집하고 정리하였다. 우선 그는 자신의 근무지에서 가까운 서귀포 지역에서 해발 200미터 이하, 즉 제주도시험장을 중심으로 동쪽으로 4km, 서쪽으로 8km, 남쪽으로 3km, 북쪽으로 1km 지역에서 38종 약 2,000마리를 채집하였고, 해방이 되면서 국립과학박물관 동물학 부장으로 자리를 옮기게 되자 '경성대학 부속 생약연구소 제주도시험장의 접상蝶相'을 발표하였다(석주명, 1946c). 그리고 그는 나비채집을 위해 산방산 8회, 가파도 2회, 그리고 모슬포, 송악산, 마라도를 각 1회 다녀왔다. 그리고 산방산 36종, 모슬포 9종, 송악산 6종, 가파도 4종, 마라도 5종의 나비를 채집한 결과를 '제주도 남단부의 자연 더욱이 그곳의 접상에 대하여'라는 제목으로 발표하였다(석주명, 1946d).

그는 제주도의 나비는 자신이 잡은 65종과, 문헌에는 있고 아직 못 잡은 8종을 합치면 73종인데, 문헌에 있다는 8종에는 미심쩍은 것도 있어서 제주도 나비는 대략 70종이며, 그 가운데 제주도에 비교적 많이 분포하는 나비는 56종이라고 밝히고 있다. 제주섬 전체에 분포하는 나비는 석주명이 제주도 대표나비로 꼽은 제주왕나비를 비롯하여 흰뱀눈나비, 작은멋쟁이, 큰멋쟁이, 제비나비, 산제비나비, 산호랑나비, 긴꼬리제비나비, 호랑나비 등 15종이고, 산지성山地性 나비는 산굴뚝나비, 산부전나비, 꽃팔랑나비, 가락지나비, 큰녹색부전, 먹그늘나비, 은점표범나비, 도시처녀, 제일줄나비 등

12종이며, 해안성海岸性 나비는 굴뚝나비, 부처사촌, 물결나비, 암검은표범나비, 청띠신선나비, 노랑나비, 푸른큰수리팔랑나비, 푸른부전나비, 남방부전나비, 극남부전나비, 남방노랑나비, 극남노랑나비, 청띠제비나비, 먹부전나비, 배추흰나비 등 29종이다.

석주명(1970)은 『제주도곤충상』에서 제주도 곤충 연구를 논한 106편의 논저를 소개하고, 총목록에서 제주도 곤충 19목 141과 737종의 곤충을 밝히고 있다. 하지만 곤충이 자신의 전문분야이긴 해도 나비목 부분만 상세할 뿐 나머지는 그렇지 못하다는 것을 밝히면서, 후학들에게 그가 미처 발견하지 못해서 생긴 오류들을 바로잡아서 제주도 곤충상에 대해 보다 정확하고 상세한 연구를 해줄 것을 당부하고 있다.

제6절 제주도 관련 문헌조사

석주명은 생전에 발간된 *A Synonymic List of Butterflies of Korea*(1940), 『조선 나비 이름의 유래기』(1947), 『제주도방언집』(1947)과 유고집인 『제주도수필』(1968), 『제주도곤충상』(1970), 『한국산 접류의 연구』(1972)와 『한국산 접류 분포도』(1973), 『한국본위 세계박물학연표』(1992) 등을 집필하는 과정에서 수많은 논저를 참고하였다. 그는 자신이 읽었던 논저들을 중심으로 제주도를 연구할 후학들을 위해 반드시 필요하다고 생각되는 1,000여 편의 문헌들을 『제주도문헌집』(1949)에 정리하였다.

『제주도문헌집』은 저자명순(조선인, 일본인, 서양인), 내용순(총론부, 자연부, 인문부), 주요문헌 연대순, 서평, 총괄, 추가분 등으로 이뤄져 있다. 총론부는 제주도 연구를 위해서 필요한 총론적 논저, 교과서, 사전류 등 42편을 수록하고 있고, 자연부는 기상, 해양, 지질광물, 식물, 동물(곤충 제외), 곤충 분야에서 433편, 인문부는 언어, 역사, 민속, 지리, 농업(임축수산 포함), 기타산업, 정치행정, 사회, 위생, 교육종교, 문화 분야에서 599편, 그리고 추가분에서 그동안 빠트린 문헌과 출판 직전에 나온 논저 22편을 추가하고 있다. 『제주도문헌집』은 단순히 서지학적 문헌목록집이 아니라, 주요 논저들과 저자들에 대해 석주명이 분석하고 평가하고 있다는 점에서 의미가 크다.

제7절 제주 관련 신문기사 정리

석주명은 1945년 5월 제주도를 떠난 후에도 제주도에 대한 관심을 놓지 않았다. 그는 무엇을 보든지 듣든지 제주도에 관한 것이라면 수집 정리하였다. 그는 8·15해방 이후 서울에서 당시 발행되던 신문에서 제주도와 관련된 기사가 나오면 닥치는 대로 수집하였다. 그리고 그는 당시 서울에서 발행되는 신문들 가운데 자유신문, 서울신문, 대동신문, 중앙신문, 경향신문, 조선일보, 동아일보, 한성일보, 현대일보, 조선인민보, 매일신보, 독립신보, 조선의약신보 등에 실린 제주 관련 기사를 해방 후 1년 단위로 정리해서 네 차례 발표하였다(석주명. 1949e; 1949h; 1949i; 1950c).

그가 수집한 해방 후 1년(1945. 8.~1946. 8.) 제주도 관련 최초의 기사는 U.P특파원 '크렘플러'가 제주도를 시찰하러 떠났다(매일신문. 1945. 9. 28.), 조선주재미군부대가 제주도의 일본군 제58군의 투항을 받았다(1945. 10. 2.)는 보도이다. 해방 후 1년간의 제주도 관련 큰 뉴스거리는 '한라산학술등산대 탐사', '제주도濟州島의 도道 승격', '호열자(콜레라) 발생' 등이었다. 한라산에 대한 기사가 유독 많았던 것은 조선산악회가 한라산학술조사대를 파견했기 때문이었다. 한라산학술등산은 조선산악회가 주최한 제1회 국토구명사업 일환으로 1946년 2월 26일부터 3월 17일까지 이뤄졌다. 당시 영화반이 제작한 탐사기록은 '제주도풍토기'라는 제목으로 6월 15일 서울시공관 시사회에서 공개되었고, 군정청 문교부에서 최초 추천영화로 결정되었으며, 7월부터 일반에게 공개되어 8·15해방 1주년 기념공연으로 국도극장에서 공연되었다. 8월 1일부터 제주도濟州島가 제주도濟州道로 승격되어 1읍 5면의 북제주군, 7면의 남제주군 체제가 되었는데, 미군 도지사에 스타웃 중좌, 조선인 도지사에 박경훈 씨가 맡았다. 그리고 초여름부터 전국에 번지기 시작한 콜레라가 갈수록 창궐하여 1946년 8월 19일 현재 남조선에 환자가 10,112명, 사망자가 6,562명인데, 제주도의 경우 매일 평균 50명의 신규환자가 생기고 있고 누적환자는 604명, 사망자는 292명이다. 제주도의 콜레라 발생 지역은 대부분 제주시내로 그 원인은 검역받지 않은 어선이 상륙했기 때문이라고 전하고 있다.

해방 후 둘째 해(1946. 8.~1947. 8.)에는 사회 형세가 변하면서 각 신문에서도 뉴스를 다루는 방식이 달라졌다. 자유신문 1946년 10월 22일자에 "제주도는 장차 서부 태평양지구에 있어서 지브롤터처럼 전략적 요충지로 될 가능성이 있다."라는 미국 시사평론가 화이트 씨의 견해가 게재되었고, 다음 날인 23일에는 그에 대한 사설까지 다뤘다. 그리고 10월 28일까지 제주도 콜레라 환자는 741명이고, 사망자는 390명에 이르고 있다. 제주4·3의 계기가 된 3·1절 시위에서 경찰의 발포로 6명이 사망한 사건과 관련해서 3월 10일부터 제주도 공무원들이 벌이게 된 총파업에 대해서는 신문들마다 보도태도가 조금씩 달랐다. 석주명에 따르면, 3월 16일자 독립신보는 대대적으로 상세히 보도하는데, 동아일보는 작게 보도하였고, 자유신문은 그 중간을 취하였다. 그리고 18일자 신문은 독립은 더욱 상세히 보도할 뿐만 아니라 사설에까지 취급하여 전체 지면이 총파업 특집같이 되어 있는데, 동아는 취재도 안 하였고, 자유는 역시 그 중간으로 보도하였다.

해방 후 셋째 해(1947. 8.~1948. 8.)에 제주도 관련 주요 기사는 1947년도 여름 하곡수집과 가을 추곡수집에서 제주도 성적이 매우 저조하다는 것이다. 그리고 서울신문 연말호에서는 1947년도 제주도 관련 가장 큰 사건을 3·10 총파업으로 육지 경찰들이 출동한 것이라고 꼽았다. 자유신문에서는 1948년 1월 조선산악회에서 파견한 한라산겨울등반대의 조난사고를 상세히 다뤘다. 그리고 4월 3일 이후에는 각 신문들이 제주4·3에 대한 미군정의 대처 과정에 대해 언급하고 있다. 서울신문 보도에 따르면, 5월 4일 미국 부인 4명과 아동 4명이 비행기로 제주를 떠났고, 5월 5일 딘(Dean, William F.) 군정장관, 안재홍 민정장관, 조병옥 경무국장 등이 제주도를 방문했다. 보도들에 따르면, 5월 31일 국방군과 인민군 간 유혈대참사가 있었고, 6월 19일까지 인명피해는 800여 명, 소실가옥은 420호이다. 6월 21일 서울에 있는 제우회濟友會에서는 '정치적 환경 개혁만이 제주사건 해결의 열쇠'라는 요지의 청원서를 하지(Hodge, John R.) 중장을 비롯한 요로에 제출하였다.

'신문기사로 본 해방 후 넷째 해(1948. 8.~1949. 8.)의 제주도'는 1950년 4월 5일자 '제주신보' 부록에 실렸다. 하지만 당시 자료가 멸실되어 그 내용을 확인할 길이 없다. 석주명이 해방 이후 4년간 서울에서 발행되는 20여 종의 신문에서 제주 관련 기사들을 수집 정리한 글들은 당시 제주사회 상황, 미국이 제주도를 보는 시각, 제주도가 전남에서 분리되어 도道로 승격되는 과정, 1947년 3·1절 사건 이후 총파업에 대한 중앙신문들의 입장, 제주4·3의 전개과정 등을 엿볼 수 있는 귀한 자료이다.

그 밖에도 석주명은 정부 수립 이후 제주신보에 기고한 '제주도청론濟州島廳論'에서 자신은 제주를 누구보다 잘 아는 반半제주인임을 밝히면서 제주도는 다른 도에 비해 규모가 작기 때문에 중앙청 직속의 특별도청이 들어와야 한다고 주장했다(석주명, 1948f). 그는 정부 수립 당시부터 제주도가 다른 지역과 달리 특별지역이 되어야 한다고 생각하고 있었다. 이처럼 그는 제주도의 특이한 자연과 문화가 귀하다는 것을 깨닫고, 그것들이 사라지는 것을 안타까워했다. 그리고 누군가 그것을 연구할 것을 기다리지 않고, 곤충학자인 그가 제주도의 자연뿐만 아니라 인문사회 분야의 자료를 수집하고 연구하여 제주학 연구의 초석이 되는 제주도총서를 결집해냄으로써 자타가 공인하는 제주학의 선구자가 되었다.

제4장 제주도 연구의 선구자들

제1절 초창기 제주도 연구자들

제주도에 대한 관심과 연구는 조선 말기에 서양인들에 의해 시작되었다. 1845년 영국 군함 사마랑호의 함장 벨처(Belcher E., 1799~1877)는 5월부터 8월까지 조선의 남해안을 탐색하였고, 6월에 제주도 우도에 상륙하여 40일 동안 머무르면서 제주도 관련 정보를 수집하였다. 그는 제주도의 수심, 제주인의 생김새와 복장, 무기와 선박 등에 대한 정보를 수집하였고(고영자, 2013), 「사마랑호 탐사항해기(Narrative of the Voyage of H.

M. S. Samarang during 1843~1846)」에 140여 종의 동식물을 소개하였다. 사마랑호에 동승했던 동물학자 애덤스(Adams A.)는 제주도의 곤충을 채집하여 영국학자 타툼(Tatum, T.)에게 전했고, 그 가운데 제주홍단딱정벌레(*Coptolabrus monilifer*)는 근대식 학명으로 맨 처음 발표된 신종新種 곤충으로 기록되면서 우리나라 생물 정보가 최초로 세계 과학계에 알려지는 계기가 되었다.

일본 군부는 청일전쟁(1894~1895)과 러일전쟁(1904~1905)을 수행하기 위해 일제강점 이전부터 제주도를 포함한 조선에 대한 정보를 수집하기 시작하였다. 1888년 일본 육군참모본부에서 발간한 『조선지지략朝鮮地誌略』과 1899년 일본 해군성수로부에서 발간한 『조선수로지朝鮮水路誌』에는 전시에 필요한 제주도의 지리와 사회에 대한 간략한 정보가 들어 있다(김은희, 2010).

한편, 독일의 기자이자 지리학자였던 겐테(Genthe S., 1870~1904)는 1901년 6월 한라산을 등정하여 높이가 1950미터임을 밝혔고, 쾰른신문(1901. 10. 13.~1902. 11. 30.)에 「코리아, 겐테 박사의 여행기」[1]를 연재하면서 한라산 등반 과정에서 체험했던 것들을 생생하게 남겼다. 프랑스 신부인 타케(Taquet E. J., 1873~1952)는 1902년부터 1915년까지 제주도에서 선교하면서 수많은 식물을 채집하여 유럽으로 보냈고, 이를 계기로 제주도의 식물이 전 세계에 알려지게 되었다. 특히 1908년 4월에 채집된 왕벚나무 표본은 왕벚나무 자생지가 제주도라는 설이 태어나는 계기를 만들었다. 그리고 프랑스 신부 포리(Faurie U., 1847~1915)도 1907년 5월부터 10월까지 제주도에 머물면서 타케 신부와 함께 수만 점의 식물을 채집해 유럽의 식물학자들에게 전하여 제주도 식물을 세계화하는 데 공헌하였다(김찬수, 2009). 하지만 이들은 천주교 선교 비용을 마련하기 위해 제

---

1) 겐테의 여행기는 그가 세상을 떠나자 1905년 그의 동료 베게너(Begener G.) 박사에 의해 『겐테, 코리아(Genthem Korea)』라는 제목으로 발간되어 한라산과 제주를 유럽에 알리는 계기가 되었고, 우리나라에서는 『겐테의 한국기행』(대구효성가톨릭대학교출판부, 1999)과 『독일인 겐테가 본 신선한 나라 조선, 1901』(책과함께, 2007)로 번역되었다.

〈표 2〉 제주도를 연구한 선구자들(1900~1971)

분야	인명 (생몰연도)	전공 (저서)	논저 발표시기					
			1900~09	1910~19	1920~29	1930~45	1946~53	1954~71
언어	오구라(小倉進平, 1982~1944)	조선방언		○	○	○		
	방종현(1905~1952)	조선어				○	○	
	석주명(1908~1950)	제주방언					○	○
	현평효(1920~2004)	제주방언						○
	김영돈(1933~2001)	제주민요/해녀						○
역사	아오야기(青柳綱太郎,1877·1932)	고전발긴	○	○	○			
	이응호(1871~1950)	탁라국서				○		
	김석익(1885~1956)	탐라기년		○				○
	김태능(1906~1972)	제주사						○
문화	김두봉(金斗奉, 1887~?)	제주도실기				○		
	담수계(淡水契)	증보탐라지						○
민속	이마무라(今村鞆, 1870~1943)	민속		○	○	○		
	무라야마(村山智順, 1891~1968)	민속			○	○		
	아키바(秋葉隆, 1888~1954)	민속				○		
	홍정표(1907~1992)	제주민요/사진					○	○
	장주근(1925~2016)	무속						○
	현용준(1931~2016)	제주무속						○
	진성기(1936~)	제주민요/전설						○
사회	젠쇼(善生永助, 1885~1971)	사회			○	○		
	석주명(1908~1950)	인구조사					○	
지리	겐테(S. Genthe, 1870~1904)	한라산	○					
	마스다(桝田一二, 1895~1974)	지리				○		

분야	인명 (생몰연도)	전공 (저서)	논저 발표시기					
			1900 ~09	1910 ~19	1920 ~29	1930 ~45	1946 ~53	1954 ~71
지리	나카무라(中村新太郎, 1910–1977)	화산			○			
	김상호(1918–2002)	지형학						○
	우낙기(禹樂基, ?–?)	관광지리						○
지질	라우텐자흐(H. Lautensach, 1886–1971)	지리/지질				○		
	하라구치(原口九萬, 1905–?)	지질			○	○		○
식물	타케(E. J. Taquet, 1873–1952)	식물채집	○					
	나카이(中井猛之進, 1882–1952)	식물분류	○	○	○	○		
	이시도야(石戶谷勉, 1891–1958)	식물분류			○	○		
	부종휴(1926–1980)	제주식물/동굴						○
동물	모리(森爲三, 1884–1962)	동식물		○	○	○		
	가미타(上田常一, 1905–?)	해양생물				○		
	구로다(黑田長禮, 1889–1978)	조류		○	○			
	원홍구(1888–1970)	조류				○		
곤충	이치카와(市河三喜, 1886–1970)	곤충	○					
	오카모토(岡本半次郎,1882–1960)	곤충			○			
	무라야마(村山釀造, 1889–1976)	산림해충				○		
	조복성(1905–1971)	곤충						○
	석주명(1908–1950)	곤충				○	○	○
종합	석주명(1908–1950)	제주도학				○	○	○
	이즈미(泉靖一, 1915–1970)	문화인류학						○

주도 식물들을 팔고 외국으로 유출하였다는 비판을 받기도 한다.

한편, 영국의 런던동물학회는 1905년에 43일간의 제주도 탐사를 하게 되는데, 미국 동물학자 앤더슨(Anderson M. P., 1879~1919) 일행은 한라산 일대를 돌며 동물, 곤충, 조류, 식물 등을 채집하였다(고영자, 2013). 당시 일본 제일고교 학생이었던 이치카와(市河三喜, 1886~1970)는 통역원이자 조수로 참가하여 제주도 곤충을 채집해 일본 곤충의 대가였던 마츠무라(松村松年, 1872~1960)에게 보냈다. 그리고 이치카와 자신도 1906년 20세 어린 나이에 일본 박물학회지『박물지우(博物之友)』에「제주도기행(濟州島紀行)」을 3회에 걸쳐 발표하고,「제주도의 곤충(濟州島の昆蟲)」에서 제주도 곤충 30과 78종을 발표하기도 하였다.

제2절 일제강점기 제주도 연구자들

일찍 근대화를 이룬 일본은 1910년 우리나라를 침탈하여 식민지화하였고, 조선은 일제강점기에 접어들었다. 일제는 제주도를 아직 개발해야 할 자원의 보고(寶庫)로 보았다. 일제강점기 일본 학자들은 제주도의 지질, 동식물, 언어, 민속, 역사, 사회 등에 대한 자료를 수집하고 연구하기 시작했다. 제주도의 자연과 사회를 알아야 자원을 수탈하고, 제주도의 언어와 문화를 알아야 제주인을 지배할 수 있었기 때문이었다.

조선고어와 제주방언을 연구한 언어학자 오구라(小倉進平, 1982~1944), 조선 역사와 문화사를 번역 발간한 어용언론인이자 식민사학자인 아오야기(靑柳綱太郎, 1877~1932), 초대 도사(島司)를 지낸 재야 민속학자 이마무라(今村鞆, 1870~1943), 조선총독부 촉탁직원인 민속학자 무라야마(村山智順, 1891~1968), 무속연구에 문화인류학 기법을 도입한 민속학자 아키바(秋葉隆, 1888~1954), 조선총독부의 식민정책에 앞장선 사회학자 젠쇼(善生永助, 1885~1971), 지리학자 마스다(桝田一二, 1895~1974), 서귀포층을 비롯한 제주도 지질을 연구한 하라구치(原口九萬, 1905~?), 제주도 화산을 연구한 나카무라(中村新太郎, 1910~1977), 제주도 식물을 채집하고 정리한 식물학자 나카이(中井猛之進, 1882~1952)와 이시도야(石戶谷勉, 1891~1958), 제주도 동물을 연구했던 모리(森爲三, 1884~1962), 제주도 해양생물을 연구했던 가미타(上田常一, 1905~?), 제주도 새들을 연구한 조류학자 구로다(黑田長禮, 1889~1978), 제주도 곤충을 79과 485종으로 정리한 오카모토(岡本半次郎, 1882~1960), 조선총독부 기수 技手였던 산림해충 전문가 무라야마(村山釀造, 1889~1976) 등은 제주도의 자연과 인문사회 분야의 전모를 밝히려는 데 주력하였다. 이들은 각 분야에서 제주도 연구를 시작했고, 오늘날까지도 그것들은 제주도의 자연과 인문사회를 연구하는 기초자료가 되고 있다. 그러나 그들 대부분은 조선총독부 직원이거나 조선 식민화를 위해 경성제국대학, 사범학교, 고등보통학교 등의 교원으로 파견되어 일본제국의 식민정책의 일환으로 제주도를 연구하였다는 한계가 있다.

일제강점기에 제주도를 연구한 조선인들도 더러 있었다. 이를테면, 제주도 방언에서 방종현(1905~1952), 조류鳥類에서 원홍구(1888~1970), 곤충에서 석주명 등이다. 하지만 일제강점기에 제주 출신 김석익金錫翼(1885~1956)의 『탐라기년耽羅紀年』(1914), 이응호李膺鎬(1871~1950)의 『탁라국서乇羅國書』(1931), 김두봉金斗奉(1887~?)의 『제주도실기濟州島實記』(1932)는 제주인들에게 탐라의 혼을 고양시킨 향토사서라 할 수 있다.

제3절 정치적 혼란기 석주명의 제주도 연구

1945년 일제강점에서 해방은 되었지만, 우리 민족은 남북으로 갈라지고, 대한민국 정부 수립 과정에서 제주도는 제주4·3의 참극을 겪고, 한국전쟁에서 피난민들이 몰려들면서 제주도의 자연과 인문사회는 본모습을 점차 잃어가게 된다. 따라서 이 시기에 제주도 연구를 한다는 것은 생각할 수조차 없었다. 하지만 석주명은 남북분단, 제주4·3, 정부수립, 한국전쟁 등을 거치는 정치적 혼란기에도 제주도 연구를 지속할 수 있었다. 그는 해방 직전에 제주도의 자연과 인문에 대한 관련 자료를 충분히 수집해놓고 있었다. 그는 "나는 제주도에 관심을 가진 사람의 하나이다. 무엇을 보든지 듣든지 제주도에 관한 것이면 정리하는 것이 나의 연구 테마의 하나이다."(1949e)라고 하고 있다. 그는 제주도시험장에 1943년 4월부터 1945년 5월까지 2년 남짓 근무하는 동안 카드로 2만 매 정도의 제주도 관련 자료를 수집했다.

1945년 8·15 해방이 되자 석주명은 곧바로 제주도총서 기획에 들어갔다. 그동안 수집한 자료들을 정리하고 분석하여 6권의 총서로 발간하려 한 것이다. 제주도총서 가운데 『제주도방언집』(1947), 『제주도의 생명조사서-제주도 인구론』(1949), 『제주도문헌집』(1949)은 한국 전쟁 전에 출간됨으로써 해방되고 새 나라를 꿈꾸던 국민들에게 제주도의 가치를 세상에 알리는 중요한 역할을 하였다. 그는 제주도총서의 나머지 세 권을 출간하기 위해 최선을 다했고, 한국전쟁이 발발하던 1950년 6월 당시에 『제주도수필-제주도의 자연과 인문』은 이미 교정이 완료되어 인쇄 직전이었고, 『제주도곤충상』은 인쇄를 위한 활자들이 골라졌으며, 『제주도자료집』 원고가 마무리된 상태였다. 그러나 안타깝게도 한국전쟁 중에 그가 사망하면서 그것들은 출간이 보류됨으로써 훗날 유고집으로 출간되어야 했다.

만일 석주명의 목숨을 건 각고의 노력이 없었다면, 이 시기의 제주도 연구는 전무했을 것이다. 하지만 그의 희생 덕분에 제주4·3과 한국 전쟁으로 훼손되기 이전 제주도의 자연과 인문사회의 모습을 어느 정도 그려낼 수 있게 되었다.

제4절 산업화 시기의 제주도 연구

제주4·3과 한국전쟁이 끝나면서 제주도에서는 역사와 문화에 대한 각성이 일기 시작하였다. 김문희金汶熙, 김범준金範埈 등 12명은 담수계淡水契를 조직하여 제주도의 역사를 일반 사람들도 알아보기 쉽게 옛 문헌자료를 번역하고 수정하여 1954년에 『증보탐라지增補耽羅誌』를 편찬하였다.

한국전쟁이 끝나자 우리나라 지리학계에서 제주도에 대한 관심을 갖기 시작했다. 제주도 출신인 김상호金相昊(1918-2002)는 서울대학교 지리학과 교수(1954-1984)로 재직하면서 제주도의 지형과 자연지리에 대한 논문들을 지속적으로 발표하였고, 우낙기禹樂基(?-?)는 『제주도濟州道(대한지지大韓地誌1)』(1965)를 한국지리연구소에서 펴냈다. 우낙기의『제주도』는 1962년부터 3년 동안 제주도를 현지조사하고, 세종실록지리지世宗實錄地理志, 동국여지승람東國輿地勝覽, 대동여지도大東輿地圖 등 우리고전, 구한말 일본군부와 일제강점기 조선총독부 자료, 석주명의 제주도총서, 진성기의 제주무속과 김영돈의 제주민요 자료, 그리고 제주도(제주시, 북제주군, 남제주군) 통계자료 등을 참고하여 저술한 것으로 총 3부로 이뤄져 있다. 1부 자연환경에서는 위치와 역사, 지형, 지질, 암석, 화산구조선, 항만, 기후, 생물 등에 대해, 2부 인문환경에서는 인구와 취락, 산업, 상공업, 문화, 행정과 사회, 교통과 통신, 관광, 민속 등에 대해, 제3부 지역환경에서는 제주시, 북제주군(애월면, 한림읍, 한경면, 조천면, 구좌면, 추자면), 남제주군(대정읍, 안덕면, 중문면, 서귀읍, 남원면, 표선면, 성산면)의 역사와 위치, 지세, 인구와 취락, 산업, 상공업, 문화, 교통과 통신, 주요 기관과 사회환경, 관광과 민속 등에 대해 기술한 역작이라 할 수 있다.

그리고 1960년대부터 산업화가 시작되면서 우리 것, 제주적인 것, 제주다움, 제주 정체성 등을 찾게 되고, 제주 출신 연구자들도 제주의 자연과 인문사회에 관심을 갖기 시작하였다. 국어학자인 현평효(1920~2004)와 민속학자인 장주근(1925~2016)은 초창기 제주대학 국문과에 재직하면서 현용준(1931~2016), 김영돈(1933~2001), 진성기(1936~) 등 제주도 1세대 민속학자들을 양성하게 된다. 그리고 그들은 제주도의 방언, 민요, 무속, 신화 등을 수집하고 연구하고 교육하기 시작하였다. 진성기는 이미 대학생 때인 1958년부터 제주도 민요, 속담, 설화, 무가 등을 수집하여 발간하기 시작하였고, 1962년에『제주도학』을 펴냈으며, 1964년에 민속자료를 전시하는 제주민속박물관을 개관하기도 하였다. 김영돈은 1965년『제주도민요연구(상)』를 펴내었는데, 여기에는 맷돌·방아 노래, 해녀노래, 김매는 노래 등 1,400여 편의 제주민요와 분포도, 김국배가 채보한 제주민요 악보 10여 편을 수록하고 있어서 민요연구의 모델이 되었다. 현용준은 제주도에서 발행하는『제주도』지와 제주대학신문에 당신화, 본풀이, 굿놀이 등 제주도의 무속 자료들을 소개하고 연구하였다. 그리고 홍정표(1907~1992)는 1950년대부터 수집한 민속미술품들을 보존하기 위해 1967년 미술관을 설립했고, 1963년에는 제주도 노동요 130여 편을 수록한『제주민요해설집』을 출간했으며, 사진으로 제주도 모습을 기록하기 시작했다. 향토사학자인 김태능(1906~1972)은 1950년대 말부터 제주에 관한 향토사료를 발굴하여 타계하기 전까지 〈제주신문〉과 『제주도』지, 『제주시』지 등에 제주사와 관련된 63편의 글을 발표하였다. 한편 김녕초등학교 교사였던 부종휴(1926~1980)는 1946년 어린 학생들과 만장굴을, 1969년에는 빌레못동굴을 탐사하여 세상에 알렸고, 한라산을 수없이 오르내리며 식물채집을 하여 미발표분을 포함해 한라산에 1,800여 종의 식물이 분포한다는 것을 밝혔으며, 제주도가 왕벚나무 자생지임을 확인하였다.

　1960년대에 제주학과 관련해서 주목할 만한 사건은 이즈미(泉靖一, 1915~1970)의 『제주도濟州島』(1966)와 석주명의 『제주도수필-제주도 자연과 인문』(1968)을 출간한 일이다. 석주선은 한국전쟁으로 출간되지 못했던 석주명의 3권의 제주도총서를 유고집으로 출간하였다. 『제주도수필』을 시작으로 『제주도곤충상』(1970), 『제주도자료집』(1971)이 차례로 발간됨으로써 제주도총서가 완간된 것이다. 석주명의 제주도총서 완간과 이즈미의 『제주도』 발간은 제주도 연구에서 중요한 의미가 있다. 그것들은 제주도를 특정 한두 분야에서 다룬 것이 아니고 인문, 사회, 자연을 아우르면서 제주도를 종합적이면서 총체적으로 다루고 있다.

제5절 석주명과 이즈미(泉靖一)의 제주도 연구

　석주명과 이즈미는 1930년대 중반에 제주도를 찾았다. 개성의 송보고보 교사였던 석주명은 1936년 여름 한 달간 제주도에서 나비채집을 하면서 제주도의 자연과 문화에 관심을 갖게 되었다. 그에 대한 기록은 1937년에 발간된 일본 나비학술지 『제피루스(Zephyrus)』의 「제주도나비채집기(濟州島産蝶類採集記)」와 『지리학연구』의 「제주도의 회상(濟州島の思ひ出)」에 실려 있다. 1942년 4월 송도중학(송도고보) 교사를 사직한 그는 7월부터 경성제국대학 의학부 소속인 개성의 생약연구소 촉탁으로 근무하다가, 1943년 4월 서귀포에 생약연구소 제주도시험장이 개장되자 책임자로 파견되었다. 그는 1945년 5월까지 2년 남짓 근무하면서 훗날 제주도총서의 밑거름이 되는 자료들을 수집하였다.

그리고 경성제국대학 학생였던 이즈미는 1935년 여름 제주도를 여행하면서 제주도의 자연과 문화에 관심을 갖게 되었고, 그해 겨울 한라산 등반과정에서 동료 마에카와(前川智春)를 잃게 되면서 일문학에서 문화인류학으로 전공을 바꿔 1936년에서 1937년에 걸쳐 신들린 듯 제주도 마을을 돌아다녔다. 마침내 그는 1938년 3월 졸업논문으로 「제주도-그 사회인류학적 연구(濟州島-その社會人類學的研究)」를 제출하게 된다. 그리고 그는 군복무를 마친 후 경성제국대학 조수 겸 서기로 근무하다가 1942년 일본제국이 뉴기니섬을 침공하여 점령하자 조선총독부 지시로 뉴기니아에 해군성 군무원으로 파견되어 1년간(1942. 12. 18.~1943. 12. 17.) 근무하였다. 이후 그는 경성제국대학으로 복귀하여 이과(理科)교원양성소 강사, 대륙자원과학연구소 촉탁 등으로 근무하다가 8·15 패전을 맞게 된다.

이처럼 석주명과 이즈미는 비슷한 시기에 제주도를 찾았고, 해방 직전에는 두 사람 모두 경성제국대학 소속이었다. 하지만 그들이 서로 만났다거나 교류하였다는 기록은 없다. 당시에 석주명은 곤충학자로 유명세를 떨치고 있었지만 이즈미의 관심 분야와는 달랐고, 석주명 역시 아직은 20대의 무명의 문화인류학도를 알 리가 없었다. 하지만 훗날 이즈미는 『제주도』(1966)의 해방 이후 부분의 참고문헌에서 석주명의 『제주도의 생명조사서』를 수록하고 있다.

석주명의 제주도총서와 이즈미의 『제주도』는 자료가 수집되거나 정리된 후 오랜 시간이 지난 다음에야 출간되었다는 특징이 있다. 석주명의 제주도총서는 첫 권 『제주도방언집』(1947)부터 마지막 권 『제주도자료집』(1971)을 출간하기까지 24년이 소요되었고, 그가 제주도에 관심을 가진 지 35년이 흐른 후에야 완간되었다. 그리고 이즈미의 『제주도』(1966)는 그의 1938년 3월 졸업논문 「제주도-그 사회인류학적 연구(濟州島-その社會人類學的研究)」가 주요 부분을 차지하는데, 그것이 출간된 것은 논문이 쓰인 지 28년이 지나고, 그가 제주도에 관심을 가진 지 30년이 지난 다음이었다.

석주명의 제주도총서와 이즈미의 『제주도』는 특정 분야가 아니라 제주도를 총체적으로 다루고 있다는 점에서는 유사하나 집필 방식이 서로 다르다. 제주도총서는 각기 독립적인 성격을 띠고 집필 방식이 다른 6권의 단행본으로 이뤄져 있다. 석주명은 제주도의 방언, 인구, 곤충, 문헌에 대해서는 각각『제주도방언집』,『제주도의 생명조사서』,『제주도곤충상』,『제주도문헌집』에서 상세하게 다루고 있다.『제주도방언집』은 제주어 어휘집이자 연구서이면서 자료집이고,『제주도의 생명조사서』는 제주도 인구조사 보고서이면서 인구를 매개로 당시 제주사회를 분석한 연구서이며,『제주도곤충상』은 곤충학자인 석주명이 전문성을 가장 잘 발휘한 제주도 곤충 전문서이다.『제주도문헌집』은 제주도 연구를 위해 필요한 문헌들을 저자별, 분야별, 시대별로 모은 문헌목록집이지만, 주요 저자와 논저들에 대해서 석주명이 평가하고 있다는 점에서 색다른 서지학적 가치를 지니는 저서이다.

반면에『제주도수필』과『제주도자료집』은 나머지 총서와 성격을 달리한다.『제주도수필』에서는 제주도의 자연과 인문에 대해서 폭넓게 다루고 있다. 자연에 대해서는 기상, 해양, 지질, 광물, 식물, 동물, 곤충 7개 분야, 인문에 대해서는 전설, 종족, 방언, 역사, 인물, 민속, 의식주, 일상생활, 지리, 도읍, 촌락, 산악, 도서島嶼, 지도, 교통, 통신, 농업, 임업, 축산, 수산, 기타산업, 정치, 행정, 사회, 인구, 특수부락, 위생, 교육, 종교, 문화 등 25개 분야에 대해서 논하고 있어서『제주도수필』은 작은 제주도 백과사전이라 할 수 있다.『제주도자료집』은 그동안 신문과 잡지에 이미 발표했거나 발표하려던 글들과 앞선 제주도총서에 담기지 않은 글들을 모은, 문자 그대로 제주도 자료집이다. 제주도총서는 1943년부터 1949년까지 저자가 수집하고 조사한 내용들을 담고 있어서, 우리는 그것을 통해서 일제강점기 말부터 한국전쟁 직전까지의 제주도의 모습을 엿볼 수 있다.

이즈미의『제주도』는 3부로 이뤄져 있다. 1부 제주도민족지(1935~1937년 현재)는 그의 경성제국대학 1938년 3월 졸업논문「제주도-그 사회인류학적 연구(濟州島-その社會人類學的研究)」를 제목만 바꾼 것으로 이 책의 대부분을 차지하며 주요 부분이라 할 수 있다. 이 부분은 자연환경(지질, 지형, 수계, 해류, 기상, 식물, 동물), 촌락(주민과 역사, 부락의 분포상태와 성격, 성씨, 촌락과 일터, 교통), 가족(세대인구와 가족성원, 가족의 먹거리, 농업과 가족, 목축과 가족, 어로와 가

족, 섬의 여성), 초가족집단(친족관계, 수눌음과 계, 물방애집단, 물을 중심으로 하는 생활), 종교(섬의 성소, 우도의 도네마을 행사), 민구民具(의류, 식기, 생활용구, 농구, 어구, 가옥), 부록(272개 제주방언 어휘)으로 이뤄져 있다. 이는 저자가 1935년부터 1937년까지 제주도를 여러 차례 현지답사하고 당시 일본 학자들의 자료들을 참고하여 논문화한 것이다. 따라서 비록 학부 졸업논문이지만 단순한 자료집이 아니라 각 부분에서 자신의 주장을 드러내고 있어서 1930년대 중반의 제주도의 모습을 엿볼 수 있는 중요한 자료라 할 수 있다.

그리고 『제주도』의 제2부 도쿄에 있어서의 제주도(1950년 현재)는 당시 제주인들이 도쿄에 이주하는 과정, 분포, 가족구조, 소비생활, 교육·종교생활 등을 기록하고 있어서, 제주인들이 공간적 변화 속에서 어떻게 달라지는지를 보여준다. 제3부 제주도에 있어서의 30년(1965년 현재)은 저자가 도쿄대학 동양연구소 교수로 재직할 당시에 쓴 논문이다. 그는 이를 위해 1965년 제주도를 방문하였고, 해방 이후에 나온 한국 학자들의 제주도의 방언, 민요, 무속 등의 자료들을 참고하였다. 이즈미는 1부와 3부를 통해서 30년이라는 시간적 변화 속에서 제주도의 경제, 가족, 친족 등이 어떻게 달라졌는가를 보여주고 있다. 그리 본다면 『제주도』는 김종철의 번역본의 표제처럼 일본 문화인류학자의 30년(1935~1965)에 걸친 제주도 보고서라 할 수 있다.

이즈미의 『제주도』와 석주명의 제주도총서는 일제강점기 가운데 특정 시기의 제주도 모습을 그린다는 점에서는 공통점이 있다. 전자는 1930년대 중반, 그리고 후자는 1940년대 전반의 제주도를 무대로 하고 있다. 하지만 전자는 일본의 문화인류학도가 제국주의 학자들의 성과를 토대로 제주도를 조사한 산물이라는 한계가 있다. 이는 그의 경성제국대학 졸업논문이면서 이 책의 제1부 제주도민족지(1935~37년 현재)를 저술하면서 참고한 50여 권의 문헌들 가운데 당시의 조선 학자들의 논저는 전무하다는 사실만으로도 알 수 있다. 하지만 해방 이후에 쓴 제2부 도쿄에 있어서의 제주도(1950년 현재)와 제3부 제주도에 있어서의 30년(1965년 현재)의 경우 장주근, 진성기 등 1950년대 후반부터 제주도 자료를 수집하고 연구한 한국 학자들의 논저 38권을 참고문헌으로 수록했다는 것은 고무적이다.

이에 비해 석주명은 제주도총서를 논술하면서 일본 학자들의 성과뿐만 아니라 우리 고전과 일제강점기 우리 학자들의 성과, 그리고 서양 학자들의 성과도 충실하게 참고하고 있다. 이는 제주도총서의 참고문헌이자 자신이 제주도 연구를 위해 읽었던 논저를 정리한 『제주도문헌집』(1949)에 잘 나타나 있다. 여기에 수록된 조선인 논저 282편, 일본인 논저 774편, 서양인 논저 21편은 일제강점기 동안의 연구임에도 민족적인 시각을 견지하면서 국제적이고 객관적인 시각을 놓지 않았다는 것을 보여준다. 하지만 그러한 시각 역시 지역을 연구하는 데는 여전히 한계가 있다.

석주명은 반$_{半}$제주인이라 자처하지만, 그는 제주문화를 제주인의 입장에서 주체적으로 바라보지 못하고 일부에서는 계몽의 대상으로 바라보고 있다. 그리고 그는 제주문화를 그 자체로 평가하지 않고 한국의 옛 모습을 간직하기 때문에 가치가 있다는 입장을 취한다는 점에서 비판의 여지가 있다(김치완, 2019). 뿐만 아니라 그는 제주방언과 제주문화를 논하면서 일부에서 오류도 범하고 있다. 이는 비전문가이자 이방인인 데다 선구자로서 학문적 미숙성 때문에 부딪치게 되는 한계이기도 하다. 하지만 석주명은 한국인으로서 제주도의 자연, 인문, 사회를 아우르며 종합적이고 총체적으로 바라보려고 한 최초의 연구자라는 점에서 제주학의 선구자이다. 석주명은 앞으로 제주학 연구자들이 딛고 가야 할 디딤돌이다. 앞으로 제주학의 과제는 제주인의 주체적(지역적) 시각을 취하면서도 민족적(국가적), 인류적(세계적) 견지에서 제주도의 자연, 인문, 사회를 연구하고 제주학을 발전시키는 것이다.

제5장 맺음말

석주명은 나비박사로 널리 알려진 세계적인 나비학자였다. 나비는 한자로 '접蝶', 영어로 '버터플라이Butterfly' 그리스어로 '프시케Psyche'라 불린다. 특히 나비를 의미하는 그리스어 프시케는 숨결, 정신, 마음, 영혼을 뜻하기도 하여, 창공을 하늘하늘 날아다니는 나비는 영혼의 또 다른 모습으로 보이기도 한다. 나비의 애벌레는 식물의 잎이나 줄기, 열매를 갉아먹어 농부들의 마음을 아프게 하기도 하지만, 아름다운 나비는 세파에 찌든 우리의 영혼을 정화시켜준다.

석주명은 나비가 그저 아름다운 곤충이어서 연구에 몰두한 것은 아니었다. 나비는 생태계뿐만 아니라 생명의 그물에 한 자리를 차지하면서 자연의 비밀을 간직하고 있다. 그는 미물에 불과한 나비를 통해 자연법칙을 발견하고 궁극적으로는 인간의 행복을 위해 나비 연구에 일생을 바쳤다. 그는 나비를 깊게 연구하면서 생물학과 자연사뿐만 아니라, 우리의 역사와 고전에 대해서도 섭렵을 했고, 그 과정에서 자연 분야뿐만 아니라 인문사회 분야에도 관심을 갖게 되었다.

석주명은 지적 호기심이 누구보다 강했다. 그는 '방언과 곤충' 사이에 유사성이 있다는 것을 알고 곤충학에서 방언학으로, 자연학에서 인문학으로 관심 분야를 점점 확장해나갔다. 그를 더욱 자극한 것은 제주도였다. 그는 1936년 여름 한 달간 제주도에서 나비채집을 하면서 제주도의 독특한 자연과 문화에 매료되었다. 하지만 한 지역을 연구하기 위해서는 많은 시간과 노력이 필요하다. 그곳의 자연을 알려면 최소한 사계절을 보내야 하고, 그곳의 문화를 이해하기 위해서는 그 문화 속으로 뛰어들어야 한다. 하지만 그런 기회가 누구에게나 주어지는 것은 아니다.

인연은 참으로 묘했다. 그는 1942년 3월 송도고보(1938년부터 송도중학으로 개칭) 교사를 사직하고 1942년 7월부터 개성에 있는 경성제국대학 부속 생약연구소 촉탁으로 들어갔다. 제주도는 우리나라에서 가장 따뜻해서 다른 곳에는 없는 과일과 150여 종의 약초가 자생하는 곳이어서 각종 약용식물과 아열대식물을 시험재배하기 위한 최적지였다. 경성제국대학 부속 생약연구소에서는 1941년 11월부터 제주도에 약용식물과 아열대식물을 시험재배하기 위한 시험장 계획을 추진하였고, 마침내 1943년 4월 서귀포 토평에 경성제국대학 부속 생약연구소 제주도시험장이 개장되었다. 그는 경성제국대학 부속 생약연구소 제주도시험장 책임자로 부임하게 되었다. 그리고 1945년 5월까지 2년 남짓 근무하면서 제주도의 자연, 언어, 역사, 민속, 인구, 문헌 등에 대해서 자료를 수집하고 분석하고 연구하였다. 제주도를 입체적으로 연구하는 과정에서 자연, 인문, 사회 분야를 두루 넘나드는 통합학자가 되었다.

그가 제주도를 연구하게 된 것은 단순한 지적 호기심만은 아니었다. 그는 제주자연이 우리 민족의 삶의 터전을 확장해주고, 제주방언과 제주문화는 옛 우리말과 문화의 모습을 잘 간직하고 민족문화를 풍성하게 해준다고 믿었다. 그리고 사라져가는 제주도의 자연과 문화를 하루빨리 규명해야 된다는 것을 알았다. 그러기에 곤충학자이자 이방인임에도 불구하고 곧바로 제주도 연구에 뛰어들었고, 마침내 6권의 제주도총서, 즉 『제주도방언집』(1947), 『제주도의 생명조사서-제주도 인구론』(1949), 『제주도문헌집』(1949), 『제주도수필-제주도의 자연과 인문』(1968), 『제주도곤충상』(1970), 『제주도자료집』(1971)을 결집해내었다. 그는 제주도의 가치를 알고 사랑한 스스로를 '반#제주인'이라 자부하였다. 그런 그를 후학들은 '제주학의 선구자'라고 부른다.

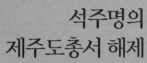

2부

석주명의
제주도총서 해제

1945년 8월 해방이 되자 석주명은 그동안 수집한 제주도 자료들을 본격적으로 분석하여 제주도총서로 정리해 서울신문사에서 2개월에 1권씩 모두 1년 동안 6권의 책으로 출간할 계획을 세웠다. 하지만 계획대로 진행되지는 못했다. 그의 생전에 『제주도방언집』(1947), 『제주도의 생명조사서-제주도인구론』(1949), 『제주도문헌집』(1949)이 발간되지만, 나머지 3권은 발간되지 못하였다. 한국전쟁 중인 1950년 6월 당시에 『제주도수필-제주도의 자연과 인문』은 출판사에 넘어가 교정이 완료되어 인쇄 직전이었고, 『제주도곤충상』은 조판組版하기 위해 활자를 골라 뽑은 상태였으며, 『제주도자료집』(1971)은 원고가 마무리된 상황이었다. 하지만 석주명이 10월 6일 졸지에 세상을 떠남으로써 완간되지 못하다가 여동생 석주선의 노력으로 유고집으로 발간되었다.

〈그림 1〉 제주도방언집

〈그림 2〉 제주도의 생명조사서

〈그림 3〉 제주도문헌집

〈그림 4〉 제주도수필

〈그림 5〉 제주도곤충상

〈그림 6〉 제주도자료집

『제주도방언집』

강영봉

제1장 개요

　『제주도방언집』은 석주명石宙明의 첫 제주도 관련 서적이다. 표지 중앙 상단에는 붉은색으로『제주도방언집』이라 인쇄되어 있고 그 아래로「석주명 저」라고 표기되어 있다. 이는 1949년「석주명 저」가 위에 인쇄된『제주도의 생명조사서-제주도인구론』이나『제주도문헌집』과는 다른 점이다. 발행처는 뒤표지에「서울신문사출판부간행」이라 되어 있다. 신문 제호인 '서울신문'이 그대로 쓰인 점이 특이하다. 속표지는 표지와는 달리『제주도방언』이라 되어 있으며, 판권장에는 표지와 똑같이『제주도방언집』이라 표기되어 있다. 출판 사항은 세로로, '서기 1947년 12월 25일 인쇄/ 서기 1947년 12월 30일 발행, 임시정가250원/ 저자 석주명/ 발행자 하경덕/ 인쇄자 김원식/ 발행처 서울신문사출판부'로 되어 있다. 전체 188쪽이다.

　이 책은 '제1편 제주도방언집(7~94쪽), 제2편 고찰(95~136쪽), 제3편 수필(137~188쪽)' 등 모두 3편으로 구성되어 있는데, 그 목차는 다음과 같다.

서

제1편 제주도방언집

　ㄱ~ㅎ

제2편 고찰

　제1장 제주도방언과 전라도방언의 공통어

　제2장 제주도방언과 경상도방언의 공통어

　제3장 제주도방언과 함경도방언의 공통어

　제4장 제주도방언과 평안도방언의 공통어

　제5장 제주도방언과 반도 대표의 4방언

　제6장 제주도방언중전라도·경상도·함경도·평안도등 제지의 방언과 일치하고 소위 표준
　　어와는 상이한 제어

　제7장 제주도방언과 전라도방언과 경상도방언의 공통어

　제8장 제주도방언과 경상도방언과 함경도방언의 공통어

　제9장 제주도방언과 전라도방언과 함경도방언의 공통어

　제10장 제주도방언과 함경도방언과 평안도방언의 공통어

　제11장 제주도방언과 경상도방언과 평안도방언의 공통어

　제12장 제주도방언과 전라도방언과 평안도방언의 공통어

　제13장 제주도방언과 타4방언의 상관도

　제14장 제주도방언과 반도 방언3개식을 조합해서 음미함

　　가 제주도방언과 전라도방언과 경상도방언과 함경도방언의 공통어

　　나 제주도방언과 경상도방언과 함경도방언과 평안도방언의 공통어

　　다 제주도방언과 전라도방언과 함경도방언과 평안도방언의 공통어

　　라 제주도방언과 전라도방언과 경상도방언과 평안도방언의 공통어

　　마 본장의 총괄

　‘목차’와 본문을 비교할 때, ‘제17장 나’의 ‘제주도방언 중 지나어와 관계있는 것’이 본문에는 ‘제주도방언 중 중국어와 관계 있는 것’으로, ‘지나어’가 ‘중국어’로 바뀌어 있다.

　‘제1편 제주도방언’에서는 7,012 어휘 등이 수록되어 있으며, ‘제2편 고찰’에서는 무려 18장의 내용으로 다른 지역 방언과의 비교는 물론 몽골어를 비롯하여 중국어, 만주어, 일본어 등과 비교한 내용을 수록하고 있다. ‘제3편 수필’에서는 378개 표제항에 따른 내용이 소개되어 있다.

제2장 내용*

제1절 머리말

속표지 다음의 '서序'(3쪽)에서 '해방 후 우리말을 찾는 데 분망한 사실, 1947년 6월에 탈고한 사실, 도움을 준 이들에 대한 감사' 등을 밝히고 있는데, 그 내용은 다음과 같다.

서序

1943년 4월부터 1945년 5月까지 만 2개년여를 필자는 제주도에서 생활할 기회를 가졌다. 경성제국대학부속생약연구소 제주도시험장에서 근무하였었는데, 전문하는학문외에 틈틈이 수집한 제주도자료의 하나가 이것이고, 일본제국주의시대의 말기의 일이라 물론로골적으로는 못하였으나, 소위 대학의관리라고해서 비교적 자유로운몸이였든관계로 능률을내었다. 1945년 5월에 개성에 있는 본소로 전근할 때도 다행히 아모손실이 없어서 내면적으로 틈틈이정리하다가, 8월 15일 우리민족이 해방되자, 먼저우리말을찾고서는 곧 이것을 표면에 내놓고 정리에분망하였었다. 그리고 1947년 6월에 들어와서야 탈고하게되었으니 이일은 전후 5개년에 긍亘하야 된 것이다.

이것을 완성하기에는 표준어를 비롯하야 지방어를 교시하야주신 여러동무들의 도움을 많이 얻었는데, 책임을 분명케하기위하야, 그곳마다 그동무들의 존명은 기록하야 경의를표하였다. 이제 다시 여긔서 감사의뜻을 표하고싶다.

여긔서 본서의 내용에대하여 조금 기록하고 싶다. 제1편방언집의 내용인 어휘는 좀더 장

---

* 이 글에서는 원문을 직접 인용할 경우, 띄어쓰기와 맞춤법은 원문 그대로 인용하는 것을 원칙으로 하였다.

기간을허한다면 좀더 수집할수가있었겠고 이 제1편을 기초로한 제2편 고찰은 제학자라면 좀더 발전시켰을것이다. 전문외인 필자라도 공통방언을 %로 계산해보고도싶었으나 자세한 것은 전문가에게 밀기로하고 필자는 그경향만 알 수있는것으로 만족하기로하였다.

1947. 6. 25. 서울에서

지은이 적음

이 '서'에 이어서 '목차'를 제시하고, 제1편 간지 다음에 18개 항의 일러두기 성격의 글을 싣고(9~11쪽) 있다.

1. 여기 수집한말은 필자의 제주도생활 2개년간에 도내각처에서 수집한것이나, 주로는 애월면출신 장주현張周鉉, 서귀면 호근리출신 김남운金南雲 양군의조력으로 문세영文世榮씨의 조선어사전을 「텍스트」로하야 모흔것이다.

2. 그러나 필자의 생활한장소가, 서귀면 토평리이니 남부어가 비교적으로 많을것이다.

3. 제주도어는 1방언으로 볼수있으나 제주, 정의, 대정의 3지방어로 다시 논흘수도있고, 또 일지방어도 부락마다 다소상위하니 세분한다면 끝이 없다. 그래서 편의상 상기의 양군을 통하야 계통적으로 한라산을 중심으로 북부어와 남부어로 이분하야 수집하였다.

4. 방언이라해도 단어에 한하지않고 필요에의해서는 어구까지를 포함해서 언어현상전체를 취급하였다.

5. 1어語 혹은 1구句에는 1매의 카드를 사용키로하고 제주어. 표준어급일본어를 기록하야 그 자료를 정리하였다.

6. 제주도에는 반도에서는 벌서 소멸된 「·」의 발음이 아직 남아있는데, 이것이 제주도에서는 극히많히 쓰인다. 즉 ㅏ도안이요, ㅓ도안이요, /ㅑ/도 안이라, 거진 ㅓ의 발음으로 「·」자를 부활시키는 수박게없었다.

7. 2개년간에 수집한카드의 수는 약1만매이였으나 중복된 것도있었고, 근미僅微의철자의 상위에 불과한것도 적지 않아 적당히선정키로 하였다. 다음의표는 철자선정의 표준이라고

볼 수 있고 즉앞자는 선정된 것, 뒷자는 낙선된것들이다. 그리고 동의어는 ＝로 연락連絡해서 동일한장소에서 볼수있도록하였다. (표 생략)

8.〈,〉는 강약, 대소급빈희大小及頻稀를 의미한다.

9. 제주어중 (괄호내)에있는자字는 그유무에 불관하고 의미가같다.

10. 편의를 위하여 반대어는 양방공히 동일장소에 중복되게 기입하고 연속적어連續的語는 최초어 개소個所에 중복하여 계통적으로 전부를 기입하였다.

11. 형편에따라 설명어 우又는 용례는 부기하였다.

12. 이 책은 사전이않이요, 어떤것은 어미의 변화같은 것도 실려서 체제가 좋지않은 것도 있으나, 이것을 기초로 그문법을 귀납함에 편케하였다.

13.『″』의 표는 동상同上 혹은 동전同前의 뜻이다.

14. 반도표준어가 없는 것에는 ―를 부附하고 말았다. 그러나 약간의 신칭新稱도 부하였다.

15. 물론 반도표준어로도 통하는 것이 많고 표준어가 일층 광범위로 쓰일 때라도 동의어의 제주어가 있다면 이책의 목적대로 제주어만을 사용하였다.

16. 전체적으로 보아 통일되지 않은점이 많은 것은 필자도 유감히 생각하는 바이다.

17. 반도표준어중에는 경성출신 서정준徐廷俊, 개성출신 김기중金器重 양씨의 도움으로 기록한 것이 적지 않다.

18. 특수어들은 따로모아 다음의 제편을 편집하였다.

①식물의 제주도명

②동물의 제주도명

③제주도의 동리명

제2절 제주도방언집과 고찰

1. 제주도방언집

'제1편 제주도방언집'은 문세영의 『조선어사전』(수정증보판, 1940)을 텍스트로 장주현(애월면 하가리 출신, 인동 장씨 후예, 1920~1975. 그의 조카인 제주대학교 장원석張元碩 교수에 따르면, "일제강점기 때 제주농업학교를 나왔고, 해방 후 서울 약대를 졸업하여 제주와 서울에서 약국을 개업한 바 있다. 한국전쟁 때는 군의관으로 참전하기도 하였다. 서귀포 생약연구소에 근무했다는 이야기를 들었다."라고 한다. 제주시교육장을 지낸 장주열張周烈은 그의 아우이다.), 김남운(서귀면 호근리 출신, 광산 김씨 후예, 1920~1998. 김광협金光協 시인의 부친) 2인을 주제보자로 하여 조사한 내용을 담고 있다. "단어에 한하지않고 필요에의해서는 어구까지를 포함해서 언어현상전체를 취급"하여 7,012 표제항을 제시하고 있다. 여기서 특이한 것은 제주어를 표준어보다 앞세우고 있다는 점이다. 이는 이전까지는 표준어를 앞세우고 이에 대응하는 방언형을 제시하는 것이 주류였다는 점에서 볼 때 새로운 시도임을 알 수 있다. 이는 제주도방언이라는 하나의 지역 방언이기 때문에 가능한 것으로 보인다.

ㄱㄴㄷ별 표제항 수는 다음과 같다.

ㄱ-121	ㄴ-433	ㄷ-595
ㄹ-3	ㅁ-585	ㅂ-761
ㅅ-888	ㅇ-795	ㅈ-796
ㅊ-241	ㅋ-118	ㅌ-143
ㅍ-187	ㅎ-347	**총-7,012**

'ㄹ'부의 3 어휘는 '락태(약대), 롱낭=농낭=우박(녹나무), 링금(사과)' 등이다.

2. 고찰

'제2편 고찰'의 내용을 목차에 따라 소개하면 다음과 같다.(본문과 구분의 편의를 위하여 원문 목차 앞에는 ■표를 달았다.)

1) 제주도방언과 다른 방언과의 비교

■ 제1장 제주도방언과 전라도방언의 공통어

여기서 전라도방언은 "광주 부근서 유용하는" 것이며, 광주 출신 장형두張亨斗 씨의 도움을 얻은 것으로 되어 있다. '제주어·전라도어·표준어' 3단 구성이며, 언급된 표제항은 785개 항이다. 이 가운데는 '제주어와 공통어로 볼 수 있는 것' 445항, '제주어와 전동하다고 볼 수 있는 것' 340항이다.

■ 제2장 제주도방언과 경상도방언의 공통어

여기서 경상도방언은 "대구 부근서 유용하는" 것이며, 대구 출신 백갑용白甲鏞 씨 부처의 도움을 얻은 것으로 되어 있다. '제주어·경상도어·표준어' 3단 구성이며, 언급된 표제항은 859개 항이다. 이 가운데 '제주어와 공통어로 볼 수 있는 것' 521항, '제주어와 전동하다고 볼 수 있는 것' 338항이다.

■ 제3장 제주도방언과 함경도방언의 공통어

여기서 함경도방언은 함경도 "주을 부근서 유용하는" 것이며, 주을 출신 윤경열尹京烈 씨 부처의 도움을 얻은 것으로 되어 있다. '제주어·함경도어·표준어' 3단 구성이며, 언급된 표제항은 740개 항이다. 이 가운데 '제주어와 공통어로 볼 수 있는 것' 412항, '제주어와 전동하다고 볼 수 있는 것' 328항이다.

■ 제4장 제주도방언과 평안도방언의 공통어

여기서 평안도방언은 평안도 "평양 부근서 유용하는" 것이며, 평양 출신의 필자 자신과 부인 그리고 동생의 도움을 받은 것으로 되어 있다. '제주어·평안도어·표준어' 3단 구성이며, 언급된 표제항은 274개 항이다. 이 가운데 제주어와 공통어로 볼 수 있는 것' 156항, '제주어와 전동하다고 볼 수 있는 것' 118항이다.

■ 제5장 제주도방언과 반도대표의 4방언

이 장은 앞의 '제1장 제주도방언과 전라도방언의 공통어, 제2장 제주도방언과 경상도방언의 공통어, 제3장 제주도방언과 함경도방언의 공통어, 제4장 제주도방언과 평안도방언의 공통어'를 종합한 내용을 표로 제시하고 있다.('계'는 필자가 추가한 내용임)

구분	전라도방언	경상도방언	함경도방언	평안도방언
제주어와 공통	445	521	412	156
제주어와 전동	340	338	328	118
계	785	859	740	274

곧 "대체로 제주도방언에는 전라도 급及 경상도의 분자가 최다량이 혼입되여있고, 다음으로 함경도와 상당히 관계가 있는 것을 알 수가 있으며, 평안도와는 가장 관계가 적은 것을 알수가 있겠다."라는 결론을 얻고 있다.

■ 제6장 제주도방언 중 전라도·경상도·함경도·평안도등 제지諸地의 방언과 일치
　　하고 소위 표준어와는 상이한 제어諸語

여기서는 18개 어휘를 들고 있는데, 그 목록은 다음과 같다.

꼭감(곶감)	골미(골무)	괄쎄ᄒ다(괄시하다)
기매키다(기막히다)	냄비(남비)	다문(단)
댕기다(다니다)	떠댕긴다(떠다니다)	매끼다(맡기다)
뽐뿌(펌푸)	서답(빨래)	정ᄉ꾼=장사꾼(장사아치)
쟁길잠(잠길잠)	절렘(전염)	질들다(길들다)
ᄌ취=자취(자췌)	춤(침)	패(파派)

■ 제7장 제주도방언과 전라도방언과 경상도방언의 공통어

이 장에서는 '제주도방언·전라도방언·경상도방언'을 '공통방언'으로 묶고 표준어와 견주고 있다. 곧 '공통방언·표준어' 2단 구성으로, '가메(가마)'부터 '훤ᄒ다(환하다)'까지 125개 어휘를 나열하고 있다.

■ 제8장 제주도방언과 경상도방언과 함경도방언의 공통어

이 장에서는 '제주도방언·경상도방언·함경도방언'을 '공통방언'으로 묶고 표준어와 견주고 있다. 곧 '공통방언·표준어' 2단 구성으로, '가심(가슴)'부터 '한질(큰길)'까지 106개 어휘를 나열하고 있다.

■ 제9장 제주도방언과 전라도방언과 함경도방언의 공통어

이 장에서는 '제주도방언·전라도방언·함경도방언'을 '공통방언'으로 묶고 표준어와 견주고 있다. 곧 '공통방언·표준어' 2단 구성으로, '가심(가슴)'부터 '화리(화로)'까지 91개 어휘를 나열하고 있다.

■ 제10장 제주도방언과 함경도방언과 평안도방언의 공통어

이 장에서는 제주도방언·함경도방언·평안도방언을 '공통방언'으로 묶고 표준어와 견주고 있다. 곧 '공통방언·표준어' 2단 구성으로, '거들거리다(쌔쩍거리다)'부터 '혜우

다(헤다)'까지 91개 어휘를 나열하고 있다.

■ 제11장 제주도방언과 경상도방언과 평안도방언의 공통어

이 장에서는 제주도방언·경상도방언·평안도방언'을 '공통방언'으로 묶고 표준어와 견주고 있다. 곧 '공통방언·표준어' 2단 구성으로, '가메(가마)'부터 '피우다(풍기다)'까지 23개 어휘를 나열하고 있다.

■ 제12장 제주도방언과 전라도방언과 평안도방언의 공통어

이 장에서는 제주도방언·전라도방언·평안도방언'을 '공통방언'으로 묶고 표준어와 견주고 있다. 곧 '공통방언·표준어' 2단 구성으로, '가메(가마)'부터 '푸릿푸릿(푸릇푸릇)'까지 19개 어휘를 나열하고 있다.

■ 제13장 제주도방언과 타(他)4방언의 상관도

이 장은 앞의 '제7장 제주도방언과 전라도방언과 경상도방언의 공통어'부터 '제12장 제주도방언과 전라도방언과 평안도방언의 공통어'까지의 내용을 총괄하고 있다.

방언	공통어수
제주도방언·전라도방언·경상도방언	125
제주도방언·경상도방언·함경도방언	105
제주도방언·전라도방언·함경도방언	91
제주도방언·함경도방언·평안도방언	45
제주도방언·경상도방언·평안도방언	23
제주도방언·전라도방언·평안도방언	19

이 표에 따라, "전라도와 경상도가 가장 관계가 깊고, 버금으로 경상도와 함경도, 전라도와 함경도의 순으로 되고, 평안도가 가장 관계가 옅다. 근원이 상이한 어휘가 들

어있는 관계인지 평안도와 함경도와는 다소관계가 있고 평안도와 경상도, 평안도와 전라도는 가장 관계가 적다.”라는 결론을 얻고 있다.

그리고 제5장과 제13장을 종합하여 “제주도방언은 가장 전라도급 함경도방언과 관계가 깊고, 다음으로 함경도에 관련되어 있다. 그리고 평안도와는 가장 관계가 적고, 더욱이 평안도와 남부조선과의 관련은 지극히 적다.”라고 하였다.

■ 제14장 제주도방언과 반도방언 3개식을 조합해서 음미함

가. 제주도방언과 전라도방언과 경상도방언과 함경도방언의 공통어

이 절에서는 ‘제주도방언·전라도방언·경상도방언·함경도방언’ 등 4개 방언을 ‘공통방언’으로 묶고, 표준어와 견주고 있다. 곧 ‘공통방언·표준어’ 2단 구성으로, ‘가심(가슴)’부터 ‘한질(큰길)’까지 52개 어휘를 나열하고 있다.

나. 제주도방언과 경상도방언과 함경도방언과 평안도방언의 공통어

이 절에서는 ‘제주도방언·경상도방언·함경도방언·평안도방언’ 등 4개 방언을 ‘공통방언’으로 묶고, 표준어와 견주고 있다. 곧 ‘공통방언·표준어’ 2단 구성으로, ‘거들거리다(써쩍거리다)’부터 ‘축은ᄒᆞ다(누습하다)’까지 12개 어휘를 나열하고 있다.

다. 제주도방언과 전라도방언과 함경도방언과 평안도방언의 공통어

이 절에서는 ‘제주도방언·전라도방언·함경도방언·평안도방언’ 등 4개 방언을 ‘공통방언’으로 묶고, 표준어와 견주고 있다. 곧 ‘공통방언·표준어’ 2단 구성으로, ‘뒹이다(동이다)’부터 ‘퇴끼(토끼)’까지 7개 어휘를 나열하고 있다.

라. 제주도방언과 전라도방언과 경상도방언과 평안도방언의 공통어

이 절에서는 ‘제주도방언·전라도방언·경상도방언·평안도방언’ 등 4개 방언을 ‘공

통방언'으로 묶고, 표준어와 견주고 있다. 곧 '공통방언·표준어' 2단 구성으로, '가메(가마), 구신(귀신), 눈에휜ᄒ다(눈에 선하다), 셍기다(섬기다), 쟁기(장기)' 등 5개 어휘를 나열하고 있다.

마. 본장의 총괄

이 절은 앞에서 본 4개의 절 내용을 표로 제시하여 총괄하고 있다.

방언	공통어수
제주도방언·전라도방언·경상도방언·함경도방언	52
세주노방언·경상도방언·함경도방언·평안도방언	12
제주도방언·전라도방언·함경도방언·평안도방언	7
제주도방언·전라도방언·경상도방언·평안도방언	5

이 도표도 제13장에서 논의한 바와 일치함을 지적하고 있다.

■ 제15장 제주도의 북부어 및 남부어와 반도 각 지방어의 관계

가. 북부어와 각 지방어의 공통어

이 절에서는 '공통방언·각 지방어·표준어' 3단 구성으로, '게위(거위)'부터 '후리메(두루마기)'까지 22개 어휘를 나열하고 있다.

나. 남부어와 각 지방어의 공통어

이 절에서도 '공통방언·각지방어·표준어' 3단 구성으로, '가개비(청개구리)'부터 '후리매(두루마기)'까지 35개의 어휘를 나열하고 있다.

다. 본장의 총괄

이 절에서는 앞 절에서 나열된 어휘를 중심으로 한 내용을 표로 제시하고 있다.

구분	공통어로 볼 수 있는 것	전동한 것
북부어와 반도지방어의 공통어수	22	12
남부어와 반도지방어의 공통어수	35	28
북부어와 전라도방언의 공통어수	10	6
남부어와 전라도방언의 공통어수	10	9
북부어와 경상도방언의 공통어수	10	4
남부어와 경상도방언의 공통어수	10	7

이 도표에서, '①제주도남부에 반도 제 지방어와 공통되는 말이 일층 많다. 즉 북부에는 교통관계로 일층표준어가 많이 유입된 것으로 볼 수가 있다. ②전라도방언과 경상도방언은 같은 정도로 가장 많이 혼입되어 있고 다음으로 함경도와 상당히 관계가 깊고 평안도와는 가장 관계가 적은 것으로 볼 수 있다. ③함경도방언과 평안도방언이 남부에 의외로 적지 않다. ④북부에서는 평안도방언은 흔적조차 볼 수 없고 다음으로 함경도방언이 미약하다.'라는 결론을 얻고 있다.

2) 제주도방언과 조선고어 및 외국어의 관계

■ 제16장 제주도방언 중 조선고어인 것

이 장에서는 유래한 어휘를 '제주어·고어·현대표준어' 3단 구성으로, '가라물(검은말)'부터 '흔일(한일)'까지 200개의 어휘를 제시하고 있다.

가. 제주도방언 중 몽고어와 관계있는 것

이 절에서는 장경섭(張慶燮)·조선일(趙鮮一) 두 분의 도움으로, '제주어·몽골어·표준어' 3단 구성으로, '가라몰-하라모리-검은말'부터 '흣슬ᄒ면-흣슬-건뜻하면'까지 240개 어휘를 제시하고 있다.

나. 제주도방언 중 중국어와 관계있는 것

이 절에서도 장경섭·조선일 두 분의 도움으로, '제주어·중국어·표준어' 3단 구성으로, '고치젤-젠(매미)-작은매미·도료'부터 '확확-쾌이쾌이-빨리'까지 53개의 어휘를 제시하고 있다.

다. 제주도방언 중 만주어와 관계있는 것

이 절에서도 장경섭·조선일 두 분의 도움으로, '제주어·만주어·표준어' 3단 구성으로, '가라몰-카라모린-검은말'부터 '태젼ᄒ다-타이첸-태기밧고나르다'까지 22개의 어휘를 나열하고 있다.

라. 제주도방언 중 일본어와 관계있는 것

이 절에서는 '제주어-표준어' 2단 구성으로, '가내-안내'부터 '후로-목욕탕'까지 50개 어휘를 나열하고 있다.

마. 본장의 총괄

이 절은 마지막 장인 17장의 총괄로 다음과 같은 언급하고 있다.

제주어와 "관계있는 외국어로는 몽고어·중국어·만주어·일본어 등"을 들 수 있는데, "양으로

나 질로나 몽고어는 단연 제주도방언의 한 큰 기본요소로 되어 있고 본도가 원의 세력하에 있었을 때에 한족도 적지 않게 입도하였든 관계로 한어의 영향도 적지 않다. 특히 마에 관한 말로는 만몽 양어가 많이 수입되어 있음을 알 수 있다. 이 점에 대해서는 이미 오구라(小倉進平)의 논한바도 있다 (대정13년. 소화5년). 발출된 일본어의 수는 만주어의 수보다는 많지만은 이것들은 최근에 수입된 것들이요 기본적의 것들도 많으니 제주도방언내지조선어에 영향될 바 지극히 적다."(131~132쪽)

3) 기타

■ 제18장 참고문헌

참고문헌은 저자명의 가나다순으로 되어 있다. 가나자와(金澤庄三郎)의 『광사림廣辭林』 부터 히라야마(平山泰正)의 『내선만한內鮮滿漢 동양대사전』 등 88개의 참고문헌을 들고 있다.

'제2편 고찰'의 마지막으로 4개 항의 '후기'를 싣고 있다.

후기

이상으로 끝을 맺기로 하니 아래와 같은 부족감을 느낀다.

1. 어휘 수집에 더 노력할 것. 더욱이 산북부 즉 제주읍을 중심으로 한 북부어 수집에는 일층 노력할 것이다.
2. 일층 완성할려면은 정의를 중심으로 한 동부어, 대정을 중심으로 한 서부어도 수집하야 겠고 적어도 대정어만은 추가하야 된다.
3. 동시에 반도 대표 제지의 방언사전을 작성하야 비교연구에 편케하야 한다.
4. 될 수 있으면 음표 문자를 사용할 것이고, 여기서는 취급치 않은 남방제어와도 비교할 것이다.

제3절 수필

'제3편 수필'에서는 '가마귀'부터 '힌 밥주리와 고치 밥주리'까지 378개 표제항에 따른 내용을 소개하고 있다. 그 표제항의 목록은 다음과 같다.

가마귀, 가마귀 쫑케우리듯, 가슴의 어원, 가져오다, 각씨가 아까우면 처가칩 주먹낭도 아까워흔다, 갈쇄의 고어, 갈이, 감옷, 감저, 강 누엉 자젠, 강 올짜. 갓다의 고어, 갑다, 쎄와 쇠, 쎗묵, 거지, 써머타, 게나제나, 게우리, 계명, 고기잡이, 고노(河野六郎)씨의 제주도방언관, 고룸쿨, 고무래, 고총古冢, 고치젤과 왕젤, 꼭대기, 곤(접두사), 곰팡, 쉼치, 곽, 광산광, 쌍. 괴기, 구뎌, 구 뭄 일뢰선 보럼 우친다, 굴메=그르메, 쉼본다, 굿한다, 굿다, 찡찡, 그년의 브름, 그득의 고어, 기둥의 고어, 기러기의 어원, 기시린 도야지가 드라맨 도야지 타령흔다=쌍얼쳉이가 외얼쳉이 타령흔다, 기아=기와, 깃쨔원, ᄀ대, ᄀ라봅서, ㄴ과 ㅇ, 나(어미), 낭가삭기, 나것 일코 나함박 버른다, 나맛심, 나와너, 난지와 나니고구 난지노 히도다가, 납헤치, 넹바리, 년(접미어), 노루의 어원, 논다는말, 농립모, 누어서 지름쩍 먹기, 눈다, 느티나무, ᄂ물, 늠쎄, ᄊ와 ᄐ, ᄉᄃ → ᄐ, 다래씨, 다투다, 고교형씨 수집의 민요, 단지, 당오백 절오백, 대머리, 대죽, 대문, 대표적 민요, 댕댕이덩굴, 쩍, 돗잠에 개쑴, 돗추넘, 돗폴아흔냥 개폴아닷돈흐니 양반인가, 돌당 바도 물방위, 돌래쩍, 돔박낭, 돔박생이, 돗치, 동물의 유생의 명칭, 쫑쉰다, 돼지, 되미(鯛), 됴료(蜉蟟), 등지, 득발 그리듯, ㄹ의 초음어, 마눌의 제주어, 마디의 고어, 마음의 변천, 말라리아, 말슴의 고어, 말(馬)의 종류, 말젯(접두어), 말축, 망아지의 어원, 망태기, 매, 매미의 제주어, 머돌, 머루의 어원, 머리와 대가리, 먹는말, 멩게낭, 멩마구리, 모관놈, 모슬포, 모음삼각에 위치되는 ᄋ음, 목산지대, 뫽의 제주어, 무낭, 무당의 명칭, 무사, 무숫기, 물롯, 물미와 세미, 물오름, 민요, 무쉬, 무쉬의 나이, 물랑소, 물망, 물발이 저즈야 잘 산다, 바가지, 바구니, 바농 젼등이 줄라매여 바농질 헤여지나, 바다(海), 바람, 바람의 어원, 바위, 발 막아 늑나, 방쑹의 아웁은흔 사름, 방언, 방울, 밧의 양부, 밧의 어원, 버금, 버렝이와 생이, 벌 집 거시다, 벙어리의 제주어, 쎙, 베염고장, 벼룩의 어원, 변소 겸 돈사, 쎔, 병신말, 병신소, 복, 복닥낭, 본향, 봉천수, 부모와 자녀의 관계를 말하는 명사, 부-애, 불임질, 불알, 비끄럽다, 비바리, 비온 날 쇠충지갓치, 비명의 말, 복개기와 붓개기, 복금, ㅆ→ㅅ, 사농, 사농캐 언쫑 들어먹듯, 사닥다리, 사름 잇수까, 사이의 고어, 산뒤, 산물, 살챗보리거죽차 먹은덜 씨아시사 한 집에 살랴, 삼승할망, 삼춘, 삼신인명고, 상자, 새끼, 새우의 어원, 석, 석파, 선흘, 성읍리, 성판악, 셋(접두어), 생완, 소, 소의 어원, 소도리, 소매, 속, 속았소이다, 손으로 강알 막듯, 손자의 고어, 솔낭, 솥, 수질, 수신방, 숭눙, 숭어 쒸면 복쟁이 쒼다, 쉬, 시로미, 시루의 어원, 시집, 씨름, 식게 먹으레 간다, 식물명, 신구면명, 신산설, 실푼간에 선쩍, 심방, 심방나비, 심방의 명칭, 십이지에 의한 사람의 명칭, 스리비, 스방, 술오름, 숫도덕분에 나팔불기, 아오제(弟)의 고어, 아이아(兒字)의 고어, 아편의 제주어, 안반, 안즌방이꼿, 앙살운 암캐갓치 앙앙ᄒ지 마라, 애기씨와 년, 앵도의 제주어, 야로ᄉᆞ제, 야마시(山師), 야이, 어미, 어비어비, 어승생악, 어연간하다, 어질선, 얼럭소, 엇수다, 에미일혼 송애기, 여드레 팔십리, 여자의 명칭, 엿, 영등쫄, 영주, 예반초, 예산이 파산이라, 예수, 오구라(小倉進ㅠ)박사의 조선어방언의 연구(1944), 오구라(小倉進ㅠ)박사의 제주도방언관, 오그랭이글ᄌ, 오돌똑, 오롯과 느릇, 오름, 온돌과 연료, 와포, 왕, 외국어에서 유래한 제주어, 우각, 우경, 우도, 우마 부릴 때 내는 소리, 우색의 흠점, 우자, 웃쓰룻놈, 유마, 유자의 어원, 육지인에게 판이한 말의 예, 이렁, 이슬에 큰 사름, 이영 기영 저영, 이월ᄇᆞ름에 가문소쑬이 오그라진다, 의항, 이허도, 인항이, 인후의 경련, 일본어에서 유래한 제주방언, 입덧나는 현상, ᄋᆞ, ᄋᆞ음운 분포, ᄋᆞ音의 변할만한 소질, ᄋᆞ음과 이음, 자굴, 자리회, 좌우편, 싸다, 싸다와 차다, 잠자리, 장겐쏘, 장남, 장쿨내비, 전어, 절벽, 제코도 못 쓰는 것이 남의 코 쓸랴고 ᄒ다, 제건, 제량, 제마와 재마, 제주, 제주도방언과 반도제방언의 방언과의 관련, 제주도방언과 조선 고어, 제주도방언에 관한 문헌, 제주도방언의 어휘, 제주도방언의 특징, 제주도신가, 제주도와 몽고, 제주도의 별칭, 제주의 별칭, 조개, 조건, 조근(접두어)와 새끼(접미어), 조리극, 조저, 조각매기 ᄇ비듯, 종달새, 주제, 중승, 중지한다는 말, 지나가는 비, 지대, 지름떡 먹기, 지스기 닥글만 ᄒ다, 지귀도, 지나어에서 유래한 제주방언, 지명, 지방부녀의 성격을 나타내는 민요, 지실, 진달래, 진드기, 찔레나무, 짐병, ᄌᆞ밤낭, ᄌᆞ배기, 참새, 차귀, 처부와 처모, 체(篩), 초기, 추천의 방언, 친척의 제주어, ㅋ으로 변한 ㅌ 혹은 ㅍ, 칼의 고어, 코끼리의 어원, 코대에 바농 세암직이 쏠 성어린다, 코시, 콜과

쿨, 쿨, 큰(접두어), 탈, 탐라의 어원, 탕수, 터앗, 터진 항에 물 지리듯, 토수, 특이한 접미어, 팽, 포겔, 풍낭, 풍덩이, 풍신, 풍신제, 푼다, 학鶴, 한냥, 할미꼿, 향유초, 허멩이 문세, 허벅, 호미, 혹서 혹한의 표현, 화본, 확확, 흔들흔들, 힌 밥주리와 고치 밥주리

이들 표제항 가운데는 'ㄴ과 ㅇ', 'ㅆ→ㅅ', 'ᄋ음운 분포', 'ᄋ음의 변할만한 소질', 'ᄋ음과 익음', 'ㅋ으로 변한 ㅌ 혹은 ㅍ' 등 어학적인 내용도 포함되어 있어서 '수필문학'으로서의 '수필'이 아닌 일종의 '언어수필'임을 알 수 있다.

제3장 평가

첫째, 해방 이후 한국인 최초의 방언 자료집이다.

방언 자료집은 오구라(小倉進平)의 『조선방언의 연구(朝鮮方言の研究)』(상권, 1944), 고노(河野六郎)의 『조선방언학시고朝鮮方言學試攷』(-'협(鋏)'어고(語考)-, 1945) 등 일본인들에 의해서 이루어졌다. 그러나 해방이 되고 나서 석주명에 의해 한국인 최초의 방언 자료집이 만들어진 것이다. 당시 서울대학교 방종현方鍾鉉 교수가 서울신문(1948년 3월 12일자)에 발표했던 글은 실로 감동적이다.(이병철, 『위대한 학문과 짧은 생애』, 1989, 136-137에서 재인용함)

신년 벽두에 조흔 책이 나왔다.

방언은 즉 우리말의 일부분이오 다만 한 지방을 중심으로 한 우리말인 것이다 그럼으로 우리말을 공부하고 연구하는 이 반드시 이 방언의 중요함을 느끼는 것이니 사라서 활용되는 실제어를 응용할수가 잇고 죽어서 이미 문헌화한 고어를 이것에 의하여 밝힐수도 있는 것이다.

그런데 이번에 전문이 다른 이 동물학자의 손에서 가장 흥미를 끌고 잇는 제주도의 방언이 집대성된 것은 과연 경탄을 마지안는 일이며 또 이 방면 전문가에게도 크게 충동을 주엇스리라고 밋는다

이 책은 단순히 방언학자가 꾸민 방언집만이 아니다 그 목차에 나타나 잇는 것으로 알수 잇거니와 제1편이 방언집이요 제2편이 방언의 고찰이오 제3편이 방언의 수필로 되어 그 방언 집에서 우리는 제주도방언의 사전으로 이것을 인용할수가 잇스며 그 고찰에서 우리는 타방 언과 비교의 결과를 엿볼수가 잇고 그 수필에서 우리는 흥미잇는 가운데 이 방언의 지식을 자 세히 할수가 잇게 되었다

여기서 이 방언집이 우리의 방언학상에 장차 가저오는 여러가지 문제를 제기하는 것으로 귀하다 어휘며 음운 방면은 물론이오 제주도 방언의 문법까지도 이것에 의하여 조성될수가 잇는 것이다 그러므로 이와가치 우리에게 학적자료를 충실하게 제공하여 일반으로 편익을 주는 점에서 이 책은 실로 귀하다고 할 것이다

씃트로 이 방언집의 맨마지막 페이지에 실려잇는 수필단어한개를 그대로 소개하고 이것 을 마추려고 한다

호미. 제주어로 '호미'라면 육지의 '낫(鎌)'을 의미하고 조선 어민이 흔히 쓰는 '호미'는 제주 도에는 없다 육지서 쓰는 '호미'와 같이 쓰고 형상도 근사한 것은 '글개' 혹은 '글갱이'란 것인 데 호미의 날이 자루와 같이 좁게 되어 갈고리 비슷이 되어있다. 돌이 많고 흙이 경송한 곳에 서 제초하는 데는 이 형상이 유리할 것이므로 자연 이런 변형의 농구가 생겼을 것이다

이와갓틈으로 이 방언수필은 동시에 제주도의 일반을 알려는 이의 조흔 재료도 된다.

둘째, 방언형을 앞세운 자료집이다.

방언 자료집은 일본인 학자들에 의해서 이루어졌으며, 자료 배열도 표준어를 앞세 우고 이에 대응하는 방언형을 제시하였다. 오구라(小倉進平)의『조선어방언연구』나 고 노(河野六郎)의『조선방언학시고』등이 대표적인 예이다. 그러나 석주명은 방언형인 제 주어를 앞세우고, 이에 대응하는 표준어형을 제시하고 있다. 방언형을 앞세운 것은 새 로운 시도로, 이후 박용후의『제주방언연구』(1960)나 현평효의『제주도방언연구』(자료 편, 1962)(물론 이 자료집 전편은 방언형을 앞세우고 있으나, 후편은 표준어를 앞세우고 있음)도 방언형을 앞 세우고 있다. 제주특별자치도(1995)의『제주어사전』이나 개인 제작의 자료집도 모두

방언형을 앞세우고 있는데 이는 석주명에서 비롯되는 것으로 보아도 좋을 것이다.

셋째, '제주어' 명칭을 사용했다.

석주명의 자료집이나 수필 등에서 '제주도방언'이나 '방언' 또는 '지방어'라는 명칭을 쓰고 있지만 '제주어'나 '제주도어'라는 표현도 쓰고 있다. '제주어'인 경우, 『제주도방언집』의 어휘 배열은 '제주어'와 '표준어'로 구분하여 그 밑으로 해당 어휘들을 나열하고 있다. 『제주도자료집』의 목차에서는, 「농업 관계의 제주어」 「임업 관계의 제주어」 「축산 관계의 제주어」 「해산 관계의 제주어」 등 '제주어'가 겉으로 드러나게 사용하고 있다. 어휘 나열인 경우는 어김없이 '제주어'를 항목 명칭으로 쓰고 그 아래로 방언형을 나열하고 있음을 확인할 수 있다. 이 '제주어'란 명칭은 일본인 학자 오구라(小倉進平)가 1913년 「제주도방언」에서 사용한 용어다.

> 濟州島には朝鮮の古語が存在して居ないか。島國に數百年前の古語が存して居ることあるは既に前にも述べた通りである。まだよく調べて見ぬが濟州島にも必ず此の事があるに違ひない。自分が思ふに京成語の'來る'といふ語は'오와', '오시고'などとなつて오の語幹に何等い附屬物が無いが命令法になると'오나라'といふ樣に'ㄴ'の分子が突然侵入して來る。どうも不思議である。然るに濟州語では'오람수다', '오람서', '오람저'の樣に多くの場合に'ㄹ'の分子が出て來る。此の'ㅁ'が卽ち京成語の'ㅁ'に當るので、濟州語は寧ろ朝鮮語の古形を存して居るものではないかと思はれる。これはほんの一例であるが、よく調べたら幾ら澤山あるか解ないだらうと思ふ、
>
> (『朝鮮及滿洲』69호, 1913:58)

(제주도에는 조선의 옛말이 존재하고 있지 않은가. 섬나라로 수백년 전의 옛말이 존재하고 있다는 것은 이미 전에도 언급한 바와 같다. 아직 자세히 조사하지는 않았지만 제주도에도 반드시 이것이 있음에 틀림없다. 내가 생각하기에 경성어의 '오다'라고 하는 말은 '오와', '오시

고' 등이 되면서 '오' 어간에 어떤 부속물이 없지만 명령법이 되면 '오나라'처럼 'ㄴ'이 갑자기 삽입된다. 너무나도 이상하다. 그런데 제주어에서는 '오람수다', '오람서', '오람저'처럼 대부분의 경우 'ㄹ'가 들어간다. 즉 이 'ㄹ'가 경성어의 'ㅁ'에 해당하기 때문에 제주어는 오히려 조선어의 고형을 가지고 있는 것이 아닌가 하는 생각이 든다. 이것은 한 예에 지나지 않지만 잘 조사해 보면 얼마나 많이 있는지 의문이 풀린 거라고 생각한다.)

석주명의 '제주어'라는 명칭은 '참고문헌'에 오구라(小倉進平)의 「제주도방언」(『조선급만주』, 대정2년, 3-5월호, 1913)이 언급된 것으로 보아 이에서 따온 것임을 알 수 있다. 이 '제주어'란 명칭은 석주명을 거쳐, 1995년에 제주도가 발간한 『제주어사전』에서 명명한 바 있다. 2009년 그 후속 작업도 『개정증보 제주어사전』이라 표제어를 달고 있다. 한편 2007년 '제주어 보전 및 육성 조례'를 제정할 때는 '제주어'를 "제주도에서 제주 사람들의 생각이나 감정을 나타내는 데 쓰는, 전래적인 언어"로 정의하여 쓰고 있다.

넷째, 관용 표현 자료까지 포함하였다.

이는 '일러두기' 성격의 내용 가운데 하나인, "방언이라 해도 단어에 한하지 않고 필요에 의해서는 어구까지를 포함해서 언어현상 전체를 취급하였다." 하는 부분에서 확인할 수 있다. 단어는 물론 어절, 활용형, 관용구, 속담 등을 포함하고 있다는 점이다. 'ㄱ'부에서 그 예를 보이면 아래와 같다.

- 가마귀쫑케우리듯
- 가오랏수다(다녀왔습니다)/ 간오랏수다(다녀왔습니다)
- 각시가 아까우면 처가칩 주먹낭도 아까워혼다
- 쌈막이져버렷다
- 갠쳴나무래고 챈켈나무랜다
- 거지치안이혼체

- 게구제구=게나제나

- 게메말이우다(그러게말이요)

- 고개ㄱ닥거리다(고개 끄썩거리다)

- 고개드령메다(목뒤 짜지걸처메다)

- 고냥터졋다

- 괏쟉섯다(곤두섯다)

- 고기낙근다(고기잡는다)

- 쇠썩먹기=지름썩먹기(식은죽먹기, 약과먹기)

- 쇠염시나(슬냐)/ 쇠우라(슬이라)

- 구뭄일뢰선보럼우친다(수무일에 오기시작한 비 눈은 다음달 보름날 짜지 긎하지 안는다)

- 굴메튼다(그네 뛴다)

- 술려안는다(쭐어안는다)

- 굼지나다(금나다)/ 굼지줄르다(갑을작정하다)/ 굼지치다(호가하다)

- 숨박그다(침배트다)

- 굿올리다(북돗다)

- 궁냥설는다=궁냥혼다(궁네한다)

- 귀썻미첫다(잡귀가 들엇다)

- 귀튀우는소리(변죽울리다)

- 쉬와준다(쉬어준다)

- 글러먹다(슬혀먹다)

- 슬릴탕(湯)

- 금우루센다(검흐르다)

- 기시린도야지 드라멘도야지타령 혼다

- 씨와입다=포입다(껴입다)

- ㄱ라봅서(말좀하십시오)

- ᄀᆞ람써(말하고 잇다)

- ᄀᆞ목갓다/ ᄀᆞ묵그다

- ᄀᆞᆨ겁흔사름(갑갑한 사람)

- 삿딱안흐다(움쪽안하다)

오구라(小倉進平)의 『조선어방언의 연구』(상권, 1944)에는 '~한 모양이다'라는 항목이 하나 올라 있을 뿐이다.

다섯째, '남부어'와 '북부어'를 구분하였다.

'일러두기' 성격의 글에 따르면, "필자의 생활한 장소가, 서귀면 토평리이니 남부어가 비교적으로 많"고, "계통적으로 한라산을 중심으로 북부어와 남부어로 이분"하여 수집하였음을 밝히고 있다. 또 앞으로 해야 할 일로, "완성할려면은 정의를 중심으로 한 동부어, 대정을 중심으로 한 서부어도 수집"해야 한다는 것은, 짧은 제주 체류 기간임에도 불구하고 산남과 산북의 문화 차이를 인정한 결과이기도 하다. 언어는 사회의 반영이기 때문이며, 다른 한편으로는 고려시대 동도현과 서도현, 조선시대 제주목·정의현·대정현으로 나눈 삼현 분립이라는 역사적 사실을 알고 있었기 때문에 가능한 일이다. 이는 어떻게 보면 '언어지리학'의 입장을 견지하고 있었던 것으로 보인다. 그의 글 「국학과 생물학」 중 「4. 방언과 곤충」의 내용을 보면 더욱 분명해진다.

이 곤충상에 의한 육지 구분, 즉 곤충 분포에 따른 육지 구분은 인위적인 구분과도 도저히 일치되지 않는 것으로, 어떤 구분선은 대륙을 중단도 하고 소지역에 있어서도 행정구역과는 일치가 안 된다. 또 비교적 분포가 넓은 곤충 종류는 동일종임에도 불구하고 산지(産地)에 따라 지방적 차이를 발견할 수가 있는 것이고, 같은 지방에 나는 같은 종의 곤충에 있어서도 그 종류의 개체 간에 차이를 발견할 수 있다.

이만하면 방언과 곤충 사이에는 일맥상통하는 점-지방차와 개체 차이로 보아 공통점-이 많아서 방언을 연구하는 방법으로 곤충을 연구할 수도 있겠고 또 곤충을 연구하는 방법으로 방언을 연구할 수도 있을 것이다.

나는 해방 전에 경성대학 제주도시험장에 2개년여나 체재해 있었는데, 제주도의 독특한 방언을 들을 때 곧 방언과 곤충을 연결시킬 수가 있었다. 나는 내가 전공으로 하는 나비류를 종별로 지도상에 분포상태를 표시하는 방법을 방언에도 응용하여, 약간의 단어를 선택하여 그 분포를 지도 위에 표시하려고 기도하였었다.

그러나 문헌을 약간 조사하는 중 이 방법은 벌써 길리에롱(Gilliéron)이 불란서 언어지도를 작성한 이래 언어지리학이 수립되어 방언학에서 취급되고 있는 것을 알았으며, 일본에서도 벌써 이 방법에 의한 업적이 많음을 알고는 불원간 조선에서도 널리 사용되리라 기대하고, 방언학은 나의 전문도 아니니 그만 중지하고 말았다.

(『나비채집 20년의 회고록』, 80~81쪽)

아마 이런 생각이나 구상은 그의 나비 분포도 작성에 따른 것으로 보인다. "그러나 문헌을 약간 조사하는 중 이 방법은 벌써 길리에롱(Gilliéron)이 불란서 언어지도를 작성한 이래 언어지리학이 수립되어 방언학에서 취급되고 있는 것을 알았으며, 일본에서도 벌써 이 방법에 의한 업적이 많음을 알고는 불원간 조선에서도 널리 사용되리라 기대하고, 방언학은 나의 전문도 아니니 그만 중지하고 말았다."라는 언급에 이르러서는 아쉬움이 남는다.

여섯째, 제주어와 다른 방언 또는 외국어와의 비교이다.

그는 제주도방언을 전라도방언, 경상도방언, 함경도방언, 평안도방언 등과 비교를 시도하였다. 그 결과 '대체적으로 제주도방언에는 전라도방언과 경상도방언의 요소가 다량 혼입되어 있고, 다음으로 함경도방언도 상당히 관계가 있는 것을 알 수가 있으며, 평안도방언과는 가장 관계가 적은 것을 알 수가 있겠다.'라는 결론을 얻고 있다. 다만 비교의 기준이 무엇인가 하는 문제가 있기는 하지만 제주도방언을 다른 방언과 비교했다는 것은 그만큼 값어치 있는 작업임에 틀림없다.

　나아가 제주도방언을 몽골어·만주어·중국어·일본어 등과 비교를 하였다.『제주도방언집』과『제주도자료집』에서 비교한 내용을 종합하면 다음 표와 같다.

구분	제주도방언집	제주도자료집	비고
몽골어	240/(251)	184/(190)	장경섭·조선일
지나어(중국어)	53	31	〃
만주어	22	16	〃
일본어	50	49	–
마래어	–	33	–
비도어	–	15	–
안남어	–	12	–

　비교언어학의 입장에서 볼 때 '마래어, 비도어, 안남어'와의 비교는 자연스럽지 못하다.

　또 다른 방언 또는 외국어와 비교하는 '고찰'에서는 하나의 주제가 끝나면 마무리를 짓고 넘어가고 있다는 점도 독자를 배려한 것으로 보인다. 나아가 도움을 받은 사람들의 이름을 낱낱이 밝히고 있는 점도 돋보이는 점이다.

일곱째, '언어수필'의 개척이다.

　『제주도방언집』'제3편 수필' 첫머리에 "나의 만 2개년 간의 제주도 생활(1943~1945)을 중심으로 제주도에 관하여 내가 본것 들은것 읽은것들을 적당한 제목을 붙잡아 수시로 카드에 기록한것이 있는데 기중에서 제주도 방언에 다소라도 관계된것"(139쪽)을 모아 '수필'이란 이름으로 묶었다는 것이다. 곧 '언어수필'은 '본 것, 들은 것, 읽은 것'이 그 주요 대상이 되고, '제주도 방언에 다소라도 관계된' 내용이 주류를 이루고 있음을 알 수 있다. 그 몇을 보이면 다음과 같다.

삼춘. '삼촌'의 뜻임은 물론이요 '삼촌댁'보고도 '삼춘'이라면 되니 편리한말이다. 뿐만아니라 이 '삼춘'은 친밀한어른의 호칭에도 광범위로 사용할 수가 있는 말이니 대단히 편리한말이다.(164쪽)

우마부릴 때 내는소리.

  왕: 산북서 소를 정지시킬 때 하는 소리

  화-아-ㅇ: 산남서   〃

  왕왕: 소의 방향을 변할 때 하는 소리

  어려려려: 말의 방향을 〃

  이릇: 말의 동작을 최촉할 때 하는 소리 즉 '이라'(174쪽)

자리회. 자리는 제주도 특산이라고 볼만 하고 여러 가지로 요리해서도 먹지만 보통은 회로 해서 먹은 것이 보편화하였는데 특히 남부에서 발달하였다고 할 수가있다. 회를만드는 법은 두부頭部와 내장의 일부를 일도에 절기하고 다름엔 기鰭들을 절기해서 양념한 찬 된장국에 넣서 먹는다. 양념엔 깨, 초, 마눌, 파 등을 사용하고 외같은 것도 넣는다. 자리회 먹으러가자 하면 밥과 양념만 가지고 해안에가서 회를 만들어 부식물로삼아 먹는다. 자리는 곳 변하는 고기다.(177쪽)

진드기. 제주도는 진드기의 섬이랄만큼 진드기가 많은데 기종류는 세가지다. 1은 환형이고 제주말로 '부구리', 2는 편형으로 '진독' 혹은 '진둑', 3은 소형이고 약간 긴 것으로 '서미역'이라고한다.(183쪽)

푼다. 표준어 '판다'의 뜻임은 물론이나 '아들딸 장가 시집 보낸다'를 '아들 딸 푼다'라고하니 약탈결혼의 유풍을 말함일까.(187쪽)

제4장 과제

석주명 스스로도 '후기'에서, "어휘 수집에 더 노력할 것", "정의를 중심으로 한 동부어, 대정을 중심으로 한 서부어도 수집하야겠고 적어도 대정어만은 추가", "반도 대표 제지의 방언사전 작성", "음표 문자를 사용", "남방제어와도 비교"도 이루어져야 함을 밝히고 있다. 이와 더불어 다음과 같은 과제들도 생각해 보아야 할 것이다.

첫째, 보완 작업이 뒤따라야 한다.

이 보완 작업은 연구자 개인 또는 기관이 담당해야 할 몫이다. 연구자는 전공자이기 때문에 제주어에 대한 조사를 하고 이를 보충하고 보완해야 할 의무가 있다. 제주특별자치도 입장에서도 『제주어사전』을 비롯하여 『개정증보 제주어사전』을 발간한 바 있으나 이 후속 사업이 추진되어야 할 것이다.

석주명(1947:185)은 몇 접두사에 대하여, "'큰(접두어). '큰-, 만-'의 뜻. 순서를 표시하면 다음과 같다." 하여 그 순서를 구체적으로 제시하고 있다. 그 내용을 재구성해 보이면 〈표 1〉과 같다.

〈표 1〉 석주명이 제시한 접두사와 차례

2	3	4	5
큰-	큰-	큰-	큰-
조근-	셋-	셋-	셋-
	조근-	말젯-	큰말젯-
		조근-	조근말젯-
			조근-

〈표 1〉에 따라 '아덜'(아들)을 그 예로 들면, '아덜'이 둘이면 그 순서에 따라, '큰아덜, 족은아덜'이라 하고, 셋이면 '큰아덜, 셋아덜, 족은아덜'이 된다. 셋까지는 고유어 계통으로도 충분하다. 문제는 넷부터로, 한자어 계통의 '말젯(末-)'을 빌려 써서 '큰아덜, 셋아덜, 말젯아덜, 족은아덜'이라 한다. 다섯이면 한자 계통의 접두사 '말젯-'을 '큰말젯-, 족은말젯-' 둘로 나누어서 차례대로 '큰아덜, 셋아덜, 큰말젯아덜, 족은말젯아덜, 족은아덜'이라 한다는 것이다. 그러나 넷인 경우와 다섯인 경우를 조사해 보면 아래와 같이 다양하게 나타난다.

〈표 2〉 넷인 경우

구분	유형 1	유형 2	유형 3	유형 4
1	큰-	큰-	큰-	큰-
2	셋-	셋-	셋-	셋-
3	큰족은-	옥은-	말젯-	족은-
4	족은-	족은-	족은-	말젯-

우선 고유어 계통(유형 1. 2)과 한자어 계통(유형 3. 4)으로 나눌 수 있다. 고유어 계통은 '큰, 족은'을 활용한 경우(유형 1)와 새로운 어형인 '옥은'이 나타나는 경우(유형 2)로 나뉜다. 또 한자어 계통인 경우는 '말젯'이 내포된 의미 그대로 적용된 경우(유형 4)와 고유어 사이에 끼어드는 경우(유형 3)로 구분된다. 곧 석주명은 하나의 유형으로 본 것도 실제 조사에서는 4개의 유형으로 나타남을 확인할 수 있다.

다섯인 경우는 무려 10개 유형이나 조사되었다(유형 아래는 대표적인 조사 마을로, 시계 방향으로 제시한 것임). 석주명이 제시한 것과의 차이는 확연하다.

또 석주명(1947:152)은 '말젯-'에 대해서도 다음과 같이 설명하고 있다.

<表 3> 다섯인 경우

구분	유형 1 동복리	유형 2 세화리	유형 3 표선리	유형 4 가시리	유형 5 수망리	유형 6 하원리	유형 7 구억리	유형 8 가파리	유형 9 조수리	유형 10 도련1
1	큰-	큰-	큰-	큰-	큰-	큰-	큰-	큰-	큰-	큰-
2	셋-	셋-	셋-	셋-	셋-	셋-	셋-	셋-	셋-	셋-
3	큰족은-	말젯-	옥은-	말젯-	말젯-	족은-	말젯-	족은-	큰말젯-	말젯-
4	말젯-	큰족은-	(말젯-)	큰말젯-	큰족은-	말젯-	족은-	큰말젯-	족은말젯-	족은말젯-
5	족은-	족은-	족은-	족은-	족은족은-	족은말젯-	족은족은-	족은말젯-	족은-	족은-

말젯(접두어). 넷 중 셋째의 뜻이고, '큰말젯'은 다섯 중 셋째, '조근말젯'은 다섯 중 넷째의 뜻이다. 예,

　　　말젯놈, 말젯상제, 말젯아들-------------------넷 중 셋째

　　　큰말젯놈, 큰말젯상제, 큰말젯아들-----------다섯 중 셋째

　　　조근말젯놈, 조근말젯상제, 조근말젯아들-----다섯 중 넷째

'말젯', '큰말젯', '족은말젯'은 <표 2>와 <표 3>에 따라 다음과 같이 제시할 수 있다.

　　말젯: ①넷 가운데 셋째를 이르는 접두사.

　　　　　②넷 가운데 넷째를 이르는 접두사.

　　　　　③다섯 가운데 셋째를 이르는 접두사.

　　　　　④다섯 가운데 넷째를 이르는 접두사.

　　큰말젯: ①다섯 가운데 셋째를 이르는 접두사.

　　　　　　②다섯 가운데 넷째를 이르는 접두사.

　　족은말젯: ①다섯 가운데 넷째를 이르는 접두사.

　　　　　　　②다섯 가운데 다섯째를 이르는 접두사.

이 예를 통하여 보완 작업이 뒤따라야 함을 알 수 있다.

둘째, 남부어와 북부어, 동부어와 서부어 등 지역적 차이를 밝히는 일이다.

언어는 일정한 문화를 배경으로 하고 있다. 『삼국유사』의 소위 '임금님 귀는 당나귀 귀'만 보아도 알 수 있다. 대나무숲에서 "우리 임금님 귀는 당나귀 귀와 같다.(吾君耳如驢耳)"라는 말이 대나무숲이 산수유나무숲으로 변한 다음에는, "우리 임금님 귀는 길다.(吾君耳長)"로 바뀐다. 이는 곧 언어는 문화를 반영한다는 것과 같은 말이다.

제주도는 고려 후기인 1300년부터 조선 초기인 1416년까지 116년 동안 동도현과 서도현 2현 체제였다. 이 2현 체제가 조선시대인 1416년 이후부터는 제주목, 정의현, 대정현 3현 체제로 근 500여 년 동안 이어진다. '돌하르방'의 경우만 보더라도 제주목, 정의현, 대정현의 크기나 모양이 상이한 것도 행정 체계와 무관해 보이지 않는다. 이 행정 체계는 언어에서도 분계선分界線으로 작용하여 동서 차이를 만들고 있다. '물때'라든가 '문어', '톳'만 보아도 동서 차이가 확연함을 알 수 있다.

셋째, 제주어의 실제 발음을 기록하는 일이다.

방언은 구어를 그 생명으로 한다. 어떻게 말하느냐? 어떻게 발음하느냐? 하는 것이 매우 중요하다. 석주명 자신도 "음표 문자를 사용"할 것을 제기하고 있다. 표기와 발음이 다른 경우가 많다. 소위 아래아[ᄋᆞ]의 발음, 음운 변화도 고려하면서 처리해야 할 문제다. '폭낭'의 경우 그 발음은 [퐁낭]이다. 'ㄴ' 앞에서 'ㄱ'은 'ㅇ'으로 변화하는 규칙이 있다. 이 규칙을 적용하면 [퐁낭]으로 발음되나 표기할 때는 '폭낭'이어야 한다. '폭낭'의 열매를 '폭'이라고 하기 때문이다. '폭낭'은 '폭'이라는 열매가 달리는 나무이기 때문에 붙은 이름이다.

그렇다고 발음을 무시할 수는 없다. 구술채록을 할 때 녹음 파일은 물론 비디오 촬영도 필수 요소임에 틀림없다. '아래아[ᄋᆞ]'를 발음할 때의 입 모양 등을 영상으로 보여준다면 그 이상 교육적 효과는 없을 것이다. 제주어를 채록할 때 전사, 녹음, 영상 자료

구축은 필수 사항이다.

넷째, 다른 방언과 비교 시 그 기준이 명시되지 않았다.

무엇을 비교할 때는 그 비교의 기준이 있어야 한다. 『제주도방언집』 제2편 고찰에서는 그 기준이 제시되어 있지 않다. 그렇다고 한다면 제시된 7,000여 어휘를 비교하는 일은 품이 드는 일이다. 기초어휘 350여 개를 비교하는 것이 더 능률적이고 효과적이다. 물론 이 경우도 도출되는 결과는 비슷할 것임을 예상할 수 있다.

다섯째, 다른 언어와의 비교는 공통조어에서 분화한 언어를 그 대상으로 하여야 한다.

그러나 석주명의 비교는 공통조어에서 분화한 몽골어, 만주어는 물론 이에서 벗어난 중국어, 비도어, 안남어까지 비교하고 있다는 데 문제가 있다.

여섯째, 제주어와 관련한 몽골어 어휘 목록이다.

석주명은 제주도방언과 몽골어를 비교하여, "어휘 7000여개중 몽고어에 관계된 것은 발기하면 실로 240에 달한다"(130쪽) 하였다(실제 어휘 수는 251개이다). 240개 몽골어 목록에 대하여 이기문 교수는 "대충 보아도 의문을 던져 주는 예들이 적지 않은 것으로 느껴진다. 제시된 몽고어 단어들 중에 확인할 수 없는 것들이 적지 않으며, 확인할 수 있는 경우에도 차용 관계를 설정하기 어려운 예들이 눈에 띤다. 대명사의 '나', '너'와 몽고어 '미니', '치니'(속격형)의 연결, '이신디'의 '디'와 몽고어 '디'(처격접미사)의 연결, '저디'(저곳)와 몽고어 '나디'(칼가 nad인 듯, 몽고문어 naɣadu)의 연결 등은 인정하기 어렵다. '물'(馬)과 몽고어 '모리'(mori), '아방'(父)과 몽고어 '아바'(aba), '어멍'과 몽고어 '어머'(eme)는 차용어借用語가 아니라 동원어同源語로 다루는 것이 마땅할 것이다. 이 목록에는 '몽고식 지명'이라 하여 '가소름, 가시낭봉오지, 간드락' 등 20여 개가 포함되어 있는데, 이들에 대해서는 현재로서는 무어라 말하기조차 어렵다."(『국어어휘사연구』, 1991:168)라고 언급하고 있다.

몽골어로 제시된 어휘들에는 '맹맹, 멩막멩막, 자글자글, 탕탕, 텀불랑, 확확' 등 의 성어와 의태어도 많이 포함되어 있다. '굿사라'는 '비켜라'라는 뜻이라면 몽골어로는 '자마스'가 될 것이며, '놉새'(무)의 몽골어는 '차간 만징', '마농'의 몽골어는 '송긴'이다. '부섭'은 『훈민정음』'용자례'에 나오는 '브쉽'(竈)으로, 이를 몽골어로 표현한다면 '갈 토고' 또는 '톨가'가 될 것이다.

또 '소본'은 한자어 '소분掃墳'으로, "오랫동안 외지에서 벼슬하던 사람이 친부모의 산소에 가서 성묘하던 일"을 말한다. '손쪼매'의 '쪼매'는 일본어로 '묶음'의 뜻을 지닌다.

이러한 여러 사항을 고려한다면 그 숫자는 많이 줄어들 것이다.

일곱째, 어원 문제다.

'제3편 수필'에는 "~어원"이라는 제목의 글이 많다. 이들에 대한 검증이 필요하다. '심방' 등 몇 어휘를 보자.

> 심방의 명칭: 무라야마(村山智順)씨에게 의하면 심방尋訪(shin pang)은 신방神房(shin pang)에서 유래하였고 신방은 승방僧房이 전한 것 같다 하고 이 명칭은 함북, 제주도 등지에서 쓰인다고 하였다. 그러나 제주도에서 쓰이는 말은 '신방'이 아니고 분명 '심방'이고 또 '신방神房'이 함북에서 쓰인다고 하나 함북 어느 지방인지 알 수가 없다.
>
> (『제주도방언집』, 168쪽)

> 심방. 육지의 '무당'의 뜻이고 남녀가 다 있어 세습적 직업이며 천민에 속한다. 무라야마(村山智順)씨에 의하면 '심방尋訪(shin pang)'은 '신방神房(shin pang)'에서 유래하였고 '시방'은 '승방僧房'이 전한 것 같다고 하고 이 명칭은 함북, 제주도 등지에서 쓰인다고 하였다. 그러나 제주도에서 쓰이는 말은 '신방'이 아니고 분명히 '심방'이고 또 '신방'이 함북에서 쓰인다고 하나 함북 어느 지방인지 알 수가 없다. 그러나 그 어원은 동음어인 마래어馬來語의 simbang(불가신의 뜻)일 것으로 생각된다.(『제주도 수필』, 54쪽)

이 두 내용에 따르면, 제주어 '심방'은 마래어 곧 말레이어에서 온 것이 된다.

『월인석보』와 『능엄경언해』에도 '심방'이 나타난다. 특히 『능엄경언해』(1461.8권) '무주巫祝'의 협주, "무巫는 겨집 심방이오 주祝는 남인男人 심방이라"라는 구절에 '심방'이라는 어휘가 등장한다. 현용준(『제주도무속자료사전』, 1980:885)은 "심방이란 말은 무가에선 '신의 성방(神-刑房)'이라 부르는 것으로 보아 '신방神房'의 자음동화인 듯하다."라는 견해를 밝히고 있다. 이를 바탕으로 하면, '신의 성방'이 '신방'으로 줄어들고, 이 '신방'이 '신방>심방>'으로 변화되었다고 볼 수 있다. 'ㄴ+ㅂ'이 'ㅁ+ㅂ'됨은 '흔쁴>함께', '흔보로>함부로' 등에서 확인할 수 있다.

또 '야로쇠떼', '장겐쌘'는 어떤가?

야로쇠떼. 이 말은 제주도서 전반적으로 쓰이는 것이 아니고 서귀면 법환리에서만 들은 말인데 아이들의 말로 『야~우섭다』의 뜻이다. 이 말은 몽고어에서 유래한 것으로 몽고어로도 그 발음 그대로이고 아이에게 한하는 것도 아니고 일반적으로 쓰이는 『야~ 우섭다』의 뜻이다.(170)

장겐쌘. 대개 4인 이상 시에는 이 표준어의 『장겐뽀』를 사용하고 소수시는 『털락쇼시』란 말을 쓰는데 이 말은 몽고어이다.(177)

'야로쇠떼'를 "야~ 무섭다"('우섭다'는 '무섭다'의 오기로 보임)라 했는데 몽골어 '무섭다'는 '아아마루'라 한다. 아이들이 말할 때는 '이~ 이~ 이~'라고 하는데, '야로쇠떼'와는 거리가 너무 멀다. 만일 '우섭다'가 '우습다'라면 이에 대응하는 몽골어는 '이헤르테이'이다.

표준어로 인식하고 있는 '장겐쌘'에 대응하는 몽골어를 '털락쇼시'라고 했는데, 몽골에는 아예 '가위바위보' 놀이가 없다. 손가락 내밀기 놀이가 있는데, 이를 몽골어로 '뎀베'라고 한다.

아동문학가 윤석중尹石重은 이 '장겐쌘'에 대해서, "알고 보면 이것은 일본 나라에서 일본 아이들이 그러는 것이 우리 땅에 묻어 들어온 것이었다. '쨩껭'이란 말은, '이시켕'이란 일본말의 도쿄 사투리로, '이시켕'이란, 한문 글자로 이시[石]와 켕[拳]을 붙여 만든 '돌주먹'이란 뜻이다. 주먹을 쥐어 내밀면서 '돌덩이'를 나타냄인데 '쨩껭뽀우' 하기도 하고, '쨩껭뽕' 하기도 하는 것은, 기운을 내느라고 '뽕' 하기도 하고, '뽀우' 하기도 하는데 우리 아이들은 영문도 모르고 그대로 하다가 그만 입에 배어 버리고 만 것이다."(윤석중전집 22. 『어둠 속의 초생달』, 1988:77) 하여, '쨩껭뽕'이 일본어임을 밝히고 있다.

그런 점에서 다음 '술오름'에 대하여, 석주명 스스로 "전체가 몽고식의 지명인듯싶다."가 "무슨 뜻일까."로 수정한 내용 변화는 주목할 필요가 있다.

> 술오름(米岳). 서귀면에 있는 산명인데 제주식으로 발음한다면 '쏠오름'이라야 되는데 '술오름'이라 하니 이 '술'은 분명히 '米'의 뜻은 아니다. '술오름'이란 전체가 몽고식의 지명인듯싶다.
>
> (『제주도방언집』, 169)

> 술오름(米岳). 서귀면에 있는 산명인데 제주식으로 발음한다면 '쏠오름'이라야 되는데 '술오름'이라 하니 이 '술'은 분명히 '米'의 뜻은 아니다. 무슨 뜻일까.
>
> (『제주도 수필』, 130)

'어원'의 문제는 쫀쫀한 검토가 필요하다.

석주명의 『제주도방언집』은 여러 과제가 있다손 치더라도 방종현 교수가 언급한 대로, "우리에게 학적자료를 충실하게 제공하여 일반으로 편익을 주는 점에서 이 책은 실로 귀하다고 할 것이다."라는 평가는 지금도 유효하다.

『제주도의 생명조사서』

양정필

제1장 개요

이 책은 석주명의 제주도총서 제2권에 해당하며, 1949년 3월 30일 서울신문사 출판국에서 초판(46판, 252쪽)이 발행되었다. 이 책의 제목은 겉표지에는 『제주도濟州島의 생명조사서生命調査書(제주도인구론濟州島人口論)』[영어명: The Life Measure of the Inhabitants of the Ze Zu Islands(Quelpart Island)]로 되어 있고, 판권지에는 표지의 제목 중에서 영문 제목이 없다. '제주도 인구론'이라는 부제를 붙여서 책의 성격을 보다 분명히 하고 있다.

『제주도의 생명조사서』의 목차는 총 3편으로 되어 있고 제1편은 2장으로, 제2편은 16장으로 구성되어 있고, 제3편은 별도의 장이 없다. 부록으로 '쌍동双童의 조사調査'를 수록하였다. 목차를 보면 알 수 있듯이, 제2편이 전체 분량의 대부분을 차지하고 있다. 각 편과 부록은 긴밀하게 연결되어 있다. 이에 대해 석주명은 다음과 같이 설명하였다. "본서는 제주도의 인구 문제를 필자가 자기류自己流로 조사한 것인데, 제1편에 의하여 조사연구의 방법을 알 수가 있겠고, 제2편에 의하여 각 부락의 인구 상태가 밝혀지고, 제3편에 의하여 제주도 전체의 인구 문제의 개념을 얻을 수가 있을 것으로 생각된다. 본서의 말부末部에 부록으로 '쌍동의 조사'를 부附하였는데, 이것은 본서의 내용을 검산해 준 것과 같은 결과로 의의가 있다." 이처럼 본서의 각 편과 장들 그리고 부록은 긴밀한 연관 속에서 배치되었다. 본서의 목차는 아래와 같다.

제3편 총괄

(부록) 쌍동의 조사

제2장 내용

제1편 서론 앞에 목차에 없는 두 편의 글이 실려 있다. 하나는 제목이 없는 짧은 글로 4·3과 관련된 것이고, 다른 하나는 영문 초록이다.

4·3 관련 짧은 글에서 석주명은 4·3으로 대다수의 중산간 마을이 초토화된 결과 1944~45년의 중산간 마을을 다루고 있는 본서는 그 의의가 더욱 높아졌다고 자평하고 있다. 즉 그는 지난 5년 사이 인간 생활에서 가장 큰 변동이 있었고 그 영향이 제주도에 큰 영향을 끼쳐서 이 책을 발행하던 당시까지도 안정을 찾지 못하고 있는 상황을 언급하면서 일주도로 이상 지역의 인가가 모두 폐허가 되었다고 적고 있다. 특히 이 책에서 다룬 토평리, 교래리, 송당리, 상도리, 오라리, 명월리, 의귀리, 토산리의 제1구, 저지리 등의 부락 기록은 벌써 역사적 기록이 되었다는 것이다. 이는 위 마을들이 4·3으로 큰 피해를 입어 마을 기록이 사라졌을 것인데 본서는 5년 전 그 마을의 정보를 제공하고 있으므로 역사적 기록이 되고, 또 출판과 동시에 고전이 되었다고 자평하였다.

석주명이 이 글을 쓴 시기는 1949년 2월 19일이다. 주지하듯이, 당시는 이른바 '초토화 작전'으로 무고한 인명 피해가 급증하고 많은 중산간 마을이 불태워졌던 시기이다. 당시 석주명은 서울에 있으면서도 제주도에서 벌어지고 있던 제주4·3의 상황을 정확히 알고 있었고, 그 추이를 주시하면서 본서의 의의를 강조하였던 것이다.

다른 하나는 영문 초록에 해당하는 것으로 본서의 총괄적인 내용을 영문으로 작성하여 싣고 있다.

제1장 서언

석주명은 서언에서 본 연구를 수행하게 된 계기를 밝히고 있다. 그는 1943년 4월 경성제국대학 부속 생약연구소 제주도 시험장에 부임한 후 해방 직전까지 2년 남짓 제주도 생활을 하였다. 기존의 인구 조사에 불만을 갖고 있던 석주명은 제주도에서 생활하면서 비교적 인구이동이 없는 마을들을 생물학적으로 조사하여 그 마을의 생명의 양을 측정하려는 목적에서 본 연구에 착수하였다고 밝히고 있다.

석주명은 제주도에서는 자녀의 사망률이 높아서 도민 중에는 5세까지는 자기의 자식이 아니라는 관념을 가진 사람이 많다고 하면서 그 결과 출산 신고는 지연되거나 또는 호적에 빠진 아이 혹은 호적 상의 허위 연령이 많아서 호적으로는 제대로 된 제주도 생명 조사를 할 수 없다고 생각하였다. 그래서 그가 선택한 방법은 자녀의 출산과 사망에 대해서 그 양친에게 묻는 것이었다.

그는 생명 조사와 관련하여 특정 마을을 염두에 두었던 것은 아니다. 그렇지만 16개 조사 마을은 개별적으로도 의의가 있고 전체로도 연속성을 갖는다고 보았다. 그는 연구 수행 과정에서 면장, 구장, 반장 등의 도움을 받았고 그에 대해 사례하고 있다.

제2장 조사 연구의 방법

이 장에서는 본인이 수행한 조사 연구의 방법을 구체적으로 설명하고 있다. 우선 그가 조사 연구에서 활용한 조사표를 설명한다. 그가 16개 마을의 생명을 조사하는 데 사용한 조사표 양식은 다음과 같다.

이 조사표에 대해 설명하면, 빈칸으로 되어 있는 왼쪽 것은 조사표 양식을 보여준다. 빈칸이 채워진 오른쪽 것은 실제 조사한 내용을 기재한 일례이다. 표본의 맨 위 칸

〈표 1〉 16개 마을 조사표 양식

번호	성명	연령	조사연월일

자녀 출산순	현존자 연령		사망 연령	
	남	여	남	여
1				
2				
3				
4				
5				
6				
7				
8				
9				
10				
11				
12				
13				
14				
15				
계				
총계				

〈표 2〉 마을 조사표 일례

번호	성명	연령	조사연월일
274	吳○○	55	44. 11. 11.

자녀 출산순	현존자 연령		사망 연령	
	남	여	남	여
1	35			
2				3
3			5	
4				3
5	27			
6				3
7				3
8		20		
9			6	
10		15		
11			1	
12	12			
13				
14				
15				
계	3	2	3	4
총계	12			

번호는 조사 대상 마을에서 연령별로 분류했을 때 조사 대상 인물의 순서를 말한다. 성명과 연령은 조사 대상 인물의 인적 사항이다. 조사 연월일은 실제 석주명이 그 대상 인물을 조사한 날짜이다.

　출산 자녀 순을 보면 15칸으로 되어 있는데 전체 조사 대상 중에서 가장 많은 자녀를 가진 사람이 15명이어서 15칸으로 하였다고 한다. 출산 자녀 순의 번호는 조사 대상 인물이 낳은 자녀의 순서이다. 즉 1은 첫째를, 2는 둘째를, 3은 셋째를 의미하며 그 이하도 같다. 출산 자녀를 크게 현존자와 사망자로 분류하고 그것을 다시 남녀로 구분하였다.

오른쪽 표를 통해 조사 결과를 구체적으로 살펴보자. 조사 당시 55세의 오씨 성을 가진 남자는 일생에 12명의 자녀를 낳았다. 첫째는 남아였고 조사 당시 35세였고, 생존해 있었다. 둘째는 여아였는데, 3살 때 사망하였다. 셋째와 넷째는 각각 남아와 여아였는데, 이 둘 모두 5살과 3살 나이에 사망하였다. 다섯째는 남아였고, 조사 당시 27세로 살아 있었다. 이하도 같은 방식으로 기입되어 있다. 이를 통해 알 수 있듯이 현존자 연령의 숫자는 조사 당시 나이이며, 사망 연령의 숫자는 사망 당시 나이이다. 오씨가 얻은 12명의 자녀의 성비는 6남 6녀였다. 그런데 이들 가운데 남아 3명과 여아 4명이 조사 당시 이미 세상을 떠났다. 그래서 조사가 이루어진 해인 1944년 당시 그는 3남 2녀의 자녀를 두고 있었다.

한 가지 아쉬운 점은 석주명은 현장 조사를 통해 이러한 조사표를 4천여 개 수집하였다. 그러나 우리는 그 조사표를 볼 수 없다. 조사표의 행적이 어떻게 되었는지는 알 수 없기 때문이다. 우리가 볼 수 있는 것은 이 4천 여 개의 조사표를 토대로 석주명이 작성한 다양한 통계표들이다. 이들 통계표도 의미가 있지만, 최초의 조사표를 볼 수 없다는 사실은 아쉬운 부분이 아닐 수 없다.

석주명은 자녀의 상황을 완전히 밝히기 위해서 조사 대상을 남자로 한정하였다. 부인을 제외한 이유에 대해서 석주명은 다음과 같이 적고 있다. 남자들은 몇 명의 처첩을 갖고도 불명예로 생각하지 않았다. 반면 여성들은 그렇지 않았다. 석주명은 이 점에 주목했다. 여성을 상대로 조사할 경우 자신이 몇 명의 남자에게서 낳은 자식들을 사실 그대로 밝히지 않을 가능성이 높다고 보았던 것이다. 다만 남편만을 대상으로 하였기 때문에 남편이 죽은 가정은 조사 대상에서 빠지는 한계를 갖게 되었다.

한 집안에 할아버지, 아버지, 아들 3대가 살고 있고 이들 모두 자녀를 낳았다면 각각에게 1매의 조사표를 주어서 각자의 자녀 상황을 조사하였다. 이러한 조사 방식에 의하면 그 마을의 호수와 조사 매수를 보고 그 지역의 가족 형태를 유추할 수 있다. 호수보다 조사 매수가 월등히 많으면 3대 이상이 함께 사는 집안이 많음을 의미한다. 반면 호수와 조사 매수 사이에 큰 차이가 없다면 거의 모든 집안이 부모와 자녀로 이루어진 가족 형태임을 의미한다. 실제 조사 결과를 보면 대부분의 마을에서 대가족보다는 부모와 자녀로 이루어진 핵가족이 다수였다.

결혼하여 가정을 이루었지만 자녀를 낳지 못한 사람들도 조사에서 제외되었다. 석주명에 의하면 가정을 이루고도 자녀가 없는 경우는 대체로 불구자들이었다고 한다. 그러면서 **생물은 생식력이 있어서 완전한 개체이니**(석주명 강조) 이 자녀의 조사에서 결혼하지 않은 사람이나 결혼해서도 자녀를 얻지 못한 사람들은 취급할 수 없다고 밝히고 있다.

유산이나 사산 등도 제외하였다. 반면 생후 1분이라도 생명이 있었던 경우나 불구자나 정신병자 등은 조사 대상에 포함시켰다. 쌍둥이 경우는 두 번 출산한 것으로 취급하였다. 그리고 자녀는 출산 순서로 기입하였는데, 부자연스럽게 나이 차가 큰 경우에는 보정하였다고 한다. 남편이 오사카 방면으로 돈벌이로 간 관계로 자녀 간에 나이차가 크게 나는 일은 흔하였다고 한다.

조사하면서 높은 유유아乳幼兒 사망률은 장애가 되었다. 왜냐하면 유아 사망률이 높아서 출산 신고의 결무缺無 또는 지연 등으로 가족 수나 연령이 일치하는 가정은 극히 적었기 때문이다. 그마다 당시는 전시여서 소위 애국반 명부가 있었기에, 그것에 의하여 한 사람도 빠지지 않고 조사할 수가 있었다고 한다. 그 과정에서 구장과 반장들의 도움은 큰 힘이 되었다고 한다.

다만 어려서 죽은 자녀를 숨기는 경향이 있어서 조사는 한계가 있고, 본 조사 결과보다 실제 유아 사망자는 더 많을 것으로 생각하였다. 그럼에도 최선을 다했으니 비교적 완전한 조사라고 할 수가 있을 것이고 자평하였다.

각 마을에서 조사가 이루어지면 일정 분량의 조사표가 수합되었다. 석주명은 이를 토대로 우선 연령별 일람표를 작성하였다. 이는 해당 마을의 조사표를 연령순으로 정리한 것이다. 다만 같은 연령의 피조사자가 둘 이상이면 이를 합하여 정리하였다. 그 결과 조사표를 보지 못하는 현재로서는 개별 사례를 확인하기 어렵게 되었다. 후대 연구자들이 본서를 토대로 연구를 진행할 때 아쉬운 부분이라고 할 수 있다.

이어서 석주명은 다섯 살을 한 등급으로 하여 위의 연령별 일람표를 재정리한 표를 작성하였다. 마지막으로 피조사자의 연령 순에 따라 그들이 얻은 자녀의 현존자와 사망자 수 및 그 비율 그리고 현존자와 사망자 별 남녀 수 및 그 비율을 정리한 표를 작성하였다. 각 장의 2절은 '조사의 내용'이란 제목으로 되어 있는데, 대체로 이 세 개의 표로 되어 있는 경우가 많다.

한편 석주명은 타지에 나간 사람(그는 이들을 외주사 혹은 줄가인出稼人이라고 부르고 있음)에 대해서도 깊은 관심을 갖고 있었다. 그에게 가장 큰 관심은 피조사자의 자녀 상황이었지만, 이와 비교 대조하기 위해서는 마을별 인구 구성 및 외주자 통계표도 필요하다고 판단했던 것이다. 그에게 부부가 함께 출가出稼한 경우에도 가족 일부가 남아 있으면 출가인으로 보았다. 반면 가족 전체가 출가했을 때는 그들을 외주자로, 즉 그 부락을 떠난 사람들로 보았다. 1930년대에 5만 명에 가까운 제주도 사람들이 오사카 등지로 가서 일한 사실은 널리 알려져 있는데, 비록 일부이기는 하지만 그 구체적인 실상을 확인할 수 있다는 점에서 의미가 있다고 생각한다.

조사는 1944년 2월 7일부터 1945년 4월 5일까지 1년 2개월에 걸쳐 진행되었다.

제2편 각론

16개 마을에 대한 조사 결과를 제시하고 있는 제2편 각론은 본서의 대부분을 차지하고 있다. 각 마을에 대해 하나의 장을 할애하고 있다. 그리고 각 마을 조사 결과는 세 개의 절로 나누어 설명하고 있다.

1절에서는 해당 마을을 선정하게 된 배경, 그 마을의 유래 및 연혁, 현재 상황, 농어업 상황 및 주요 농작물, 주식主食 및 음료수 문제, 주요 성씨, 특이한 사실 등을 다루고 있다. 1944~45년 당시 해당 마을에 대한 정보를 얻을 수 있다는 점에서 의미가 크다.

2절은 '조사의 내용'이란 제목으로 되어 있다. 해당 마을에서 수집한 조사표를 토대로 3개 내외의 표를 작성하여 제시하고 있다. 그 표는 앞서 언급한 연령별 일람표, 이 표를 다섯 살 단위로 묶어서 재정리한 표, 연령순에 따라 자녀의 현존자와 사망자 수 및 그 비율 그리고 현존자와 사망자 별 남녀 수 및 그 비율을 정리한 표 등이다.

3절은 '고찰'이라는 제목으로 되어 있다. 2장에서 제시한 표를 토대로 그 마을의 자녀 상황을 분석하였다. 대체로 그 마을에서 가장 다산인 사람을 소개하고, 이어서 유아 사망률이 높은 당시 상황에서 육아 성적이 좋은 사례와 그 반대로 육아 성적이 제일 나쁜 사례를 제시하고 있다. 그리고 출생 당시 신생아의 남녀 비율을 제시하고, 이후 생존자와 사망자의 수 및 그 비율도 제시하였다. 대개 출생 당시에는 남아의 비율이 여아보다 높았다. 그렇지만, 성장하면서 남아가 여아보다 더 많이 사망하여 결국 생존자를 대상으로 하면 여자의 비율이 남자보다 높게 나타났다. 아울러 이주자에 대해서도 고찰한다. 대개 16~40세의 남자가 많이 출가한 것으로 나타났다. 그리고 남자의 출가가 많은 만큼 조사 당시 마을의 현존자 성비는 여자가 훨씬 높게 나타났다. 3절은 대개 이러한 내용으로 구성되어 있다.

이하에서는 각 마을의 특징과 인구 특징을 간단하게 소개하려고 한다. 2절은 대부분 표로 이루어져 있기 때문에 생략하고 1절과 3절이 주요한 분석 대상이 될 것이다.

제1장 서귀면 토평리(1944. 2. 7~25. 조사)

1. **지역과 연혁:** 토평리의 주요 마을은 해안으로부터 3km쯤 떨어지고 해발 100m쯤 되는 곳에 위치하였다. 호수는 300여 호였다. 해안가에도 8호가 있었지만 조사에서는 제외하였다. 오히려 행정상 다른 마을로 되어 있지만 동쪽의 서상효의 약 80호는 인접이 아니라 연속되어 있다고 보고 석주명은 이 서상효도 조상 대상에 포함시켰다.

이어서 토평리란 마을이 어떻게 형성되었는지 그 연혁을 간단히 적고 있다. 그리고 주요한 성씨로 군위 오씨, 경주 김씨, 제주 부씨를 들고 있다. 마을민의 2/3는 오씨 일족이었다. 석주명이 보기에 토평리는 유서 있는 양반 마을로, 제주도 남부에서 가장 부강하였지만, 신문화가 수입되고 일본이 침략하면서부터, 또 보천교, 도박, 주색 등 이 원인이 되어 점차 해안 마을에 비하여 뒤떨어지기 시작하여 조사 당시에는 빈촌이 되었다고 적고 있다.

2. 토평리의 상황: 산간 마을로 마을민은 전부 농민이었다. 마을 호수는 360여, 인구는 1,600명이었다. 토평리도 다른 마을처럼 육지와의 교섭은 적고 오사카 방면과의 교섭은 많아서 외래 풍습이 혼입되어 있었다. 다만 해안 마을과 비교하면 외래풍의 침입은 많지 않았다고 한다.

3. 조사 내용: 360여 호의 가호로부터 373매의 조사표를 채집하였다.

4. 고찰: 석주명은 토평리에서 수집한 373매를 고찰한 결과 몇 가지 흥미로운 사실을 확인하였다. 가장 다산인 기록은 74세의 남자가 한 명의 부인으로부터 15명의 자식을 낳은 것이었다. 육아 성적이 가장 좋은 사례는 44세의 남자로, 그는 한 명의 부인으로부터 낳은 9명의 자식을 모두 성장시켰다. 가장 육아 성적이 나쁜 사례는 45세의 남자로, 그는 4명의 자식을 낳고 한 명도 남기지 못하였다. 78세의 한 남자도 11명의 자식을 낳았는데 단 한 명만 생존하기도 하였다.

보통 가정의 신생아 수는 6~10명이었다. 남자 한 사람이 일생 동안 낳은 자녀 수는 평균 6.54명이었다. 석주명은 조사 대상 중 고령자의 경우 사망 자녀 수가 적게 조사되었을 가능성이 있으므로 실제 1인당 산아 수는 6.54명을 넘을 것으로 보았다.

373매의 조사표에 기록된 자녀 수는 1,867명이었다. 이 1,867명이 태어날 당시 성비 비율은 남아 52%, 여아 48%였다. 그리고 생존자와 사망자의 비율을 보면, 생존자 64%, 사망자 36%였다. 좀 더 구체적으로 생존자 64%의 남녀 비율은 각각 32%로 같았다. 반면 사망자 비율 36%는 남아 20%, 여아 16%로 이루어져서 남아의 사망 비율이 높았다.

정리하면 출산 당시에는 남자 52%, 여자 48%의 비율이었지만, 5~6세가 되기 전에 남아가 여아보다 많이 사망함으로써 성장하면서는 여자의 수가 남자의 수를 능가하였다. 사망자는 1~5세가 대부분을 차지하였고 전체 사망자 중에서 그 비율은 78%를 차지하였다. 6~10세의 사망자 비율은 11% 수준이었다. 그리고 엄마의 육아 경험이 유아 사망률을 낮추는 데 도움이 되지 않았다는 점도 밝히고 있다. 한편 토평리의 외주자는 80명 정도로 그 비율은 5% 내외였다.

제2장 서귀면 법환리(1944. 4. 15~18. 조사)

1. 전언: 산간 마을인 토평리를 조사한 석주명은 비교를 위해서 해안 마을을 조사해야겠다는 생각을 하였다. 토평리 바로 아래에 위치한 해안 마을로 보목리가 있다. 그런데 250호의 작은 마을이어서 제외하였다. 당시 300호 이상의 해안마을로는 법환리가 유일하였다고 한다. 법환리가 선택된 이유이다.

2. 법환리의 상황: 법환리의 호수는 430여 호, 인구는 2,000명이었다. 430호는 주위 약 4km의 평탄치 않은 해안에 비교적 밀집해 있었다. 전부 어민이었고 시국 관계로 농업에도 종사하니 반어반농이라고 할 수 있었다. 여자는 전부 해녀였다. 토양은 토평리보다 훨씬 비옥해서 풍요하였다. 그래서 옛날부터 법환리는 본도 굴지의 대마을이었다고 한다. 50년 전까지만 해도 제주도 제3위의 마을이었다는 것이다. 참고로 첫째 가는 마을은 김녕(500여 호), 둘째는 두모(400여 호), 셋째가 법환(300여 호)이었다고 한다. 1940년대 상황을 보면 4km 거리에 있는 신흥 도시 서귀포의 발전으로 법환리 마을은 폐퇴된 편이었다. 그러나 법환리 주민 중에는 출가인이 많고 타처에서 성공한 이는 더욱 많았다. 서귀포도 법환리 사람의 세력 범위에 속한다고 하였다. 대표 성씨는 강씨康氏로 호수로나 인구로나 반 이상을 점하였다.

3. 조사의 내용: 430여 호의 법환리 마을에서 채집한 조사표는 393매였다.

4. 고찰: 법환리에서 가장 다산인 기록은 41세의 남자가 6명의 여자로부터 18명의 자녀를 얻은 것이었다. 가장 좋은 육아 성적은 63세의 남자가 두 명의 여자로부터 10

명의 자녀를 얻어 모두 성장시킨 사례였다. 가장 안 된 경우로는 52세의 남자가 4명의 자녀를 얻었지만 모두 사망한 것이었다. 또 55세의 남자가 낳은 9명의 자녀 중 2명만 생존한 경우도 있었다.

법환리의 경우 남자 1명이 일생 동안 6.26명의 자녀를 얻었다. 393매의 조사표에 기재된 출산 자녀 수는 1,983명이었다. 이들의 출생 당시 성비를 보면 남자 52.5%, 여자 47.5%였다. 그리고 이들 중 생존자와 사망자의 비율은 생존 74%, 사망 26%였다. 사망의 경우 토평리와 마찬가지로 남자가 여자보다 많았다. 따라서 출산 비율은 남아가 높지만 성장하면서는 여자가 남자를 능가하였다.

사망의 경우만 살펴보면 1~5세 유아 사망이 62%, 6~10세 소아 사망이 12%, 11~15세 소아 사망은 6%였다. 어느 경우에도 남아의 사망률이 여아의 사망률보다 높았다. 다만 20~30세의 남자 사망률이 6%로 약간 고율이었다. 이에 대해 석주명은 특별히 분석하지 않고 주목할 만한 사실이라고만 적고 있다.

외주자는 234명으로 그 비율은 11% 정도였다. 토평리에 비하면 그 숫자나 비율이 훨씬 높았다. 해안마을에서 출가가 많았음을 알 수 있다.

법환리는 토평리보다 사망률과 출산율이 모두 낮았다. 특히 사망률이 낮았다. 출산 정지선(최근 5개년간 자녀를 얻지 못한 것을 조건으로 함)도 토평리는 55~56세 사이에 있는 반면 법환리에서는 67~68세 사이에 있었다. 이에 대해 석주명은 법환리가 토평리에 비해 건전健全한 부락이라고 평가했다. 그리고 그 이유를 다음과 같이 설명하고 있다. "법환리는 해안 부락으로 산간 부락인 토평리와는 상이하고 가옥의 구조도 일층 발달되었고 사용 수량水量도 일층 많은 관계로 외관만으로도 정결하고 또 신선한 해산물도 일층 풍부히 섭취하고 있다." 석주명은 법환리 사람들이 토평리 사람들보다 건강한 이유로, 일층 발달된 가옥 구조, 풍부한 음용수, 신선한 해산물 등을 들고 있다.

마지막으로 두 마을을 비교한 석주명은 두 마을의 차이를 예상은 했지만 생각보다 조사 결과의 차가 너무 심해서 다음에는 서귀면 내의 중간 부락으로 볼 수 있는 신효리와 하효리를 조사하고 싶다고 밝히고 실제로 두 마을을 조사하였다.

제3장 서귀면 신효·하효리(1944. 7. 4~17. 조사)

1. 전언: 신효리와 하효리는 행정상 2개의 리里이지만 석주명은 연속된 마을로, 완전히 한 집단 마을을 형성하고 있어서 구분할 것이 못 된다고 하여 함께 다루고 있다. 두 마을의 호수는 약 530호, 인구는 약 2,700명이었다. 석주명은 이 두 마을이 산간마을인 토평리와 해안 마을인 법환리의 중간 부락의 모습을 보인다고 생각했다.

2. 조사의 내용: 4일간 숙박하면서 조사하였다고 한다.[1] 약 530호의 이 마을에서 채집한 조사표는 583매였다.

3. 고찰: 최고의 다산 기록은 59세 남자가 15명의 자녀를 얻은 것이었다. 가장 좋은 육아 성적은 44세 남자가 10명의 자녀를 얻어 모두 잘 키운 것이고, 그 반대는 72세의 남자가 8명의 자녀를 얻어 한 명도 키우지 못한 사례였다.

신효·하효리의 남자 한 사람은 일생 평균 5.83명의 자녀를 얻었다. 신생아의 출생 당시 성비를 보면 남아 51%, 여아 49%였다. 그리고 출생 이후 생존자와 사망자 비율은 각각 75%, 25%였다. 사망자의 성비를 보면 각 연령 계급에서 남아가 여아보다 많았다. 그 결과 출산 시 성비는 남아가 조금 높았지만 대체로 35~36세 구간을 경계로 여자가 남자보다 많게 되었다. 조사 당시 생존자 남녀 성비는 남자 48%, 여자 52%였다.

사망자를 좀 더 자세히 살펴보면, 1~5세 사이에 사망한 경우가 71%에 달하였다. 6~10세 구간에는 11%로 감소하고 그 이후에는 훨씬 저하하였다. 어떤 계급 연령에서도 남아의 사망률은 여아에 비해 대체로 높았다. 21~30세 구간의 사망률도 7% 정도로 높았다.

외주자는 249명으로 8% 수준을 보였다. 외주자 249명 가운데는 남자가 205명, 여자는 44명이었다. 출가인 수는 토평리와 법환리의 중간이고, 연령 분포는 두 마을과

---

1) 그렇다면 장 제목에 덧붙인 조사 날짜인 '4-17'은 '14-17'의 오기일 것이다.

일치하였다.

세 마을 조사를 끝낸 석주명은 토평리, 법환리, 신효·하효리 조사로 서귀면의 사정은 알 수 있지만, 이것만 갖고 제주도 전반을 운운할 수 없으므로 다음에는 서귀면의 반대편에 위치한 조천면의 해안마을인 함덕리와 산간마을 교래리를 조사하고 싶다고 밝히고 있다.

제4장 조천면 함덕리(1944. 10. 26~30. 조사)

1. 전언: 함덕리를 선택한 이유에 대해서 석주명은, 함덕리가 조천면에서 조천리와 병칭되는 큰 명읍이고 순수도가 높기 때문이라고 밝히고 있다. 당시 함덕리에는 일본인이 한 사람도 없었다. 함덕리는 다른 해안마을과 비교해서 특별히 다른 점은 없지만, 민가가 비교적 밀집하여 대마을을 형성하고 있었다. 전체 호수는 869호였다. 동쪽에 떨어진 72호의 평사동은 조사에서 제외하였다. 그래서 실제 조사는 호수 약 800호, 인구는 3,671명을 대상으로 이루어졌다.

2. 조사의 내용: 약 800호로부터 수집한 조사표는 744매였다.

3. 고찰: 최고의 다산 기록은 55세 남자가 4명의 부인에게서 19명의 자녀를 얻은 것이었다. 육아 성적이 가장 좋은 예로는 70세의 남자가 2남 7녀를 모두 성장시킨 것이었다. 그 반대는 74세의 남자가 1명의 부인으로부터 13명의 자녀를 얻고 모두 실패한 사례가 있었다. 13명의 자녀 중 여덟째까지는 모두 남아였고, 이후 5명은 모두 여아였다고 한다. 13명의 아이들은 모두 3살이 되어 죽었다고 한다. 함덕리에서는 1명의 남자가 일생에 7.28명의 자녀를 얻은 것으로 나왔다.

신생아의 성비는 남자 53%, 여아 47%였다. 출생 이후 생존자와 사망자의 비율은 각각 65%, 35%였다. 앞의 마을들과 마찬가지로 사망자의 성비는 각 계급 연령에서 대체로 남아가 여아보다 높았다. 그 결과 성장함에 따라 그 비율에서 여아가 남아를 능가하게 되는데, 그 경계선은 15·16세 구간이었다. 함덕리의 생존자 성비는 남자 48%,

여자 52%였다. 사망자를 보다 구체적으로 살펴보면, 1~5세 때 사망한 비율이 77%에 달하고, 6~10세의 자녀에서는 10%로 감소하였다. 외주자는 326명으로 그 비율은 대략 8% 수준이었다.

제5장 조천면 교래리(1944. 10. 31.~11. 1. 조사)

1. 전언: 교래리는 제주도 제일의 산간벽지 마을로 조천에서 남쪽으로 14km쯤 되는 산기슭, 해발 400m의 평야에 위치하였다. 상동과 하동으로 된 당시 교래리의 호수는 57호, 인구 311인이었다. 산간벽지 마을이지만 교래리는 교통의 요충이어서 오래된 마을이었고, 20년 전까지는 200호 이상이었고, 10년 전까지도 100호 이상의 마을이었다고 한다. 음료수는 유수溜水를 사용하지만, 비교적 나쁘지 않다고 적고 있다. 부근 토지는 광평하여 천연의 목장이어서 축산이 상당히 성하였다고 한다.

2. 조사의 내용: 호수 55호, 인구 304인으로부터 채집한 조사표는 60매였다.

3. 고찰: 가장 다산의 기록은 48세의 남자가 9명의 자녀를 얻은 것이었다. 가장 좋은 육아 성적은 51세의 남자가 4남 3녀를 얻어 모두 성장시킨 것이고, 그 반대는 47세의 남자가 1남 3녀를 얻어 한 명만을 남긴 것이었다.

남자 한 사람이 일생 5.33명의 자녀를 얻었다. 출산 자녀의 남녀 성비는 남아 51%, 여아 49%였다. 생존자와 사망자 비율은 각각 73%, 27%였다. 이는 법환리와 비슷한 비율이다. 좀 더 자세히 보면, 사망자 중 1~5세의 비율이 67%를 달하고 그 이후는 점감하였다.

외주자를 보면 13명으로 그 비율은 약 4%였다. 이는 다른 마을에 비해 대단히 적은 수치였다. 석주명은 그 원인에 대해서, 타지로 이주한 집이 많은 때문이고 이 마을이 퇴폐되어 가는 경향을 보여준다고 생각하였다.

교래리를 조사한 석주명이 느낀 점은 다음과 같다. 우선 교래리는 사망률이나 출산율이 낮았다. 결혼도 비교적 늦고 따라서 초산도 늦었다. 이에 대해 조사 인원이 적은 것이 하나의 이유가 될 수 있지만, 교래리는 비교적 건강한 지역이라고 생각하였다. 토지의 척박 내지 빈곤으로 주민의 결혼 내지 초산이 늦어지고 그것이 낮은 사망률 및 출산율과 관계가 있을 것으로 짐작하였다.

교래리는 약간 특수한 마을이라고 생각한 석주명은 교래리와 같은 환경으로 주민이 훨씬 많은 마을을 조사해보고 싶은 의욕을 갖게 된다. 그렇게 선택한 마을은 송당리였다.

제6장 구좌면 상도리(1945. 1. 29~30. 조사)

1. **전언**: 앞서 언급했듯이 애초에는 송당리를 조사할 계획이었다. 그런데 송당리에서 해안으로 내려온 마을도 조사할 필요를 느껴서 상도리를 조사하였다고 한다. 상도리는 일주도로를 걸쳐서 남북으로 양단되어 있고, 약 130호가 있었다. 옛날부터 이 마을은 100호 내외를 유지하여서 큰 변동은 없었다. 마을의 생활 정도는 중류이며, 양반 마을인 만큼 마을의 하인이 없는 관계로 하인들은 다른 마을에서 왔다고 한다. 또 양반 마을이면서도 시세에 뒤떨어지지 않고 교육받은 사람이나 관공리가 비교적 많았다. 그래서인지 다른 마을에서 흔히 볼 수 있는 잡혼, 재혼의 풍습도 극히 적은 듯하다고 적고 있다.

2. **조사의 내용**: 약 130호로부터 채집한 조사표는 128매였다.

3. **고찰**: 상도리에서는 남자 한 사람이 일생 7.11명의 자녀를 얻은 것으로 나왔다. 출산아의 남녀 성비를 보면, 남아 53%, 여아 47%였다. 생존자 및 사망자 성비는 각각 69%, 31%였다. 사망자를 좀 더 자세히 보면, 1~5세 자녀 사망률이 72%에 달하고 6~10세의 자녀에서는 12%로 줄어들었다. 이후 연령대에서는 훨씬 더 줄어들었다. 그리고 각 구간에서 남아 사망률이 여아보다 높은 것은 다른 마을과 같았다.

생존자의 성비를 보면, 남자 49%강, 여자 51%약이었다. 좀 더 구체적으로 출산된 자녀의 성비를 노년기, 중년기, 청년기로 나누어서 살펴보자. 노년기의 경우 남자 55%,

여자 45%, 중년기에서는 남자 53%, 여자 47%, 청년기에서는 남자 52%, 여자 48%였다. 석주명은 상도리 마을에서 출산되는 자녀의 성비는 남자 53%, 여자 47%로 봄이 적당하다고 판단하였다.

제7장 구좌면 송당리(1945. 1. 31.~2. 1. 조사)

1. **전언**: 송당리는 고래로 교래리와 병칭되는 유명한 산간마을이었다. 그렇지만 환경은 교래리와 해안 마을의 중간형을 띤다고 적고 있다. 송당리는 대수동, 중하동, 상동 및 대장동의 4개 동으로 되어 있었다. 그런데 대장동은 멀리 떨어져 있어서 조사에서 제외하였다. 나머지 세 마을을 보면 대수동 50여 호, 중하동 80여 호, 상동도 80여 호로 되어 있었다. 이 세 동의 총 호수는 약 220호였다.

음료수는 1km 이상이나 멀리 떨어진 유수溜水를 사용하여 불편하였다. 옛날부터 이 마을은 폐퇴하는 기색은 안 보이고 조금씩 발전하는 것으로 이해하였다. 또 외지에 나가서 교육받는 사람도 많았다. 전형적인 산간 농촌이지만, 농산물은 그 종류가 다 풍부하여서 식생활에서는 도내 제일이라 적고 있다. 특히 무는 도내 제일이라고 하여 마을 사람들의 자랑거리였다. 농산물이 풍부하고 여유가 있는 덕분인지 주민은 의외로 정결하였다. 마을 사람들은 송당리가 도내 제일의 산자여명山姿麗明한 곳이라는 자부심을 갖고 있었다고 한다.

2. **조사의 내용**: 약 220호로부터 채집한 조사표는 240매였다.

3. **고찰**: 송당리에서는 남자가 일생에 약 6.24명의 자녀를 얻었다. 신생아의 남녀 성비를 보면, 남아 50%강, 여아 50%약이었다. 산아의 성비는 거의 차이가 없다. 이는 다른 마을과 다른 양상이었다. 다만 5·6세가량이 되면 여자가 남자보다 많아지기 시작하였는데, 이 역시 다른 마을과 상이한 양상이었다. 신생아의 생존자 및 사망자 비율을 보면, 각각 64%, 36%였다. 생존자의 성비는 남자 48%, 여자 52%였다. 이는 태어날 때는 남녀 비율이 비슷했지만 이후 남아가 여아보다 많이 사망함으로써 여아 비율

이 높아진 것이다. 사망자를 좀 더 자세히 살펴보면, 1~5세 사망자가 83%를 차지하여 대부분을 점하였다. 6~10세에서는 6%로 내려가고 그 이후에는 훨씬 더 낮아졌다.

한편 산아의 성비는 노년기에서는 남자 49%, 여자 51%, 중년기에서는 남자 50%, 여자 50%, 청년기에서는 남자 53%,여자 47%였다. 산아의 성비로 어느 것을 채택할 것인가가 문제인데, 이에 대해 석주명은 남자 50%강, 여자 50%약으로 함이 무난하다고 적고 있다.

외주자는 86명 정도로 7%의 비율을 점하였다. 16~40세 구간인 청년기의 외주자가 58명으로 다수를 차지하였다.

제8장 표선면 성읍리(1945. 2. 3~4. 조사)

1. **전언**: 성읍리는 애초에 조사 대상 마을에 포함되어 있지 않았다. 조사를 진행하면서 제주도 동남부 마을이 비어서 그 대표 마을로 성읍리를 선정하였다. 성읍리는 고읍古邑으로 옛날 3군 시대의 군청 소재지였다. 폐군 후에도 오랫동안 표선면의 수읍首邑이었다. 그런데 일주도로로 인해 약 10년 전부터 경찰관 주재소나 면사무소 등이 표선리로 이전하여서 성읍리는 쇠퇴해가는 흐름이고, 지금은 전형적인 농촌에 불과하였다고 한다.

본 마을은 잡혼, 중혼의 폐가 많고 부부 연령의 차가 20년 이상의 예도 많았다. 그 중에는 30년 이상의 차가 있는 부부도 있어서 옛날 특권 계급의 유풍을 느꼈다고 한다. 또 농촌마을이면서도 소비 도시의 모습이 보이고 도박도 성행하였다. 옛날 관기의 유풍도 남아 있었다. 요컨대 성읍리에는 고문화의 편영이 아직 많이 남아 있었다.

토지는 척박하지만 면적이 넓어서 농산물은 비교적 풍부하였다. 전체적으로 마을은 역사가 오랜 만큼 빈촌이 아니라 부촌이라고 할 수 있었다. 음료수는 불편하여서 마을에서 500m 떨어진 유수溜水를 이용하였다. 성읍리는 1구와 2구로 이루어졌는데, 원거리에 있는 2구는 제외하였고, 조사 대상 호수는 251호였다.

2. **조사의 내용:** 조사대상 251호로부터 수집한 조사표는 227매였다.

3. **고찰:** 성읍리에 대한 조사 결과를 보면 남자는 일생에 5.78명의 자녀를 얻었다. 신생아의 성비를 보면, 남아 53%약, 여아 47%강이었다. 생존자 및 사망자 비율을 보면 각각 68%와 32%였다. 사망자에 국한해서 보면 모든 연령 계급에서 남아의 사망 숫자가 여아보다 많았다. 그 결과 성장함에 따라 여아가 남아를 능가하였다. 성읍리에서는 그 구간이 25·26세 사이에 위치하였다. 생존자의 성비는 남자가 48%, 여자가 52%로 다른 일반 마을과 비슷하였다. 사망자를 좀 더 자세히 보면, 1~5세가 대부분을 점하여 71%에 달했다. 6~10세에서는 12%로 내려가고 그 이후에는 훨씬 더 낮아졌다. 이 역시 다른 마을과 비슷한 경향이다.

이러한 조사 결과를 토대로, 석주명은 제주도의 남북 양측에서 일치할 뿐 아니라 기타 다른 마을에서도 대략 일치한다고 적고 있다. 그러나 석주명은 지금까지 조사 대상 마을은 모두 제주도 동측에 편재해서 서측의 몇 개 마을도 추가 조사할 필요가 있음을 느끼게 된다.

제9장 제주읍 오라리(1945. 2. 24~25. 조사)

1. **전언:** 제주읍에서도 한 마을을 조사 대상에 포함시키기로 결심한 석주명은, 비교적 고촌이요 이름 있는 중산간 마을이요 인구 이동도 심하지 않은 오라리를 선정하였다. 오라리는 정실(39호), 모오牟梧(54호), 사평(78)의 3개 동으로 된 제1구와 연미동(69호), 서(66호), 호월구(52호)의 3개 동으로 된 제2구로 이루어졌다. 이 가운데 정실동과 월구동은 멀리 떨어져 있어서 조사에서 제외시키고 나머지 4개 동을 대상으로 조사하였다. 옛날부터 양반 마을이었고 환경적으로는 특기할 것은 없었다. 식료수는 유수이고 원거리에 있어서 불편하였다.

2. **조사의 내용:** 조사 대상 호수는 267호였고, 채집한 조사표는 309매였다.

3. **고찰:** 가장 다산인 기록은 57세의 남자가 두 명의 부인으로부터 17명의 자녀를

얻은 경우였다. 육아 성적이 가장 좋은 사례는 36세의 남자가 38세의 여자로부터 3남 4녀를 낳아 모두 생존한 것이다. 그 반대는 54세의 남자가 한 명의 부인으로부터 아홉 명의 자녀를 얻고 2명만 생존한 경우였다. 오라리의 남자 한 사람은 일생 6.03명을 얻은 것으로 나타났다.

출산 자녀의 성비를 보면 남아가 53%, 여아가 47%였다. 생존자와 사망자 비율은 각각 72%, 28%였다. 출생 당시에는 남아가 많았지만 성장하면서 남아가 여아보다 더 많이 사망하여서 결국 25~26세쯤에는 역전이 되어 여자가 더 많아졌다. 그래서 생존자의 성비를 보면 남자가 48%, 여자가 52%를 보였다. 이는 다른 마을과도 비슷한 결과였다.

사망자를 좀 더 자세히 보면, 1~5세에 사망한 경우가 71%에 달했고, 6~10세에 사망한 경우는 9%로 낮았다. 그 이후에는 훨씬 낮았다. 어느 연령 계급에서도 남자 사망률은 여자보다 대체로 높았다.

제10장 한림면 명월리(1945. 2. 27.~3. 2. 조사)

1. **전언**: 명월리는 한림면을 대표할 수 있는 중간 마을이었다. 조사 당시에는 관청과 학교 등이 일주도로변의 한림리로 내려가면서 적막한 마을이 되어 있었다. 그렇지만 옛날에는 지금의 동명, 상명의 두 마을도 포함한 대명월리를 형성하고 성벽까지 둘려 있었고 많은 인재도 배출하였다. 현재 명월리는 상(60호가량), 중(120호가량), 하(60호가량)가 각각 이재한 3개 동으로 되어 있었다. 동서로 1.5km, 남북이 3km의 지역이었다. 그러나 여기에서 말하는 명월리는 동명리를 포함한 것이다. 동명리 역시 상(50호가량), 중(30호가량), 하(80호가량)가 각각 이재한 3개 동으로 명월리의 3개 동과 대체로 병행되어 있고 특히 하동 두 마을은 완전히 연속되어 있었다. 조사 대상 명월리는 옛날의 대명월리에서 상명리를 제외한 지역으로 동서 2km, 남북 3km 지역에 약 420호가 있었다.

음료수는 하동서는 제주도에서 첫째가는 양질이요 풍부한 천수泉水인데 또 편리도

하였다. 중, 상동에서도 유수만은 아니니 비교적으로 편리한 편이었다. 이 물이 비교적으로 정결하여 말라리아 모기 발생이 특히 많은 관계인지 민간에는 말라리아가 비교적 많았다.

2. 조사의 내용: 420호로부터 채집한 조사표는 444매였다.

3. 고찰: 가장 다산의 기록은 66세의 남자가 두 명의 부인으로부터 13명의 자녀를 얻은 것이었다. 육아 성적이 가장 좋은 사례는 52세의 남자가 52세의 부인으로부터 4남4녀를 얻어 모두 성장한 경우였다. 그 반대는 52세의 남자가 1명의 부인으로부터 7명의 자녀를 얻었지만 모두 실패한 경우였다.

명월리의 남자는 일생에 5.81명의 자녀를 낳은 것으로 나타났다. 산아의 성비를 보면 남아가 52%, 여아가 48%였다. 그리고 생존자와 사망자 비율은 각각 71%와 29%였다. 사망자는 모든 연령 계급에서 남아의 비율이 여아보다 많았다. 그 결과 성장하면서 여아의 비율이 남아를 능가하게 된다. 그 경계선은 10~11세로 나타났다. 생존자의 성비는 남자 48%, 여자 52%였다. 이는 다른 마을과 비슷하다. 사망자를 좀 더 자세히 보면, 1~5세가 대부분을 점하여 69%에 달하였고, 6~10세에서는 12%로 내려가고 그 이후에는 훨씬 낮아졌다.

외주자는 184명으로 그 비율은 약 8.5%였다. 15~40세 구간의 외주자가 133명으로 다수를 점하였다.

제11장 대정면 대정(1945. 3. 13~14. 조사)

1. 전언: 대정은 보성리, 안성리, 인성리의 3개 리가 합하여 이루어졌다. 3개의 리이지만 연속된 한 마을로 주위 2km여의 옛 성벽을 중심으로 형성된 소읍이고 옛날에도 그러했다. 소위 중간 지대의 양반 마을인 구읍인 만큼 환경도 좋고 기분도 좋은 마을이지만 옛날의 유풍은 거의 볼 수가 없다고 한다. 보성리는 75호, 안성리는 68호, 인성리는 109호로 모두 252호였다. 중심에서 멀리 떨어져 있는 27호를 제외한 225호가

조사 대상이었다.

2. 조사의 내용: 225호로부터 채집한 조사표는 308매였다.

3. 고찰: 가장 다산인 기록은 53세의 남자가 두 명의 부인으로부터 13명의 자녀를 얻은 것이었다. 육아 성적이 가장 좋은 사례는 48세의 남자가 4남 5녀를 얻어 모두 잘 키운 것이었다. 그 반대는 64세의 남자가 7명의 자녀를 얻어 그중 1명만 생존한 경우였다.

신생아의 성비를 보면 남아 51%, 여아 49%의 비율이었다. 그리고 생존자와 사망자의 비율은 각각 75%, 25%의 비율이었다. 출산 당시에는 남아가 많았지만, 남아의 사망률이 높아서 성장하면서는 여자의 비율이 남자를 능가하였다. 그 경계 연령은 15~16세로 볼 수 있었다. 즉 15~16세 이전에는 남자가 많았지만, 그 이후에는 여자가 많았다. 생존자의 성비를 보면 남자 49%, 여자 51%였다. 사망자를 좀 더 자세히 보면, 1~5세가 대부분을 점하여 72%에 달했고, 6~10세에서는 10%로 내려갔다. 그 이후에는 훨씬 더 낮아졌다. 한편 외주자를 보면 117명으로 그 비율은 약 8%였다.

제12장 안덕면 화순리(1945. 3. 14~16. 조사)

1. 전언: 대정과 비슷한 화순리를 선정한 이유는 청년 남자가 많이 죽는 마을이라고 들었기 때문이었다. 그런데 사실은 그렇지 않았다. 화순리는 대정과 근거리이고 환경도 비슷하지만 음료수가 곳곳에 있는 용천수여서 비교적 편리한 마을이었다. 호수는 303호이고 주민의 약 반수는 양씨가 점하였다. 해안으로부터 산에 걸친 마을이고 옛날부터 양반 마을이었다.

2. 조사의 내용: 303호로부터 채집한 조사표는 307매였다.

3. 고찰: 가장 다산인 기록은 74세의 남자가 13명의 자녀를 얻은 사례였다. 가장 좋은 육아 성적은 62세의 남자가 2남 6녀를 얻어 전부 잘 키운 것이었다. 그 반대는 65세의 남자가 아홉 자녀를 얻고 8명의 자녀를 잃은 경우였다. 석주명은 화순리 남자의 경

우 일생에 6.17명의 자녀를 얻은 것으로 보았다.

신생아의 성비는 남아 51.5%, 여아 48.5%였다. 생존자 및 사망자의 성비는 각각 72%, 28%였다. 사망자의 성비는 각 연령 계급에서 남아가 여아보다 높았다. 따라서 출생 당시 성비는 남아가 여아보다 높았지만, 성장하면서 여아의 비율이 높아졌다. 생존자 성비는 남자 48%, 여자 52% 수준이었다. 역전되는 경계 나이는 10~11세 무렵이었다.

사망자 상황을 좀 더 자세히 보면, 1~5세가 75%를 점하였고, 6~10세가 11%를 차지하였다. 그 이후에는 훨씬 더 낮아졌다. 특이하게도 16~25세의 연령대에서도 사망자는 8%를 점하였다.

외주자는 128명으로 약 8% 수준이었다. 노년기의 외주자는 없었다. 가장 많은 연령대는 16~40세 구간의 청년기로 81명이었다.

제13장 남원면 의귀리(1945. 3. 27~28. 조사)

1. 전언: 이전엔 남원면의 수부首府였지만 10여 년 전에 면사무소나 주재소 등이 일주도로에 있는 남원에 내려간 이래로는 적적한 마을이 되었다. 옛날부터 양반 마을이었다. 마을은 대단히 넓고 188호가 산재하였다. 주요 성씨는 군위 오씨, 제주 양씨, 경주 김씨, 제주 고씨 등이었다.

2. 조사의 내용: 188호로부터 채집한 조사표는 224매였다.

3. 고찰: 남자 한 사람이 일생에 6.78명의 자녀를 얻는 것으로 나타났다. 신생아의 성비를 보면 남아 48.5%, 여아 51.5%였다. 이는 제주도의 일반 마을과는 약간 상이한 결과였다. 즉 출산 당시부터 여자가 많은 마을이었다. 그리고 생존자와 사망자 비율을 보면 각각 63%, 37%였다. 사망자를 좀 더 자세히 보면, 1~5세가 70%에 달하여 대부분을 점하였고, 6~10세에서는 12%로 내려가고 그 이후에는 훨씬 더 내려갔다. 석주명은 의귀리 마을에 대해서, 출산 자녀 성비가 다른 마을과 반대로 여자가 많아서 전

형적인 제주도 마을이라고 하기는 어렵다고 적고 있다.

외주자 수는 102명으로 약 10% 수준이었다. 의귀리에서도 청년기의 외주자 수가 75명이 되어 절대 다수를 차지하였다.

제14장 표선면 토산리(1945. 3. 28~29. 조사)

1. **전언**: 토산리는 다소 환경이 상이한 2개 마을로 형성되어 있었다. 산쪽의 토산리 1구는 옛날부터 토산리의 본거요 정의군 이전 시대에는 토산현이 있던 마을이었다. 약 30년 전까지도 600호 가까이 있었던 대마을이었다. 당시는 가까이 남토산에 좌정한 유명한 토산당으로 인해 무격이 30~40명이나 있던 소비 마을이었다고 한다. 그러나 시대의 변천과 해안지대의 발전으로 쇠퇴하는 경향이며 조사 당시에는 약 80호이고, 남토산과 같은 규모의 마을이 되었다고 한다.

해안의 토산리 제2구는 소위 남토산으로 옛날에는 한촌에 불과했는데, 해안지대의 비옥함과 유명한 토산당의 인연으로 발전하기 시작해서 조사 당시에는 80호나 되는 마을이 되어 소위 북토산과 상대할 만하게 되었다. 제1구(북토산), 제2구(남토산)가 모두 옛날부터 계급적으로 구별되지 않았고 이는 여타 마을과는 다른 점이라고 하였다. 두 마을 모두 옛날부터 양반 마을이었고 토산당으로 인해 명성이 높은 마을이었다.

두 마을의 차이점은, 첫째 농업을 보면 해안지대의 남토산이 한층 풍요하였다. 둘째 음료수는 북토산에서는 천수泉水요, 남토산에서는 용수湧水이므로, 남토산에는 음료수와 관련 있는 풍토병이라고 할 수 있는 상피병이 많았다. 두 마을의 호수는 약 160호였다.

2. **조사의 내용**: 채집한 조사표는 북토산에서 87매, 남토산에서 81매로 총 168매였다.

3. **고찰**: 두 마을에서 가장 다수를 점한 연령 계급은 56~60세의 사람들이었다. 남토산은 북토산에 비하여 출산율은 한층 높고 사망률은 낮았다. 이를 보고 석주명은 남

토산이 한층 건강지대라고 판단하였다. 두 마을 신생아의 성비를 보면 남아 51%, 여아 49%였다. 그리고 생존자 및 사망자 비율은 각각 72%, 28%였다. 사망자의 성비는 모든 연령 계급에서 남아가 여아보다 높았다. 그 결과 출생 당시 남녀 성비는 51% 대 49%였지만, 성장하면서 여자의 비율이 남자의 그것을 능가하였다. 토산리에서 그 경계 연령은 5~6세 사이였다. 사망자를 자세히 보면, 1~5세가 대부분을 점하여 73%에 달하였고, 6~10세에서는 7%로 내려가고 그 이후에는 훨씬 낮았다. 26~30세 구간은 5%여서 다른 구간에 비해 상대적으로 높았다.

외주 인구는 70명으로 그 비중은 약 8%였다. 16~40세 연령 구간인 청년기가 45명으로 가장 많았다.

제15장 한림면 저지리(1945. 4. 3~4. 조사)

1. **전언**: 석주명이 저지리를 선정한 이유는 오로지 천수天水만을 식수로 하고 있었기 때문이다. 천수 이용으로는 제주도에서 첫째가는 마을이라고 적고 있다. 부호가에는 십수 개의 물항아리를 갖고 있으니 최오最奧의 물 항아리는 마르는 일이 없어서 50년 이상 경과한 물도 희귀할 것이 없었다고 한다. 천수桌水 등은 여름철에는 하루 이틀 사이에 변질되어 마실 수 없지만, 이 천수天水는 저장하면 곤두벌레 발생 유무에 불구하고 3개월 이상 경과하면 천수桌水 이상으로 정화되어서 우량한 음료수가 된다고 적고 있다. 저장 항아리는 토기로 적색보다도 흑색의 것이 일층 좋다고 한다. 석주명은 실제로 50년 이상 또는 10년 이상 경과했다고 하는 물을 시음하였고, 실로 훌륭한 물이어서 놀랐다고 한다.

저지리는 옛날부터 알려진 산간 마을로 2구, 6개 동, 400여 호로 되어 있었다. 그러나 석주명은 남쪽으로 2km 떨어진 명리동(90호), 서쪽으로 1.5km쯤 떨어진 수동(90호), 북으로 1km 떨어진 북동의 40호를 모두 조사에서 제외하였다. 그 결과 조사 대상 마을은 비교적 중앙에 밀집한 남동(70호), 동동(50호), 중동(60호) 및 북동의 10호 등 190호였다.

2. **조사의 내용:** 190호로부터 채집한 조사표는 184매였다.

3. **고찰:** 조사 결과 남자 한 사람이 일생에 6.72명의 자녀를 얻는 것으로 나타났다. 신생아의 성비를 보면 남아 54%약, 여아 46%강이었다. 그리고 생존자 및 사망자 비율은 각각 72%, 28%였다. 사망자의 성비는 모든 연령 계급에서 남아가 여아보다 높았다. 생존자의 성비를 보면 남자 47%, 여자 53%로 여자가 남자를 능가하였다. 이렇게 역전되는 구간은 대개 40~41세로 볼 수 있었다.

사망자를 자세히 보면 1~5세가 대부분을 점하여 76%에 달했다. 그 이후에는 훨씬 저하하였다. 다만 16~20세 구간에서 6%의 비율로 약간 고율이어서 주목되었다.

외주자는 65명으로 7% 수준이었다. 청년기의 외주자가 48명으로 다수를 점하였다.

제16장 한림면 용수리(1945. 4. 4~5. 조사)

1. **전언:** 조사 대상 용수리는 제1구만이고 그중에서도 해안에 밀집한 160여 호의 마을로 한정하였다. 용수리 160여 호는 밀집해 있어서 농가가 산재한 제주도의 일반 마을과는 다르고 오히려 육지에서 보는 농촌과 같다고 적고 있다. 해안 마을인 만큼 반농반어였고 여자는 전부 해녀였다고 한다. 음료수는 전부 용수였다. 석주명이 용수리를 선정한 이유는 부근의 차귀도, 와도 기타에 의해서 많은 청년이 사망한다는 전설을 들었기 때문에 그것을 확인하려는 목적이 있었다.

2. **조사의 내용:** 160여 호로부터 채집한 조사표는 159매였다.

3. **고찰:** 용수리의 남자는 일생에 6.61명의 자녀를 얻는 것으로 나왔다. 이 마을에는 육아 성적이 좋은 사람이 상당히 많았다. 그중에는 1남 10녀를 얻고 전부 잘 키운 사례도 있었다. 산아의 성비를 보면, 남자 49.%, 여자 50.5%였다. 생존자와 사망자의 성비는 각각 74%, 26%였다. 사망자를 자세히 보면, 1~5세가 대부분을 점하여 75%에 달했고, 그 이후는 훨씬 감소하였다.

외주자는 76명으로 8% 수준이었다. 청년기의 외주자가 60명으로 다수를 점하였다.

제3편 총괄

여기에서는 제2편에서 다룬 16개 마을의 조사결과를 말 그대로 총괄하고 있다. 제주도의 생명 조사에 대한 석주명의 결론이라고 할 수 있다. 그 주요한 내용을 소개한다. 다만 바로 앞서 살펴본 내용과 중복되는 부분이 있는데, 그럼에도 조사 마을 전체를 대상으로 하는 결론인 만큼 정리해 보았다.

석주명이 조사한 마을은 9개 면의 16개 리로 당시 제주 본도의 12개 면의 160개 리와 비교하면 10%의 비율이었다. 석주명은 조사 마을의 경우 인구 이동이 심하지 않고 외래풍도 많이 수입되지 않은 곳이어서 조사 마을 평균이 제주도 전체를 대표할 수 있을 것으로 생각하였다.

석주명은 잡혼, 재혼, 중혼 등이 많은 이유를 여성의 경제 활동과 경제력에서 찾기도 하였다. 즉 여자의 경제 활동이 많은 만큼 여자도 경제력을 갖고 있어서 잡혼, 재혼, 중혼 등이 많다는 것이다. 한림면 협재리 같은 마을에서는 초혼 부부는 2할에 불과하였다고 한다.

석주명은 마을의 출산율과 인구 구성을 토대로 제주도민을 다음과 같은 네 등급으로 구분하였다.

〈표 3〉 제주도민의 연령에 의한 구분

노년기	56세 이상
중년기	41~55세
청년기	15~40세
유년기	15세 이하

석주명이 조사한 16개 마을의 호수와 채집한 조사표 수는 다음과 같았다.

〈표 4〉 조사 대상 16개 마을의 호수와 조사표 수

마을 이름	호수	조사표 수	조사표/호수
토평리	360여	373	1.0
법환리	430여	393	0.9
신하효리	약 530	583	1.1
함덕리	약 800	744	0.9
교래리	55	60	1.1
상도리	약 130	128	1.0
송당리	약 220	240	1.1
성읍리	251	227	0.9
오라리	267	309	1.2
명월리	약 420	444	1.1
대정	225	308	1.4
화순리	303	307	1.0
의귀리	188	224	1.2
토산리	약 160	168	1.0
저지리	약 190	184	1.0
용수리	160여	159	1.0
합계	4,689	4,851	1.0

위 표를 보면 호수와 조사표 수는 대략 일치하고 있다. 이는 당시 제주 사람들이 부자父子가 동일 세대에 사는 대가족보다는 부모와 자식으로 이루어진 핵가족 형태를 선호하였음을 의미한다. 다만 대정이 다소 예외적인데, 석주명은 이를 두고 구읍舊邑의

모습을 살필 수가 있다고 적고 있다. 한편 법환리, 함덕리, 성읍리에는 비교적 여성 세대주가 많아서 쇠퇴해 가는 징조를 볼 수가 있다고 적고 있다.[2]

석주명에 의하면 결혼 연령은 예나 이제나 변함이 별로 없어서 16~20세 사이에 하는 이가 가장 많았다고 한다. 대체로 유복한 사람일수록 빠르고, 빈천한 사람일수록 늦었다. 옛날 양반 집에서는 남자 8~9세에 10년이나 연장의 여자를 아내로 삼은 예도 있었다. 그렇지만 대체로 여자는 5살쯤 연장으로 부모 본위의 결혼이라고 적고 있다. 다만 조사 당시에는 외국풍이 들어온 때문에 40세 미만의 사람에서는 부부의 연령에 심한 차이는 없고 또 근래에는 대부분이 여자가 연하였다. 그리고 도민의 결혼 연령에 대해서는, 출산 상태 등을 참작해서 남자는 20세 무렵, 여자는 18세 무렵을 추장할 수 있다고 한다. 또 도내에는 결혼에 관한 미신이 많았는데, 석주명은 이를 타파하여야 할 누습이라고 생각하였다.

가장 다산인 기록은 토평리의 74세 노인이 한 부인으로부터 15명의 자녀를 얻은 것이었다. 함덕리의 55세 남자는 네 명의 부인으로부터 19명의 자녀를 얻기도 하였다. 육아 성적이 가장 좋은 사례는 용수리에서 11명의 자녀를 전부 성장시킨 것이었다. 그

〈표 5〉 16개 조사 대상 마을 남성이 얻은 평균 자녀 수

마을	자녀 수	마을	자녀 수	마을	자녀 수	마을	자녀 수
토평리	6.54	교래리	5.33	오라리	5.96	의귀리	6.78
법환리	6.26	상도리	7.11	명월리	5.81	토산리	6.08
신하효리	5.83	송당리	6.00(6.24)	대정	5.61	저지리	5.92(6.72)
함덕리	7.28	성읍리	5.78	화순리	6.15(6.17)	용수리	6.61

평균 6.19

---

2) 석주명은 여성 세대주 문제를 제2편에서 거의 다루지 않고 있다. 여성 세대주 정보는 조사 현장에서 얻었을 것이다. 여하튼 여성 세대주 문제가 소홀히 다루어진 것은 남성 대상 조사의 한계라고 할 수 있다.

반대는 함덕리의 74세 노인이 한 명의 부인으로부터 13명의 자녀를 출산하고도 모두 실패한 경우였다.

각 마을에서 남성이 일생 동안 얻은 자녀 수를 정리하면 〈표 5〉와 같다.

〈표 5〉에 의하면 함덕리는 가장 많아서 7.28명. 교래리는 가장 적어서 5.33명이었고 16개 마을의 평균은 6.19명이었다. 이를 보면 당시 제주도 남성은 일생에 6명 정도

〈표 6〉 남녀 성비와 남녀 수의 역전 경계선

마을	출산 성비(남:여)	마을 주민의 성비(출가인 포함)	남녀 수의 역전 경계선
토평리	52:48	49:51	5~6세 사이
법환리	52.5:47.5	46:54	40~41세 사이
신하효리	51:49	48:52	35~36세 사이
함덕리	53:47	48:52	15~16세 사이
교래리	51:49	49:51	15~16세 사이
상도리	53:47	49:51	50~51세 사이
송당리	50강:50약	48:52	5~6세 사이
성읍리	53:47	48:52	25~26세 사이
오라리	53:47	48:52	25~26세 사이
명월리	52:48	48:52	10~11세 사이
대정	51:49	49:51	15~16세 사이
화순리	51.5:48.5	48:52	10~11세 사이
의귀리	48.5:51.5	47:53	0~1세 사이
토산리	51:49	47:53	5~6세 사이
저지리	54:46	47:53	40~41세 사이
용수리	49.5:50.5	43:57	0~1세 사이
평균	52:48	48:52	

의 자녀를 얻었음을 알 수 있다. 출산 자녀 수가 많은 이유에 대해 석주명은 다음과 같이 설명하고 있다. 첩이 많은 곳임에도 불구하고 완전히 남자 본위로 조사한 것, 미혼자는 물론 기혼자라도 자녀를 얻어 보지 못한 사람들은 조사에 넣지 않은 것. 반면 저율인 이유에 대해서는, 노년기 사람들 중에는 출산을 계속하는 이가 적지 않고, 고령자의 자녀 중 사망자는 누락되는 경향이 있고, 도민은 유아 사망을 숨기는 경향이 있어서 아무리 상세히 조사해도 기록에 누락이 있을 수밖에 없는 점 등을 들고 있다.

조사 대상 마을의 신생아 성비와 생존해 있는 마을 사람(출가인 포함)의 남녀 성비를 비교하면 〈표 6〉과 같다.

〈표 6〉에 의하면 출산 당시 성비는 대체로 남아가 여아보다 높았다. 조사 마을의 평균은 남아 52%, 여아 48%

〈표 7〉 출산 자녀 중 생존자와 사망자 비율(남:여)

마을	생존자	사망자
토평리	64(32:32)	36(20:16)
법환리	74(37:37)	26(15.5:10.5)
신하효리	75(38:37)	25(13:12)
함덕리	65(33:32)	35(20:15)
교래리	73(40:33)	37(12:15)
상도리	69(38:31)	31(16:15)
송당리	64(31:33)	36(19:17)
성읍리	68(34:34)	32(19:13)
오라리	72(37:35)	28(16:12)
명월리	71(36:35)	29(16:13)
대정	75(37:36)	25(13:12)
화순리	72(37:35)	28(15:13)
의귀리	63(30:33)	37(19:18)
토산리	72(35:27)	28(16:12)
저지리	72(38:34)	28(16:12)
용수리	74(35:39)	26(15:11)
평균	70(35강:35약)	30(16:11)

였다. 물론 마을마다 다소의 차이는 있었다. 다만 의귀리와 용수리 두 마을은 출생 당시부터 여아의 비율이 남아보다 높았다. 그리고 마을 주민(출가인 포함)의 성비는 예외 없이 여자가 남자보다 높았다. 평균하면 남자 48%, 여자 52%로 출산 당시와는 정반대로 나타났다. 이처럼 신생아의 성비와 살아 있는 주민의 남녀 성비가 역전된 이유는 남자가 많이 사망하였기 때문이다.

다음으로 출산 자녀 전체 중에서 조사 당시 생존자와 사망자의 비율은 〈표 7〉과 같다.

〈표 7〉에 의하면 출산 자녀의 70%가 생존하여 마을 주민(출가인 포함)을 구성하고, 나머지 30%는 사망하였다. 70%의 생존자는 마을에 따라 다소 차이가 있지만 63%에서 75% 구간에 위치하였고 그 성비에서는 거의 차이가 없었다. 30%의 사망자도 마을에 따라서 다소 차이가 있었지만 대체로 25%에서 37% 구간에 있었다. 사망자가 최저인 곳은 25%의 신하효리와 대정, 26%의 법환리와 용수리 등이었다. 이들 마을은 모두 음료수 공급이 비교적 편리한 곳이었다.

반면 사망률이 최고인 곳은 37%의 의귀리, 36%의 토평리, 송당리, 35%의 함덕리 등이었다. 이들 마을은 모두 음료수 공급이 불편한 곳이었다. 다만 토평리에는 최근 수도 시설이 되었으니 장래는 그 사망률이 저하될 것으로 예상하였다. 조사 대상 인원이 극히 적은 교래리를 제외하면 어느 마을이나 사망률은 남자가 여자보다 높았고, 평균은 16% 대 14%였다. 즉 출산 당시 남성 52%, 여성 48%의 비율이었던 것이 출생 이후 시간이 지나면서 남자는 16%의 비율로, 여자는 14%의 비율로 30%가 사망하였다. 그 결과 마을 주민(출가인 포함)의 성비는 남자 48%, 여자 52%로 역전되었다.

사망자의 연령별 상황을 보기 위해서 〈표 8〉을 작성하였다.

〈표 8〉에서 확연히 드러나듯이, 자녀의 사망률은 어린 계층일수록 높아서 대부분은 1~5세의 나이에 사망하였다. 그 비율은 평균 73%에 달하였다. 5~10세의 사망률도 10%에 달했다. 사망자의 80% 이상은 10세 이전에 세상을 떴던 것이다. 1~5세 사망률의 높은 순서는 84%의 송당리, 78%의 토평리, 77%의 함덕리 순이었다. 반면 1~5세 사망률의 낮은 순서는 62%의 법환리, 67%의 교래리, 69%의 명월리 등이었다. 조사 대상 인원이 적은 교래리를 제외하면 어느 마을에서나 사망률은 남아가 여아보다 높았다. 석주명은 유아의 사망률이 높은 것도 높은 출산율의 한 원인으로 이해하였다.

반복되는 내용이지만, 사망률은 어린 계층일수록 높았고, 항상 남자 사망률이 여자보다 높았다. 그 결과 출산 당시의 성비는 남자가 여자보다 높지만, 성장하면서 여자

〈표 8〉 자녀의 연령별 사망률(%)

마을	1~5세(남:여)	6~10세	계
토평리	78(43:35)	11	89
법환리	62(34:28)	12	74
신하효리	71(37:34)	11	82
함덕리	77(43:34)	10	87
교래리	67(29:38)	8	75
상도리	72(39:33)	12	84
송당리	84(45:39)	6	90
성읍리	71(41:30)	12	83
오라리	71(40:31)	9	80
명월리	69(36:33)	12	81
대정	72(38:34)	10	82
화순리	75(40:35)	11	86
의귀리	70(36:34)	12	82
토산리	73(42:31)	7	80
저지리	76(41:35)	6	82
용수리	75(44:31)	6	81
평균	73(39:34)	10	83

는 남자를 따라잡고 후에는 능가하였다. 여자가 남자를 따라가다가 능가하는 경계선을 석주명은 남녀 수의 지배선이라고 불렀다. 그러나 그보다는 남녀 수의 역전 경계선이 보다 적절한 표현일 듯하다.

1~2세의 사망률과 3~5세의 사망률 간에는 별로 차이가 없었다. 엄마의 분만 경험 내지는 육아 경험도 자녀의 사망률에는 하등의 영향이 없는 것 같다고 하였다.

석주명은 사망률이 높은 유아의 죽음은 대체로 신경증상을 동반하는데 하절에는 소화기병, 동절에는 호흡기병이 원인이라고 적고 있다. 그리고 청년기의 낮지 않은 사망률의 주요 원인으로 석주명은 폐결핵을 지적하였다. 따라서 당면 문제는 소아의 사망률을 낮추는 것인데, 이것은 위생 사상의 보급에 기대할 수밖에 없다고 보았다. 또 제주도에는 피부병이 매우 많고 기타의 병자도 많은데, 이는 바람과 경송輕鬆한 토양과의 관계, 식수의 결핍, 온난 등 제주도의 자연이 배출한 것으로 제주도가 결코 건강지대가 아님을 말한다고 적고 있다.

석주명은 또한 높은 사망률의 직접적인 원인은 아니지만, 도민이 술과 담배를 과용함을 지적하였다. 농촌 오락이 전무한 지역이니 이것을 금지하는 것도 불가능하다고 생각하였다.

다음으로 왜 남자가 많이 죽는가의 문제가 있는데, 이것은 별문제를 형성하는 것이지만 여기에는 단지 도민의 비위생적인 생활과 남존여비의 풍습을 그 주요 원인의 일부라고 언급하고 있다.

이어서 인구 구성을 살펴보기 위해서 호수와 인구 관계를 표시한 것이 〈표 9〉이다.

〈표 9〉에서 알 수 있듯이, 석주명이 조사한 호수와 인구는 제주도 전체의 약 10%였다. 제주도의 1호는 5인 가족이고 매호에서 약 절반의 출가인을 내고 있었다. 여기에는 취급치 않은, 가족이 모두 나간 출가인도 고려하면 제주도에는 출가인이 없는 집은 거의 없다고 할 수 있었다. 대가족을 가진 호수가 많은 곳은 6.3명의 대정을 수위로, 5.5명의 교래리, 오라리 등이었다. 반면 가족 수가 적은 곳은 4.4명의 성읍리, 4.5명의 저지리 등이었다.

〈표 9〉 호수와 인구의 관계(1호당 인구)

마을	호수	인구						계
		현주자 수			외주자 수			
		남	여	계	남	여	계	
토평리	360	778(2.2)	867(2.4)	(4.6)	74(0.2)	6(—)	(0.2)	(4.8)
법환리	430	818(1.9)	1145(2.7)	(4.6)	200(0.6)	34(0.1)	(0.6)	(5.2)
신하효리	530	1193(2.3)	1485(2.8)	(5.1)	205(0.4)	44(0.1)	(0.5)	(5.6)
함덕리	800	1618(2.0)	2053(2.6)	(4.6)	296(0.4)	30(—)	(0.4)	(5.0)
교래리	55	145(2.6)	159(2.9)	(5.5)	11(0.2)	2(—)	(0.2)	(5.7)
상도리	130	296(2.3)	361(2.8)	(5.1)	56(0.4)	3(—)	(0.4)	(5.5)
송당리	220	607(2.8)	607(2.8)	(5.2)	61(0.3)	25(0.1)	(0.4)	(5.6)
성읍리	251	508(2.0)	605(2.4)	(4.4)	66(0.3)	7(—)	(0.3)	(4.7)
오라리	267	656(2.5)	795(3.0)	(5.5)	86(0.3)	18(0.1)	(0.4)	(5.9)
명월리	420	883(2.1)	1090(2.6)	(4.7)	150(0.4)	34(0.1)	(0.5)	(5.2)
대정	225	655(2.9)	762(3.4)	(6.3)	94(0.4)	23(0.1)	(0.5)	(6.8)
화순리	303	680(2.2)	803(2.7)	(4.9)	86(0.3)	41(0.1)	(0.4)	(5.3)
의귀리	188	415(2.2)	549(2.9)	(5.1)	87(0.5)	15(0.1)	(0.6)	(5.7)
토산리	160	350(2.2)	443(2.8)	(5.0)	53(0.3)	17(0.1)	(0.4)	(5.4)
저지리	190	389(2.0)	480(2.5)	(4.5)	51(0.3)	14(0.1)	(0.4)	(4.9)
용수리	160	337(2.1)	515(3.2)	(5.3)	61(0.4)	15(0.1)	(0.5)	(5.8)
계 or 평균	4689	10253(2.2)	12718(2.7)	(4.9)	1637(0.4)	328(0.1)	(0.5)	(5.4)

<표 10> 16개 리의 인구 구성 및 외주자 통계

연령	현주자 수		외주자 수	
	남자	여자	남자	여자
96~100	1	2	–	–
91~95	5	14	–	–
86~90	27	58	–	–
81~85	100	144	–	–
76~80	98	137	–	1
71~75	249	365	1	–
66~70	310	445	1	2
61~65	394	482	6	1
56~60	426	506	17	1
노년기 소계	1610	2153	25	5
51~55	406	510	18	6
46~50	484	650	63	6
41~45	406	581	98	8
중년기 소계	1296	1741	179	20
36~40	401	711	133	21
31~35	343	673	202	20
26~30	338	628	246	30
21~25	545	930	455	49
16~20	926	1222	272	82
청년기 소계	2553	4164	1308	202
11~15	1606	1534	40	44
6~10	1617	1606	36	24
1~5	1517	1520	49	33
유년기 소계	4794	4660	125	101
합계	10253(41%)	12718(51%)	1637(7%)	328(1%)
총계	22971(92%)		1965(8%)	

마을	연령대	마을	연령대	마을	연령대
토평리	16~40	송당리	16~40	의귀리	16~55
법환리	16~45	성읍리	26~55	토산리	16~55
신하효리	16~55	오라리	16~45	저지리	16~45
함덕리	16~40	명월리	16~45	용수리	21~45
교래리	16~40	대정	16~55		
상도리	16~50	화순리	16~45	계	16~55

호수와 가족 관계에 대해서 석주명은 다음과 같은 사실을 덧붙이고 있다. "가. 대정에는 대가족이 많은 점으로 단연 제주도 제일이요 번영의 양상이 보인다. 나. 다음은 오라리, 의귀리, 교래리 순이다. 다. 용수리에는 특벌히 여자가 많은 것을 알겠다. 라. 성읍리에는 여자 세대주가 많을 뿐만 아니라 소가족이 많은 점으로 단연 제주도 제일이요 쇠퇴해 가는 징조가 분명히 보여 이 마을의 폐퇴적 풍습이 새삼스레 양해된다. 마. 그 다음은 함덕리, 법환리의 순이다. 바. 저지리와 토평리에는 비교적 소가족이 많다." 이상의 내용은 『제주도의 생명조사서』에 실린 통계표에서 도출되는 것이 아니다. 그렇다면 석주명이 현지 조사 과정에서 얻은 정보라고 할 수 있다. 한편 출가인은 그 4/5를 남자가 점하고 대부분은 오사카 방면에서 활약하고 일부는 동경 방면에 가 있었다. 여자는 출가인의 1/5를 점하고 해녀로서 일본 전국적으로 산재해 있다고 적고 있다.

석주명은 각 마을의 인구 구성 및 외주자 통계표를 그림으로도 만들어서 제시하고 있다. 이에 의하면 16개 마을 모두가 인구 구성에서 조롱박 형태를 띠고 있다. 이는 가족 모두가 나간 출가인이 매우 많고, 1~5세 연령대는 만 5년이 못 되기 때문이라고 적고 있다. 즉 석주명이 가족이 모두 나간 출가인은 이주자로 취급하여 외주자에는 산입치 않았고 연령은 보통 나이(만 나이 아님)에 의한 때문이었다.

그러나 함덕리, 의귀리 및 저지리에서 1~5세 계급이 최다수를 점한 것은 이 세 마을의 출산율이 모두 매우 높은 때문이었다. 더욱이 법환리, 신하효리, 함덕리, 성읍리, 대정, 토산리 등에는 이출자가 매우 많다는 것을 알 수 있다. 상도리의 26~30세, 저지리의 41~50세가 극히 적은 것은 어떤 특별한 이유에 의할 것이라고 하면서도 그 이유에 대해서는 언급이 없다.

16개 리의 인구 구성 및 외주자를 정리한 것이 〈표 10〉이다.

외주자는 거의 전부가 출가인이요, 유년기의 아이들은 부모를 따라간 경우였다. 외주자 중에 포함된 유학생은 극소수였디. 외주자 내지 출가인의 대부분을 점하는 연령계급은 〈표 11〉에서 볼 수 있다.

〈표 11〉에 의하면 제주도의 출가인은 청년기 및 중년기가 그 대부분을 점하였다. 특히 청년기에서 극성하고 중년기에 들어서는 점차로 귀경하여 노년기에 들어서는 전부가 귀경하는 양상을 보여준다.

〈표 12〉 16~55세 사이의 출가인 비율(%)

마을	남	여	계	마을	남	여	계
토평리	89	9	97	토산리	64	13	77
법환리	82	12	94	오라리	79	10	89
신하효리	77	14	91	명월리	71	15	86
송당리	64	9	73	대정	71	15	86
성읍리	81	5	86	화순리	55	17	72
함덕리	82	7	89	저지리	68	14	82
교래리	69	15	84	용수리	74	14	88
상도리	88	2	90				
의귀리	80	9	89	평균	75	11	86

〈표 13〉 16세 이상의 현주자 수(남:여 백분비)

마을	남녀 수	비율	마을	남녀 수	비율
토평리	444:563	44:56	명월리	493:726	40:60
법환리	406:728	36:64	대정	357:478	43:57
신하효리	613:891	41:59	화순리	383:486	44:56
함덕리	757:1295	37:63	의귀리	221:343	39:61
교래리	79:99	44:56	토산리	200:294	40:60
상도리	151:230	40:60	저지리	201:301	40:60
송당리	286:385	43:57	용수리	192:333	37:63
성읍리	309:399	44:56			
오라리	384:507	42:58	평균		41약:59강

다음으로 출가인 가운데 16~55세가 점하는 비율을 정리한 것이 〈표 12〉이다.

〈표 12〉에 의하면 제주도의 출가인은 16~55세가 86%를 차지하고 있다. 그중 남자가 75%, 여자가 11%로 나온다. 따라서 유년기를 제외한 청년기 이상에는 더욱 여자가 많이 마을에 남게 되었다.

16세 이상의 현주자 수를 산출하면 〈표 13〉과 같다.

〈표 13〉에 의하면 제주도의 경우 성인으로는 남 4할에 여 6할이 살고 있는 것으로 되어 있어, 여성이 남성의 1배 반이나 되었다. 이는 물론 다수가 남자였던 출가인의 존재가 그 주요한 원인이었다.

제주도에 출가인이 많은 것은, 제주도의 자연이 척박한 때문이라고 적고 있다. 아울러 제주도 여성의 경제 활동이 활발한 것은 남자의 출어와 자연의 척박에 유래된 것으로 보았다. 따라서 제주도에서는 출산 당시에는 남자가 많지만, 남자가 높은 사망률과 남자 출가인이 많은 것, 여자가 활동적이어서 심리학적으로 많게 보이는 것 등으로

<표 14> 81세 이상의 고령자 수(현주자에 대한 백분비)

마을	남	여	계	마을	남	여	계
토평리	12	12	24(1.5)	명월리	15	16	31(1.6)
법환리	13	26	39(2.0)	대정	8	17	25(1.8)
신하효리	18	32	50(1.9)	화순리	6	12	18(1.2)
함덕리	12	29	41(1.1)	의귀리	4	10	14(1.5)
교래리	1	1	2(0.7)	토산리	3	5	8(1.0)
상도리	4	4	8(1.2)	저지리	5	6	11(1.3)
송당리	8	10	18(1.6)	용수리	2	10	12(1.4)
성읍리	11	15	26(2.3)				
오라리	12	13	25(1.7)	평균			352(1.5)

여다 현상이 나타난다고 판단하였다. 그러나 장래 육지의 문화가 농후하게 이입될 때는 이 여다 현상은 희미하게 될 것이라고 예상하였다.

마지막으로 장수자에 대해 살펴보고 있다. 제주도는 장수하는 사람이 많은 것으로 알려져 있었다. 과연 그러한지를 알아 보기 위해서 81세 이상의 고령자만을 정리한 것이 〈표 14〉이다.

〈표 14〉에 의하면 제주도에는 고령자가 평균 1.5%였고, 마을에 따라 0.7~2.3% 사이에서 변동이 있지만 특별한 경향은 찾아보기 어렵다고 적고 있다. 사망률이 낮은 여자에게서 장수하는 이가 단연 많은 것은 당연하다고 하였다.

석주명은 사망률이 높은 제주도에 고령자가 비교적 많은 이유로 다음을 들고 있다. 첫째, 거열한 자연 도태의 결과 강장한 사람만이 남는다. 둘째, 식품에 동물질의 '자리'와 식물질의 '떡'이 극히 풍부하다. 셋째, 정신적 충동을 받는 일이 적고 원시적 생활을 한다.

제3장 과제

석주명의 『제주도의 생명조사서』는 아직 연구자들이 충분히 활용하였다고 보기 어렵다. 기존 석주명 및 제주도 총서를 연구한 논문들에서 단편적으로 언급된 적은 있지만, 본서에 실린 통계 자료를 적극적으로 이용한 연구는 없는 것 같다. 『제주도의 생명조사서』와 관련된 과제는 당연히 본서에 수록된 다양한 통계 자료를 이용하여 당시 제주도의 인구 동태 나아가 제주 사회의 모습을 연구하는 것이 될 것이다. 그러기 위해서는 본서에 실린 다양한 통계 자료의 가치를 음미해 볼 필요가 있다.

우선 조사 대상 16개 마을에 대한 다양한 통계 자료들은 매우 흥미로운 것들이다. 그리고 그 자료들을 분석한 석주명의 업적도 충분히 의의가 있다. 다만 현시점에서 이 자료들을 활용하는 데는 일정한 한계가 존재한다고 생각한다. 무엇보다도 우리는 석주명이 수집한 조사표를 갖고 있지 않다. 우리가 접할 수 있는 것은 석주명이 가공한 통계표들뿐이다. 그리고 또 하나 문제는 해당 마을에 대한 시계열 자료가 부재하다는 것이다. 1944~45년 당시 자료만 있을 뿐 그 이전이나 그 이후 자료를 확보하기가 어렵다. 원 자료를 활용할 수 없고 또 특정 시기의 자료만 존재하는 것은 아쉬운 부분이라고 생각한다.

이러한 한계가 16개 마을의 조사 통계를 무의미하게 만드는 것은 결코 아니다. 한계에도 불구하고 16개 마을의 조사 통계표는 충분히 활용할 가치가 있다. 물론 새로운 연구가 의의를 갖기 위해서는 석주명이 분석한 내용을 넘어설 수 있어야 하는데, 이를 위해서는 다른 관점에서 접근할 필요가 있다. 즉 새로운 연구방법론에 입각하여 통계표를 활용하고 거기에서 새로운 내용을 추출하는 작업이야말로 우리에게 주어진 과제 중의 하나라고 생각한다.

뿐만 아니라 일제강점기에 나온 국세조사의 제주도 인구 동향, 해방 후의 제주도 인구 동향까지 포괄하여 함께 살펴보는 작업이 요구된다. 물론 이들 조사는 마을 단위로까지 내려가지 않고 대개 면 단위에서 이루어진 것들이어서 직접적인 비교는 쉽지 않다. 그렇지만 그러한 작업을 통해서 제주도 인구의 전반적인 추세를 확인할 수 있고, 그러한 추세가 마을 단위에서도 관철되는지를 확인할 수 있을 것이다.

다음으로 외주자에 대한 통계가 주목을 끈다. 그런데 우리가 상식적으로 알고 있는 내용과는 달라서 당혹스러운 것도 사실이다. 일반적인 상식에 의하면 1930년대 제주도 인구의 1/5, 약 20%가 출가하였다는 것이다. 이에 입각하면 〈표 10〉의 내용은 우리의 일반적인 상식과 크게 차이를 보이고 있다. 이 표에 의하면 16개 마을의 출가인 비율을 10%도 되지 않는다. 일반적인 상식과 크게 차이가 나는 이러한 현상에 대한 적절한 설명도 또 하나의 과제라고 생각한다. 석주명이 가족 전체가 일본으로 건너간 경우에는 출가자로 보지 않고 제외시킨 것이 영향을 끼쳤을 것이다. 또는 전쟁 말기에 일본에 갔던 사람들 중에 귀환자가 증가하면서 나타난 현상일 수도 있다. 이 외에 또 다른 이유가 원인일 수도 있는데, 이런 부분에 대한 심층 분석도 또 하나의 과제라고 생각한다.

셋째, 개인적으로 흥미로웠던 내용은 '1. 전언'에 있는 내용들이다. 매우 소략하게 서술되어 있어서 아쉬움이 있지만, 일주도로가 부설되면서 전통적인 중산간의 중심 마을들이 쇠퇴하고 일주도로변 마을이 새롭게 중심지로 부상하는 문제, 각 마을마다 상이한 식수 상태를 그 마을 주민의 건강 상태 및 사망률과 연결 지어서 설명하는 것 등은 현재적 관점에서도 충분히 검토할 가치가 있다고 생각한다. 석주명이 간단하게 언급하였지만, 이들 문제 역시 충분히 연구 과제가 될 수 있다.

넷째, 제주도는 여다女多의 섬이라는 것은 하나의 상식처럼 되어 있다. 그런데 석주명의 조사에 의하면 출생 당시에는 남아가 많았지만, 성장하면서 남자가 여자보다 더 많이 사망하면서 여자의 비율이 높게 되었다고 한다. 그런데 석주명이 조사하던 당시에 여다라고 말할 만큼 여자의 비율이 높은 이유에 대해서 젊은 남자들 다수가 돈을 벌기 위해서 외지로 출가하였기 때문이라고 분석하였다. 그런데 외지 출가가 거의 없었던 조선 후기에도 제주도는 여다의 섬이라는 기록들이 있다. 당시에는 남자들이 바다에서 당하는 조난 사고로 많이 죽어서 여다가 되었다고 설명하고 있다. 조선 후기와 일제강점기 여다 현상의 원인이 서로 다르게 설명되고 있는 셈이다. 여다의 섬이라는 실체부터 시작해서 그 원인에 대해서 보다 세심하게 살펴볼 필요가 있다고 생각한다.

석주명의 『제주도의 생명조사서』는 비슷한 유형의 자료가 거의 없다는 점에서 매우 특이한 책이라고 할 수 있다. 비슷한 유형의 자료가 없기 때문에 시계열적인 연구에는 어려움이 따른다. 그렇지만 본서에 수록된 다양한 통계표들은 당시 제주도의 다양한 측면을 보여주고 있다. 이것만으로도 본서는 충분히 의의를 갖고 있다고 할 수 있다. 다만 아직까지 충분히 활용되지 못한 본서의 통계들은 향후 연구자들의 작업을 기다리고 있다고 하겠다.

『제주도문헌집』

윤용택

제1장 개요

이 책은 석주명의 제주도총서 제3권에 해당하며, 1949년 11월 1일 서울신문사에서 초판(46판, 252쪽)이 발행되었다. 이 책의 제목은 겉표지와 책자를 소개하는 판권지에는 『제주도문헌집濟州島文獻集』으로, 속표지에는 『제주도관계문헌집濟州島關係文獻集』(영어명: A List of the Literatures concerning on Is. Quelpart)으로 되어 있어서, 책 제목을 말할 때 혼선이 있을 수 있다. 책의 내용으로 볼 때는 속표지에 실린 『제주도관계문헌집』이라는 제목이 바람직하지만, 여기서는 책의 얼굴이라 할 수 있는 겉표지와 판권지에 실린 제목을 존중한다는 점에서 『제주도문헌집』을 택하기로 한다.

『제주도문헌집』은 위에서 보듯이 저자명순, 내용순, 주요문헌 연대순, 서평, 총괄 등 총 5장으로 이뤄져 있다. 석주명은 총괄 편에서 "본서에는 여태까지 저자가 읽은 논자들을 서지학적으로 배열하야 제주도에 관한 연구에 관심을 가진 학도들에게 참고로 드릴려고 한다."라고 책을 쓴 의도를 말하고 있다. 그는 제주도 연구에 필요한 문헌들을 1,074매 카드로 정리하여, 1,074편의 문헌을 수록하였고, 책의 편집이 끝난 후에 발간된 22편의 문헌을 추가함으로써 총 1,096편의 문헌목록을 수록하고 있다. 이 책의 목차와 각각의 카드 매수는 다음과 같다.

제2장 내용

제1절 저자명순

　　제1장 '저자명순'에서는 우리나라 저자들은 가나다순으로, 일본인 저자들은 ア イ ウ순으로, 서양인 저자들은 abc순으로 문헌들을 정리하고 있어서 저자의 이름만 알면 쉽게 관련자료를 찾을 수 있도록 하였다.

1. 조선인부

　　제1절 '조선인부'에서는 석주명 자신이 읽었던 우리나라 사람이 쓴 제주도와 직간 접적으로 관련된 저서, 논문, 신문기사, 잡지의 글 등 282편의 자료들을 수록하고 있는 데, 그 가운데 일부를 보면 다음과 같다.

　　강영선姜英善·이민재李敏載, 생물학, 상, 1948.

　　고산자古山子, 동여도東輿圖, 23책, 사본寫本, 철종조(1850~1863).

고재휴高在烋, 표준어標準語와 방언方言; 정음正音, 제22호, 30~33쪽, 1938.

고정종高禎鍾, 제주도편람濟州島便覽, 1930.

곤충부昆蟲部[석주명], 조선산접류표준목록朝鮮産蝶類標準目錄[수원농사시험장소장水原農事試驗場所藏]; 농사시험장휘보農事試驗場彙報, 제15권, 제1호, 48~55쪽, 1943.

권덕규權悳圭, 조선사朝鮮史[원명 조선류기原名 朝鮮留記], 1945.

권문해權文海, 대동운부군옥大東韻府群玉, 20권 20책, 1746.

규장각편奎章閣編, 탐라빈흥록耽羅賓興錄, 1794.

김두봉金斗奉, 제주도실기濟州島實記, 탐라지보유耽羅誌補遺, 1932.

_____, 탐라지 전耽羅誌 全, 1933.

원홍구元洪九, 제주도에 서식하는 팔색조의 습성에 대해(濟州島に於けるヤイロテウの習性に就いて); 동물학잡지, 제43권, 제517호, 666~668쪽, 1931.

홍익표洪翼杓, 성호사설星湖僿說 1~5, 1929. 원저자는 이익李瀷(1682~1764)

홍주경洪姝瓊·홍무경洪茂瓊, 조선의복 혼인제도의 연구, 1948.

홍한표洪漢杓, 초하일기初夏日記; 민성民聲, 7·8합병호, 81~82쪽, 여름 수필란, 1948.

_____, 동란動亂의 제주도 이모저모, 신천지新天地, 8월호, 104~110쪽, 1948.

황산덕黃山德, 표준세계사연표, 1948.

석주명은 제주도 연구를 위해 필요한 자료들을 손닿는 대로 모으고, 자신이 읽었던 논저들은 빠지지 않고 기록한 것으로 보인다. 이 자료들은 대부분 일제강점기와 해방정국에 쓰인 것들이어서 당시 제주도 모습과 우리나라 지식인들이 제주도를 어떻게 바라보았는가를 연구하는 데 필수적인 자료들이다.

하지만 제목만 놓고 볼 때 권덕규權悳圭의 『조선사』, 황산덕黃山德의 『표준세계사연표』, 홍주경洪姝瓊·홍무경洪茂瓊의 『조선의복·혼인제도의 연구』 등과 같이 제주도와 직접 관련이 있다고 보기 어려운 논저들도 있다. 따라서 그러한 논저 속에 제주도와 관련된 내용이 어떻게 언급되고 있는지를 확인하는 작업도 필요하다.

2. 일본인부

제2절 '일본인부'에서는 석주명 자신이 읽었던 일본인이 쓴 제주도와 직간접적으로 관련된 저서, 논문, 신문기사, 잡지의 잡문, 사진 등 774편의 자료들을 수록하고 있다. 그 가운데 일부를 살펴보면 다음과 같다.

아이다(會田重吉), 제주도의 산업사정(濟州島の産業事情 1-3); 조선朝鮮, 5월호, 88~113쪽, 6월호, 67~85쪽; 7월호, 93~115쪽, 1926.

_____, 제주도의 산업사정(1-3); 조선문조선朝鮮文朝鮮, 제106호, 52~63쪽, 제107호, 32~48쪽; 제108호, 41~55쪽, 1926.

아오야기(靑柳綱太郎), 제주도안내濟州島案內, 1905.

아키바(秋葉隆), 제주도의 뱀신신앙(濟州島に於ける蛇神の信仰;遮歸文化圈の試み); 청구학업靑丘學叢, 제7호, 100~110쪽, 1932.

_____, 조선무속전설朝鮮巫俗傳說; 조선, 5월호, 87~107쪽, 1933.

_____, 마을제의 이중조직(村祭の二重組織); 조선민속朝鮮民俗, 제2호, 5~10쪽, 1934.

_____, 조선무속문화권朝鮮巫俗文化圈; 조선, 4월호, 39~50쪽, 1935.

_____, 제주도의 민속(濟州島の民俗); 문화조선文化朝鮮, 제3권, 제4호, 38~40쪽, 1941.

오구라(小倉進平), 제주도의 속담과 전설(濟州島の俚諺と傳說 上,中,下); 약죽若竹, 2~4월호, 1913.

_____, 제주도방언濟州島方言; 조선 및 만주(朝鮮及滿洲), 3~5월, 1913.

_____, 경상남도방언慶尙南道方言; 조선휘보朝鮮彙報, 4월호, 109~115쪽, 1915.

_____, 조선에서의 일본어학(朝鮮に於ける日本語學); 국학원잡지國學院雜誌, 제22권, 제10호, 11~23쪽, 1916.

_____, 조선어학사朝鮮語學史, 경성, 1920; 증보판, 동경, 1940.

_____, 제조선어의 역사적 연구상으로 보는 제주도 방언의 가치(朝鮮語の歷史的硏究上より見たる濟州島方言の價値); 조선, 2월호, 24~32쪽, 1924.

제주순환궤도주식회사창립사무소濟州循環軌道株式會社創立事務所, 사업계의 처녀지 제주도(事業界の處女地 濟州島), 동경, 1927.

제주도영림서濟州島營林署, 제주도식물濟州島植物, 1930. 나카이(中井猛之進)씨 조사보고서 내용 전재轉載.

나카이(中井猛之進), 제주도의 양치식물에 대하여(濟州島ノ羊齒ニ就テ); 식물학잡지, 제27권, 제323호, 512~514쪽, 1913.

_____, 조선식물朝鮮植物, 상권, 동경, 1914.

_____, 제주도 및 완도 식물조사보고서(濟州島及莞島植物調査報告書), 조선총독부, 1914.

_____, 제주도의 탱자와 매실(濟州島ノ枸橘ト梅); 식물학잡지, 제28권, 제325호, 29쪽, 1914.

_____, 제주도의 철쭉(濟州島ノ躑躅); 상동.

_____, 표고버섯 재배에 있어서의 종류의 응용(椎栢ノ栽培ニしで類ノ應用); 상동.

하라구치(原口九萬), 제주도 화산암 중 반정 및 제3기 화석(濟州島火山岩中の斑晶及第三紀化石); 지구, 제10권, 제5호, 350~7쪽, 1928.

_____, 제주도 알칼리암석(濟州島アルカリ岩石) [예보 1-3]; 지구, 제10권(1928), 제6호, 416~422쪽; 제11권(1929), 제2호, 111~123쪽; 제3호, 210~215쪽.

_____, 제주도화산암濟州火山島岩; 소천박사환력기념지학논총小川博士還曆記念地學論叢, 595~649쪽, 1도판, 1930.

_____, 제주도의 지질(濟州島ノ地質); 조선지질조사요보朝鮮地質調査要報, 제10권-1, 1931.

_____, 제주도산 화산암 조암광물 연구(濟州島産火山岩造岩鑛物の研究); 화산, 제1권, 제1호, 45~52쪽, 1932.

모리(森爲三), 제주도채집 주요 조류에 대해(濟州島採集の主なる鳥類に就て- 第2回 報告); 조류, 제9
호, 235~238쪽, 1920.

_____, 제주도하계조류관찰기濟州島夏季鳥類觀察記; 조류, 제26호, 45~47쪽, 1928.

_____, 제주도의 양서류 및 파충류에 대해(濟州島ノ兩棲類及爬蟲類ニ就テ); 조선박물학회잡
지朝鮮博物學會雜誌, 제6호, 47~52쪽, 1928.

_____, 제주도에서 나는 식물분포에 대해(濟州島所生植物分布に就て); 문교조선(文敎の朝鮮),
제38호, 33~54쪽, 1-4도판, 1928.

_____, 제주도 육상동물 개론(濟州島の陸産物槪論); 상동, 56~60쪽, 1도판.

요시무라(吉村謙一郎), 조선의 해운시설(朝鮮に於ける海運施設); 조선, 7월호, 69~74쪽, 1923.

_____, 조선의 항로표지 현황(朝鮮に於ける航路標識の現況); 조선, 8월호, 74~83쪽,
1924.

요네무라(米村末喜), 항해 이야기(航海の話), 동경, 1927.

임시국세조사과臨時國勢調査課, 1935년국세조사읍면별 조선내 외국인 인구수(昭和十年國勢調査
府邑面別 內鮮 外國人の人口槪數); 조사월보調査月報, 제7권, 제8호, 25~88쪽, 1936.

군국주의 일본은 제주도의 어느 특정 분야만이 아니라 전반적, 다각적, 입체적으로 조사하고 연구하였다. 일본인들이 제주의 인문, 사회, 자연에 대한 자료를 수집하고 연구한 것은 전적으로 우리의 자연과 문화의 실상을 파악하고, 수탈하기 위한 자료였다. 그들이 제주섬의 동식물, 지질, 기후, 정치, 경제, 사회, 방언, 민속, 무속, 등 제주도의 자연과 문화에 대해 대단히 광범위하게 자료들을 조사하고, 수집하고 있다는 것을 석주명은 다시 기록으로 남기고 있다.

대체로 일본인들의 제주도 연구는 외부자의 시각과 지배자의 시각에서 이뤄졌기에 제주사회와 문화에 대한 인식이 곡해되는 경우도 있다. 하지만 그들이 남긴 자료들은 오늘날 제주도 연구자와 제주학 연구를 위한 기초자료이면서 비판적 검토 자료가 되고 있다.

3. 서양인부

제3절 '서양인부'에서는 서양인이 쓴 21편의 논저가 실려 있는데, 그 가운데 일부를 살펴보면 다음과 같다.

애덤스(Adams A.), 사마랑호 항해동물지(*The Zoology of the voyage of H. M. S. Samarang; under the Command of Captain Sir Edwards Belcher, C. B., F. R. A. S., during the years 1843-46*), London, 1850.

알렌(Allen J. A.)·앤드류(Andrews R. C.), 한국에서 수집한 포유류(Mammals Collected in Korea)*; Bull. Ann. Mus. Nat. Hist.*, vol. 32, 1913.

앤더슨(Anderson M. P.), 제주도에서의 40일(Forty Days in Quelpart Island)*; Overland Monthly*, San Francisco, April, p. 392~401, 1914.

오링거(Ohlinger B. S.), 제주도(The Island of Quelpart)*; The Korean Repository*, vol. 1, p. 94~6, 1892.

타툼(Tatum T.), 아시아산 딱정벌레속의 두 가지 새로운 종(Description of two new species of Carabus from Asia)*; Ann. Mag. Nat. Hist.*, (1), vol. 20, p. 14~5, 1847.

토머스(Thomas O.), 조선산과 제주도산 작은 포유류 목록(List of Small Mammals from Korea and Quelpart)*; Proc. Zool. Soc.*, London, vol. 2, p. 853~65, 1906.

새 웹스터국제영어사전(Webster's new International Dictionary of the English Language), Second edition, U. S. A., 1934.

서양인의 논저는 영어사전을 포함하여 21편에 불과하다. 하지만 일제강점기 이전부터 서양인들이 제주도에 대한 관심을 갖고 연구를 시작했다는 것을 알 수 있는 자료들이다.

제2절 내용순

제2장 '내용순'에서는 총론부, 자연부, 인문부로 나뉘어 있다.

1. 총론부

제1절 총론부에서는 제주도 연구를 위해 필요한 도서들 가운데 총론적 논저, 교과서류, 사전류 등 일반적 논저 42편을 수록하고 있다. 그 가운데 일부를 발췌하면 다음과 같다.

고정종高禎鍾, 제주도편람濟州島便覽, 1930.

김두봉金斗奉, 제주도실기濟州島實記, 탐라지보유耽羅誌補遺, 1932.

_____ , 탐라지 전耽羅誌 全, 1933.

박만규朴萬奎·박택무웅朴澤茂雄, 조선동식물학계개관朝鮮動植物學界槪觀; 과학조선, 제8권, 제1호, 27~30쪽, 1943.

석주명石宙明, 제주도지명濟州島地名을 포함한 동식물명; 국립과학박물관동물학부연구보고, 제1권, 제1호, 1~4쪽, 1946.

_____ , 국학과 생물학; 김정환 편 현대문화독본, 35~36쪽, 1948.

홍익표洪翼杓, 성호사설聖湖僿說, 1-5, 1929, 원저자는 이익李瀷, 1682~1764.

샤쿠오(釋尾春芿), 지봉유설芝峯類說, 상·하, 조선고서간행회, 1915, 원저자는 이수광李睟光, 1614.

이마무라(今村鞆), 제주도를 말하다(濟州島を語る); 문화조선, 제3권, 제4호, 32~37쪽, 1941.

오하라(大原利武), 해류와 민족 이주 관계(海流と民族移住關係), 조선, 8월호, 12~16쪽, 1도판; 10월호, 109~112쪽; 11월호, 74~79쪽, 1920.

제주도청(濟州島廳), 제주도세일반濟州島勢一斑, 1928년 말 현재, 등사판쇄, 1929.

_____ , 제주도세요람濟州島勢要覽, 1935, 1937.

스기야마(杉山幸一), 제주도요람濟州島要覽, 제주, 1942.

전라남도제주도청(全羅南道濟州島廳), 미개의 보고 제주도(未開の寶庫 濟州島), 목포, 1924.

지학잡지(地學雜誌), 제주도와 울릉도(濟州島と鬱陵島), 제49권, 제575호, 47~48쪽, 1937.

오링거(Ohlinger B. S.), 제주도(The Island of Quelpart); *The Korean Repository*, vol. 1, p. 94~6, 1892.

총론부는 제주도 일반을 다룬 논저들과 제주도의 인문, 사회, 자연 등을 연구하기 위해서 필요한 개론서, 교과서, 영어사전 등을 제시하고 있다.

2. 자연부

제2절 자연부에서는 기상(17편), 해양(8편), 지질광물(38편), 식물(158편), 동물(곤충 제외 118편), 곤충(95편) 등 6개 항목에서 433편의 논저를 수록하고 있다. 그 가운데 일부를 발췌하면 다음과 같다.

(1) 기상
총 17편을 기록하고 있으며 그 가운데 일부를 발췌하면 다음과 같다.

현대과학사조사부現代科學社調査部, 조선과학가총관朝鮮科學家總觀(1), 관상대급 및 측후소(觀象臺及測候所); 현대과학, 창간호, 78쪽, 1946.

오하라(大原利武), 조선의 풍수해에 대해(朝鮮の風水害に就て); 조선, 6월호, 103~124쪽, 1931.

고토(後藤一郎), 조선의 기후일반(朝鮮氣候の一斑); 문교조선(文教の朝鮮), 9월호, 31~34쪽, 1925.

조선총독부朝鮮總督部, 조선의 기상(朝鮮の氣象); 조사월보, 제1권, 제6호, 69~81쪽, 1930.

_____, 조선의 강우량(朝鮮の雨量); 상동, 제1권, 제8호, 31~72쪽.

_____, 1930년 조선의 기후(昭和5朝鮮の氣候); 상동, 제2권, 제6호, 67~83쪽, 1931.

마츠노(松野滿壽巳), 1939년도 생물계절관측에 대해(昭和14年度生物季節觀測に就いて); 기상강화

회보氣象講話會報, 제14권, 제6호, 발쇄, 1~39쪽, 1940?

(2) 해양
총 8편을 기록하고 있으며 그 가운데 일부를 발췌하면 다음과 같다.

오하라(大原利武), 일본 근해의 해류에 대해(日本近海の海流に就て); 조선 및 만주(朝鮮及滿洲), 제
182호, 76~79쪽, 1923.
_____ , 일본 근해의 조류(日本近海の潮流); 상동, 제183호, 34~37쪽, 1923.
조선총독부수산시험장朝鮮總督府水産試驗場, 해양조사요보海洋調査要報, 제4-7호, 경성,
1930~1936.
_____ , 조선근해해양도朝鮮近海海洋圖, [연차]발행년,
[1928]1930, [1929]1930, [1934]1935, [1937]1939, [1938]1939.

(3) 지질·광물
총 38편을 기록하고 있으며 그 가운데 일부를 발췌하면 다음과 같다.

고우즈(神津俶祐), 일본에 있어서 알칼리 암석의 존재[부 한국 제주도 및 백두산에 있어서 알칼
리 암석](本邦に於けるアルカリ岩石の存在[附 韓國濟州島及白頭山 に於けるアルカリ岩石]); 지
질학잡지, 제17권, 제200호, 193~201쪽, 1910.
가와사키(川崎繁太郎), 제주도의 지질학적 관찰(濟州島の地質學的觀察); 문교조선(文敎の朝鮮), 제38
호, 12~32쪽, 1-2도판, 1928.
사토(佐藤月二), 서귀포층의 모래봉에 대해(西歸浦層の砂棒について); 과학, 제10권, 제3호, 86쪽,
1940.
니시와다(西和田久學), 제주도는 화산섬일 것이다(濟州島は火山島ならむ); 지학잡지, 제8집, 제88
권, 222쪽, 1896.

하라구치(原口九萬), 제주도 화산암 중 반정 및 제3기 화석(濟州島火山岩中の斑晶及第三紀化石); 지구, 제10권, 제5호, 350~7쪽, 1928.

_____, 제주도 알칼리암석(濟州島アルカリ岩石) [예보 1-3]; 지구, 제10권(1928), 제6호, 416~422쪽; 제11권(1929), 제2호, 111~123쪽; 제3호, 210~215쪽.

_____, 제주도 별도봉 서북해안 화산암층에 포획된 화강암편에 대해(濟州島別刀峰西北海岸の火山岩層層中捕獲せられた花崗岩片に就いて); 지구, 제12권, 제2호, 94~99쪽, 1929.

_____, 제주도화산암濟州火山島岩; 소천박사환력기념지학논총小川博士還曆記念地學論叢, 595~649쪽, 1도판, 1930.

_____, 제주도의 지질(濟州島ノ地質); 조선지질조사요보朝鮮地質調査要報, 제10권-1, 1931.

_____, 제주도산 화산암 조암광물 연구(濟州島産火山岩造岩鑛物の硏究); 화산, 제1권, 제1호, 45~52쪽, 1932.

호시나(保科), 조선 제주서중면 티타늄철광(朝鮮濟州島西中面 チタン鐵鑛); 지질학잡지, 제26권, 460~461쪽, 1919.

미야자키(宮崎正好), 제주도 토양의 특이성에 대해(濟州島土壤の特異性に就て); 전남농보(全南農報), 제3권, 제3호, 7~11쪽, 1941.

라흐텐자흐(H. Lautensach), 제주도와 울릉도(Quelpart and Dagelet); *Wiss, Veröffentl. des Musaums für Länderkunde zu Leipzog*, No. 3(N. s.), 176~206쪽, 1935.

(4) 식물

총 158편을 기록하고 있으며 그 가운데 일부를 발췌하면 다음과 같다.

도봉섭都逢涉, 조선 약용식물의 우수성; 현대과학, 창간호, 20~21쪽, 1946.

도봉섭都逢涉·심학진沈鶴鎭, 조선식물도설[유독식물편]朝鮮植物圖說[有毒植物篇], 1948.

박만규朴萬奎, 조선산 식충식물에 대해(朝鮮産食蟲植物ニ就イテ); 조선박물학회잡지朝鮮博物學會

雜誌, 제27호, 23~25쪽, 1939.

_____, 조선고산식물목록朝鮮高山植物目錄 상동, 제9권, 제33호, 1~12쪽, 1942.

이용주李容柱, 제주도산 눈가시목(Skimmia repens Nakai)에 대하야; 조선의보, 제1권, 제9-10호, 13~15쪽, 1947.

이시도야(石戸谷勉), 조선에서 쓰는 수목 한자명(朝鮮に於て用ゐらる樹木漢字名); 조선휘보朝鮮彙報, 3월호, 91~94쪽, 1917.

_____, 제주도의 식물과 장래문제[부, 야외식물감별법](濟州島の植物と將來の問題[附,野外植物鑑別法]); 문교조선(文教の朝鮮), 제38호, 71~92쪽, 1928.

_____, 조선의 식물과 약초에 대해(朝鮮の植物と藥草に就て); JODK강연집, 제1집, 41~52쪽, 1928.

_____, 왕벚나무의 원산지[과연 제주도냐](染井吉野櫻の原産地[果して濟州島なりや]); 조선급만주朝鮮及滿洲, 제258호, 67~68쪽, 1929.

이타쿠라(板倉金市), 제주도산 감귤즙 시험에 대해(濟州島産柑橘汁の試驗に就て), 조선약학회회보, 제4권, 제1호, 240~244쪽, 1924.

우에다(上田上一), 겨울과일 밀감에 대해(冬の果物蜜柑に就いて); 문교조선(文教の朝鮮), 2월호, 73~77쪽, 1931.

_____, 조선의 벚꽃 과학(朝鮮の櫻の科學); 조선 및 만주, 제341호, 55~57쪽, 1936.

고이즈미(小泉源一), 왕벚나무자생지(そめるよしのざくらノ自生地); 식물학잡지, 제27권, 제320호, 395쪽, 1913.

코가네마루(小金丸汎愛), 해조생산조사海藻生產調查; 조선휘보, 12월호, 135~145쪽, 1916.

다카기(高木五六)·이누시마(犬島美喜), 조선의 벚나무 썩음병 피해(朝鮮に於ける櫻樹の腐朽被害); 조선, 2월호, 70~80쪽, 1939.

다케나가(竹中要), 제주도의 식물(濟州島の植物); 문화조선, 제3권, 제4호, 48~53쪽, 1941.

나카이(中井猛之進), 제주도의 양치식물에 대하여(濟州島ノ羊齒ニ就テ); 식물학잡지, 제27권, 제323호, 512~514쪽, 1913.

_____, 조선식물朝鮮植物, 상권, 동경, 1914.

_____, 제주도 및 완도 식물조사보고서濟州島及莞島植物調査報告書, 조선총독부, 1914.

_____, 제주도의 탱자와 매실(濟州島ノ枸橘卜梅); 식물학잡지, 제28권, 제325호, 29쪽, 1914.

_____, 제주도의 철쭉(濟州島ノ躑躅); 상동.

_____, 표고버섯 재배에 있어서의 종류의 응용(椎栭ノ栽培ニしで類ノ應用); 상동.

_____, 구슬꽃나무(Adina Fauriei, Levl. 卜 Adina rubella, Hance); 식물학잡지, 제28권, 제331호, 323쪽, 1914.

후루미(古海正福), 제주도의 약용식물[부, 기타 유용식물](濟州島ニ於ケル藥用植物 [附, 其ノ他ノ有用植物])(1920년7월); 조선총독부중앙시험소보고朝鮮總督府中央試驗所報告, 제4회, 제4호, 14~49쪽, 1921?

모리(森爲三), 남부조선식물채취목록(南朝鮮植物採取目錄[承前完]); 조선총독부월보, 제3권1, 제6호, 66~72쪽, 1913.

_____, 조선 제비꽃속에 대해(朝鮮スミレ屬に就て); 조선, 7월호, 33~57쪽, 1920.

_____, 조선식물명휘朝鮮植物名彙, 조선총독부, 1922.

_____, 제주도에서 나는 식물분포에 대해(濟州島所生植物分布に就て); 문교조선(文敎の朝鮮), 제38호, 33~54쪽, 1-4도판, 1928.

_____, 조선의 벚나무(朝鮮の櫻); 조선 및 만주, 제306호, 68~69쪽, 1933.

야마모토(山本孝治)·가와모토(川本留之助), 조선산해조목록朝鮮産海藻目錄; 조선박물학회잡지, 제9권, 제35호, 61~88쪽, 1942.

(5) 동물(곤충을 제외)

총 118편을 기록하고 있으며 그 가운데 일부를 발췌하면 다음과 같다.

원홍구元洪九, 제주도에 서식하는 팔색조의 습성에 대해(濟州島に於けるヤイロテウの習性に就いて); 동물학잡지, 제43권, 제517호, 666~668쪽, 1931.

_____, 조선반도에 서식하는 팔색조 도래 경로(朝鮮半島に於けるヤイロテウの渡來經路); 상동, 제44권, 제528호, 397쪽, 1932.

_____, 내가 수집한 조선산 조류 목록(余の蒐集したる 朝鮮産鳥類目錄); 수원고농창립25주년기념논문집, 27~48쪽, 1932.

_____, 한라산고지대에 번식하는 조류 및 팔색조의 습성에 대해(漢拏山高地帶に於て 蕃植鳥類及ヤイロテウの習性に就いて); 문교조선, 3월호, 79~83쪽, 1932.

이달빈李達彬, 제주도의 말(濟州島の産馬); 권업모범장휘보, 제1권, 제3호, 265~268쪽, 1926.

우치다(內田惠太郎)·히로시(矢部博), 제주도 및 비소 근해 어류상에 대해(濟州島及ビソノ近海ノ魚類相ニ就テ); 조선박물협회잡지, 제25호, 3~16쪽, 1939.

우에다(上田常一), 조선산 꽃게에 대해(朝鮮産金錢蟹に就いて); 식물 및 동물(植物及動物), 제3권, 제3호, 644~645쪽, 1935.

_____, 제주도의 게(濟州島の蟹類); 동물학잡지, 제48권, 제6호, 314~321쪽, 1936.

_____, 조선근해의 고래(朝鮮近海の鯨); 조선급만주, 제349호, 40~47쪽, 1936.

_____, 제주도의 바다동물(濟州島の海の動物); 문화조선, 제3권, 제4호, 59~61쪽, 1941.

구로다(黑田長禮)·모리(森爲三), 제주도에서 채집한 주요 조류에 대해[부, 제주도산 조류목록](濟州島採集の主なる鳥類に就て[附,濟州島産鳥類目錄]); 조島, 제7호, 73~88쪽, 1918.

_____, 제주산 굴뚝새에 대해(濟州産ミソサザイに就いて); 동물학잡지, 제37권, 제442호, 311~314쪽, 1925.

구로다(Kuroda N.)·모리(Mori T.), 제주도와 울릉도의 새들의 다섯 가지 새로운 형태에 대해(Descriptions of five new forms of Birds from Dagelet and Quelpart Islands); Tori, vol.2, no. 10,

277~283쪽, 1920.

나카야마(中山蕃), 조선의 말산업 장려에 대해(朝鮮馬産の奬勵に就て); 조선, 8월호, 74~80쪽, 1930.

_____ , 제주도의 말에 대해(濟州島の馬に就て); 조선, 4월호, 56-82쪽, 1931.

모미야마(籾山德太郎), 제주도산 조류 채집품에 대해[1](濟州島産鳥類の採集品に就); 조鳥, 제22호, 101~126쪽, 1926.

_____ , 제주도와 사할린에 있는 구일본산 까마귀의 신아종(濟州島 樺太産竝ニ舊日 本産烏鴉の新亞種); 조선박물학회잡지, 제5호, 1~11쪽, 1927.

모리(森爲三), 진도의 팔색조(珍島ヤイロテウ); 조선휘보, 11월호, 91~94쪽, 1918.

_____ , 제주도채집 주요 조류에 대해(濟州島採集の主なる鳥類に就て- 第2回 報告); 조鳥, 제9 호, 235~238쪽, 1920.

_____ , 제주도하계조류관찰기濟州島夏季鳥類觀察記; 조鳥, 제26호, 45~47쪽, 1928.

_____ , 제주도의 양서류 및 파충류에 대해(濟州島ノ兩棲類及爬蟲類ニ就テ); 조선박물학회잡 지朝鮮博物學會雜誌, 제6호, 47~52쪽, 1928.

_____ , 조선의 꿩에 대해(朝鮮ノ雉ニ就テ); 조선박물학회잡지, 제3호, 21~34쪽, 1925.

_____ , 제주도 및 대마도의 동물 분포상황에 대한 고찰[조선과 일본 양륙분리의 시대와 그 시대상태를 추론하는](濟州島及對馬島の動物分布狀を考察して[內鮮兩陸分離の時代と其の 時代狀態を推論す]; 조선, 1월호, 14~25쪽, 1928.

_____ , 제주도 육상동물 개론(濟州島の陸産動物槪論); 문교조선, 제38호, 55~60쪽, 1도판, 1928.

요코야마(橫山又次郎), 제주도의 조개화석(濟州島の貝化石); 지질학잡지, 제28권, 465~467쪽, 1921.

_____ , 쓰시마해협에 있는 제주도산 조개화석에 대해(On some Fossil shells from the Island of Jeju in the Strait of Tsushima); *Jour. Coll. Sci. Tokyo Imp. Univ.*, vol. XLIV, Art. 7, 1923.

요시다(吉田雄次郎), 조선마정의 변천(朝鮮馬政の變遷); 조선, 1월호, 179~184쪽, 1930; 조선총람, 363-367쪽, 1933.

애덤스(Adams A.), 사마랑호 항해 동물지(*The Zoology of the voyage of H. M. S. Samarang; under the Command of Captain Sir Edwards Belcher, C. B., F. R. A. S., during the years 1843-46*), London, 1850.

알렌(Allen J. A.)·앤드류(Andrews R. C.), 한국에서 수집한 포유류(Mammals Collected in Korea); *Bull. Ann. Mus. Nat. Hist.*, vol. 32, 1913.

앤더슨(Anderson M. P.), 제주도에서의 40일(Forty Days in Quelpart Island); *Overland Monthly*, San Francisco, April, p. 392~401, 1914.

타툼(Tatum T.), 아시아산 딱정벌레속의 두 가지 새로운 종(Description of two new species of Carabus from Asia); *Ann. Mag. Nat. Hist.*, (1), vol. 20, p. 14~5, 1847.

토머스(Thomas O.), 조선산과 제주도산 작은 포유류 목록(List of Small Mammals from Korea and Quelpart); *Proc. Zool.* Soc., vol. 2, p. 853~65, London, 1906.

(6) 곤충

총 95편을 기록하고 있으며 그 가운데 일부를 발췌하면 다음과 같다.

석주명石宙明, 애물결나비의 변이연구 및 그 학명에 대해(ヒメウラナミジャノメの變異研究□に 其學名に就て); 동물학잡지, 제47권, 제562-3호, 627~631쪽, 1935.

_____, 조선산 가락지나비에 대해(朝鮮産 Aphantopus hyperantus Linne に就て [附] 眼狀紋及其 他班紋研究上一新樣式); 상동, 제48권, 제12호, 995~1000쪽, 1936.

_____, 제주도산나비채집기(濟州島産蝶類採集記[一新亞種の記載を含む]); *Zephyrus*, vol. 7, 150~174쪽, 1937.

_____, 조선산 나비 연구사(朝鮮産蝶類ノ研究史), 조선박물학회잡지, 제26호, 20~26쪽, 1939.

_____, *A Synonymic List of Butterflies of Korea*, Seoul, Korea, 1939.

_____, 제주도의 접류 ; 조광, 제11권, 제1호, 44~46쪽, 1945.

_____, 경성대학부속생약연구소 제주도시험장 부근의 접상蝶相; 국립과학박물관동물학부연구보고, 제1권, 제1호, 5~9쪽, 1946.

_____, 조선산접류총목록(조선나비의 조선이름); 상동, 제2권, 제1호, 1947.

_____, 조선나비이름의 유래기; 경성, 1947.

원병휘元炳徽, 한라산漢拏山동무들과 안주安州동무들; 송경곤충연구회 회보, 제1호, 117~124쪽, 1932.

조복성趙福成, 조선산 사슴벌레에 대해(朝鮮産 鍬形蟲科ニ就テ); 조선박물학회잡지, 제12호, 56~60쪽, 3도판, 1931.

_____, 조선산 길앞잡이류에 대해(朝鮮産 斑蝥科ニ就テ); 상동, 제14호, 54~62쪽, 1도판, 1932.

_____, 조선산 장수풍뎅이 변이에 대해(朝鮮産 'カブトムシ'ノ變異ニ就テ); 상동, 제15호, 81~84쪽, 4도판, 1933.

이치카와(市河三喜), 제주도의 곤충(濟州島の昆蟲); 박물지우博物之友, 제6권, 제33호, 185쪽, 1906.

오카모토(岡本半次郎), 조선에 벼를 해치는 멸구에 관한 연구(朝鮮に於ける稻を害する浮塵子に關する研究); 권업모범장연구보고勸業模範場研究報告, 제12호, 1924.

_____, 조선산 길앞잡이류(朝鮮産 ハンメウ); 동물학잡지, 제37권, 제443호, 409~416쪽, 1924.

_____, 제주도의 곤충상(The Insect Fauna of Quelpart Island); *Bull. Agr. Exp. Chos.*, vol. 1, no. 2, 1924.

_____, 조선의 밑들이목(The Mecoptera of Corea); *Bull. Agr. Exp. Chos.*, vol. 2, no. 1, 17~24쪽. 1925.

_____, 조선산 하늘소과(The longicorn beetles from Corea); *Insecta Matsuml.* 2, no. 2, 62~86쪽, 1927.

시부야(Shibuya J.), 조선산 명나방의 새로운 미기록종들(Some new and unrecorded species of Pyralidae from Corea [Lepid.]); *Insecta Matsuml.* 2, no. 2, 87~102쪽, 1927.

다나카(田中三夫), 조선산 노린재목(朝鮮産の異翅目[2]); 곤충계, 제7권, 제61호, 131~144쪽, 1939.

나카야마(中山昌之介), 고구마 작은나방에 관한 연구(甘藷小蛾に關する研究); 농사시험장휘보, 제 13권, 제3-4호, 77~87쪽, 1940.

마츠무라(松村松年), 일본곤충대도감, 동경, 1931.

무라야마(村山釀造), 조선산 소잠충의 종류 분포 및 피해식물(朝鮮産小蠹蟲種類分包及被害植物), 농 학관계제학회연합대회강연집, 발쇄, 16쪽, 1930.

_____, 잎벌레류 약제 구제시험(ハンノキハムシ及アカクビルリハムシの藥劑的 驅除 試驗[2]); 임업시험장보고, 제21호, 1936.

_____, 제주도의 딱정벌레목 개정(Revision des Familles des Ipides et Platypides[Coléop téres] de l'ile de Quelpart) ; *Annot. Zool. Japon.*, vol 13, no. 2, 39~61쪽, 1931.

디스탄트(Distant W. L.), 린코탈 노트(Rhynchotal Notes) LiV; *Ann. Mag. Nat. Hist.*, ser. 8, vol. 7, 338~354쪽, 1911.

타툼(Tatum T.), 아시아산 딱정벌레속의 두 가지 새로운 종(Description of two new species of Carabus from Asia); *Ann. Mag. Nat. Hist.*, (1), vol. 20, p. 14~5, 1847.

3. 인문부

제3절 인문부에서는 언어(79편), 역사(75편), 민속(46편), 지리(121편), 농업(임축수산 포함 67 편), 기타산업(22편), 정치·행정(17편), 사회(75편), 위생(18편), 교육·종교(7편), 문화(72편) 등 11항목에서 599편의 논저를 수록하고 있다. 그들 가운데 일부를 보면 다음과 같다.

(1) 언어

총 79편을 기록하고 있으며 그 가운데 일부를 발췌하면 다음과 같다.

고재휴高在烋, 표준어와 방언; 정음正音, 제22호, 30~33쪽, 1938.

문시혁文時赫,『ㆍ』자는 과연 무용無用일가; 정음, 제14호, 3~4쪽, 1936.

방종현方鍾鉉, 고어, 방언, 속담[俚諺]연구의 도정; 조광朝光, 제3권, 제1호, 63~68쪽, 1937.

_____, 제주도 방언 채집 행각 특히 가파도에서; 조광, 제3권, 제2호, 390~397쪽, 1937.

_____, 고어연구와 방언; 한글, 제8권, 제5호, 1~3쪽, 1940.

_____, "ㆍ"와 "△"에 대하여 ; 한글, 제8권, 제6호, 1~2쪽, 1940.

_____, 고어재료사전古語材料辭典 전집前集, 서울, 1946(등사판).

석주명石宙明, 제주도방언濟州島方言, 서울, 1947.

신태화申泰和, 한글 역대선歷代選, 제1집, 경성, 1945.

신태현辛兌鉉, 고어집해古語集解; 정음, 제35호, 23~39쪽, 1940.

유 엽柳 葉, 전설의 나라, 제주도민요 ; 매일신보, 1934년 5월 19일~6월 10일자, 1934.

이극로李克魯, "ㆍ"의 음가에 대하여 ; 한글, 제5권, 제8호, 1-2, 5쪽, 1937.

이병기李秉岐, 원시어와 변성어, 조선어 ; 제23호, 70~72쪽, 1927.

이숭녕李崇寧, 모음『ㆍ』의 음가교音價巧; 신흥新興, 제8호, 96~113쪽, 1935.

_____, 조선어 이화작용異化作用에 대하여 ; 진단학보, 제11권, 1~42쪽, 1939.

임 화林 和, 제주도민요 전수 ; 조선문고, 2-4, 조선민요선, 특별부록, 207~246쪽, 1939.

정희준鄭熙俊, 조선고어사전, 서울, 1949.

제주도일독자濟州島一讀者, 시골말; 한글, 제9권, 제2호, 11~12쪽, 1941.

조선어학회, 방언채집표[1회]; 한글, 제4권, 제9호, 부록, 1~8쪽, 1936.

조윤제趙潤濟, 제주도민요(濟州島の民謠); 문화조선, 제3권, 제4호, 41~43쪽, 1941.

최영해崔暎海, 제주도뱃노래 ; 한글, 제10권, 제2호, 14쪽, 1942.

최현배崔鉉培, 방언채집(시골말캐기)에 대하야 ; 한글, 제4권, 제6호, 1~4쪽, 1936.

_____, 한글갈[正音學], 경성, 1942.

이시카와(石川義一), 제주도 및 울릉도 민요조사에 대해(濟州島及鬱陵島民謠調査に就て); 조선, 9월호, 108~116쪽, 1923.

오구라(小倉進平), 제주도방언 ; 조선 및 만주朝鮮及滿洲, 3~5월호 1913.

_____, 경상남도방언慶尙南道方言; 조선휘보朝鮮彙報, 4월호, 109~115쪽, 1915.

_____, 조선어학사朝鮮語學史, 경성, 1920; 증보판, 동경, 1940.

_____, 조선어의 역사적 연구상으로 보는 제주도 방언의 가치(朝鮮語の歷史的硏究上より見たる濟州島方言の價値); 조선, 2월호, 24~32쪽, 1924.

_____, 제주도방언 ; 청구학보, 제5호, 26~70쪽, 1931.

_____, 조선어방언연구(朝鮮語方言の硏究); 상,하권, 동경, 1944.

(2) 역사

총 75편을 기록하고 있으며 그 가운데 일부를 발췌하면 다음과 같다.

권덕규權悳圭, 조선사朝鮮史[원명 조선류기原名 朝鮮留記], 1945.

규장각편奎章閣編, 탐라빈흥록耽羅賓興錄, 1794.

김상기金庠基, 삼별초와 그 난亂에 대하야(1-3); 진단학보, 제9권, 1~29쪽, 1938 ; 제10권, 19~58쪽, 1939; 제13권, 34~85쪽, 1941.

김석익金錫翼, 탐라기년耽羅紀年, 경성, 1918.

김수경 역(모리스·쿠랑 저), 조선문화사서설朝鮮文化史序說, 경성, 1946.

보광동인普光洞人, 천석 치부한 청백리, 능청스런 제주목사의 이재법 ; 제22호, 8쪽, 1949.

신태화申泰和, 조선역사, 경성, 1945.

석주명石宙明, 탐라고사耽羅古史; 국학, 제3호, 25-28, 36쪽, 1947.

이병도 역, 네덜란드선제주도난파기[하멜표류기](蘭船濟州島難破記[하멜漂流記]1-3); 진단학보, 제1권, 175~219쪽, 1938 ; 제2권, 163~193쪽, 1935 ; 제3권, 166~189쪽, 1935.

이병도 역(Hendrik Hamel 저), 하멜표류기(蘭船濟州島難破記及朝鮮國記), 경성, 1939.

이원진李元鎭, 탐라지耽羅志, 1653.

조선어학회, 하멜표류기(1-9); 한글, 제4권, 제2-6, 8-11호, 1936.

홍이섭洪以燮, 세계사와 대조한 조선사도해朝鮮史圖解表, 경성, 1946.

나카무라(中村榮孝), 네덜란드선의 조선표착과 일본과 조선의 교섭(蘭船の朝鮮漂着と日鮮の交歩); 청구학보, 제23호, 82~99쪽, 1도판, 1936.

최남선崔南善, 제주도의 문화사관 ; 매일신보, 1938년 9월 16일-10월 3일, 1938; 육당최남선강 연집(3) 조선의 문화, 79~126쪽, 서울, 1948.

하야시(林泰輔), 조선통사 전朝鮮通史 全, 동경, 1912.

하라구치(原口), 제주도 봉수(濟州島の烽燧); 지구, 제10권, 제4호, 309쪽, 1928.

(3) 민속

총 46편을 기록하고 있으며 그 가운데 일부를 발췌하면 다음과 같다.

김인승金仁承, 제주도특집호표지[제주도해녀]濟州島特輯表紙[濟州島海女]; 문화조선, 제3권, 제4 호, 1941.

방종현方鍾鉉, 세시풍속집; 조광, 1~12월호, 1940 & 단행본, 경성, 연구문고, 1946.

석주명石宙明, 마라도엘레지(馬羅島エレヂー); 성대학보城大學報, 제80호, 2면, 1944.

_____, 토산당유래기兎山堂由來記; 향토, 9월호, 15~18쪽, 1946.

송석하宋錫河, 풍신고風神考; 진단학보, 제1권, 156~166쪽, 1934.

유완희柳完熙, 제주도 아이 돌보기(濟州島の子守り); 이토(伊藤卯三郎)편 조선 및 조선민족朝鮮及朝 鮮民族, 제1집 부록, 14~15쪽, 1927.

이능화李能和, 조선무속고朝鮮巫俗考, 계명, 제19호, 1~85쪽, 경성, 1927.

아카마츠(赤松智城), 제주도속신잡기濟州島俗信雜記; 조선민속, 제3호, 8~11쪽, 1940.

아카마츠(赤松智城)·아키바(秋葉隆), 조선무속의 연구(朝鮮巫俗の研究), 경성, 상권(1937), 하권

(1938).

아키바(秋葉降), 제주도의 뱀신신앙(濟州島に於ける蛇神の信仰;遮歸文化圈の試み); 청구학업青丘學
    叢, 제7호, 100~110쪽, 1932.

_____, 조선무속전설朝鮮巫俗傳說; 조선, 5월호, 87~107쪽, 1933.

_____, 마을제의 이중조직(村祭の二重組織); 조선민속, 제2호, 5~10쪽, 1934.

_____, 조선무속문화권朝鮮巫俗文化圈; 조선, 4월호, 39~50쪽, 1935.

_____, 제주도의 민속(濟州島の民俗); 문화조선文化朝鮮, 제3권, 제4호, 38-40쪽, 1941.

이마무라(今村鞆), 조선 전설에 나타나는 큰뱀 이야기(朝鮮の傳說に現れた大蛇の話); 조선급만주,
    제254호, 79~80쪽, 1929.

오구라(小倉進平), 제주도의 속담과 전설(濟州島の俚諺と傳說 上,中,下); 약죽若竹, 2~4월호, 1913.

오다(小田幹治郎), 온돌한화, 제주삼성혈 고사(溫突閑話, 濟州三姓穴の故事); 조선, 10월호, 116~119
    쪽, 1920.

곤도(近藤時司), 세 개의 신[삼성혈전설](三柱の神[三姓穴傳說]); 문교조선(文教の朝鮮), 제38호,
    93~95쪽, 1928.

시요우(紫陽三郎), 제주도 해녀(濟州島の海女); 조선 및 만주, 제333호, 69쪽, 1936.

전라남도, 전남에서의 관혼상제비(全南ニ於ケル冠婚喪祭費); 조선휘보지방호, 12월호, 39~40
    쪽, 1918.

다구치(田口禎熹), 제주도 해녀(濟州島の海女); 조선, 7월호, 67~69쪽, 1933.

다카하시(高橋亨), 민요에 나타난 제주여자(民謠に現はれた 濟州の女); 조선, 1월호, 43~78쪽,
    1933.

조선휘보朝鮮彙報, 제주도풍속濟州島風俗; 구회口會, 4월호, 39~50쪽, 1935.

조선교육회朝鮮教育會, 제주도풍속[구회]濟州島風俗[口會]; 잡지, 제32호, 1914.

마에다(前田生), 제주도와 해녀의 생활(濟州島と海女の生活), 문교조선, 8월호, 25~27쪽, 1926.

무라야마(村山智順), 부락제部落祭; 조선총독부자료, 제44집, 조선의 향토신사(神社), 제1부, 1937.

(4) 지리

총 121편을 기록하고 있으며 그 가운데 일부를 발췌하면 다음과 같다.

고산자古山子, 동여도東輿圖, 23책, 사본寫本, 철종조(1850~1863).

김영상金永上, 제주도시찰기濟州島視察記[上下]; 서울신문, 1946년 12월 18~19일.

김충암金沖庵, 제주풍토록濟州風土錄, 1519~1520.

노일환虜鎰煥, 보고·제주도시찰기寶庫·濟州島視察記[上中下]; 동아일보, 1946년 12월 19~21일.

박성근朴晟根, 제주도견문기(濟州島に於ける見聞記); 문교조선, 제38호, 114~116쪽, 1928.

석주명石宙明, 제주도 회상(濟州島の思ひ出); 지리학연구, 제14권, 제5호, 27~29쪽, 1937.

신경준申景濬, 도로고徒路考, 4권4책, 사본寫本, 1770.

신동기申東起, 제주 한라산; 동광東光, 7월호, 44~45쪽, 1931.

이은상李殷相, 탐라기행한라산耽羅紀行漢拏山, 1937.

전라남도, 전남의 명승고적; 조선문조선朝鮮文朝鮮; 제100호, 74~83쪽, 1926.

조선문조선朝鮮文朝鮮, 조선에 있는 고산高山의 비교; 제77호, 25쪽, 1924.

이치카와(市河三喜), 제주도기행(1905); 박물지우博物之友, 1, 3, 5월호, 1906 & 곤충·언어·국민성, 336~378쪽, 1939.

이마무라(今村鞆), 제주도한라산(濟州島の漢拏山峰); 조선 및 만주, 제285호, 55~56쪽, 1931.

운노(海野漁竿), 제주에서 경성·나가사키로(濟州から京城·長崎へ); 조선, 9월호, 129~132쪽, 1925.

에자키(江崎悌三), 사마랑호의 동양탐험("Samarang"の東洋探險); 식물 및 동물植物及動物, 제1권, [상] 406~410쪽, 1933.

오카무라(岡村菊堂), 하효리천을 탐상하고(下孝里川を探賞して); 문교조선, 제38호, 110~113쪽, 1928.

카지야마(梶山淺次郎), 제주도기행; 조선, 9월호, 115~127쪽, 1928.

제주도순환궤도주식회사창립사무소, 사업계의 처녀지 제주도(事業界の處女地 濟州島), 동경, 1927.

사사(佐々龜雄), 제주도한라산답사기, 경중이과부보京中理科部報, 제5권, 1~13쪽, 1940.

스즈키(鈴木濱三郎), 언뜻 본 제주도(濟州島瞥見); 경중이과부보, 제3권, 44~47쪽, 1938.

다다(多田文男), 제주도와 울릉도(濟州島の鬱陵島), 지리교육, 1936년 5월호, 별쇄, 1936.

지구地球, 도판해설: 한라산과 제주도주민(圖版解說: 漢拏山と濟州島住民), 제10권, 제6호,
　　467~468쪽, 6도판, 1928.

_____, 천지연폭포(天池淵の瀑布), 제12권, 제1호, 77쪽, 1도판, 1929

조선朝鮮, 제주도순환인력궤도차(濟州島循環の人力軌道車); 11월호, 140쪽, 1929.

조선문조선朝鮮文朝鮮, 구회口繪, 조선에 재在한 고산의 비교; 제77호, 25쪽, 1924.

_____, 구회口繪, 제주성내전경 및 성산포전경; 제101호, 1926.

_____, 구회口繪, 제주도 서귀포 천지연폭포; 제106호, 1926.

_____, 표지회表紙繪, 제주도안경교濟州島眼境橋; 제120호, 1927.

_____, 구회口繪, 제주 한라산록의 방목放牧; 제129호, 1928.

조선사학회朝鮮史學會, 신증동국여지승람新增東國輿地勝覽[3], 1930. 원저자 노사신盧思慎 등
　　(1470~1494).

쓰루다(鶴田吾郎), 제주도의 자연과 풍물(濟州島の自然と風物), 동경, 1935.

도리야마(鳥山進), 제주도 현지보고(濟州島の現地報告); 조선, 8월호, 27~60쪽, 1940.

나카무라(中村新太郎), 제주도를 외국에서 켈파트섬이라고 부르는데 대해(濟州島な外國ご
　　Quelpart島と呼ぶことに就いて); 지구, 제4권, 76쪽, 1925.

_____, 조선지명 고설(朝鮮地名の考說)[1-7]; 지구, 제4권, 82~91쪽, 162~170쪽
　　243~249쪽, 395~404쪽, 477~487쪽, 1924.; 제5권, 76~85쪽, 165~173쪽, 1926.

니시노(西野義三), 제주도여행(濟州島の旅); 조선급만주, 제344호, 57~61쪽, 1936.

하라구치(原口九萬), 제주도유기濟州島遊記[1] ; 지구, 제12권, 제1호, 25~39쪽, 1929.

_____, 제주도, 제주도순회(濟州島, 濟州島廻り); 일본지리풍속대계日本地理風俗大系,
　　제17권, 64~87쪽, 동경, 1930.

마에다(前田善次), 제주도에 대해(濟州島に就て); 문교조선, 제38호, 96~99쪽, 1928.

마스다(桝田一二), 제주도 남북사면의 지리적 대비(濟州島 南北斜面の 地理的 對比); 지리학평론, 제13권, 상, 529~531쪽, 1937.

수도겸(水道謙), 제주도를 둘러보다(濟州島を巡る); 문화조선, 제3권, 제4호, 64~68쪽, 1941.

요시무라(吉村謙一郎), 조선의 해운시설(朝鮮に於ける海運施設); 조선, 7월호, 69~74쪽, 1923.

_____, 조선의 항로표지 현황(朝鮮に於ける航路標識の現況); 조선, 8월호, 74~83쪽, 1924.

(5) 농업(임축수산을 포함)

총 67편을 기록하고 있으며 그 가운데 일부를 발췌하면 다음과 같다.

농상공부수산국農商工部水産局, 한국수산지韓國水産誌; 제3집, 1908; 제3집, 1910.

석주명石宙明, 나무를 심그자; 민성民聲, 4, 34-35 & 38~39쪽, 1948.

손진태孫晋泰, 고구마전파고甘藷傳播考; 진단학보, 제13권, 86~109쪽, 1941.

_____, 고구마와 감자 전래설; 조광, 제7권, 제8호, 45~52쪽, 1941.

이원육李元睦, 표고버섯 인공재배시험(椎栮人工栽培試驗); 임업시험장시보林業試驗場時報, 제8호, 22-52쪽, 1933.

조서문조선朝鮮文朝鮮, 구회口會, 제주 한라산록의 방목放牧; 제129호. 1928.

_____, 구회口繪, 제주도의 방목放牧; 제152호, 1930.

우에다(上田常一), 제주도의 표고버섯재배 실황(濟州島に於ける椎栮栽培の實況); 문교조선(文教の朝鮮), 9월호, 89~94쪽, 1932.

기무라(木村代嗣), 제주도의 표고버섯재배에 대해(濟州島に於ける椎栮栽培に就て); 수원학보水原學報, 제19권, 제3호(제67호), 13~18쪽, 1926.

시게무라(繁村親), 고구마 저장 연구(甘藷貯藏の研究); 농사시험장휘보, 제14권 제2호, 71~114쪽, 1942.

전라남도종묘장보고全羅南道種苗場報告, 제5-7호, 1916-1918.

_____, 제주지장보고濟州支場報告, 대정원년[제2호]-10년[제11호], 1913~1923.

다나카(田中半治), 제주도의 목축(濟州島の牧畜); 조선, 6월호, 82~94쪽, 1930.

지학잡지地學雜誌, 제주도의 농산 및 축산(濟州島農産及畜産); 제20권, 제232호, 295쪽, 1908.

도케(道家充之)·나가쿠라(長倉純一郎), 남한산림조사서南韓森林調査書; 한국삼림조사서韓國森林調査書, 전편前篇, 동경, 1908.

조선 및 만주(朝鮮及滿洲), 조선과 만주의 부원 : 고등어 풍어 제주도 근해에서(鮮滿の富源: 鯖大漁 濟州島近海で); 제247호, 72쪽, 1928.

조선총독부, 전라남도수산개황: 제주도; 월보, 제1권, 제7호, 28쪽, 1911.

니시다(西田敬三), 조선 근해의 해조류와 어업(朝鮮近海の海潮流と漁業); 조선, 6월호, 87~102쪽, 1931. 조선총람朝鮮總攬, 432~443쪽, 1933.

농사시험장, 조선에서의 고구마의 육모 및 이식(朝鮮ニ於ケル甘藷ノ育苗竝移植), 농사지식보급판, 제10집, 수원, 1933.

요시자키(吉崎建太郎), 제주도濟州島; 한국수산지, 제3집, 380~473쪽, 1910.

(6) 기타산업

총 22편을 기록하고 있으며 그 가운데 일부를 발췌하면 다음과 같다.

장헌식張憲植, 전남산업의 진전과 장래(全南産業の進展と將來); 조선, 10월호, 209~214쪽, 1925.

아이다(會田重吉), 제주도의 산업사정(濟州島の産業事情)[1-3]; 조선, 5월호, 88~113쪽 ; 6월호, 67~85쪽 ; 7월호, 93~115쪽, 1926.

전라남도청, 전라남도무역상황; 조선휘보, 1월호, 111~122쪽, 1919.

조선, 지방산업시설개황, 전라남도; 10월호, 503~514쪽, 1922.

(7) 정치·행정

총 17편을 기록하고 있으며 그 가운데 일부를 발췌하면 다음과 같다.

정조正祖, 유탐라민인서諭耽羅民人書, 1책 인본印本, 1781.

＿＿＿＿, 유제주삼읍윤음諭濟州三邑綸音, 1책 인본印本, 1793.

＿＿＿＿, 유제주윤음諭濟州綸音, 1책 인본印本, 1777~1800.

조선문조선, 제주면장회의濟州面長會議, 제129호, 127쪽, 1928.

오치(越智唯七), 신구대조 조선전도부군면리동명칭일람新舊對照 朝鮮全道府郡面里洞名稱一覽, 경
　　　　성, 1917.

전라남도내무부편, 전라남도시정개요[대정11년도], 1923.

조선휘보, 각도행정구역명칭일람표各道行政區域名稱一覽表[전라남도]; 2월호, 37~54쪽, 1917.

조선총독부, 지방행정구역일람地方行政區域一覽; 월보, 제1권, 제1호, 129~151쪽, 1911.

(8) 사회

총 75편을 기록하고 있으며 그 가운데 일부를 발췌하면 다음과 같다.

김종윤金鍾潤, 동란動亂의 제주도; 민성民聲, 7.8합병호, 26~31쪽, 1948.

서인표徐仁均, 조선사회민족운동의 회고, 경성, 1945.

석주명石宙明, 제주도의 여다현상女多現象; 조광, 4월호, 39~41쪽, 1945.

＿＿＿＿＿＿, 제주도의 생명조사서(제주도인구론), 서울, 1949.

송지문宋之文, 오사카조선인(在大阪朝鮮人)의 생활상 ; 조광, 제5권, 제2호, 205~307쪽, 1939.

홍한표洪漢杓, 동란動亂의 제주도 이모저모; 신천지, 8월호, 104~110쪽, 1948.

에구치(江口保孝), 제주도출가해녀濟州島出稼海女; 조선휘보, 5월호, 166~170쪽, 1915.

대판직업보도회大阪職業輔導會, 오사카에 사는 조선인생활조사(大阪府在住 朝鮮人生活調査); 조선
　　　　문조선, 제81호, 77~80쪽, 1924.

젠쇼(善生永助), 조선의 인구연구(朝鮮の人口研究), 경성, 1925.

_____, 조선의 계(朝鮮の契); 조선총독부조사자료, 제17집, 1926.

_____, 이조말엽의 지방산물(李朝末葉の地方産物); 조선, 9월호, 28~42쪽, 1926.

_____, 조선의 범죄와 환경(朝鮮の犯罪と環境); 조선총독부조사자료, 제23집, 1928.

_____, 생활상태조사生活狀態調査[2] 제주도濟州島; 조선총독부조사자료, 제29집, 1929.

_____, 조선의 어촌부락(朝鮮の漁村部落); 조선, 6월호, 67~85쪽, 1932.

다카하시(高橋漢太郎), 제주도의 붉은머리 대영국인[사마랑호 항해지](濟州島紅毛大英國人[サマラング號航海誌]); 조선, 3월호, 122~132쪽, 1933.

조선朝鮮, 제주도개발濟州島開發, 3월호, 155~156쪽, 1937.

미즈키(水城寅雄), 제주도의 사람과 마을(濟州島の人と村); 조선, 9월호, 33~57쪽, 1935.

(9) 위생

총 18편을 기록하고 있으며 일부를 발췌하면 다음과 같다.

문인주文仁柱, 조선에서의 지방병성 상피병 연구, 제2편 제주도의 조사 성적(朝鮮ニ於ケル地方病性象皮病ノ研究, 第二編, 濟州島ノ調査成績); 조선의학회잡지, 제29권, 제8호, 1426~1443쪽, 1939.

_____, 남양지방의 상피병과 그 병인(南洋地方の象皮病과 其病の病因); 동경의사신지東京醫事新誌, 제3178호, 6~14쪽, 1940.

석주명石宙明, 제주도의 상피병; 조선의보朝鮮醫報, 제2권, 제1호, 38~39쪽, 1945.

조선문조선朝鮮文朝鮮, 고령자가 많은 제주도; 제184호, 115쪽, 1928.

최신해崔臣海, 제주도진료행濟州島診療行; 조광, 5월호, 74~81쪽, 1944.

미야자키(宮崎晴雄), 제주도에서의 조선인 학동치아검사성적(濟州島ニ於ケル 朝鮮人學童齒牙檢査成績); 조선의학회잡지, 제44호, 4~8쪽, 1923.

(10) 교육·종교

총 7편을 기록하고 있으며 일부를 발췌하면 다음과 같다.

세문사世文社, 전국남녀제학교안내편람全國男女諸學校案內便覽, 서울, 1948.

이창근李昌根, 조선불교의 변천(朝鮮佛敎の變遷); 조선총람, 689~696쪽, 1933.

젠쇼(善生永助), 조선유림의 분포(朝鮮儒林の分布); 조선, 3월호, 40~52쪽, 1934.

전라남도全羅南道, 전남의 교육과 종교(全南の敎育と宗敎), 광주, 1938.

(11) 문화

총 72편을 기록하고 있으며 그 가운데 일부를 발췌하면 다음과 같다.

권문해權文海, 대동운부군옥大東韻府群玉, 20권20책, 1746.

김병하金秉河, 박물교육가 원홍구선생博物敎育家 元洪九先生; 조광, 제2권, 제1호, 55~57쪽, 1936.

김익환金翊煥, 완당선생전집阮堂先生全集 5책, 경성, 1934.

김춘택金春澤, 북헌[거사]집北軒[居士]集, 20권7책, 1670~1717, 손손 두추斗秋가 간행.

도봉섭都逢涉, 제주 한라산의 하로밤; 조광, 제2권, 제7호, 130~132쪽, 1936.

문종현文鍾鉉, 향토문화를 찾아서, 제4반, 제주도행濟州島行; 조선일보, 1938년 5월 31일- 6월 8일. (1)서적, (2-3)여자, (4-5)방언, (6-7)민요.

석풍생石風生, 제주도실기濟州島實記; 민성民聲, 7·8합병호, 28~31쪽, 1948.

이덕봉李德鳳, 금강金剛과 한라산漢拏山; 조광, 제2권, 제8호, 281쪽, 내가 잊지 못하는 그 산 그 강, 1936.

이병기李秉岐, 천지天池와 백록담白鹿潭; 반도의빛(半島の光)[조선문판], 8월호(제46호), 20쪽, 쇄하수필鎖夏隨筆, 1941.

정지용鄭芝溶, 백록담, 경성, 1946.

정약용丁若鏞, 목민심서牧民心書, 48권16책, 사본寫本 1762~1736.

조광朝光, 제주도화보濟州島畫報(1-2) ; 제3권, 제9호, 1937.

_____, 명사만문답[2], 제주도를 하나 떼어준다면 거기서 무엇을 하시겠습니까; 제4권, 제
　　　 12호, 233~236쪽, 1938.

조암趙曮, 해사일기海槎日記, 1764.

조정철趙貞喆, 정헌영해처감록靜軒瀛海處坎錄, 4권2책, 인본印本, 1824.

아베(安倍能成), 탐라만필耽羅漫筆; 청구잡기靑丘雜記, 동경, 1932.

_____, 제주도의 과거와 현재(濟州島今昔); 관광조선, 제2권, 제1호, 8~10쪽, 1939.

이타쿠라(板倉樂葉生), 제주소식(濟州便り), 조선약학회회보, 제4권, 제3호, 366쪽, 1924.

오구라(小倉進平), 제주도소식(濟州島だより); 조선교육신문, 제96호, 1930.

조선朝鮮, 조천귀범(朝天の歸帆), 7월호, 표지회표지회, 1936.

무카에(向江犬吾), 제주도 회상(濟州島の思出); 문교조선, 제38호, 100~108쪽, 1928.

모리 고이치(森悟一), 남부조선의 유토피아 다도해의 여름: 제주도에서 어느 날의 인상(南鮮の
　　　 ユートピア多島海の夏 :濟州島に於ける 或日の印象); 조선급만주, 제237호, 55~57쪽, 1927.

모리(森爲三), 제주도만담濟州島漫談; 문교조선, 제38호, 109쪽, 1928.

제3절 주요문헌연대순

제3장 '주요문헌연대순'에서는 1·2장에서 다룬 1,074편의 논저 가운데 제주도를
직·간접적으로 다룬 주요 논저 183편을 골라 발행 연대순으로 배열하고 있다.

　　　◎ 제주도관계의 단행본　　　　　26

　　　○ 제주도 관계의 논문　　　　　121

　　　⊗ 제주도를 논급한 단행본　　　　10

계 183

◎ 김충암金冲庵, 제주풍토록濟州風土錄, 1519~1520

⊗ 어숙권魚叔權, 패관잡기稗官雜記, 1554?

◎ 이원진李元鎭, 탐라지耽羅志, 1653.

⊗ 조암趙曮, 해사일기海槎日記, 1764.

◎ 정조正祖, 유탐라민인서諭耽羅民人書, 1책 인본印本, 1781.

◎ _____, 유제주삼읍윤음諭濟州三邑綸音, 1책 인본印本, 1793.

◎ _____, 유제주윤음諭濟州綸音, 1책 인본印本, 1777~1800.

⊗ 페루즈(J. F. G. De la Pérouse), 세계일주항해(A Voyage round the world , in the years 1785, 1786,
　　and 1788). 불어번역판, 1798.

⊗ 이규경李圭景, 오주연문장전산고五洲衍文長箋散稿, 60권60책, 사본寫本, 1840경. 탐라이과
　　변증설耽羅異果辨證說(제25권); 한라산변증설漢拏山辨證說(제35권).

× 타툼(Tatum T.), 아시아산 딱정벌레속의 두 가지 새로운 종(Description of two new species of
　　Carabus from Asia); *Ann. Mag. Nat. His*t., vol. 20, p. 14~5, 1847.

⊗ 애덤스(Adams A.), 사마랑호 항해 동물지(*The Zoology of the voyage of H. M. S. Samarang; under
　　the Command of Captain Sir Edwards Belcher, C. B., F. R. A. S., F. G. S., during the years 1843-46*),
　　London, 1850.

○ 오링거(Ohlinger B. S.), 제주도(The Island of Quelpart); *The Korean Repository*, vol. 1, p. 94~6,
　　1892.

○ 니시와다(西和田久學), 제주도는 화산섬일 것이다(濟州島は火山島ならむ); 지학잡지, 제8
　　집, 제88권, 222쪽, 1896.

◎ 아오야기(靑柳綱太郎), 제주도안내濟州島案內, 1905.

× 토머스(Thomas O.), 조선산과 제주도산 작은 포유류 목록(List of Small Mammals from Korea and Quelpart); *Proc. Zool. Soc.*, London, vol. 2, p. 853~865, 1906.

○ 이치카와(市河三喜), 제주도의 곤충(濟州島の昆蟲); 박물지우博物之友, 제6권, 제33호, 185쪽, 1906.

○ 지학잡지地學雜誌, 제주도의 농산 및 축산(濟州島農産及畜産); 제20권, 제232호, 295쪽, 1908.

○ 다케다(H. Takeda)·나카이(T. Nakai), 제주섬의 식물(Plantae ex insula Tschedschu); *Bot. Mag., vol.XXIII*, no. 266, 46~58쪽, 1909.

⊗ 요시자키(吉崎建太郎), 제주도濟州島; 한국수산지, 제3집, 380~473쪽, 1910.

× 조선총독부, 전라남도수산개황: 제주도, 월보, 제1권, 제7호, 28쪽, 1911.

○ 고이즈미(小泉源一), 왕벚나무자생지(そめるよしのざくらノ自生地); 식물학잡지, 제27권, 제320호, 395쪽, 1913.

○ 오구라(小倉進平), 제주도의 속담과 전설(濟州島の俚諺と傳說 上,中,下); 약죽若竹, 2-4월호, 1913.

○ _____, 제주도방언; 조선 및 만주(朝鮮及滿洲), 3-5월호, 1913.

○ 앤더슨(Anderson M. P.), 제주도에서의 40일(Forty Days in Quelpart Island); *Overland Monthly*, San Francisco, April, p. 392~401, 1914.

○ 나카이(中井猛之進), 제주도 및 완도 식물조사보고서(濟州島及莞島植物調査報告書), 조선총독부, 1914.

○ _____, 제주도의 탱자와 매실(濟州島ノ枸橘卜梅); 식물학잡지, 제28권, 제325호, 29쪽, 1914.

○ _____, 제주도의 철쭉(濟州島ノ躑躅); 상동.

○ _____, 표고버섯 재배에 있어서의 종류의 응용(椎栮ノ栽培ニしで類ノ應用); 상동.

○ _____, Enumeratio specierum Filicum in insula Quelpart adhuc lectarum; Bot. Mag., vol. XXVIII, no. 327, 65~104쪽, 1914.

○ 에구치(江口保孝), 제주도 출가해녀(濟州島出稼海女), 조선휘보, 5월호, 166~170쪽, 1915.

○ 모리(森爲三), 진도의 팔색조(珍島ヤイロテウ); 조선휘보, 11월호, 91~94쪽, 1918.

○ 구로다(黑田長禮)·모리(森爲三), 제주도에서 채집한 주요 조류에 대해[부, 제주도산 조류
　목록](濟州島採集の主なる鳥類に就て[附,濟州島産鳥類目錄]); 조鳥, 제7호, 73~88쪽, 1918.

◎ 김석익金錫翼, 탐라기년耽羅紀年, 경성, 1918.

○ 호시나(保科), 조선 제주서중면 티타늄철광(朝鮮濟州島西中面 チタン鐵鑛); 지질학잡지, 제
　26권, 460~461쪽, 1919.

○ 모리(森爲三), 제주도채집 주요 조류에 대해(濟州島採集の主なる鳥類に就て- 第2回 報告); 조
　鳥, 제9호, 235~238쪽, 1920.

○ 요코야마(橫山又次郎), 제주도의 조개화석(濟州島の貝化石); 지질학잡지, 제28권, 465~467
　쪽, 1921.

○ 이타쿠라(板倉金市), 제주도산 감귤즙 시험에 대해(濟州島産柑橘汁の試驗に就て); 조선약학
　회회보, 제4권, 제1호, 240~244쪽, 1924.

◎ 오카모토(Okamoto H.), 제주도의 곤충상(The Insect Fauna of Quelpart Island); *Bull. Agr. Exp.*
　Chos., vol. 1, no. 2, 1924.

○ 구로다(黑田長禮)·모리(森爲三), 제주산 굴뚝새에 대해(濟州産ミソサザイに就いて); 동물학
　잡지, 제37권, 제442호, 311~314쪽, 1925.

× 이능화李能和, 조선무속고朝鮮巫俗考; 계명, 제19호, 1~85쪽, 경성, 1927.

◎ 제주도순환궤도주식회사창립사무소, 사업계의 처녀지 제주도(事業界の處女地 濟州島),
　동경, 1927.

◎ 조선교육회朝鮮敎育會, 문교조선(文敎の朝鮮), 제주도하계대학호濟州島夏季大學號; 제38호,
　1928.

○ 가와사키(川崎繁太郎), 제주도의 지질학적 관찰(濟州島の地質學的觀察); 문교조선, 제38호,
　12~32쪽, 1-2도판, 1928.

○ 모리(森爲三), 제주도에서 나는 식물분포에 대해(濟州島所生植物分布に就て); 문교조선, 제 38호, 33-54쪽, 1-4도판, 1928.

○ _____, 제주도 육상동물 개론(濟州島の陸産動物槪論); 문교조선, 제38호, 55~60쪽, 1 도판, 1928.

○ _____, 제주도의 양서류 및 파충류에 대해(濟州島ノ兩棲類及爬蟲類ニ就テ); 조선박물 학회잡지朝鮮博物學會雜誌, 제6호, 47~52쪽, 1928.

○ 하라구치(原口九萬), 제주도 별도봉 서북해안 화산암층에 포획된 화강암편에 대해(濟州 島別刀峰西北海岸の火山岩層層中捕獲せられた花崗岩片に就いて); 지구, 제12권, 제2호, 94~99 쪽, 1929.

○ _____, 제주도 화산암에 대해(濟州島の火山岩に就 いこ); 지질학잡지, 제36권, 281쪽, 1929.

○ _____, 제주도 알칼리암석(濟州島アルカリ岩石)[예보1-3]; 지구, 제10권(1928), 제6호, 416~22쪽; 제11권(1929), 제2호, 111~23쪽; 제3호, 210~215쪽.

◎ 고정종高禎鍾, 제주도편람濟州島便覽, 1930.

○ 하라구치(原口九萬), 제주도의 지질(濟州島ノ地質); 조선지질조사요보朝鮮地質調査要報, 제 10권-1, 1931.

○ 원홍구元洪九, 제주도에 서식하는 팔색조의 습성에 대해(濟州島に於けるヤイロテウの習性 に就いて); 동물학잡지, 제43권, 제517호, 666~668쪽, 1931.

○ 나카야마(中山蕃), 제주도의 말에 대해(濟州島の馬に就て); 조선, 4월호, 56-82쪽, 1931.

○ 오구라(小倉進平), 제주도방언濟州島方言; 청구학보, 제5호, 26~70쪽, 1931.

○ 아키바(秋葉隆), 제주도의 뱀신신앙(濟州島に於ける蛇神の信仰[遮歸文化圈の試み]); 청구학업 靑丘學叢, 제7호, 100~110쪽, 1932.

◎ 김두봉金斗奉, 제주도실기濟州島實記, 탐라지보유耽羅誌補遺, 1932.

◎ _____, 탐라지耽羅誌(전), 1933.

× 아키바(秋葉隆), 조선무속전설朝鮮巫俗傳說; 조선, 5월호, 87~107쪽, 1933.

○ 다구치(田口禎熹), 제주도 해녀(濟州島の海女); 조선, 7월호, 67-69쪽, 1933.

○ 다카하시(高橋漢太郎), 제주도의 붉은머리 대영국인[사마랑호 항해지](濟州島紅毛大英國人
  [サマラング號航海誌]); 조선, 3월호, 122-132쪽, 1933.

× 이숭녕李崇寧, 모음『・』의 음가교音價巧; 신흥新興, 제8호, 96-113쪽, 1935.

○ 이병도 역, 네덜란드선제주도난파기蘭船濟州島難破記[하멜표류기]1-3; 진단학보, 제1권,
  175~219쪽, 1938; 제2권, 163~193쪽, 1935; 제3권, 166~189쪽, 1935.

◎ 제주도청濟州島廳, 제주도세요람濟州島勢要覽, 1935; 1937.

○ 시요우(紫陽三郎), 제주도 해녀(濟州島の海女); 조선 및 만주, 제333호, 69쪽, 1936.

○ 석주명石宙明, 제주도산 나비 채집기(濟州島産蝶類採集記[一新亞種の記載を含む]); *Zephyrus*,
  vol. 7, 150~174쪽, 1937.

○ 방종현方鍾鉉, 제주도 방언채집 행각, 특히 가파도에서; 조광, 제3권, 제2호, 390~397쪽,
  1937.

◎ 이은상李殷相, 탐라기행한라산牝羅紀行漢拏山, 경성, 1937.

○ 최남선崔南善, 제주도의 문화사관; 매일신보, 1938년 9월 16일~10월 3일, 1938; 육당최
  남선강연집(3) 조선의 문화, 79~126쪽, 서울, 1948.

○ 임화林和, 제주도민요濟州島民謠(전), 조선문고, 2-4, 조선민요선, 특별부록, 207~246쪽,
  1939.

◎ 다케우치(武內愼), 청풍호[제주도특집]靑風號[濟州島特輯], 문화조선, 제3권, 제4호, 1941.

○ 다테이와(立岩巖), 제주도의 지질; 위의 책, 44~47쪽.

○ 다케나카(竹中要), 제주도의 식물; 위의 책, 48~53쪽.

○ 모리(森爲三), 제주도의 육상동물; 위의 책, 55~58쪽.

○ 우에다(上田常一), 제주도의 바다동물; 위의 책, 51~61쪽.

○ 석주명石宙明, 제주도의 곤충; 위의 책, 52~54쪽.

○ 조윤제趙潤濟, 제주도의 민요; 위의 책, 41~43쪽.

○ 아키바(秋葉隆), 제주도의 민속; 위의 책, 38~40쪽.

○ 이타야마(板山達雄), 한라산의 등산; 위의 책, 62~63쪽.

× 김상기金庠基, 삼별초와 그 난亂에 대하야(1-3); 진단학보, 제9권, 1~29쪽, 1938; 제10권, 19~58쪽, 1939; 제13권, 34~85쪽, 1941.

◎ 전라남도농사시험장, 전라남도 주요토양의 분류(全羅南道 主要土壤の分類), 1942.

× 시로즈(白水隆)・시바타니(柴谷篤弘), 일본산 산꼬마부전나비, 부전나비 및 그 근사종에 대해(日本産ヒメハバミ, ミヤマシジミ及び其の近似種について); 관서곤충학회보, 제13권, 제1호, 25~36쪽, 1943.

○ 석주명石宙明, 제주도의 여다현상女多現象, 조광, 4월호, 39~41쪽, 1945.

○ _____, 제주도지명濟州島地名을 포함한 동식물명; 국립과학박물관동물학부연구보고, 제1권, 제1호, 1~4쪽, 1946.

○ _____, 경성대학부속생약연구소 제주도시험장 부근의 접상蝶相; 상동, 5~9쪽, 1946.

◎ _____, 제주도의 접류; 상동, 제2권, 제2호, 1~4쪽, 1946.

○ _____, 토산당유래기兎山堂由來記; 향토, 9월호, 15~18쪽, 1946.

◎ _____, 제주도방언濟州島方言, 1947.

○ _____, 탐라고사耽羅古史; 국학, 제3호, 25~28, 36쪽, 1947.

○ 홍한표洪漢杓, 동란動亂의 제주도 이모저모; 신천지, 8월호, 104~110쪽, 1948.

◎ 석주명石宙明, 제주도의 생명조사서-제주도인구론, 서울, 1949.

여기서 언급된 논저들은 제주도 연구를 위해서 반드시 필요한 논저들로, 우리의 고전, 일본과 서양인의 제주도 연구 관련 논저들을 16세기부터 20세기까지 시대순으로 수록하고 분석하고 있어서 석주명의 학문적 폭과 깊이를 가늠할 수 있는 자료들이다.

제4절 서평

제4장 '서평'에서는 제주도 관계문헌 가운데 27권의 주요 문헌들 중 일부를 다음과 같이 간단하게 평하고 있다.

> 고정종高禎鍾, 제주도편람濟州島便覽, 제주영주서관濟州瀛洲書館, 1930.
>
>> 내용이 비교적으로 충실하여 훌륭한 책이다.
>
> 김두봉金斗奉, 제주도실기濟州島實記, 탐라지보유耽羅誌補遺, 제주, 초재판 1932; 3판 1932; 4판 1932.
>
>> 2편을 합친 책인데 중판하면서 보유하였다. 7000부나 소화되었다고 하나 그 내용으로 보아 추천할 수가 없는 책이다. 필자는 1944년에 그 저자 자신과 만났었다.
>
> 김두봉金斗奉, 탐라지 전耽羅誌 全, 제주, 1933.
>
>> 등사謄寫로 500부 간행한 것인데 대부분이 도내島內에 배포되었다고 하고 비매품이지만 1원씩에 배포되었다고 한다.
>
> 석풍생石風生, 제주도실기濟州島實記; 민성, 7·8합병호, 28~31쪽, 1948.
>
>> 내용에 오류가 지나치게 많다.
>
> 홍만종洪萬宗, 동국역대총목東國歷代總目[상, 하], 1705.
>
>> 고을나高乙那 15대손이 신라에 가서 국호國號를 타왔다는 이야기가 신라 문무왕文武王 때라고 명기된 책이다(하권). 홍만종은 순오지旬五志의 저자로 저명하다.
>
> 홍양호洪良浩, 이계집耳溪集, 50권22책, 1843.
>
>> 탐라삼성기耽羅三姓記는 권卷14에 있고, 기타에 제주도에 관한 기사가 곳곳에 있다.
>
> 가쓰라기(葛城末治), 교정세종실록지리지校訂世宗實錄地理志, 8권1책, 세종대왕실록世宗大王實錄, 제148-155권, 조선총독부중추원간, 1937.
>
>> 제주목濟州牧은 제151권에 비교적으로 상세히 기록되어 있다.
>
> 고토(B. Koto), 한국의 산악학 스케치(An Orographic Sketch of Korea); *Jour, Coll. Sci, Imp. Univ.,*

vol, XIX, Art. 1, Tokyo, Japan, 1903.

저자 고토(小藤文次郎)는 동경제국대학 교수였는데, 이 조선 산악론(山岳論)은 획기적이고 훌륭한 고전이다.

스기야마(杉山奉一), 제주도요람濟州島要覽, 제주, 1942.

저자 자신이 경영하는 관광안내소의 선전용으로 인쇄한 것이지만 잠시 오는 관광객에게는 편리한 팜플렛이다.

하라구치原口九萬, 제주도의 지질(濟州島ノ地質); 조선지질조사요보, 제10권-1, 1931.

조선총독부지질조사서 발행, 46배판, 34면, 2+9도판, 영문텍스트 12면, 1도판, 별도판(제주도지질 10만분의 1). 가장 신뢰할민한 훌륭한 책이다.

타툼(Tatum T.), 아시아산 딱정벌레속의 두 가지 새로운 종(Description of two new species of Carabus from Asia); *Ann. Mag. Nat. Hist*.,(1), vol. 20, p. 14~5, 1847.

오카모토(岡本半次郎)박사는 제주홍단딱정벌레(Carabus monilifer=[Copolabrus])를 제주도 최초기록의 곤충이라고 하였지만 원문에는 "한국 다도해에서(in the Corean Archipelago)"라고 하고 있고, 사마랑(Samarang)호는 제주도 이외의 여러 섬에도 기항했으니 기실 불명不明한 일이다.

제주도 관계문헌 가운데 주요 논저로 꼽히거나 많이 읽히는 주요 문헌들에 대해 간단하게 평하고 있는데, 우리는 여기서 석주명의 독서나 학문적 태도를 엿볼 수 있다. 그는 단순히 저자의 의견을 따르지 않고, 자신의 비판적 검토를 거친 후에 이론을 수용하거나 거부하고 있다.

제5절 총괄

석주명은 제5장 '총괄'에서 이 책은 "자신이 읽은 논저들 가운데 서지학적으로 배열하여 제주도에 관한 연구에 관심을 가진 학도들에게 참고로 드릴려고" 썼으며, 훗날

개편할 때에 고인古人들의 문집文集이나 서양의 논저들을 보충하려 한다면서 미완의 저서임을 밝히고 있다.

그는 조선인 저자 중에서 석주명1908~1950 나비 및 기타 47편, 최남선1890~1957 역사 13편, 방종현1905~1952 조선어 11편 등 주요 저자 10인을 소개하고, 일본인 저자에 중에서 나카이 다케노신(中井猛之進, 1882~1952) 식물 66편, 젠쇼 에이스케(善生永助, 1885~1971) 사회 43편, 모리 다메조(森爲三, 1884~1962) 동식물 31편, 오구라 신페이(小倉進平, 1982~1944) 방언 30편, 우에다 츠네카즈(上田常一, ?~?) 박물 16편, 이시도야 츠토무(石戶谷勉, 1891~1958) 식물 13편, 구로다 나가미치(黑田長禮, 1889~1978) 새 13편, 하라구치 큐만(原口九萬, 1905~?) 지질 13편, 무라야마 쇼조(村山釀造, 1889~1976) 삼림해충 13편, 아오야기 쓰나타로(靑柳綱太郎, 1877~1932) 역사 12편, 무라야마 지쥰(村山智順, 1891~1968) 민속 11편 등 22인을 소개하고 있다. 그리고 그는 자신을 포함하여 조선인 3인, 일본인 12인 등 제주도 관련 주요 논저자 15인을 추려서 다음과 같이 평가하고 있다.

> 66편의 논저를 발표한 나카이(中井猛之進)는 '조선식물'을 테마로 한 세계적 식물 분류학자로 조선문화에 공헌이 가장 큰 사람의 하나이다.
>
> 47편의 석주명石宙明은 '조선나비(朝鮮産蝶)'를 전공하나 '제주도'가 그의 연구테마의 또 하나이다.
>
> 43편의 젠쇼(善生永助)는 '사회학'을 전공하는 구 조선총독부의 어용학자였다.
>
> 31편의 모리(森爲三)는 '조선의 동식물'을 조사한 공로자의 한 사람으로 그 업적에 빠진 것이나 실수가 있으나 전형적인 고등학교 정도의 교수로 일본국가의 문화가 충분히 발달하여 무르익음을 표시하는 인물이었다.
>
> 30편의 오구라(小倉進平)는 '조선방언'을 테마로 한 세계적 언어학자로 조선문화에 공헌한 바 가장 큰 사람이라 할 수 있다.
>
> 16편의 우에다(上田常一)는 '박물학博物學'을 전공한 사람으로 전형적인 고등학교 정도의 교수로 모리(森爲三)와 같이 일본국가의 난숙성을 표시하는 인물의 하나이다.

13편의 최남선崔南善은 국학國學의 최고권위로 국보적 존재이다.

13편의 이시도야(石戶谷勉)는 '조선식물'을 전공한 우수한 학자로 나카이(中井猛之進)와는 약간 노선이 다른 이로 세계적 수준에 달한 사람이었다.

13편의 구로다(黑田長禮)는 일본의 귀족 출신의 조류鳥類학자로 전력으로 연구를 추진하여 세계적 수준에까지 도달한 사람이요 따라서 '조선산조류'에까지 미친 것은 물론 당연한 일이었다.

13편의 하라구치(原口九萬)는 조선총독부 지질조사소 기사技師로 있으면서 더욱이 '제주도의 지질'에 대하여 연구를 많이 하였다.

12편의 무라야마 쇼조(村山釀造)는 조선총독부 임업시험장 기사技師로 있으면서 삼림해충을 전공하였는데, 그중에서도 '나무좀'에는 세계적 수준에 도달한 이였다.

12편의 아오야기(靑柳綱太郎)는 한일합병 전부터 조선에 관심을 가졌던 대표적 조선침략 인사의 하나였다.

11편의 방종현方鍾鉉은 조선이 낳은 우수한 조선어朝鮮語 학자의 하나이다.

11편의 무라야마 지준(村山智順)은 '민속학'을 전공하는 사람으로 젠쇼(善生永助)와 같이 구 조

〈표 1〉 제주도 연구에 공헌한 주요학자들

구분	제주관계 단행본	제주관계 논문	제주논급 단행본	제주논급 논문	계
석주명石宙明	3	11	–	–	14
하라구치原口九萬	1	11	–	–	12
모리森爲三	–	12	–	–	12
나카이中井猛之進	–	9	–	–	9
아키바秋葉隆	–	2	1	2	5

선총독부의 어용학자였다.

10편의 이마무라(今村鞆)는 제주도사濟州島司까지 지낸 관리로 조선민속학을 전공하였다.

이를 중심으로 본다면 석주명은 훗날 친일파였던 최남선을 "국학의 최고권위로 국보적 존재"라 극찬하고, 일본 학자들도 세계적 수준의 학자와 조선침략을 위해 헌신한 어용학자들로 구분하고 있다. 그로 보아 그는 학자들이 가져야 할 덕목으로 학문적 탁월성을 두고 있음을 알 수 있다.

그는 제주도를 월등하게 많이 다룬 학자로 식물학의 나카이(中井猛之進), 제주도학과 곤충학의 석주명(石宙明), 사회학의 젠쇼(善生永助), 동식물학의 모리(森爲三), 방언학의 오구라(小倉進平) 등 5인을 들면서, 단순히 논저 편수만을 가지고 따지지 않고, 제주도 연구에 공헌한 정도를 질적으로 평가하고 있다. 학자들에 대한 그의 평가는 당시 시대적 한계를 지닐 수밖에 없지만, 우리는 여기서 당대의 학자들을 바라보는 석주명의 관점을 엿볼 수 있다. 그는 스스로 제주도 연구, 즉 제주학의 독보적 존재임을 자부하고 있다. 그리고 그는 제주도 관련 주요 논저 183편을 〈표 2〉와 같이 내용별로 분류하고 있다.

〈표 2〉에서 보면 알 수 있듯이 당시까지 제주도의 '지질광물(21편)', '동·식물(44편)', '민속(17편)', '지리(19편)', '농임축수산업(13편)' 분야는 비교적 많이 다뤄지고 있지만, 제주도민의 삶에 중요한 제주도의 '기상'과 '해양'에 대해서는 기록이 거의 없다. '교육·종교' 분야 역시 전체 1편에 불과하지만, 제주의 무속[巫覡]은 민속분야에서 일부 다뤄지고 있어서 이해할 수 있는 부분이다.

그리고 그는 『제주도문헌집』 말미에 있는 〈추가분〉에서 그동안 빠뜨린 일부 문헌과 해방 이후부터 출판 직전에 나온 다음 논저 22편을 추가하고 있다.

○ 공보처·통계국公報處·統計局, 제주도통계표; 대한민국 통계월보, 제2호, 92~104쪽, 1949.

○ 김기림金起林, 생활의 바다[제주도해녀심방기濟州島海女尋訪記]; 바다와 육체(수필집),

〈표 2〉 제주도 관련 주요논저 분야별 분류

구분	제주관계 단행본	제주관계 논문	제주논급 단행본	제주논급 논문	계
I. 총론부	8	2	–	–	10
II. 자연부	4	65	1	7	77
1. 기상	–	–	–	–	–
2. 해양	–	–	–	–	–
3. 지질광물	1	20	–	–	21
4. 식물	–	16	–	–	16
5. 동물(곤충 제외)	2	23	1	2	28
6. 곤충	1	6	–	5	12
III. 인문부	14	54	9	19	96
1. 언어	1	8	–	4	13
2. 역사	2	4	–	2	8
3. 민속	–	11	1	5	17
4. 지리	2	14	2	1	19
5. 농업(임축수산 포함)	–	7	2	4	13
6. 기타산업	2	2	–	–	4
7. 정치·행정	3	–	–	–	3
8. 사회	2	3	–	1	6
9. 위생	–	4	–	2	6
10. 교육·종교	1	–	–	–	1
11. 문화	1	1	4	–	6
이상 계	26	121	10	26	183

191~214쪽, 1948.(1935. viii 조선일보 게재분을 전재)

○ 석주명, 신문기사로 본 해방후 일년간의 제주도; 학풍, 제2권, 제1호, 100~101쪽, 1949.

○ _____, 신문기사로 본 해방후 둘째해의 제주도; 상동, 제2호, 112~113쪽, 1949.

○ _____, 신문기사로 본 해방후 셋째해의 제주도; 상동, 제3호, 116~117쪽, 1949.

○ 주기용朱基瑢, 제주도답사기(1-4); 자유신문, 1949년 3월 20~24일, 2면.

우리는『제주도문헌집』을 통해서 석주명이 언제나 새로운 사실이 밝혀지면 그것을 자신의 연구에 반영하려는 지적 성실성과 치열함을 엿볼 수 있다.

제3장 평가와 과제

석주명은 우리나라의 다른 지역과 자연환경, 사회환경이 다른 제주도濟州島에 대한 연구가 우리나라의 자연과 문화의 풍요로움을 더해줄 것으로 확신하고, 제주도 연구에 몰두하여 제주학의 선구자가 되었다. 그가 제주도에 대한 관심을 가지고 연구할 당시 이미 그는 세계적인 나비학자였다.

그는 우리에 의한, 우리를 위한, 우리의 생물학[朝鮮的 生物學]을 염두에 두고 있었고, 우리나라 나비학의 체계를 세우기 위해서 우리의 산야를 누볐다. 우리의 고전들을 섭렵하였으며, 일본인과 서양인들의 성과들을 비판적으로 검토하면서 수용하였다. 그리고 나비를 단순한 곤충학의 영역에 묶어두지 않고, 자연과학 일반과 문학, 역사, 철학을 아우르는 우리의 인문학, 더 나아가 세계의 과학사와 문화사의 맥락 속에서 이해하려 하였다. 그리고 그 부산물로 탄생한 게 그의『한국본위 세계박물학연표』이다. 석주명의 제주도 연구는 국학國學의 연장이었고, 그는 제주도의 자연, 인문, 사회를 통합적으로 이해할 때 제주학이 완성된다는 것을 알고 있었다. 그의 제주도총서는 그러한 그의 의지와 노력의 산물이다. 제주도총서는 그가 곤충학자를 넘어 인문, 사회, 자연을 아우르는 통합학자로 거듭나고 있다는 것을 잘 보여준다.

『제주도문헌집』은 석주명의 '제주도총서' 가운데 제3집에 해당한다. 우선『제주도문헌집』자체가 6권의 '제주도총서' 가운데 한 권이면서 '제주도총서'의 참고문헌들을 정리한 것이다. 이 책은 단순히 문헌 제목만 적어놓은 게 아니라, 제주학 관련 논저들을 저자순, 내용(분야)순, 연대순 등으로 정리해 서지학적으로 배열하여, 독자들이 쉽게 필요한 자료들을 찾아볼 수 있게 하였다. 석주명은 제주도의 가치를 알고, 제주도만을 전문적으로 연구할 필요성을 깨달았으며 '제주도학'이라는 용어를 처음으로 도입했다.『제주도문헌집』에서 자신을 분명히 제주도학 연구자로 명시하고 있다. 따라서 이 책은 그가 어떤 과정을 통해서 제주도를 연구하였고, 그를 왜 제주학의 선구자라 하는지를 알 수 있게 해준다.

둘째,『제주도문헌집』은 석주명이 왜 곤충학자를 넘어서 자연, 인문, 사회 분야를 아우르는 통합학자라 하는지를 직접적으로 이해할 수 있는 참고자료이다.『제주도문헌집』에 등장하는 논저의 총수는 무려 1,096편이다. 물론 이들 전부가 직접적인 제주도 관련 논저라 보기는 어렵지만, 대부분이 제주도 관계 문헌들인 것은 사실이다. 그는 총론부에서 제주도 일반을 다룬 논저들과 제주도의 인문, 사회, 자연 등을 연구하기 위해서 필요한 개론서, 교과서, 영어사전 등 42편의 논저를 제시함으로써 그의 교양의 풍부함을 보여주고 있다. 자연부에서는 기상, 해양, 지질광물, 식물, 동물(곤충 제외), 곤충 등 6개 분야에서 총 433편의 논저를 제시하면서 곤충학자이자 자연과학도로서 전문성을 잘 보여준다. 그리고 인문부에서는 언어, 역사, 민속, 지리, 농업(임축수산 포함), 기타산업, 정치·행정, 사회, 위생, 교육·종교, 문화 등 총 11개 분야에서 599편의 논저를 제시하고 있다. 우리는 여기서 석주명이 제주도의 인문사회 분야에 대해서도 광범위한 관심과 해박한 지식을 가지고, 제주도 관련 거의 모든 분야에 관심을 가지고 자료를 모으고 연구하였음을 확인할 수 있다.

셋째, 우리는『제주도문헌집』을 보면서 석주명이 단순히 필드의 수집가가 아니라, 제주도와 관련해서 양과 질에서 풍성하면서도 다양한 연구를 했던 학자였다는 것을 확인할 수 있다. 그는 이 책에서 '제주도에 대한 연구', 즉 '제주학'을 위한 1, 2차 문헌들을 분류하였다. 그리고 주요논저와 주요논자들에 대해 간단하게 평하고 있다. 이를테면 고정종의 『제주도요람』의 경우 "내용이 비교적으로 충실하여 훌륭한 책이다.", 김두봉의 『제주도실기, 탐라지보유』의 경우 "7,000부나 소화되었다고 하나 그 내용으로 보아 추천할 수 없는 책이다." 등의 평가가 이뤄지고 있다. 그리고 주요저자 15명에 대해 "나카이(中井猛之進)는 '조선식물'을 테마로 한 세계적 식물 분류학자로 조선문화에 공헌이 가장 큰 사람의 하나이다.", "젠쇼(善生永助)는 '사회학'을 전공하는 구 조선총독부의 어용학자였다.", "모리(森爲三)는 '조선의 동식물'을 조사한 공로자의 한 사람으로 그 업적에서 소홀해 빠진 것이나 실수가 있으나 전형적인 고등학교 정도의 교수로 일본국가의 난숙성(爛熟性)을 표시하는 인물이었다." 등의 평가를 하고 있다. 우리는 『제주도문헌집』을 통해서 그의 학문적 태도를 엿볼 수 있다. 그는 다른 학자들의 연구 성과를 주체적 입장에서 수용하는 주관이 뚜렷한 학자였다. 그리고 탈고된 이후에도 새롭게 나온 22편의 논저들을 추가하는 것을 볼 때, 석주명은 현재에 머물지 않고 최선을 다해 좀 더 진실을 향해 나아가려는 노력하는 학자였음을 알 수 있다.

석주명의 『제주도문헌집』은 앞으로 제주학 관련 논저목록을 작성하는 경우에 필수 참고서가 될 것이다.

석주명은 75만 마리의 나비를 수집하고 37여만 마리 나비를 정밀 관찰하여, 우리나라 나비학의 체계를 세웠다. 그리고 이방인이었던 그는 제주도에 거주하는 2년 1개월 동안 곤충채집부터 방언, 인구, 제주도 관련 문헌과 자료 등을 조사하였고, 일상생활에서 보고 듣고 읽은 것 중에 제주도에 관한 것이 나오면 즉시 적당한 제목을 붙여 닥치는 대로 카드에 기록하였다. '제주도총서'는 그 산물이고, 『제주도문헌집』 역시 그 덕택에 나올 수 있었다. 그러기에 『제주도문헌집』은 우리에게 몇 가지 과제를 남기고 있다.

우선 『제주도문헌집』에 수록된 1,000여 편의 문헌들은 대부분 일제강점기 때의 자료들이고 한국전쟁이 발발한 1950년 6월 이전의 자료들이어서 구하기가 어렵다. 따라서 우리나라의 서울대 규장각, 국립중앙도서관, 일본의 주요대학 도서관 등에 산재해 있는 『제주도문헌집』에 제시된 단행본, 학술지, 잡지, 보고서 등을 수집할 필요가 있다.

둘째, 『제주도문헌집』에 교과서, 개론서, 영어사전 등 일반적인 논저들까지 포함되어 있어서 여기에 수록된 문헌들 전부가 직접적인 제주도 관계 문헌들이라 보기는 어렵다. 이를테면 강영선·이민재의 『생물학』, 권덕규의 『조선사』, 황산덕의 『표준세계사연표』, 홍주경·홍무경의 『조선의복·혼인제도의 연구』, 석주명의 "나의 지표", "겨울의 동물" 등과 같이 제목만 보아서는 제주도와 직접 관련이 있다고 보기 어려운 논저들도 있다. 따라서 그러한 논저 속에 제주도 관련 내용이 어떻게 언급되고 있는지를 확인하여, 명실상부한 『제주도문헌집』을 정리하는 작업이 필요하다.

『제주도수필』

강영봉

제1장 개요

　『제주도수필』은 석주명의 「제주도총서」 가운데 제4권에 해당하는 책이다. 석주명 생전에 출간한 책에는 없는 '제주도총서'라는 명칭이 처음으로 활자화된 자료집이다. 이 책은 누이동생인 석주선石宙善의 '발문' 내용에 따르면, 석주명의 회갑(음9월 23일. 1968년 11월 13일)을 맞이하여 발간된 유고집임을 알 수 있다.

　표지 상단 왼쪽에 "석주명 저/ 제주도 수필/ 제주도총서④/ 보진재 간"이라 표기되어 있고, 속표지의 서명인 『제주도수필〈제주도의 자연과 인문〉』과 차이를 보이고 있다. 곧 부제인 〈제주도의 자연과 인문〉이 표지와 판권장의 책 이름에는 들어 있지 않다. 이런 현상은 『제주도방언집』과 『제주도문헌집』 등에서도 발견된다. 이 책들도 표지와 판권장 서명이 각각 『제주도방언집』과 『제주도문헌집』인 데 반하여 속표지의 서명은 『제주도방언』과 『제주도관계문헌집(A List of the Literatures Concerning on Is. Quelpart)』으로, 서로 상이하게 표기되어 있다.

　맨 뒤 판권장에는 '제주도수필 값 400원/ 1968년 11월 5일 인쇄/ 1968년 11월 20일

발행/ 저자 석주명/ 발행인 김준기/ 발행 보진재인쇄소' 등으로 되어 있다.

『제주도수필』은 총 233쪽 분량의 책으로, 그 목차는 다음과 같다.

제2장 내용*

『제주도수필』은 1949년 5월 15일자로 된 '서'를 시작으로, 제주도의 대표 민요인 '오돌똑(제주도민요)' 악보와 노랫말 4절 내용이 들어있다. 연이어 '목차'로 이어지고 있는데, 이 '목차'와 본문 내용을 확인해 보면 몇 가지 차이가 드러난다. 그 첫째는 '목차'에는 'Ⅰ. 총론, Ⅱ. 자연, Ⅲ. 인문'처럼 로마자 Ⅰ, Ⅱ, Ⅲ이 표시되어 있는 데 비해 본문에

---

* 이 글에서는 원문을 직접 인용할 경우, 띄어쓰기와 맞춤법은 원문 그대로 인용하는 것을 원칙으로 하였다.

서는 '총론, 자연, Ⅲ. 인문'과 같이 '인문'에만 Ⅲ이 표기되어 있다는 점이요, 그 둘째는 '목차'에 없는 누이동생인 석주선의 1968년 11월의 '발문'이 231쪽부터 232쪽까지 수록되어 있다는 점이다.

『제주도수필』의 '서'는 다음과 같다.

> 「제주도」는 나의 연구 테에마의 하나이다. 일상생활에서도 내가 보고 듣고 읽는 것 중에서 제주도에 관한 것이라면, 적당한 제목을 붙들어서 수시로 카아드에 기록하여 쌓아 두었었다. 축적된 카아드 중에서 제주도방언에 관한 것만을 뽑아서 벌써 졸저 「제주도방언, 제3편 수필」에서 정리하였었다.
>
> 이제 그 나머지의 것과 그 뒤에 모인 것들을 정리한 것이 이 책인데, 편의상 기저 「제주도 관계문헌집」의 내용순으로, 또 카아드의 가나다 순으로 배열해 보았는데, 각 항목의 평형을 위하여 항목을 늘렸다. 그러나 약간의 배열의 비과학성과 내용의 중복을 피할 수가 없었다. 정리시에 시간의 여유만 있었다면, 저자자신의 불만점을 어느 정도 제할 수가 있었겠지만, 형편이 그렇게 못된 것을 독자제위는 관용해 주시기 바라며, 저자로서는 이 책이 제주도에 관심을 가진 인사들에게 다소라도 도움이 된다면 행으로 생각한다.
>
> 1949. 5. 15. 서울에서

제1절 총론

실제 본문은 '총론'으로부터 시작된다. 이 '총론'은 '목차'와는 달리 순서를 나타내는 로마자 'Ⅰ' 표기 없이 그냥 '총론'으로 제시하고, 33개의 표제항을 나열하고 있다. 그 제시되는 표제항은 다음과 같다.

> 「까치」와 「포플라」, 답전踏田과 해녀, 섬의 계획의 대략, 동식물의 성립분자, 헬만·라우텐자하박사, 구한말경의 산물, 「버스」에서 보는 풍경, 400년전의 제주도산물, 400년전의 제주도

산물 일람표, 산해진미의 쌍벽, 삼다三多·사다四多 혹은 팔다八多, 세계일一과 한국일一, 신문기사로 본 해방후 1년간의 제주도, 신문기사로 본 해방후의 제주도, 1880년경의 제주물산, 1880년경의 대정물산, 1880년경의 정의물산, 1880년경의 제주도물산 종류 일람표, 1771년경의 제주도물산, 1295년경의 제주도산물, 이조말경의 일본에 수출하던 산물, 1927년경 특산품, 자연파괴의 방지책, 제주도안내, 제주도의 자태, 제주삼기, 주요산물, 지적민빈地瘠民貧, 천연기념물, 토지의 할당과 경관, 토지이용경의 타원환상대橢圓環狀帶, 토지이용으로 본 지대地帶, 해방후 4년에 제주도를 일주하고 느낀 점

이 '총론'은 외지인인 석주명의 '밝은 눈과 귀'가 잘 반영되어 있다. 특히 첫째 표제항인 「까치」와 「포플라」의 '반도풍에서 떠난 풍경'이 앞으로 제시될 내용을 암시하고 있다. 이 '총론' 표제항의 배열은 석주명이 '서'에서 밝힌, "약간의 배열의 비과학성"에 해당하는 부분이기도 하다. '「까치」와 「포플라」'부터 '헬만·라우텐자하박사'까지 5개 표제항 다음에 'ㄱ'항의 '구한말경의 산물'을 배열하고 있다. 또 '1880년경' 등 연도를 'ㅅ'항 다음에 배열하는 것으로 볼 때 '일팔팔영'로 읽은 것으로 보인다. '1880년경의 제주물산', '1880년경의 대정물산', '1880년경의 정의물산' 등의 배열은『동국여지승람』등에서 전통적으로 내려오는 '제주목, 정의현, 대정현'의 순서를 따르지 않는 것도 전통적인 배열과는 거리가 있어 보인다.

제2절 자연

'목차'와는 달리 순서를 표시하는 로마자 없이 '자연'으로 되어 있다. 여기에는 '기상, 해양, 지질·광물, 식물, 동물, 곤충' 등 6개의 범주로 나누어져 있다.

1. 기상

'기상'에서는 8개의 표제항이 제시되어 있다. '강수량'을 비롯하여, '계절풍과 태풍, 기온, 기후, 최대의 폭풍' 그리고 『제주도방언집』제3편 수필과 중복이 되는, '구몸일뢰 선보름 우친다, 바람(風), 이월 바람에 가문쇠뿔 오그라진다' 등 3개의 표제항이 포함되어 있다. "구몸일뢰 선보름 우친다"는 대개는 "구몸 우치민 선보름 우친다"나 "구몸 칠팔일 우치민 선보름 우친다" 등으로 나타나는 것으로 보면 '선보름' 앞에 '우치민(믄)'이 빠진 것으로 보인다.

2. 해양

'해양'에서는 『제주도방언집』'제3편 수필'과 중복이 되는 '무숫기'를 시작으로, '연안지대 해양관측, 조석간용의 차, 해류, 해수의 이용' 등 5개 항목이 제시되어 있다. 특히 '무숫기'는 "졸저 제주도방언집 155혈頁 참조"라 하여 '남부지역'과 '북부지역'의 차이를 기록한 도표가 제시되지 않은 것이 아쉽다.

3. 지질·광물

'지질·광물'에서는 『제주도방언집』'제3편 수필'과 중복되는 '바위'를 비롯하여 42개 표제항이 제시되어 있다.

개사층介沙層, 고지질의 자료, 나카무라(中村新太郎)씨의 화산고설, 대답大畓, 바위, 비현정질非顯晶質현무암, 사혈蛇穴, 삼도森島용암, 수성암, 수원급지하수리水源及地下水理, 수원의 분류, 암석과 문치, 용암수도熔岩隧道, 원추산의 수와 질, 응용지질, 제삼기화석, 제주도를 조사한 지질학자, 제주도육속설, 제주도의 화산암, 지진, 지질, 지질조사, 지형, 지형의 특징, 1000m이상의 고봉, 천하의 일대기관, 천하절품의 화구벽, 패사貝砂의 사한沙漢, 하라구찌(原口九萬)씨, 한라산 용암, 한라산정상의 외륜산, 한림면의 동굴, 해안의 용수, 행로, 현무암분출시대이후의 지층, 화산구성상으로 본 4기, 화산구조선, 화산암, 화산으로서의 한라산, 화산의 기반, 화산탄의 채집지, 화석

이 가운데 '용암수도熔岩隨道'는 용암동굴을 말하는 것이매 '용암수도熔岩隧道'로 수정되어야 한다.

4. 식물

'식물'에는 『제주도방언집』 '제3편 수필'과 중복되는 '고롬쿨'을 시작으로 하여, 73개의 표제항이 수록되어 있다. 그 73개의 표제항은 다음과 같다.

고롬쿨, 고등은화식물, 고산식물, 곰팡(黴), 꿈치, 굴거리나무의 발육, 나카이(中井)박사의 식물의 수직분포표, 나카이(中井猛之進)박사의 약력, 난대생 상록활엽수, 녹나무(樟), 느티나무, 느물, 늠삐, 대죽, 나무고사리의 학명, 댕댕이덩굴, 돔박낭, 멩게낭, 면마綿馬, 모리(森爲三)씨의 식물의 수직분포표, 「무릇」의 밀도조사, 물롯, 밀원식물, 물망, 베염고장, 복닥낭, 복금, 속, 솔낭, 숙속씨가 본 제주도산 식용식물, 시로미, 식물, 식물관계, 식물구분, 식물명, 식물의 중식분포에 관한 최고문헌, 식물의 천연기념물, 식물지리학상의 위치, 야생유독식물, 약용식물과 유용식물, 양치식물, 왕벗나무(染井吉野櫻), 왕벗나무의 자생지의 확인, 왕벗나무의 진출, 예반초, 오랑캐꽃, 의주금강산삼림식물중 제주도산과 공통되는 종류, 자굴, 제주도식물과 석호곡 면씨, 제주도에 분명히 부적한 수목죽류, 제주도의 대표적수목, 제주전도를 적지로 하는 수목죽류, 한국남부도서산 난대성상록활엽수, 한국산 류류분포상황, 한국식물조사의 공헌자, 진달래, 찔레나무, 주밤낭, 최초의 염정길야앵의 표본, 표고버섯 천연발생지, Crinum Line, 타케(Taquet)를 기념하여 명명된 제주도식물, 「타게」와 「포우리」, 탈, 택목宅木, 포우리(Faurie)를 기

넘하여 명명된 제주도식물, 퐁낭, 한라산상봉을 제외한 전도를 적지로하는 수목죽류, 한라산 상부를 적지로하는 수목죽류, 한라산식물의 최초의 채집가, 한라산의 대표적고산식물, 해조의 분포, 향유초香薷草

한편, 『제주도방언집』 '제3편 수필'과 중복되는 27개의 표제항은 다음과 같다.

고롬쿨, 곰팡(黴), 꼼치, 느티나무, 노물, 늡삐, 대죽, 댕댕이덩굴, 돔박낭, 멩게낭, 물롯, 밀원식물, 몰망, 베염고장, 복닥낭, 복금, 속, 솔낭, 시로미, 식물명, 예반초, 자굴, 진달래, 찔레나무, ᄌ밤낭, 탈, 퐁낭, 향유초

중복되는 표제항 가운데 '퐁낭'은 그 나무 이름이 '폭'이라는 열매가 달리기 때문에 붙은 명칭이어서 '폭낭'이어야 한다. '폭'에 대응하는 표준어는 '팽'이다. '몰망'은 바다풀인 모자반의 제주어로, 이 '식물' 분야에는 바다풀도 포함되어 있음을 알 수 있다.

5. 동물(곤충을 제외)

'동물'에서는 『제주도방언집』 '제3편 수필'과 중복되는 표제항인 '까마귀'를 비롯하여 52개의 표제항이 제시되어 있다.

까마귀, 까마귀 똥케우리듯, 개구리의 종류, 게우리, 괴기, 꿩(雉), 금전해金錢蟹(금발게), 담수어, 대만大鰻, 돔박생이, 동물관계자, 동물명에 제주도가 포함된 제주도특산의 척추동물, 동물분포상으로 본 대한해협, 동물의 천연기념물, 동물학사전과 제주도, Duke of Bedford의 동물학탐검, 멩마구리, 무낭, 백록담의 어류, 「버렝이」와 「생이」, 복, 무당개구리, 비둘기(鳩), 사카이(酒井恒)씨의 일본해류蟹類도설, 삼천발이(三千足), 앤더슨씨, 앤더슨씨와 시하삼희씨의 채집품, 원숭이의 사육, 유미류로 본 제주도, 전멸된 수류, 제비, 제견濟犬, 제마濟馬와 재마才馬,

제주도남단부의 동물상, 제주도에 갈 뻔한 공작, 제주도에 온 공작, 제주도의 포유동물구계, 조류분포상으로 본 제주도, 종달새, 지네종류, 진드기, 진도 「팔색조」, 참새, 척추동물로 본 제주도의 위치, 최초에 기록된 포유류, 최초의 학술조사반, 탐라전복, 파충류와 양서류, 포경捕鯨, 한라산의 조류, 해류, 회유어류

『제주도방언집』 '제3편 수필'과 중복되는 14개의 표제항은 다음과 같다.

까마귀, 까마귀 똥케우리듯, 게우리, 괴기, 돔박생이, 멩마구리, 무낭, 「버렝이」와 「생이」, 복, 제견, 제마와 재마, 종달새, 지네종류, 진드기, 참새

중복 표제항 가운데 '무낭'은 표준어 '해송'에 해당한다. 이를 이용하여 물부리, 목걸이, 브로치, 지팡이를 만들고, 도장을 새기기도 한다. 『한국동식물도감』(제39권, 동물편, 산호충류, 2004)의 '해송'은 "제주도 해역의 수심 20~100미터에 살고 있으며, 보통 높이는 50센티미터 내외이지만 3미터까지 자란다. 고대에 이 골축 조각을 몸에 지니면 건강을 지켜 준다고 믿었으며, 상업적으로 보석, 지팡이 등으로 가공되고 있어 양식의 가치가 크다. 제주도 현지에서는 '무낭'이라고 불린다."(529쪽)라 설명하고 있기 때문이다.

6. 곤충

'곤충'에서는 23개 표제항이 제시되어 있다.

「고치잴」과 「왕잴」, 곤충류로 본 제주도의 위치, 곤충채집의 코오스, 곤충학관계의 내도구미인, 대학시험장 부근의 접류, 쓰르라미, 말축, 매미의 종류, 반해속곤충, 보통기생충, 복잡한 접상, 산방산의 접상, 쉬, 심방나비, 오카모토(岡本半次郞)씨, 이치카와(市河三喜)씨, 잠자리, 제주도를 조사한 곤충학자, 진접 암붉은 오색나비, 즐 재기(탁예과蠶蜺科곤충), 천우과(天牛科,하늘소)

로 본 제주도, 최초로 기록된 곤충, 최초에 기록된 노린재(춘상과椿象科)

『제주도방언집』 '제3편 수필'과 중복되는 5개의 표제항은 다음과 같다.

「고치잴」과 「왕잴」, 말축, 쉬, 심방나비, 잠자리

위 표제항 가운데 '줄재기(탁예과곤충)'는 『제주도방언집』(83쪽)의 "줍재기 협충(『탁예』)"에 따라 '줍재기'로 수정되어야 한다.

제3절 인문

'인문'은 '1. 전설·종족'을 시작으로 '25. 문화'까지 25개의 영역으로 구성되어 있다. '서'에서 밝히고 있는 것처럼, "항목의 평형을 위하여 항목을 늘렸다."에 해당하는 영역이기도 하다.(뒤의 〈표 2〉 『제주도문헌집』과 『제주도수필』의 인문 항목 비교표' 참조)

1. 전설·종족

'전설·종족'에서는 25개의 표제항이 제시되어 있다. 일본인 가와사키(川崎繁太郎)를 맨 처음에 제시한 것은 '천기번태랑(川崎繁太郎)'을 '가와사키 시게타로'로 읽었기 때문이다. 다른 범주에서도 확인되는 바지만 일본인의 이름은 일본어로 읽어서 가나다순에 맞게 배열하고 있다. 이 '전설·종족'에서는 25개의 표제항이 제시되었다.

가와사키(川崎繁太郎)박사의 삼신인관, 능청스런 제주목사의 이재법, 도민의 유래, 도민의 혈통, 산방덕, 삼성혈, 삼신인명고三神人名考, 삼신인설화의 일설, 상하국常夏國, 상하국의 귤, 성주·왕자의 칭호, 연날리기(放鳶)의 기원, 오다(小田省吾)씨의 탐라건국전설관, 오하라(大原利武)

씨의 한민족 도동설渡東說, 제주혼, 한국에 들어온 남양흑인, 종족, 좌씨, 주호, 창세신화, 탐라
와 탐진과 탐주, 탐라족, 탐라 중흥조 삼고씨三高氏, 한라산옹, 해신족海神族

이 25개 표제항 가운데 '삼신인명고三神人名考'는 『제주도방언집』 '제3편 수필'과 중
복되는 항목이며, '25. 문화'의 '김복수의 로만스(전설)'(224쪽)는 '(전설)'이라고 손톱묶음
속에 그 영역을 밝히고 있음에도 '전설·종족'에 넣지 않았다.

2. 방언

『제주도문헌집』 '언어'라는 영역이 『제주도수필』에서는 '방언'으로 바뀌었다. 여기
에는 42개의 표제항이 제시되어 있다.

「가슴」의 어원, 개차반, 곰배, 기러기(雁), 노루의 어원과 변천, 동생(弟)의 어원, 「되미」의 고
어, 둑새기, 똘 판다, 「比」음의 변천, 마음(心)의 고어와 제주어, 「말삼」의 고어와 제주어와의 관
계, 문독, 바람(風)의 고어와 제주어, 방상, 병풍의 변천, 뽀롱이, 봉그다, 비낭대죽, 비사야어,
「사람」의 고어, 삼키다, 「소」의 변천, 시루(甑)의 어원, 심방, 「쏠」과 「비바리」, 억새의 어원, 오
리(鴨)의 어원급 기변천경로, 이숭녕씨의 「·」음고, 자루(柄)의 어원, 잠긴다(沈), 정태진저 조선
고어방언사전(1948년)에 나타난 제주도방언, 제주도방언과 마래어, 제주도방언과 비도어, 조
다(刻)와 쪼다(啄), 「짐승」의 변천, 比음의 변천, 찰떡, 찹쌀, 첩홋의 고어와 변천, 파리(蠅)의 어원
과 그 변천, 하늬바람

한편, 『제주도방언집』 '제3편 수필'과 중복되는 표제항은 '「가슴」의 어원, 「말삼」의
고어와 제주어와의 관계, 시루(甑)의 어원, 심방' 등 5개이다. 이 가운데 '심방'은 『제주
도방언집』 '제3편 수필'과 중복되어 나타나는 표제항인데도 그 내용은 아래에서 보는
것처럼 전혀 다르다. 『제주도방언집』(166쪽)의 '심방'은 '8. 일상생활'의 '심방'과 표제항

은 물론 그 내용도 또한 중복된 경우다.

> 심방. 제주어로 무당의 뜻으로 남녀가 다 될 수 있고 대개는 세습적 직업이고 천민에 속한다. 비록 근일에는 무사를 금지하여 잠행적으로 하니 심방의 수가 적지만 과거에는 기수가 대단히 많았고 처처에 신당도 많았다. 어느집이나 1년 1차의 굿을 아니한 집이 없었다하니 그 성사는 지금이라도 짐작할 수가 있겠다.
>
> (『제주도방언집』, 166쪽)

> 심방. 육지의 '무당'의 뜻이고 남녀가 다 있어 세습적 직업이며 천민에 속한다. 촌산지순씨에 의하면 '심방'(shim pang)은 '신방'(shin pang)에서 유래하였고 '신방'은 '승방'이 전한 것 같다고 하고 이 명칭은 함북, 제주도 등지에서 쓰인다고 하였다. 그러나 제주도에서 쓰이는 말은 '신방'이 아니고 분명히 '심방'이고 또 '신방'이 함북에서 쓰인다고 하나, 함북 어느 지방에서 쓰이는지 알 수가 없다. 그러나 그어원은 동음어인 마래어인 simbang(不可信의 뜻)일 것으로 생각된다.
>
> (『제주도수필』, 54쪽)

3. 역사

'역사'에는 83개의 표제항이 제시되어 있다. '백록담에서 처음으로 수영한 사람'도 역사가 됨을 알겠다.

> 감귤과감柑橘科斂의 폐弊, 고려때의 도요島擾, 고려때의 제주도관리, 고려성종의 지방관제, 고사에 있는 기록, 공마, 관덕정, 국가성, 군비, 로정, 대기, 도민의 기질과 이조의 쇄국정책, 유배지, 목관, 목마, 목사, 목사배의 악마적향락, 목사의 사진, 목호란, 백록담에서 처음으로 수영한 사람, 별공, 봉수, 산장마, 삼국시대의 주거, 삼군시대의 군세비교, 삼기三奇사절四絶오호五虎, 삼별초, 삼별초난의 경과, 삼별초의 난, 삼별초의 제주입거, 신축민란(1901년), 역사적 특

산물, 염한鹽漢, 오다(小田)씨의 조선소사년대표에 있는 제주도에 관한 기록, 유배된 양반의 생활, 육지와의 최초의 교의, 이조때의 도요島擾, 이조말경까지 남아 있던 성내의 누정樓亭, 이조말경의 관리의 봉급, 이조말경의 부군의 등급, 이조말경의 3읍 8진, 이조말경의 어법, 이조말의 도정, 이조말의 외척전횡, 이조성종 때의 관제, 이조시대의 도민의 탄가, 이조시대의 제주도, 이조의 구휼, 이조의 최초의 군마징용, 1845년(헌종 11년 을사)경의 주요관원, 1911년 6월 13일 현재의 지방행정구역, 1912년 1월 1일 현재의 행정구역, 일문쌍절一門雙節, 제주도의 주마기走馬技, 제주도약, 제주도와 고구려, 제주도와 고려, 제주도와 백제, 제주도와 신라, 제주도와 외지와의 관계, 제주도와 고관리, 제주도의 예속사, 제주의 분예分隸, 조선농정사고朝鮮農政史考 중 고려시대의 탐라에 관한 기록, 조선농정사고중에 있는 제주도에 관한 기록, 조선농정사고중 이조시대의 기근과 진정에 대한 기록, 조선농정사고중 이조시대의 제주도에 관한 기록, 조선농정사고중 이조시대의 제주도에 관한 기록, 조선농정사고중 제주도에 관한 최대의 기록, 조선사대계년표중 고려시대의 탐라에 관한 기록, 조선사대계년표중 삼국시대의 탐라에 관한 기록, 조선사대계년표중 이조시대의 제주에 관한 기록, 한국역사상 최대사건, 최근의 유배지, 출판업과 역관, 최남선저 역사일감중 주요제주도기사, 탐라고사, 탐라사자, 탐라지, 헌마, 홍이섭씨의 조선사도해표朝鮮史圖解表에 오른 제주도 관계 기사, 황감제黃柑製, 황용사구층탑

4. 외국인과의 관계

'외국인과의 관계' 부분에서는 32개의 표제항이 제시되었다.

고려문종의 친송책, 고려시대의 왜구, 낭가삭기, 난선의 조선표착, 달노화적, 난인과 명인의 대량표도, 류구세자의 횡사, 삼포왜난의 원인, 서양인입국의 시, 스페르웨르(Sperwer), 역관, 역학, 원구, 원의 제주도진출의 원인, 이조현종조에 제주에 표착한 명인, 1908년(융희 2년)경의 제주내재주외국인, 노일전쟁돌발전년에 진출한 일인日人수, 일본 유수사遺隨使의 순로順路, 일본의 이주어민, 일본인의 근거지, 일본제정하의 도제, 일인이민, 일본이주어촌, 임자왜변, 제

주도와 몽고, 제주도의 자원과 일본인의 진출, 제주인의 해외표류, 탐라와 일본, 표류, 표착선에 대한 목사의 물욕, 하멜 일행의 표도, 하멜표류기

이 가운데 '제주도와 몽고'는 『제주도방언집』 '제3편 수필'과 중복되는 표제항이다.

5. 관계인물

'관계인물'에서는 29개 표제항이 제시되어 있는데, 홍의녀는 '조정철과 홍의녀', '홍의녀' 2개의 표제항으로 제시되어 있다.

고조기, 구마슬, 김구, 김만일, 김방경, 김정, 김지석, 만덕, 박연, 박영효의 유배, 서복, 이방익, 이백겸과 송영, 이원진, 이재수, 이토형, 임박, 전공지, 조엄, 조정철, 조정철과 홍의녀, 최척경, 최익현의 유배, 추사, 탐라민 정일, 하멜, 허목, 홍의녀, 홍종우

6. 민속

'민속'에서는 38개의 표제항이 제시되었는데, 그 목록은 다음과 같다.

개인제, 경신숭조의 사상, 고인돌, 굿한다, 남극노인성, 동토, 마라도의 아미씨당, 몽고와의 공통점, 몽고유풍, 뫼(墓), 무당의 명칭, 무녀, 매복자, 기도자의 수, 무신巫神, 무조巫祖의 성性, 무풍급신사巫風及神祠, 무격巫覡의 수, 민속, 백중, 본향, 수신방首神房, 신산설神山說, 신의점神意占, 아이누족의 형적, 연등, 연등제, 영들뜰, 이마무라(今村鞆)씨의 사혈에 대한 해석, 제주도신가, 조리극, 지봉유설에 있는 제주도부녀기, 차귀, 차귀문화권, 토산당, 토평리의 이레당과 여드레당, 풍수사상, 풍수와 유형, 풍신, 풍신제

한편,『제주도방언집』'제3편 수필'과 11개 표제항이 중복되어 나타난다.

굿한다, 무당의 명칭, 본향, 수신방, 신산설, 영들똘, 제주도신가, 조리극, 차귀, 풍신, 풍신제

이 11개의 표제항 가운데 '영들똘'은『제주도방언집』(69쪽)에는 '영등쏠'로 표기되어 있다.

7. 식의주

'의식주衣食住'를 '식의주食衣住'로 표기하고 있으며, 21개의 표제항이 제시되었다.

농립모農笠帽, 대울타리(죽원), 대문, 떡, 도민의 독립성, 도민의 생활, 도민의 식료품, 변소겸돈사, 변소와 변의, 봉천수, 부녀의 여장, 연료, 엿, 오합주, 온돌과 연료, 요리, 의복, 자리회, 주택, 지붕, 즈배기

『제주도방언집』'제3편 수필'과 중복되어 나타나는 9개의 표제항은 아래와 같다.

농립모, 대문, 떡, 변소겸돈사, 봉천수, 엿, 온돌과 연료, 자리회, 즈배기

이 가운데 '대문'은 표준어 '마루문'에 대응하는 어휘다.

8. 일상생활

'일상생활'은 100개의 표제항이 제시되어 있다. 표제항이 가장 많은 부분으로, 그

목록은 다음과 같다.

각씨가 아까우면 처가/ 집 주먹낭도 아까워한다, 감옷, 거릿좌수=종다리암쉐, 결혼, 겹메
움, 꼭대기, 관혼상제비, 꽝, 구덕, 그년의 브름, 근로정신, 기시린 도야지가 드라멘 도야지 타
령흔다=쌍얼체이가 외얼쳉이 타령흔다, 나것일코 나함박 버른다, 남권과 여권, 남녀의 일의
구분, 납해치, 넹바리, 누어서 지름떡 먹기, 대머리(禿頭), 도민의 특성, 돈잠에 개꿈, 돈추넘(돼
지처럼), 돈 풀아 흔냥 개 풀아 닷돈흐니 양반인가, 돌담, 돌당바도 믈방위, 동백나무 울타리 집,
독발 그리듯, 망태기, 매, 머돌, 모관놈, 모녀의 연정, 물발이 젖으야 잘산다, 바가지, 바구니, 바
농전동이 줄라매여 바농질 헤여지나, 발막아 눙나, 방위, 벌찝거시다, 뺑, 불임질, 비온날 쇠충
지 갓치, 사농캐 언뚱 들어먹듯, 사름잇수까, 산부근해불근, 산마에 관한 한국의 고언, 살찻보
리 거죽챠 먹은덜 씨아시사 한집에 사랴, 삼승할망, 삼춘, 삼무, 삼지방색, 쌍얼쳉이가 외얼쳉
이 타령흔다=기시린 도야지가 드라멘 도야지 타령 흔다, 새끼(새씨=방언집), 솅완, 소도리, 손으
로 강알막듯, 솥, 수질, 숭눙, 숭어뛰면 복쟁이 뛴다, 씨름, 실푼간에 선떡, 심방, 십이지에 의한
사람의 명칭, 숫도덕분에 나팔불기, 안반, 앙살운 암캐갓치 앙앙흐지 마라, 애기구덕의 효용,
어비어비, 엇수다, 에미일른 송애기, 여드레 팔십리, 여권, 여자의 근로정신, 여자의 명칭, 여자
의 물건휴대, 여자의 주력하는 일, 옛날 대정군의 인정, 오그랭이글즛, 우마부릴 때 내는 소리,
웃뜨룻놈, 음육월이십일, 이슬에 큰 사름, 이허도, 인정, 일본과의 공통점, 입춘, 잠녀의 잠수
복, 전어田魚, 절구, 제주녀에 관한 민요, 제주녀의 특이한 2점, 조각매기 브비듯, 종다리 암쇠
=거릿좌수, 지나가는비, 지름떡먹기, 지방부녀의 성격을 나타낸 민요, 체(篩), 풀다, 회膾

한편,『제주도방언집』'제3편 수필'과 중복되는 66개의 표제항은 아래와 같다.

각씨가 아까우면 처가집 주먹낭도 아까워한다, 감옷, 꼭대기, 꽝, 구덕, 그년의 브름, 기시
린 도야지가 드라멘 도야지 타령흔다=쌍얼체이가 외얼쳉이 타령흔다, 나것일코 나함박 버른
다, 납해치(납혜치=방언집), 넹바리, 누어서 지름떡 먹기, 대머리(禿頭), 돈잠에 개꿈, 돈추넘(돼지

추렴), 돈 풀아 흔냥 개 풀아 닷돈ᄒ니 양반인가, 돌당바도 물방위, 둑발 그리듯, 망태기, 매, 머돌, 모관놈, 물발이 젖으야 잘산다, 바가지, 바구니, 바농견동이 줄라매여 바농질 헤여지나, 발 막아 눙나, 벌찝거시다, 뺑, 불임질, 비온날 쇠충지 갓치, 사농캐 언똥 들어먹듯, 사름잇수까, 살찻보리 거죽챠 먹은덜 씨아시사 한집에 사랴, 삼승할망, 삼촌, 새끼(새찌=방언집), 셍완, 소도리, 손으로 강알막듯, 솥, 수질, 숭늉, 숭어뛰면 복쟁이 뛴다, 씨름, 실푼간에 선떡, 심방, 십이지에 의한 사람의 명칭, 숫도덕분에 나팔불기, 안반, 앙살운 암캐갓치 앙앙ᄒ지 마라, 어비어비, 엇수다, 에미일른 송애기, 여드레 팔십리, 여자의 명칭, 오그랭이글즈, 우마부릴 때 내는 소리, 웃뜨룻놈(웃쓰룻놈=방언집), 이슬에 큰 사름, 이허도, 전어田魚, 조각매기 부비듯, 종다리 암쇠=거릿좌수, 지나가는비, 지름떡먹기, 지방부녀의 성격을 나타낸 민요, 체

이 66개의 중복 표제항 가운데 '누어서 지름떡 먹기'와 '지름떡 먹기'는 그 내용이 비슷하다.

> 누어서 지름떡 먹기. 누어서 떡먹기. 「지름」은 「기름」의 제주어로 「지름떡」은 가장 맛있는 떡으로 되어있다.(102쪽)

> 지름떡 먹기. 「꾀떡먹기」라고도 하고 「식은죽 먹기」「약과 먹기」의 뜻. 「지름」은 「기름」의 「꾀」는 「깨」의 제주어. 지름떡이나 꾀떡은 제주도서는 최상품의 음식이다.(112쪽)

또 '심방'은 『제주도방언집』 '제3편 수필'과 그 표제항은 물론 그 내용 또한 같으며, '전어田魚'는 '콩잎'을 말하는 것으로, "이 콩잎을 요리까지 한다면 상당하다고 해서 전어라고 한다고."(111쪽) 하였다.

9. 지리

'지리'에서는 54개의 표제항이 제시되었다.

감산천, 남단부의 지역, 남북과 표리, 남북이분, 다도해와 제주도, 도내이대명소, 제주도의 특색, 면적, 제주도의 면적과 해안선, 명승고적, 물랑소, 「사미랑」과 「뺄춰」, 사미랑호항해지, 산북인과 산남인, 삼지방명, 서양인이 명명한 제지명, 석파, 19세기말에 2외국인이 측량한 조선왕국의 면적, 양창의 지명, 영주, 오백장군, 용담천, 읍면의 면적, 의항, 이대명소, 일본인이 기록한 제주도의 면적, 전남명물, 제주, 제주도와 브르타뉴, 제주도와 지마국석경志摩國石鏡, 제주도의 고립성, 제주도의 구역, 제주도의 남북, 제주도의 별칭, 제주도연해를 통과하고 한국에 관계를 가진 서양인, 제주십경과 탐라팔경, 제주주도濟州主島의 위치급면적, 한반도, 지명, 천제연, 천지연, China Pilot(3rd Ed. 1861년)에 나타난 지명, 「퀠파트」의 의意, 탐라의 어원, 태고조선의 지역, La Pérouse, 평안도와의 공통점, 하천, 한라정원, 해수욕장, 해안선과 도형, 해안선연장, 홍교, 효돈천유역

한편 『제주도방언집』 '제3편 수필'과 중복되는 8개의 표제항은 아래와 같다.

물랑소, 석파, 영주, 의항, 제주, 제주도의 별칭, 지명, 탐라의 어원

10. 도읍·촌락

'도읍·촌락'에는 23개의 표제항이 제시되었다.

각리의 지형, 대시가지, 대정, 도시, 동리, 모슬포, Moggan Mocxo, 「물미」와 「세미」, 산지와 별도, 서귀포, 서귀포의 명소, 선흘, 성읍리, 수도의 위치, 온평리, 와포, 위미리, 정의면과 정의

읍, 제주읍, 제주읍내의 명승, 제주의 별칭, 짐병, 한림

이 '도읍·촌락'에서 특이한 것은 '수도의 위치'라는 표제항이다. "제주도의 수도는 고래로 현재의 제주이다."라 하고 있다.

한편 『제주도방언집』 '제3편 수필'과 중복되는 7개의 표제항은 아래와 같다.

모슬포, 「물미」와 「세미」, 선흘, 성읍리, 와포, 제주의 별칭, 짐병

11. 산악

'산악'에는 20개의 표제항이 제시되었는데, 그 목록은 다음과 같다.

각수암, 고근산, 문헌비고에 의한 명산, 「문헌촬요」에 기록된 12산, 물오름(水岳), 백록담, 백록담과 산방산, 별도봉, 산방산, 석다산石多山, 성산기암, 성판악, 송악산, 술오름(米岳), 어승 생악, 오름(兀音), 한라산, 한라산고, 한라산에 온 역관, 한라산의 위치와 고高

『제주도방언집』 '제3편 수필'과 중복되는 5개의 표제항은 아래와 같다.

물오름, 성판악, 술오름, 어승생악, 오름

12. 도서

'도서'에서는 『제주도방언집』 '제3편 수필'과 중복되는 '우도, 지귀도' 등 2개의 표제항을 비롯하여 아래의 20개 표제항이 제시되었는데, 그 목록은 다음과 같다.

가파도, 가파도와 외국인, 갑칩도, 로니부룻프갑岬·가파도간間, 마라도, 문섬, 비양도, 삼도森島, 새섬, 속도屬島, 우도, 제주도와 시칠리아도島, 제주도와 울릉도, 한국의 대표도, 한국의 도서수, 한국의 삼대도와 오대도, 죽도, 지귀도, 추자도, 토도兎島, 형제도, 호도虎島

13. 지도

'지도'에서는 '1892년(일본명치明治 25년)경의 지도, 1902年(명치明治 35년)경의 지도, 1905년(명치 38년)경의 지도, 1910년(명치 43년)경의 지도, 1913년(대정 2년)경의 지도, The Times 세계대지도, 해방된 해에 출판된 지도' 등 7개의 표제항의 지도가 제시되었다.

14. 교통·통신

'교통·통신'에서는 다음과 같이 29개의 표제항이 제시되었다.

각등대 출입급통과出入及通過 선박수, 교통, 등대, 이조말경의 교통통신, 이조말경의 묘지, 목제木濟항로, 무전설치, 별도항別刀港 수축修築공사비, 여행, 옛날의 선박정박지, 이치카와(市河三喜)씨의 여정, 인력궤도차, 인접부읍면간隣接府邑面간거리, 1904년(명치 37년)경의 선편, 1914년(대정 3년) 12월 고시 제64호에 의한 면리수, 1915년경의 제주도항로, 1920년경의 승합자동차 운전상황, 1929년경의 정기선 기항지, 1929년경의 항로선박, 1929년경의 화물운송일본선척수, 한일합방전후의 기항지, 전성시대의 교통기관, 조선·일본간 무역여객 항별조港別調, 최양항最良港, 최초의 기선운항, 통신사, 항로목표, 항로표식 통과급출입선박, 항만

15. 농업

'농업'에는 70개의 표제항이 제시되었는데, 그 목록은 다음과 같다.

감귤류와 제충국, 감귤류의 종류명, 감귤재배와 풍토, 감귤재배의 역사, 고구마, 고구마의 전래, 고구마재배의 현상, 고구마 저장방식, 경성대학 부속생약연구소 제주도 시험장, 남북의 토질과 농작, 농업연구기관, 농업, 농업경영상의 장점과 단점, 농업 10개년 계획, 농작물의 병충해급及 기타재해, 농토, 보리와 돈비, 대맥파종법, 벼의 품종, 두량, 매년계속하여 단작單作우又는 혼작混作하는 작물, 면작棉作의 연혁, 목향木香의 적엽시험, 밭(田)의 양부, 벼(稻)의 장려우량품종, 복토법, 「복개기」와 「붓개기」, 사과, 산뒤, 조의 품종, 삼아三椏, 수리조합, 시비施肥요령, 아열대과수, 우경牛耕, 위도緯度와 난국과물暖國果物, 유자柚子, 윤재법輪栽法, 인삼의 산지, 1921년 통계에 의한 주요작물의 분포, 1930년현재의 농산물, 두락(한 마지기), 1호당 경작면적, 적작물재배상황, 전남종묘장 제주지장에서 시험한 종류, 제주배취倍取, 제주의 감귤류, 주요 전작물의 분포, 조저趙藷, 주요작물의 파종량비교표(승반당升反當), 지력, 지목, 지실地實, 최남선저 역사목감歷史目鑑중의 감귤재배사항, 탄소율, 토성급토질土性及土質, 토양의 분류, 토양의 특징, 토지개량, 토지개량에 좋은 참고서, 토질과 소변, 특용작물, 파종후의 답압작업, 곤마菎麻의 재배시험, 패稗와 면綿, 현저한 감귤의 15종, 호미, 화전경작자수, 화전면적, 휴한재배와 윤재輪栽

이 목록 가운데 '「복개기」와 「붓개기」'는 콩과식물로, 표준어 '살갈퀴'에 해당한다. '식물' 영역에 포함시키지 않은 것은 이들이 '거름용'이기 때문으로 보인다.

한편 『제주도방언집』 '제3편 수필'과 중복되는 6개의 표제항은 아래와 같다.

「복개기」와 「붓개기」, 산뒤, 우경, 조저, 지실, 호미

16. 임업

'임업'에서는 중복되는 '야마시, 초기' 2개의 표제항을 포함하여 16개의 표제항이 제시되었는데, 그 목록은 다음과 같다.

균심의 통계, 본도산의 조선적 물산, 북조선 삼림수목과의 공통종, 비자림, 삼림의 폐멸, 야마시(山師), 을종요존림乙種要存林, 임산물, 임야면적, 임업의 장래목표, 임정사, 전남의 죽림과 제주도, 한국적 임야의 부산물, 초기, 추용椎茸재배의 연혁, 한라산 국유림

여기서 '야미시(やまし)'는 '표고버섯(椎茸)재배기술'을 말한다.

17. 축산

'축산'은 47개 표제항이 제시되었는데, 그 목록은 다음과 같다.

구비전설에 의한 목축의 기원, 녹산장, 도산봉밀의 질, 도산주요축산물, 말(馬)의 종류, 1914년경의 소(牛)의 개량사업, 목산지대, 목장과 개벽, 무쉬의 나이(우마의 연령), 병신말, 병신소, 사대가축, 상중하장성, 소(牛), 신편집성 우마의방, 양계, 양계사업의 역사, 양계장려요항, 양봉, 양봉의 이불리점, 양잠에 유리하다는 조건, 양잠의 역사, 얼럭소(斑牛), 옛날의 목장표, 우각牛角, 우마, 우마와 목초, 우마와 방목, 우마의 사육, 우색牛色의 결점, 우牛의 거세의 효시, 원(元)으로부터 지래持來한 타려양駝驢羊, 유사(遊佐幸平)씨의 제주도개량안, 유용산양 이입의 효시, 1905년경의 주민과 축산, 1926년경의 양계, 제주마의 용도, 제주마의 장점과 단점, 제주마의 특징, 제주마명과 일본마명의 대조, 제주 십삼장十三場, 제주우의 특징, 축산, 축우에 대한 당국의 시설계획요항, 축산의 10개년계획, 축산장려기관, 축산행정의 방침

이 목록 가운데 『제주도방언집』'제3편 수필'과 중복되는 9개의 목록은 아래와 같다.

말(馬)의 종류, 목산지대, 무쉬의 나이, 병신말, 병신소, 소(牛), 얼럭소, 우각, 우색의 결점

이들 9개의 목록 가운데 '목산지대'를 제외한 나머지 목록은 그에 따른 세부 내용을 제시하고 있다. '말(馬)의 종류'를 그 예로 보이면 아래와 같다.

말(馬)의 종류:

1. 가라물(진흑眞黑) ···················· 먹가라(진흑) ······················· 등마等馬
                                     츄가라(다갈색茶褐色)

2. 청초마(흑백혼색에 청염靑艶있는 말)

3. 적다물(적赤) ···················· 고치적다(진적眞赤)
                                     구렁적다(고치적다와 적초다의 중간)
                                     초적다(담적淡赤, 모시갈기와 모시총이 생생함)

4. 올아물(반班) ···················· 거문올아(흑백반黑白班)
                                     노린올아(황백반黃白班)

5. 유마(갈褐) ···················· 줄유마(적갈), 갈기총(흑색) ············· 유마 중 1등마
                                     거문유마(흑갈)
                                     부인유마(황갈)

6. 벽마(백白)

7. 고라물(회灰)

8. 거을물(각족各足 상부가 백색) ··· 최열등마

18. 수산

'수산'은 『제주도방언집』 '제3편 수필'과 중복되는 1개의 표제항인 '고기잡이'를 비롯하여 20개의 표제항이 제시되었는데, 그 목록은 다음과 같다.

가장 중요한 해조, 고기잡이, 기세磯洗, 대표적수산물, 1909년경의 어업근거지, 수산물, 수

산의 15개년 계획, 어족魚族·어장급어기魚場及魚期, 온어鰮魚, 이조말경의 재제주도 일본인의 어업통계, 이조말경의 저명한 어구, 이조말경의 해산물, 1903년중의 일본인의 어획고, 1905 년경의 일본어선, 1911년경의 4대수산물, 1914년 도청통계로 본 어획고, 제주도수산의 특이 점, 최초의 팽대한 수산조사서, 해벌海筏, 화산암과 어업

19. 기타산업

'기타산업'에서는『제주도방언집』'제3편 수필'과 중복되는 2개의 표제항인 '사농' 과 '제량濟凉'을 비롯하여 54개의 표제항이 들어 있는데, 그 목록은 다음과 같다.

강화하여야 될 산업, 개발문제, 고정경모, 공업, 공장, 공장후보지, 관물冠物, 1912-26년간 의 취인항取引港, 대중무역품, 마모제립磨耗製笠, 이조말경의 수용품, 모시, 무역관계, 무역품, 미개의 보고, 부업, 사농, 산업단체 일람표, 산업의 대개발 지침, 상업, 상업도읍, 수산제품조사 원회의, 아오야기(靑柳綱太郎)의 제주도경영론(명치 38년, 1905년), 아이다(會田重吉)씨가 본 도당 국이 취할 조치, 아이다(會田重吉)씨가 본 유망한 사업, 아이다(會田重吉)가 본 제주도부원富源, 어시장, 이조말경의 조선적산물, 이조말기의 수입상품, 이입품급移入品及 구매장소, 이출입물, 일본포경회사, 잠수기어업자, 제량濟凉, 제주도개발, 제주도개발상으로의 생산부문, 제주도개 발상으로의 가공판매부문, 제주도개발상으로의 시설부문, 제주도와 인연이 적은 산업, 제주 도의 재원, 제주의 통조림, 주요한 무역품, 중요금융기관의 창설, 직업, 최초의 소라통조림제 조소, 꿩사냥, 통조림공업, 특산물, 특산품거래통계, 패구공업, 해녀작업, 행상인, 형무소수인 의 작업, 회사

20. 정치·행정

'정치·행정'에서는 9개의 표제항이 제시되었다. 그 가운데 '신구면명新舊面名'은『제

주도방언집』 '제3편 수필'과 중복되는 표제항이다.

경찰서, 도사島司, 면명과 면사무소 소재지, 신구면명, 제관청의 창설년, 제주도경찰청, 지방법원, 지세와 행정구역, 행정구역

21. 사회

'사회'에는 『제주도방언집』 '제3편 수필'에 중복되어 나타나는 '거지' 표제항을 비롯하여 48개 표제항이 제시되었는데, 그 목록은 다음과 같다.

가족제도, 거지, 건축물, 결혼연령, 서울의 제우회濟友會, 경제상태, 계契의 통계, 남소여다에 관한 고설, 남소여다에 관한 속설, 노동가능의 연령, 노동임금이 고가인 원인, 대성, 대판부하의 제주인의 단체, 도민의 경제, 도민의 연령에 의한 구분, 도로수리, 도적盜賊, 도선증의 판매, 동족집단수 50 이상의 성씨, 명치말경의 지가, 범죄, 부락, 세대世帶, 소작료의 독특한 예, 소작쟁의, 시일市日의 분류, 어업조합, 오원짜리 지폐와 고구마 없는 집이 없다, 외주자外住者, 인구의 조밀도와 농업의 집약도, 인구 1만인에 대한 5개년간의 범죄건수, 1909년 현재의 시장, 1922년 현재의 시장, 1926년경의 지가, 일주도로, 자(尺), 제주도와 대판, 제주도 해녀어업조합, 제주를 본관으로 하는 성, 족보간행으로 본 제주본관의 성, 주요시장, 지하수와 환거임 해취락, 최초의 해녀의 출가, 축첩, 출가인, 해녀어업조합의 목적, 해녀와 객주, 해방후 제주도 동란사動亂史, 혼비婚費와 장비葬費

22. 인구·특수부락

'인구·특수부락'에는 68개의 표제항이 제시되었다.

각군도별 동족부락 분포상황, 남다동리男多洞里, 남다면, 노인과 청년이 많은 부락, 대판부하재주大阪府下在住 조선인수, 도별호구의 소장, 동족부락, 동족부락이 많은 읍면, 동족집단분포상황, 면별 인구밀도, 모범부락, 모범부락과 우량부락, 성비, 쇠폐해 가는 부락, 시가지의 생장, 여다부락女多部落, 여다지방, 여다현상, 50호 이상의 저명한 동족부락, 이조 현종 13년(1672년)의 호구통계, 이조말엽의 제주도호수, 이조 세종시대의 제주도의 호구, 이조 정조 13년(1789년)의 호구총수, 이조 순조 16년(1816년)의 호구총수, 이조 현종 2년(1836년)의 호구총수, 이조 현종 3년(1837년)의 호구총수, 이조 철종원년(1859년)의 제주호구, 이조 철종 14년(1863년)의 제주호구, 이태왕년간(1864~1877년)의 호구, 인구구성도, 인구구성상의 특색, 인구구성에 특이점 있는 부락, 인구밀도, 인구의 자연증가율, 1915년경의 출가해녀의 수, 1927년의 외국위집단지, 1946년 8월 25일 현재의 인구, 1947년도 남한인구개수, 1947년도 남한의 추정인구, 1면 100세대 이상의 동족거주, 1호당 가족수, 1호당 인구의 소장, 일본으로 출가한 도민, 일본재주在住 조선인수, 저명한 동족부락, 전남의 남녀성비, 전남의 동족집단중 최다의 성씨, 제주도의 인구밀도, 제주도통계, 제주도호구의 변천, 제주인의 대판大阪도항자, 조선인의 성비, 출산율, 출산자녀의 성비, 통어通漁부락, 화전민통계

‘이조 철종원년(1859년)의 제주호구’는 다음에 이어지는 ‘이조 철종 14년(1863년)의 제주호구’와 비교할 때, ‘1859년’은 ‘1850년’으로 수정되어야 한다.

23. 위생

‘위생’에는 『제주도방언집』 ‘제3편 수필’과 중복되어 나타나는 2개의 표제항인 ‘말라리아’와 ‘산물’을 비롯하여 46개의 표제항이 제시되었다.

고령자, 나의 생명조사와 젠쇼(善生永助)씨(1927년)의 조선의 인구현상과의 공통점, 남녀별 출생율의 소장, 남녀수의 지배선, 남녀수의 지배선의 일람표, 똥뀐다, 디기탈리스, 말라리아,

모체와 소아의 사망율, 문인주씨의 학위논문 「상피병의 연구」, 백세 이상의 고령자, 사망율, 사망율의 성비, 산물, 산아에 대한 희망, 상피병, 쌍동의 조사, 생명조사, 소아의 사망율, 소아의 사인, 수질, 시가(志賀潔)박사의 위생상태관찰, 약초, 열대산업용식물, 우치이환율齲齒罹患率, 음료수, 음식, 인구천인당 사망률, 인구 천인당 출생률, 인후의 경련, 1908년경의 도내위생시설, 1947년 제주도에 있어서의 성비의 역전, 입덧나는 현상, 전남의 고령자, 제주도 상피병의 특징, 제주도의 생명조사서(제주도인구론), 제주도출생률의 전선적위치, 제주의학, 청년기의 사망률, 출산과 육아의 기록, 출생자녀의 사망률과 음료수, 특히 많은 병, 피부병, 폐흡충의 중간숙주, 풍토와 건강, 호열자의 침입

'똥뀐다'와 '디기탈리스', '산물'이 '위생' 영역의 표제항으로 제시된 것이 특이하다. '디기탈리스'는 약용하는 현삼과 식물로, 특히 심장병에 좋다고 한다. 『대한식물도감』(이창복, 1982: 680)을 비롯하여 『큰사전』(이 사전에는 '디기타리스'라 되어 있다.), 『국어대사전』(이희승), 『우리말큰사전』(한글학회), 『표준국어대사전』(국립국어원), 『한국어대사전』(고려대 민족문화연구원) 등에는 '디기탈리스'가 표제어로 올라 있는 데 반해, 북한의 『조선식물원색도감』(임록재, 2001. ②:28)이나 『조선어대사전』(1992)에는 '디기탈리스' 대신 '심장병풀'을 표제어로 올리고 있어 대조된다. '산물'은 '재래귤의 한 종류'로 진피를 이용하기 때문에 '위생'으로 분류한 것으로 보인다.

24. 교육·종교

'교육·종교' 영역에서는 『제주도방언집』 '제3편 수필'과 중복되는 '당오백·절오백'이라는 표제항 1개를 비롯하여 33개의 표제항이 제시되었다.

관음사, 남강과 제주도, 당오백·절오백, 도민의 유교사상, 보천교와 천도교, 불교성시盛時의 제주군내의 저명한 사찰, 불교와 사당의 수난, 사우서원詞宇書院, 산천단, 삼신산, 서교西敎

의 동방전래설, 성소, 손실된 대동불大銅佛, 승보우僧普愚, 승역기僧繹器, 승혜일僧慧日, 신교육 최초의 학교, 유생의 수, 「교육사연표」에 오른 제주도사항, 이조과거의 종류, 1916년 현재의 도내공립학교수, 1926년 현재의 전남도내의 중학교수, 1938년도의 학교통계, 1947년 9월말 현재 공립국민학교 도별통계표, 1948년도의 대학의 입학경쟁, 1948년 현재의 제주도내 중등학교, 일본인의 학교조합, 일어의 정식교수, 제주문묘, 제주본관의 유력유생의 분포상황, 지방문묘, 천주교, 최초의 일어학당

25. 문화

'문화' 영역에서는 27개의 표제항이 제시되었다.

관계문헌, 김복수의 로만스(전설), 김윤식씨의 운양집, 다카하시(高橋亨) 씨 수집의 민요, 대표적민요, 도내전화, 도민의 취미, 도리이(鳥居龍藏)씨의 강연요지, 「동문선」에 게재된 권근의 탐라에 대한 유일한 칠언율시, 명치말경의 일본인의 제주도관, 민요, 방종현씨의 제주도특수관, 수도설비, 양화가洋畫家가 본 제주도, 오돌똑, 온돌, 온돌의 전파, 와다(和田一郎)씨의 제주도 삼다, 이치카와(市河三喜)씨의 제주도관, 전등설비, 제주도공원, 제주도관계의 대표적 문헌, 첩해신어捷解新語, 최초로 소개된 민요, 향토오락의 수, 「헐버트」와 「벨츠」 양씨의 제주도민관濟州島民觀, 호식豪食

이 목록 가운데 '김복수의 로만스(전설)'는 '전설'이라고 그 분야를 밝히면서도 앞의 '인문 1. 전설·종족'에 넣지 않았다.

한편 『제주도방언집』 '제3편 수필'과 중복되는 표제항은 모두 민요와 관계된 항목으로, '다카하시(高橋亨) 씨 수집의 민요', '대표적민요', '민요', '오돌똑' 등 4개항이다.

지금까지의 내용을 요약하면 〈표 1〉과 같다.

분야	분류	항목 수	분야	분류	항목 수
Ⅰ. 총류		33	Ⅲ. 인문	11. 산악	20(5)
Ⅱ,. 자연	1. 기상	8(3)		12. 도서	22(2)
	2. 해양	5(1)		13. 지도	7
	3. 지질·생물	42(1)		14. 교통·통신	29
	4. 식물	73(27)		15. 농업	70(6)
	5. 동물(곤충 제외)	52(14)		16. 임업	16(2)
	6. 곤충	23(5)		17. 축산	47(9)
Ⅲ. 인문	1. 전설·종족	25(1)		18. 수산	20(1)
	2. 방언	42(5)		19. 기타 산업	54(2)
	3. 역사	83		20. 정치·행정	9(1)
	4. 외국인과의 관계	32(1)		21. 사회	48(1)
	5. 관계 인물	29		22. 인구·특수부락	68
	6. 민속	38(11)		23. 위생	46(2)
	7. 의식주	21(9)		24. 교육·종교	33(1)
	8. 일상생활	100(66)		25. 문화	27(4)
	9. 지리	54(8)	총계		1,199 (195)
	10. 도읍·촌락	23(7)			

　　표제항은 총 1,199항목이다. 표제항이 많은 영역은 '인문 8. 일상생활'(100개), '인문 3. 역사'(83개), '자연 4. 식물'(73개), '인문 15. 농업'(70개) 순이며, 표제항이 적은 영역은 '자연 2. 해양'(5개), '인문 13. 지도'(7개), '자연 1. 기상'(8개), '인문 20. 정치·행정'(9개) 순이다.

　　총 1,199개 표제항 가운데 195개 표제항은 『제주도방언집』 '제3편 수필'과 중복된다. '심방'은 '인문 2. 방언'과 '인문 8. 일상생활'에 각각 중복되어 나타나고(그 내용의 다름은 앞의 '인문 2. 방언' 참조) 있으므로 실제 중복되는 표제항은 194개다. 이 194개 표제항은 『제주도방언집』'제3편 수필'의 총 378개 표제항의 51퍼센트에 해당하는 많은 수이다.

이 1,199개 표제항 목록에 이어 1968년 11월의 누이동생인 석주선의 '발문跋文'이 이어지고 있다(231~232쪽).

발문跋文

나비와 같이 왔다 나비와 같이 가신 오빠! 오빠 가신 지도 어언 18년이라는 긴 세월이 흘렀습니다.

원래 의지력이 강한데다가 과감성있게 무슨 일이나 손에 잡으면 끝을 맺고야마는 그 끈기와 정력은 같은 동기간에도 감히 따를 수 없었습니다. 부지런한 성격인 동시에 쾌활하고 솔직한 분이어서 뉘에게서나 존경을 받아왔고 집안에서도 석주명선생 말씀이라면 절대적이었읍니다.

억만 년이나 사실 것 같은 생각에서 자신의 향락을 모르고 그저 학문에만 열중하시던 모습, 茶 한잔 마시는 시간조차 애석해 하시던 학문에 대한 그 애착심이야 뉘라서 감히 흉낸들 내오리까. 지금 생각하면 43년 평생에 너무나 많은 일을 남기셨고 못 다 사신 일까지도 하시고 가신 듯 싶사옵니다.

철부지인 동생이었습니다만은 오빠 말씀 하나 하나가 저에게는 잊을 수 없는 금언이었습니다. 언제가 오빠는 저에게 「나는 한 줄의 논문을 쓰기 위해서 3만 마리의 나비를 만저 본 일이 있다」라고 하셨는데 이것이 내 생활의 밑거름이 되지 않았는가 합니다.

6·25 동란에도 오빠와 같이 피란살이를 하면서 그 고달픈 속에서도 원고 정리를 하시곤 하였지요. 원고가 들어 있는 류색은 조금도 오빠 곁을 떠날 수는 없었습니다.

1·4 후퇴를 당하고 보니 이미 오빠는 가신 뒤라 삶의 용기를 잃어버린 자신이 어찌할 바를 몰라 오빠 체온도 가시지 않은 류색을 둘러메고 뒷덜미를 땡기는 것 같은 심으로 부산까지 내려갔지요. 그 당시 누가 석선생유고가 남아 있느냐고 몇 차례 문의를 받았으니 유고가 살아있다는 이야기를 할 수 없었습니다.

남아 있는 유고의 내용은 제주도총서 6권중 제주도방언집, 제주도생명조사서, 제주도문헌집은 이미 6·25 전에 서울신문사에서 출간되고 아직 미간인 제주도자료집, 제주도곤충상, 제주도수필, 한국산접류의 연구, 한국산접류의 연구사, 한국산접류분포도, 외국산접류분포도, 세계박물학연표 등입니다.

철이 바뀌면 원고를 한 두 번 거풍 쏘이는 정도로 별 볼 날만을 기다리면서 자신의 무능함을 한탄하고 있었습니다.

오빠! 오늘 음9월 23일(1968년 11월 13일)이 바로 오빠의 회갑이어요. 회갑이 되기 전에 오빠의 유고를 정리했으면 해 보았습니다만 뜻을 이루지 못한 채 고민하고 있던 중 오빠의 친우 김교영선생님의 정성으로 제주도총서 중에 하나인 제주도수필이 출간케 되었습니다.

남기고 가신 유고를 하나라도 정리하는 것이 오빠를 위로해 드리는 길이 아닐까 생각하옵고 오빠를 추모하는 자리에서 오빠와 가장 가까웠던 분들께 뜻을 전해 드리려고 합니다.

오늘 회갑을 맞이하여 삼가 영전에 손수 쓰신 책을 바치오니 받으시옵소서.

1968년 11월

석주선

제3장 평가

첫째, 1,199개의 표제항은 '외지인의 밝은 눈과 귀'로 발견되는 제주도 모습을 제시해 주고 있다. 그런 점에서 '총론'의 첫 표제항인 「까치」와 「포플라」는 매우 상징적이다.

「까치」와 「포플라」. 이 양자는 우리반도를 대표하는 동식물이다. 이 양자가 다 본도에는 없으니 그 점으로 반도풍에서 떠난 풍경을 나타낸다. 까치는 까마귀가 많은 이 섬에 부적할 것이고 포플라같은 높게 되는 나무는 바람이 많은 이 섬에는 부적할 것이다.(5쪽)

여기서 주목하고자 하는 것은 '반도풍에서 떠난 풍경' 즉 '제주도 풍경'에 있다. '제주도 풍경'은 '반도풍'을 알고 있는 외지인인 석주명의 '밝은 눈과 귀'에 의해서 발견되는 풍경이다. 사실 고향에 있으면 고향의 특징이 잘 드러나지 않는다. 어느 시인이 말한 것처럼 "고향은 멀리서 생각하는 곳"이기 때문이다.

'까치'가 제주도에 없다는 것은 『동국여지승람』(1486, 권38)에서도 확인된다. 즉 '제주목 풍속'의 '산무악수山無惡獸'에서, "산에는 악한 짐승이 없다. 호랑이, 표범, 곰, 승냥이, 이리 등 사람을 해치는 짐승이 없다. 또 여우, 토끼, 부엉이, 까치 등속이 없다.(山無惡獸 無虎豹熊豺狼害人之獸 又無狐兔鵂鵲之屬)"라고 하였다. '까치'가 없으니 '까치눈(발가락 밑의 접힌 금에 살이 터지고 갈라진 자리)'을 모르는 것은 당연하며, 그 결과 '까치눈'을 '가메귀눈'이라 표현했던 것이다. 지금 까치가 날아다니는 모습은 진정한 '제주도 풍경'은 아니다.

키 큰 '포플러'가 없는 것은 '바람 많은' 섬이기 때문이다. 그래서 석주명도 '여자의 물건휴대'에서, "구덕에 끈을매서 등에 지든지 바구니에 넣어서 옆에 낀다. 아이를 등에 지는 일도 보통은 일본식으로 지지만, 길 갈 때는 애기구덕에 넣어서 끈을 매서 진다. 여하튼 육지에서 흔히 보는 바와 같이 두상頭上에 이는 일은 절대로 없다.(일상생활 4-109)"라 했던 것이다. 이런 점은 16세기 제주도에 귀양 왔던 김정金淨의 "지기만 하고 이지 않는다.(負而不戴)"(「제주풍토록」, 1520)라든가, 17세기 이건李健의 "섬 안 여인들의 물 긷는 것은 머리에 이지 않고 등에 진다.(島中女人之汲水者 不戴於頭而負於背)"(「제주도풍토기」, 1628)라는 기록에서도 확인할 수 있다.

둘째, 표제항 분류가 과학적이라는 점이다.

이는 분류학을 전공한 과학자이기에 가능한 일이다. '서'에서 밝히고 있듯 "편의상 기저 「제주도관계문헌집」의 내용순으로, 또 카아드의 가나다 순으로 배열해 보았는데, 각 항목의 평형을 위하여 항목을 늘렸다." 하여 총론, 자연, 인문으로 분류하고 있다. 다만 항목을 늘린 부분은 인문 부분으로, 11개의 항목을 25개로 확대하였다.

〈표 2〉『제주도문헌집』과 『제주도수필』의 인문 항목 비교표

공통 항목	『제주도수필』 추가 항목	비고
인문		
언어	전설·종족	1. 언어 → 방언
역사	외국인과의 관계	2. 농업 → 농업
민속	관계인물	임업
지리	의식주	축산
농업(임축수산을 포함)	일상생활	수산
기타산업	도읍·촌락	
정치·행정	산악	
사회	도서	
위생	지도	
교육·종교	교통·통신	
문화	인구·특수부락	

'언어'가 '방언'으로 바뀌었고, '임축수산'을 포함했던 '농업'은 '농업'을 비롯하여 '임업, 축산, 수산'으로 나뉘었다. 그리고 '전설·종족'을 위시하여 '외국인과의 관계, 관계인물, 의식주, 일상생활, 도읍·촌락, 산악, 도서, 지도, 교통·통신, 인구·특수부락' 등 14개 분야를 추가하고 있다. 이는 1991년 『한국민족문화대백과사전』을 집필할 때 쓰인 다음 〈표 3〉의 '한국민족문화분류표'와 비교하여도 부족함이 없다.

'문화' 영역의 '김복수의 로만스(전설)'는 그 내용이 '전설'이라고 밝히면서도 '전설·종족'에 포함시키지 않은 점, 식물인 '복개기·볏개기'(농업)나 '디기탈리스', '산물'(위생) 등을 '식물'에 포함시키지 않은 점은 '서'에서 밝힌 "약간의 배열의 비과학성"에 속하는 것으로 보인다.

〈표 3〉 한국민족문화분류표(『한국민족문화대백과사전』, 1991)

범주	상위 주제	중위 주제
총괄적 문화	1 민족	11 민족 형성 12 민족구성원 13 민족문화 특성 14 민족문화보존
	2 강역	21 자연환경 22 인문환경 23 지방 24 교통 25 지명, 지지, 지도
	3 역사	31 선사시대 32 초기국가시대 33 삼국시대 34 남북국시대 35 고려시대 36 조선시대 37 근대 38 현대
외면적 문화	4 자연과의 관계	41 자연물과의 관계 42 자연과학 43 기술 44 보건 45 체육
	5 생활	51 산업 52 의생활 53 식생활 54 주거생활
	6 사회	61 정치 62 대외관계 63 법제 64 경제 65 사회관계 66 민속 67 교육
내면적 문화	7 사고	71 학술 72 사상 73 민간신앙 74 불교 75 유교 76 도교, 도참사상 77 고유종교 78 기독교, 기타 근대 이후 외래종교
	8 언어와 정보전달	81 언어 82 문자 83 기록, 표지, 홍보 84 통신 85 언론, 출판 86 인쇄 87 서적
	9 예술	91 문학 92 미술 93 음악 94 춤 95 연극 96 영화

셋째, 출전을 밝히고 있다는 점이다.

이런 점은, "나는 제주도에 관심을 가진 사람의 하나이다. 무엇을 보든지 듣든지 제주도에 관한 것이면 수집정리하는 것이 나의 연구 테에마"이기 때문에 가능한 일로 보인다. '22. 인구·특수부락'을 보면, "~에 의하면", "~을 기초로 한 ~에 의하면"이라 하여 낱낱이 그 출전이나 근거를 밝히고 있다.

 - 동족부락이 많은 읍면: 젠쇼(善生永助)씨(1935년)에 의하면,

- 이조 현종 13년(1672년)의 호구통계: 이조실록에 의하면
- 이조말엽의 제주도호수: 「여재섭요」에 의하면,
- 이조 세종시대의 제주도의 호구: 세종실록에 의하여
- 이조 정조 13년(1789년)의 제주도호구:「호구총수」에 의하여
- 이조 순조 16년(1816년)의 호구총수: 순종실록, 일성록과 승정원일기를 기초로 한 조선사
  (1936년)에 의하면
- 이조 헌종 2년(1836년)의 호구총수: 헌종실록, 日省錄을 기초로 한 조선사(1936년)에 의하면
- 이조 헌종 3년(1837년)의 호구총수: 헌종실록, 일성록을 기초로 한 조선사(1936년)에 의하면
- 이조 철종원년(1859년)의 제주호구: 철종실록과 일성록을 기초로 한 조선사(1936년)에 의하면

넷째, 호기심을 자아내고, 추억과 교훈을 주는 다수의 내용을 포함하고 있다.

호기심의 유발은 15개의 '최초'가 붙은 표제항이 그렇다. '최초의 왕벚나무(染井吉野櫻)의 표본, 한라산식물의 최초 채집자, 최초에 기록된 포유류, 최초의 학술조사단, 최초로 기록된 곤충, 최초로 기록된 노린재, 육지와의 최초의 교의, 이조의 최초의 군마징용, 최초의 기선운항, 최초의 팽대한 수산조사서, 최초 소라통조림제조소, 최초의 해녀의 출가, 최초의 일어학당, 최초로 소개된 민요' 등이 그것들이다.

'발막아눙나(어긋나게 눕다의 뜻). 즉 한자리에 양인이 누울 때, 두족을 상반해서 눕는 것인데 이 방식이 제주도서는 대단히 흔하다. 가정에서 많이 하는 법 이며 초면의 손님과도 보통 이렇게 잔다. 물론 좋은법 은 아니다.(104쪽)'는 추억을 불러오기에 충분한 항목이며('발막아능나'에서 '발막아눕다'는 만주어 어휘집인 《동문유해》(상:27)에서는 '통각와(通脚臥)'를 '발막아눕다'로 대역하고 있다.), 다양한 관용 표현은 많은 교훈을 준다. '각씨가 아까우면 처가집 주먹낭도 아까워한다, 기시린 도야지가 드라멘 도야지 타령 흔다, 돈잠에 개꿈, 벌찝거시다, 사농캐 언뚱 들어먹듯, 살찻보리 거죽챠 먹은덜 씨아시사 한집에 사랴, 쌍얼쳉이가 외얼쳉이 타령 흔다, 숭어뛰면 복쟁이 뛴다, 앙살운 암캐갓치 앙앙흐지 마라, 이슬에 큰 사름, 조칵매기 부비듯' 등에서 확인할 수 있다.

다섯째, 학문하는 성실한 자세다. 특히 『제주도방언집』 '제3편 수필'과 중복되는 표제항의 내용에서 이를 확인할 수 있다. 대부분 같은 내용이거나 비슷한 내용이지만 아래와 같은 몇몇 유형은 학문하는 자세가 어떠해야 하는가를 잘 보여주고 있다.(밑줄은 필자가 한 것임)

①굿한다

㉠본도에서는 무당 데려다 하는 행사중 굿이라는 것이 있어서 이 행사를 '굿한다'라 한다. 그러나 제주도서는 '굿친다'라고 하니 반주악기의 활동을 주로 표하는 것이다. 또 몽고어에서는 '귀양(나마식경) 웃지(읽는다)' 즉 '굿읽는다'라고 하니 독경을 주로 표시하는 것으로 지방에 따라 그 표현에 상이가 있다.(1-143)

㉡육지에서는 무당데려다 하는 행사중 '굿'이라는 것이 있어서 이 행사를 '굿한다'라고 한다. 그러나 제주도서는 '굿친다'라고 하니 반주악기의 활동을 주로 표시하는 것이다. 또 몽고어에서는 귀양(나마식경) 웃지(읽는다), 즉 '굿 읽는다'라고 하니 독경을 주로 표시하는 것으로 지방에 따라 그 표현의 상이가 있다.(4-88)

②술오름

㉠술오름(米岳) 서귀면에 있는 산명인데 제주식으로 발음한다면 '쑬오름'이라야 되는데 '술오름'이라 하니 이 '술'은 분명히 '米'의뜻은 아니다. '술오름'이란전체가 몽고식의 지명인듯싶다.(1-169)

㉡술오름(米岳) 서귀면에 있는 산명인데 제주식으로 발음한다면 '쑬오름'이라야 되는데 '술오름'이라하니 이 '술'은 분명히 '米'의 뜻은 아니다. 무슨 뜻일까.(4-130)

③변소겸돈사

㉠인분을 돈의 사료의일부로 사용하는 것은 전도적 이나 제주도독특의 것은 아니다. 기외 돈사를 주로생각한 '돈통', 측을 주로생각한 '칙간'이라는 제주어가있기는 하지만 실상은 다

같은 말이다.(1-160)

　ⓛ인분을 돼지의 사료의 일부로 사용하는 것은 전도적이나 제주도독특의 것은 아니다. 기외에 돈사를 주로 생각한 '돝통', 측을 주로 생각한 '칙간'이라는 제주어가 있기는 하지만 실상은 다 같은 말이다. 이제 이 변소겸돈사의 분포상태를 살펴보면 제주도외에 다음과 같이 밝혀졌다. 한반도에서는 북으로부터 회령, 양구, 통영, 거창, 합천, 광양의 제지방. 내몽서부, 산동성전부, 산서성동, 중부, 만주용정, 류구전부, 비율빈전역(북부려송서는 중류 이하가 변소를 않갖고 아무데나 배변하는 것을 방목하는 돼지가 먹는다.)(4-96~97)

　①'굿한다'에서는, 『제주도방언집』 '제3편 수필'에서 잘못된 부분인 '본도에서는'을 『제주도수필』에서는 '육지에서는'으로 바로잡고 있다. ②'슬오름'에서는, 『제주도방언집』 '제3편 수필'의 '슬오름'이란 전체가 몽고식의 지명인듯싶다'라는 판단을 『제주도수필』에서는 유보하고 있다. ③'변소 겸 돈사'에서는, "이제 이 변소겸돈사의 분포상태를 살펴보면 제주도외에 다음과 같이 밝혀졌다. 한반도에서는 북으로부터 회령, 양구, 통영, 거창, 합천, 광양의 제지방. 내몽서부, 산동성전부, 산서성동, 중부, 만주용정, 류구전부, 비율빈전역(북부려송서는 중류 이하가 변소를 않갖고 아무데나 배변하는 것을 방목하는 돼지가 먹는다.)"라는 새롭게 추가된 내용을 덧붙이고 있다.

제4장 과제

첫째, 『제주도수필』의 내용을 검증하고 발전시키는 일이다.

①'최초의 해녀의 출가'

『제주도수필』(302쪽)에서 석주명은 "1892년에 경남 울산, 기장 양군연해지방에 한하여 출어하였는데"라 하여 '1892년'을 출가 원년으로 보고 있는 데 반해, 해녀 연구가인 강대원康大元은 "서기 1889년경에는 청산도를 비롯하여 완도, 부산, 영도, 거제도, 남해의 돌산, 기장, 울산, 경북 일대까지 출가하였다."(『해녀연구』, 1970: 37~39)라고 하여 '1889년'을 그 원년으로 보고 있다. 비록 3년 차이가 나지만 '최초'를 붙이려고 한다면 검증 과정을 거쳐야 할 것이다.

②물옷

『제주도수필』(111쪽)에는 '잠녀의 잠수복'이라 하여, "대개는 자기 수제인데 보통 해수욕복과 상이한 점은, ①직물로 만든 것, ②우완부를 터처서 사오개소에 끈 혹은 단추를 달아 개폐를 자유롭게 한 것이다."라 하였다. 지금 해녀들이 물질할 때 입는 옷은 고무옷으로, '직물'로 만들지도 않았고, '우완부를 터'치지도 않았다. 나아가 '사오개소에 끈 혹은 단추'를 달지도 않았다. 예전 물옷을 조사해 보면 '메친, 허리, 처지, 밋, 굴, 벌무작, 쾌, 곰' 등으로 구성되어 있었음을 알 수 있다. 이런 구체적인 내용을 조사하고 발전시켜야 할 것이다.

③두락(한 마지기)

『제주도수필』(151쪽)에 따르면, "읍내 130평, 정의·남원면: 150평, 한림읍 100평, 개성 200평, 개성 시외 300평"으로 되어 있다. 북한 개성의 마지기까지 언급하였다. 제주도의 각 지역을 조사해보면 대충 아래와 같이 조금씩 차이가 난다.

100평: 성산 삼달리, 성산 온평리, 표선 성읍리, 중문 색달리, 안덕 동광리

120평: 안덕 대평리, 안덕 덕수리, 한림 옹포리, 한림 대림리, 애월 봉성리, 애월 고내리

130평: 안덕 사계리, 대정 인성리

150평: 조천 신촌리, 조천 와흘리, 조천 선흘리, 남원 태흥리, 남원 남원리, 남원 수망리, 남원 위미리, 표선 가시리, 서귀 토평동, 서귀 보목동, 중문 하원동, 한경 신창리, 한경 조수리, 제주 외도동, 제주 노형동, 제주 도련동

200평: 표선 세화리

300평: 구좌 한동리, 구좌 하도리, 성산 고성리, 우도, 애월 구엄리

400평: 조천 함덕리

각 마을마다 좀 더 세밀하게 조사되어야 할 것이다.

둘째, 각종 지표를 통계 처리할 때 문제는 없는지도 검토해야 한다.

'호구와 인구'를 그 예로 보자. '인문 22. 인구·특수부락'의 표제항에 따른 각각의 호구를 도표로 다시 작성하면 다음의 〈표 4〉와 같다.

1836년 '호구'가 1816년에 비해 50퍼센트 쯤 늘어난 것은 이해할 수가 없다. 왜냐하면 그 이듬해인 1837년의 호구가 1년 사이를 두고 다시 50퍼센트 쯤 줄어들었기 때문이다. 또 1863년의 호구와 남녀의 인구수도 의심을 품게 한다. 나아가 1868년, 1874년, 1876년, 1877년의 남자의 수도 오르락내리락하고 있다. 검증과 설명이 필요한 부분이다.

셋째, 제시된 내용이나 해석에 대한 검증이 필요하다.

'오돌똑'을 그 예로 보자.

오돌똑. 제주도대표민요의 제명. 육지의 「아리랑」에 해당하고 기실 아리랑과 같은 맛이 있는 애조를 띤 노래다. 이제 한절만 기록한다.

오돌똑이 저기 춘향보소

달도 밝은데 연자머리로 갈거나

둥구데당실 둥구데당실

여도당실 연자머리로

<표 4> 호구 통계

연도	호구	남자	여자	비고(출전)
1672	8,490	12,557	17,021	이조실록
1789	6,700	17,052	22,710	호구총수
1816	10,305	27,370	34,425	조선사(순종실록 일성록, 승정원일기 기초)
1836	15,760	35,953	39,167	조선사(헌종실록, 일성록 기초)
1837	10,789	35,194	40,737	조선사(〃)
1859	11,124	37,771	42,139	조선사(철종실록, 일성록 기초)
1863	7,258	23,962	25,814	조선사(일성록, 승정원개수일기 기초)
1864	11,696	42,005	44,627	조선사(일성록 기초)
1868	12,086	43,342	44,079	조선사(〃)
1874	12,169	39,948	47,935	조선사(〃)
1876	12,129	40,079	48,122	조선사(〃)
1877	12,250	38,238	50,009	조선사(〃)
1946	–	126,679	146,469	8월 25일. 보건후생부 발표. 서울신문 12월 18일.
1947	–	112,703	120,742	

달도 밝은데 내가 머리로 갈거나

[주]

오돌똑 – 어떤 상상의 미남의 이름일까?

춘향 – 한국의 로만스에 나오는 이도령의 상대인 남원의 성춘향일까 혹은 제주도의 로만스에 나오는 김복수의 상대인 류구여 임춘향일까, 또 혹은 보통명사화한 가인의 대명사인 춘향일까? 아마 마지막 뜻의 춘향일 것 같다.

연자 – 사랑

연자머리 – 밀회의 장소. 물론 상상의 곳일 것이나 지도에서 찾아보면 서귀면중산지대에
연자골(연자동)이라고 있고, 지금은 무인지경이지만 옛날엔 소부락이 있었다고
한다.
둥구데당실, 여도당실 – 의미가 없다.
내가 머리로 – 내가 먼저. (227쪽)

이 인용에서 문제는 주석에 따른 내용은 물론, "연자머리로"라는 구절 내용이다. 김
영돈의 『제주도민요연구(상)』(1965)나 제주학연구센터의 『제주민요사전』(2015)에는 "연
자 버리고"로 되어 있다.

또 이 '오돌똑' 가사를 판소리 「박타령」이나 「변강쇠가」와 관련시킬 때 이 두 판소
리 사설의 "엎어 버리고"와의 연관성이다.

"또 한 년이 나오면서, 오독도기 춘향 춘향월에 달은 밝고 명랑한데 여기다 저기다 엎어 버
리고 말이 못 된 경이로다. 만첩 청산에 쑥쑥 들어가서 휘어진 버드나무 손으로 주르륵 훑어
다가 물에다 두둥두둥 실실실, 여기다 저기다 엎어 버리고 말이 못 된 경이로다."

(「박타령」, 『신재효 판소리사설집』, 1971: 427)

"또 한 년이 나오면서, 오독도기 춘향 춘향월에 달은 밝고 명랑한데 여기다 저기다 엎어 버
리고 말이 못 된 景이로다. 만첩 청산에 쑥쑥 들어가서 휘어진 버드나무 손으로 주르륵 훑어
다가 물에다 두둥두둥 실실실, 여기다 저기다 엎어 버리고 말이 못 된 景이로다."

(「변강쇠가」, 『신재효 판소리사설집』, 1971: 609)

이 인용에서 두 판소리 사설의 '엎어 버리고'와 '오돌똑'의 '연자 버리고'는 그 연관
성을 무시할 수 없다. 그렇다고 한다면 석주명의 주석인 '연자: 사랑', '연자머리: 밀회
의 장소'는 너무 멀리 가버린 느낌이다.

'춘향'과 관련해서 "제주도의 로만스에 나오는 김복수의 상대인 류구여 임춘향일까"는 '김복수의 로만스(전설)'(224~225쪽) 내용을 참고할 수도 있다.

김복수의 로만스(전설). 제주출신 김복수란 사람이 안남에 표류하여 역시 그곳에 온 류구여자 임춘향에게 장가를 들었다. 유자생녀하고 살다가 뒤에 일본가는 사자를 따라서 대판으로가 객관에서 구라파국사를 만나 방서 12권과 길이사단의 도를 듣기도하고 마침 류구사자를 만나니 자기 마누라의 오라범이라 그 누이동생의 소식을 전하고 일이 끝난 後 다시 안남으로 가다가 한라산을 바라보고 갑자기 고향이 그리워서 담수를 얻어온다는 핑게로 혼자서 작은 배로 제주에 돌아왔는데 늙도록 류구마누라를 잊지못하여 가끔 산에올라 통곡을 하였다고 한다.

넷째, 어원 문제이다.

①방상. 제주어로 「친척」을 「방상」 혹은 「일가방상」이라고 한다. 그런데 마래어에서는 범어(Sanskrit)에서 유래한 방사(bangsa)란 말이 동포, 문족, 가족 등의 뜻으로 쓰이니 우리 제주도의 방상도 거기에 기맥이 통한다. 역시 근본은 Sanskrit에서 온것이라고 하여야 할 것이다.(52)

②봉그다. 이 말은 제주어로 얻다(득, 습, 집)의 뜻으로 마래어의 「뿡굿」(pungut)에서 유래한 것 같다.(52)

③모관놈. 제주도내서도 제주밖의 사람은 제주 사람을 악칭해서 「모관놈」이라고 한다. 「모관」은 목관(목관) 즉 목사가 있던 곳이란데서 유래해서 제주를 말한다. 지방에가면 「모관놈 안즈난덴 풀도 아니 돗나」, 「모관놈 못난놈 정잇놈 좃만도 못 하다」 등의 말이 있다. 그러나 모관 즉 제주에가면 그 반대의 말이 물론이고 대체로보면 제주인(산북인)은 지방인에 대하여 우월감을 가진것만은 사실이다.(103쪽)

①의 내용에 따르면, '방상'은 범어 'bangsa'에서 왔다는 것이다. '방사〉방상'처럼 'ㅇ'이 첨가되는 현상이 잘 설명되지 않는다. 『범어대사전』(전수태, 2007: 1049)에는 '결합, 친척, 혈족'의 뜻으로 'bandhu'가 제시되어 있어, 석주명이 제시한 'bangsa'와도 차이가 난다.

이 '방상'은 『한불자전』(1880: 303)의 "방셩 村 village"나 『한영자전』(1897: 388)의 "방셩 村 A ward: a village"에서 '방셩'이 '방셩〉방셩〉방상'의 변화 과정을 거친 것으로 보는 것이 자연스럽다. 같은 성씨 사람들이 집단적으로 모여 사는 마을을 집성촌이라 하기 때문이다

②는 [득, 습, 집] 뜻의 '봉그다'가 마래어 곧 말레이어 'pungut'에서 유래한 것 같다는 것이다. '네이버사전'의 'pungut'은 인도네시아어로, '(땅·마루에 떨어진 것을) 집다·줍다, 따다·뜯다, 채집하다·(세금 따위를) 징수하다' 등 여러 가지 의미가 제시되어 있다. 말레이어, 인도네시아의 혼동부터가 의심스럽다.

③의 '모관'은 "목관牧官 즉 목사가 있던 곳이란 데서 유래"한다는 것이 정당한지도 살펴보아야 할 것이다. 'ㄱ' 탈락보다는 '목+안內'이 더 자연스럽게 해석할 수 있기 때문이다.

다섯째, 『제주도방언집』과 『제주도수필』의 중복 표제항의 표기 문제이다.

『제주도방언집』은 1947년 6월에 탈고하고 그해 12월에 발간된 책이며, 『제주도수필』은 1949년 5월에 탈고하여 1968년 11월 유고집으로 발간된 책이다. 이 두 책은 탈고를 기준으로 하면 '2년'이라는 시간적 거리가 있고, 발간을 기준으로 하면 '21년'의 시간적 차이가 난다. 이 두 책에서 '중복되는 한글 표제항의 표기' 변화가 2년 동안에 이루어진 것인가 아니면 21년 후에 이루어진 것인가 하는 문제가 대두된다. 이는 석주명 본인이 원고를 교정한 것인가 아니면 1968년 유고집으로 발간할 때 누군가에 의해

서 교정된 것인가 하는 문제와 직결되기도 한다.

중복 표제항의 한글 표기 유형을 보이면 〈표 5〉와 같다.

〈표 5〉에서 ㉠과 ㉡은『제주도방언집』내용이며, ㉢은『제주도수필』의 내용이다.『제주도방언집』중에서도 ㉠은 '제1편 제주도방언집', ㉡은 '제3편 수필'의 내용을 말한다. 끄트머리 숫자에서 앞의 '1'(총서 1권)은『제주도방언집』을, '4'(총서 4권)는『제주도수필』을 의미하며, 뒤의 숫자는 해당 쪽수를 뜻한다. '(1-72)'는 '『제주도방언집』72쪽'이며, '1-

〈표 5〉 한글 중복 표제항 표기 유형표

번호	내용	비고
1	㉠이월 ᄇᆞ람에 가문쇠쏠이 오그라진다(1-72)	ᄇᆞ룸 (1-53)
	㉡이월 ᄇᆞ룸에 가문쇠쏠이 오그라진다(1-175)	
	㉢이월 바람에 가문쇠뿔이 오그라진다(4-12)	
2	㉠가마귀 쏭케우리듯(1-12)	가마귀+ (합성어) (1-12)
	㉡가마귀 쏭케우리듯(1-139)	
	㉢까마귀 똥케우리듯(4-32)	
3	㉠영등ᄉᆞᆯ(1-69)	
	㉡영등ᄉᆞᆯ(1-171)	
	㉢영들똘(4-83)	
4	㉠돗추념(1-33)	돗(1-33)
	㉡돗추념(1-149)	
	㉢돈추렴(4-102)	
5	㉠쌍(1-19)	
	㉡쌍(1-143)	
	㉢꽝(4-100)	

175'는 『제주도방언집』 제3편 수필 175쪽'을 가리킨다. '(4-12)'는 『제주도수필』 12쪽'이다.

원편의 '번호'는 표기 유형으로 '1~4'는 어근, 5는 '된소리'에 관한 사항이다.

'1번'에서의 문제는 『제주도방언집』에서는 표준어 '바람'에 대한 제주어가 'ㅂ룸'인데, 관용 표현에서는 'ㅂ람' 또는 'ㅂ룸', 『제주도수필』에서는 '바람'으로 표기되었다.

'2번'은 '가마귀〉까마귀' 변화로, 어근이 변화한 것이다. 『제주도방언집』에서는 '가마귀'가 단독으로 표기되어 있지는 않지만 '가마귀쏭'부터 '가마귀지장'까지 10개의 합성어가 몽땅 '가마귀'로 표기되었고, 『제주도수필』에 와서는 표준어와 같은 '까마귀'로 표기되었다.

'3번'은 '영등쏠'이 '영들똘'로, '영들'은 '영등'의 오자로 보인다. 이런 경우는 '8. 일상생활'의 '납해치'(4-102)와 '납헤치'(1-26, 1-145)의 경우도 마찬가지다.

'4번'은 어근 '돗'(돼지)이 '돈'으로 변한 경우다. '돗추렴'을 비롯하여 '돗잠에 개쏨〉돈잠에 개꿈', '돗풀앙ㅎ냥 개풀아닷돈ㅎ니 양반인가〉돈 풀아 흔냥 개풀아 닷돈ㅎ니 양반인가'도 이 경우에 해당된다. 『제주도방언집』에는 '돗'(1-33)을 비롯하여 '돗걸름, 돗잠, 돗통, 돗헤치'(1-33) 등 모두 'ㅅ'받침인 '돗'으로 제시되어 있는데, 『제주도수필』에 오면 '돗'은 모두 'ㄷ'받침인 '돈'으로 바뀌어 있다.

'5번'은 된소리로의 변화이다. 된소리인 경우는 아래와 같은 유형도 있다.

ㅅ〉ㄲ: 쏨치〉꼼치, 개쏨〉개꿈, 아싸우면〉아까우면, 쏙대기〉꼭대기, 잇수까〉잇수까

ㅅ〉ㄸ: 쏭, 영등 쏠〉영등똘, 지름썩〉지름떡, 쒸면〉뛰면, 웃쓰룻놈〉웃뜨룻놈

ㅅ〉ㅃ: 쏠〉뿔

ㅆ〉ㅉ: 씰레나무〉찔레나무, 벌씹〉벌찝

이러한 표기 변화는 탈고할 때 바뀐 것인지, 아니면 유고집을 낼 때 바뀐 것인지 고구되어야 할 과제다.

〈표 6〉 띄어쓰기 일람

번호	내용	면수
1	구뭄 일뢰선 보럼 우친다	1-143
	구뭄 일뢰 선보럼 우친다	4-11
2	기시린도야지가 드라멘도야지 타령혼다	1-144
	기시린 도야지가 드라멘 도야지 타령혼다	4-101
3	나것 일코 나함박 버른다	1-145
	나것일코 나함박 버른다	4-101
4	돗폴아혼낭 개폴아닷돈ㅎ니 양반인가	1-150
	돈 폴아 혼낭 개폴아 닷돈ㅎ니 양반인가	4-102
5	돌당 바도 몰방위	1-150
	돌당바도 몰방위	4-103
6	몰발이 저즈야 잘 산다	1-157
	몰발이 젖으야 잘산다	4-104
7	바농 젼동이 졸라매여 바농질 헤여지나	1-158
	바농젼동이 졸라매여 바농질 헤여지나	4-104
8	발 막아 눙. 나	1-158
	발막아 눙나	4-104
9	벌 집 거시다	1-159
	벌찝거시다	4-105
10	비온날 쇠충지갓치	1-162
	비온날 쇠충지 갓치	4-105
11	사름 잇수꽈	1-163
	사름잇수까	4-105
12	살찻보리거쥭챠먹은덜 씨아시사 한집에살랴	1-163
	살찻보리 거쥭챠 먹은덜 씨아시사 한집에 살랴	4-106
13	숭어 쀠면 복쟁이 쀤다	1-165
	숭어쀠면 복쟁이 쀤다	4-107

또 띄어쓰기도 검토할 필요가 있다. 앞의 〈표 6〉은 차이가 드러나는 띄어쓰기 일람이다.

〈표 6〉에 따르면, 맞는 것을 잘못 고치거나(11. '사름 잇수꽈〉사름잇수까' 등) 통일되지 않는 것(13. '숭어뛰면 복쟁이 뛴다' 등)도 보인다. 8의 '발 막앙 눙. 나'는 '눙' 다음에 마침표가 있는 것(눙.)으로 봐서는 문선이 잘못된 것으로 보인다.

띄어쓰기 또한 석주명이 수정한 것인지 아니면 발간 당시 누군가에 의해서 고쳐졌는지는 밝혀야 할 문제다.

이제 마무리를 대신하여 석주명과 함께 서귀포 토평리에서 같이 생활했던 『제주도방언집』 주제보자의 한 사람인 김남운(1920~1998)의 아들 김광협(1941~1993) 시인이 1965년에 쓴 「어느 곤충학자의 죽음」이란 시 작품을 인용하는 것으로 그의 안식을 기원한다.(김광협 제3시집 『농민』, 1981: 88~92, 태·멘)

「어느 곤충학자의 죽음」

I

그날 아침 보내온 딸의 서신은 옥색 종이에 씌어있었다. 아래 밀밭을 거처 온 터이라 행간에 밀밭 내음새가 물씬 배어 있었다. 그때도 그는 과수원 주인네 옆 방에서 조반상에 올라온 산나물을 씹으면서 어제 잡은 네 마리의 나비에게 이야기를 하고 있었다. 유리 상자 속에 든 네 마리의 나비는 이 반백의 곤충학자를 몹시 즐겁게 해주었다. 그들이 연한 몸둥아리를 움추리고 날개를 쉬임없이 파닥여 어떤 것은 은가루를 뿌리며 날아오르는 것을 보면 더없이 황홀하였다.

딸의 편지를 읽으면서 그는 빙그레 웃었다. 노안에 그는 능금나무 밭에서 능금꽃이 하르르 하르르 떨어질 때마다 짓던 꼭같은 웃음을 잊지 않았다. 콧가에서 떠나지 않는 밀밭 내음새를 더 진하게 맡으려고 하지마는 그것은 불가능했다. 그는 가운뎃 손가락으로 나비가 든 유리 상자의 귀퉁이를 사알짝 튕기고는 일어섰다. 섰다가는 풀썩 앉아 급하게 안경을 찾았다.

안경알 속에 들어있는 또 하나의 얼굴을 보자 그는 실착을 저지른 사람처럼 이내 그 안경을 눈으로 가져가버렸다.

Ⅱ

그는 채집 일기장 한쪽에 딸의 편지 속 이야기를 메모했다.

"아이들이나 노랑나비 배추흰나비 오색점백이나비를 잡고싶어 하는 것이지, 아버진 다 늙 구셤두…. 곤충학자면 단 줄 아시나 봐. 그 과수원 집 아들이 뭐라 그러는지 알아? 너의 아버지 가 막 우리 능금나무 사이를 후벼댕겨서 꽃을 다 떨어버렸기 땜 올엔 능금이 많이 안 열릴 거 래. 아버지, 빨랑 집으로 와요. 엄마가 그러는데 요새 그 능금나무 밭 뒷산에 공산당들이 산 대…"

그는 눈을 들었다. 과수원집 아들이 그 흔해빠진 청람빛 나비 한 마리를 조여잡고 댓돌 위 에 서 있었다. 그는 허둥지둥 문지방을 넘어 이 아이의 나비를 재빨리 받아 공중으로 날려 보 냈다. 아이는 오히려 좋아라 손뼉을 쳤다. 나비는 공중에서 종이 부스럭지 마냥 바람에 한 바 퀴 원을 그리고는 곤두박질치듯 가까운 능금나무 꽃 속에 붙어 앉는다. 나비는 아이의 손에서 안존을 갈망하는 모양이다. 마침내 나비는 보이지 않았다. 그리고 그이 안계에는 아무 것도 없었다. 단색의 흰 꽃구름이 이 곤충학자의 시력을 혼미하게 하고 있었다.

Ⅲ

저녁 놀이 과수원을 껴안고 흔들더니 꽃들은 금빛깔로 변하면서 아릿한 향기를 날라다 주 었다. 파수건한 쌍이 그 향기에 놀랐음인지 마구 짖어대었다. 그는 오늘 잡은 한 마리 껌정 갑 충의 분비액을 냄새맡아 보았으나 거기에서도 꽃 향기 밖에는 없었다. 그는 인간의 식별력이 얼마나 허약한 것인가를 비웃듯 벌떡 일어서서는 아침에 온 딸의 편지를 들고 과수원 주인 방 으로 건너갔다. 주인은 일본판 『병충해구제법』에서 원색 해충도를 보고 있었다. 주인은 목례 를 하곤 담배를 권하면서도 아무 말이 없었다.

"참 그 정열이 부럽습니다"

그가 먼저 말을 걸었다.

"전에 못보던 벌레들이 자꾸 생기는 걸요"

"그 책에서 볼 수 있는 것들인가요?"

"아주 고약한 벌레들이예요. 이 책에서 빠졌단 말씀이야"

"그 고약한 벌레들을 제 표본실에 갖다 놓도록 해주시겠나요?"

"그놈의 정체는 내 아들이 한번 잡아와서 보았을 뿐입죠. 한밤중에나 나와 이파리나 가지에 상채기를 내어놓곤 하는데 종당 능금나무가 말라 죽어버린다니깐요"

"쯧쯧"

그는 등 아래로 닥아앉아 딸의 편지에 코를 가져갔다. 아직도 행간에는 밀밭 내음새가 남아 있었다. 주인 아들을 불러 그 밀밭 내음새를 맡아보라고 하고 싶었지만 그 아이는 벌써 곤한 잠 속에 떨어져 있었다. 문을 열어놓았기 때문에 능금꽃 향기가 스물스물 방안으로 들어왔다. 주인은 굽신거리며 졸고 어디서 시냇물 소리가 목도장을 새기는듯 나직나직 귓전에 닥아왔다. 밤이 큰 강의 지류를 헤매이듯, 아니면 만상을 붙들고 간구하듯 그의 옷섶에 와서 매달렸다. 이때 파수견이 엄청나게 큰 소리로 으르며 또 발을 구르며 짖어대었다. 그는 움찔하고 놀랐다.

"계시오?"

"거 누구요?"

"…누구건! 좀 나오시겠소?"

그는 전에 한번도 보지 못했던 불의의 방문객들을 맞이하였다. 그는 얼떨결에 딸이 보내온 옥색 편지를 쪼각쪼각 찢어버렸다. 그리고 과수원 주인과 함께 이 야반 삼경에 찾아온 방문객들의 앞장에서 과수원의 샛길을 빠져 검은 밀밭 길을 걸었다. 이 방문객들의 겨드랑이에는 검은 총신이 끼어져 있었다. 밀밭 내음새가 너무 진하여 그는 정신을 가눌 수가 없었다.

IV

과수원집 아들이 든 소총이 봄 아침의 안개비를 먹고 있다. 이 골짜기의 아침에 찾아오는 고요 속에는 신비한 악령의 노랫소리와 아랫도리가 시린 사자의 언어와 빛 바래는 애정과 능욕 당하는 안온이 기웃거린다. 곤충학자도, 원색 해충도를 보는 과수원 주인도 부재하다. 세월 속에서 과수원집 아들은 철모의 무게에 소스라치듯 놀라며 검어쥔 총신에 다시 힘을 주었다. 그리고 분계선의 지도를 읽으며 능금꽃이 날릴 때마다 해해거리며 좋아하던 곤충학자의 딸을 생각하였다. 지도 속에는 아무것도 없었다. 단지 흰 모조지에 검은 반목이 지나가고 있을 뿐이었다. 그는 모든 것을 잃어버렸다. 자유도, 사랑도, 아주 조그만 모든 것들까지도 죄 잃어버렸다. 수통의 물이 그의 아침녘 조갈을 씻어주기에 충분하였다. 산등성이에는 기를 쓰며 전나무의 새 잎이 연두빛 포복을 하고 철쭉꽃이 탄우를 먹고 불타듯 피를 흘리고 있었다. 이때 그는 불현듯 보오얗게 공중에 뜨는 한 떼의 나비를 보았다. 나비 떼는 하나의 점으로 모이고 있었다. 그는 지체하지 않고 그 한 점의 나비떼를 조준구 속에 들어오게 하였다. 그리고 그는 숨을 죽인채 방앗쇠를 당겼다.

　-1965년

『제주도곤충상』

정세호

제1장 내용

이 책은 제주도총서 제5권에 해당하며, 1950년 6월에 편집이 완료되었지만 한국전쟁으로 그가 일찍 세상을 떠나는 바람에 출간되지 못하고, 1970년 8월에 석주명의 누이동생인 석주선에 의해 유고집으로 나왔다. 『제주도곤충상』은 제1장 연구사, 제2장 총목록, 제3장 총괄 등으로 구성되고 있다.

제1절 연구사

제1장 연구사에서는 제주도 곤충 연구와 관련된 106편의 문헌들을 분석하여 논저의 제목, 종의 기록, 연대별 발표 건수와 연구자의 국가 그리고 연구자가 기록한 편수에 대해서 체계적으로 정리하였다. 제주도 곤충 선행 조사를 시기별로 살펴보면 다음과 같다.

1. 1900년 이전: 2편

① 동물학자이자 외과의사로서 박물학에 조예가 깊었던 애덤스(Adams A.)는 영국의 선박인 사마랑호(samarang) 함장인 벨처(Belcher E.)와 함께 1845년 6월 23일부터 7월15일까지 20여 일간 우도와 성읍지역에 상륙하여 채집 조사하였다. 그때 채집한 곤충은 영국학자인 타툼(Tatum. T.)에게 전해졌으며, 그중에서 제주홍단딱정벌레(*Coptolabrus monilifer*)가 「아시아산 딱정벌레속의 두 가지 새로운 종(Description of two new species of *Carabus* from Asia)」이라는 논문에 기록되었는데, 이는 근대식 학명에 의한 한반도에서 신종新種으로 발표된 최초의 곤충이었다.

벨처(Belcher E.)는 제주도에서 조사하였던 조선인의 생김새와 복장, 예절, 무기, 선박 풍경, 식물 46종, 조류 26종, 어류 7종, 거미 14종, 조개 29종, 해면동물 2종, 제주홍단딱정벌레와 하늘소류, 끝루리등에잎벌, 사슴벌레류, 금풍뎅이, 박각시류, 장수풍뎅이, 소똥풍뎅이 등 19종을 「사마랑호 탐사항해기(Narrative of the Voyage of H. M. S. Samarang during 1843~1846)」 제2권 박물관편에 소개하였고, 그 후 1850년 런던에

〈그림 1〉 대정현감(임수룡)의 모습

서 다시 『사마랑호 항해동물지(The Zoology of the Voyage of H. M. S. Samarang)』란 표제의 단행본으로 출간하였다. 하지만 이는 논문보다는 기행문 형태로 기록되어 앞서 기록한 종들에 대해서는 정확하지가 않다.

또한 사마랑호에 함께 동승하였던 사관생 후보인 매리엇(Mariog F.)은 조선 사람의 모습, 복장, 예절, 무기와 선박, 제주도의 풍경과 46종의 식물 그리고 다양한 언어들을 수록하기도 하였다.

② 콜베(Kolbe H. J.), 「조선 딱정벌레목에 대한 지식 기여(Beitrge zur Kenntniss der Coleopteren-Fauna Koreas, 1880)」 - 제주홍단딱정벌레(*Coptolabrus monilifer*) 1종을 인용하여 기록.

2. 1901~1920년: 3편

① 이치카와(市河三喜), 1906, 「제주도의 곤충(濟州島の昆蟲)」에 86종(추후 11목 30과 78종)의 곤충을 기록하였다. 이치카와는 당시 19세 중학생 신분으로 「저팬타임즈*Japan Times*」에 실린 영국런던동물학회의 제주도 탐사 광고를 보고 응시하여 선발되었으며, 미국인 동물학자 앤더슨(Anderson M. P.)과 함께 제주도 탐사를 하게 되었다. 그가 채집한 표본은 마츠무라(松村松年)의 도움을 받아 정리하여 기록하게 되었으며, 현재 일본 홋카이도대학(北海島大學)에 보관되어 있다.

그는 일본의 '도쿄(東京)-나가사끼(長崎)-부산-목포-제주도'를 왕복하여 1905년 7월 30일부터 9월 29일까지 총 60여 일 동안 제주도에 체류하였다. 앤더슨은 육지에 남아 조사를 더하게 되며 많은 업적을 기록하게 된다. 필자는 2011년 12월 「영국자연사박물관」을 방문하여 그때 채집한 제주동고비(*Sitta europaea bedfordi*) 표본을 특별 관람하면서 106년 전 그들의 열정을 접한 바 있다.

② 디스탄트(Distant W. L.), 1911, 「린코탈 노트(Rhynchotal Notes) LiV」 - 제주노린재(*Okeanos quelpartensis* Distant, 1911)와 장흙노린재(*Pentatoma semiannulata* [Motschulsky, 1859]) 등 2종을 기록.

〈그림 2〉 제주동고비(영국자연사박물관 소장)

③ 오스하닌(Oshanin), 1912, 「캐탈 팰래 헴(Katal. Palae. Hem.)」- 제주노린재(*O. quelpartensis* Distant, 1911)와 장흙노린재(*P. semiannulata* Motschulsky, 1859) 등 2종을 재인용 기록.

3. 1921~1930년: 21편

① 앤드류(Andrewes H. E.), 1923, 「동양 딱정벌레과에 대한 논문(Papers on Oriental Carabidae)」- 한라길쭉먼지벌레(*Pterostichus raptor*) 1종 기록.

② 오카모토(岡本半次郞), 1924a, 「제주도의 곤충상(濟州島の昆蟲相)」- 제주도 곤충 전체를 망라하여 검은물잠자리(*Calopteryx atrata* Selys, 1853) 등 527종을 기록. 인접지역과 동물지리학적 분포 관계를 비교 분석하였지만 석주명은 다른 지역에 분포하는 것으로 잘못 기록되어 신뢰하기 어렵다고 해석하고 있다.

③ _____ , 1924b, 「조선 벼과식물 멸구에 관한 연구(Studies on the plant and leaf-hoppers of the rice plant in Korea)」- 줄풀잠자리(*Liburnia furcifera*) 1종 기록.

④ 키시다(岸田久吉), 1924, 「일본 동물연구에 대한 소개(日本に産する動物研究の紹介)」- 앤드류(Andrewes H. E.)가 기록한 한라길쭉먼지벌레(*P. raptor*)와 오카모토가 기록한 것을 재인용하여 527종 기록.

⑤ 오카모토(岡本牛次郞), 1924c, 「조선의 길앞잡이류(Cicindelidae of Korea)」- 길앞잡이류 5종 기록.

⑥ _____ , 1925, 「조선의 밑들이목(The Mecoptera of Corea, 1925)」- 제주밑들이(*Panorpa approximata*) 1종 기록.

⑦ _____ , 1927, 「조선산 하늘소과(The longicorn beetles from Corea)」에 하늘소류 19종 기록.

⑧ 시부야(Shibuya J.), 1927, 「조선산 명나방의 신미기록종들(Some new and unrecorded species of Pyralidae from Corea[Lepid.])」- 쌍별들명나방(*Margaronia bipunctalis*) 1종 기록.

⑨ 도이(土井久作), 1927, 「조선의 딱정벌레과에 대한 연구(朝鮮産葉蟲科Chrysomelidaeの研究)」- 제주도산 잎벌레류 4종 기록.

⑩ 니지마(新島善直)·키노시트(木下榮次郞), 1927, 「풍뎅이에 관한 연구보고(こがねむしニ關スル硏究報告, 第3)」- 제주풍뎅이(*A. quelparta*) 1종 기록.

⑪ 요코야마(橫山桐郞)·마루모(丸毛信勝), 1927, 『일본동물도감(日本動物圖鑑)』- 채집지가 제주도라 적힌 것은 없으나 세계 공통종이 9종이라 기록.

⑫ 마츠무라(松村松年), 1927, 「조선 나비의 새로운 종, 아종 및 변이를 기술한 나비목록(A list of butterflies of Corea, with description of new species, subspecies and aberrations)」- 남방부전나비를 신아종 '*Zizera maha saishutonis*'로, 왕자팔랑나비도 신아종 '*Daimio sinica saishuana*'로 2종 기록.

⑬ 무라야마(村山釀造), 1928, 「포모사 II 의 바구미에 대한 보론(Supplementary notes on the Platypodidae(바구미) of Formosa II)」- 제주긴나무좀(*Crossotarsus simplex*) 1종 기록.

⑭ 모리(森爲三), 1928, 「우마의 배설물에 나타나는 소똥구리과(牛馬ノ糞ガ好物ノ金龜子類)」 - 소똥구리(*Gymnopleurus mopsus*) 1종이 제주도까지 분포한다고 기록.

⑮ 무라야마(村山釀造), 1929a, 「월동하는 쌍색풍뎅이에 대한 소고(てうせんかばいろこがねノ越冬)」 - 쌍색풍뎅이(*Hilyotrogus bicoloreus*) 1종 기록.

⑯ _____, 1929b, 「일본산 나무좀의 종류 및 피해(日本領土內に産するナガキクヒムシの種類及□害)」 - 제주긴나무좀(*Crossotarsus simplex*) 1종 기록.

⑰ _____, 1930, 「Révisions des Familes des Ipides et des Platypides de Corée」 - 나무좀 12종 기록.

⑱ 에자키(江崎悌三), 1930, 「제주도산 2가지 노린재에 대해(On the two pentatomids described from Quelpart Island, *Notulae Cimicum Japonicorum* IV)」 - 제주노린재(*O. quelpartensis*)와 장흙노린재(*P. semiannulata*) 등 2종 기록.

⑲ 카토(加藤正世), 1930, 「일본산 뿔매미과에 대하여(日本産 角蟬科Membracidae に就こ)」 - 오카모토뿔매미(*Tricentrus okamotoi*) 1종 새로 추가.

⑳ 마치다(町田貞一)·아오야마(青山哲四郎), 1930, 「조선 식해충편/후편(朝鮮害虫編/後編)」에 왕굼벵이벌(*Tiphia popilliavora*) 1종 기록.

㉑ 방하스(Bang-Haas O.), 1930, 「노비타스테스 매크로레피도프테르롤로지캐 (Novitastes Macrolepidopterologicae, Katalog), Paläarktischen Macrolepidopteren, Band」 - 남방부전나비(*P. maha* [Kollar, 1844]) 1종 기록. 하지만 대부분 선행연구를 인용하거나 단편적인 기록에 불과함.

4. 1931~1935년: 22편

① 조복성, 1931, 「조선산 사슴벌레과에 대해(朝鮮産鍬形蟲科ニ就テ)」 - 넓적사슴벌레(*Eurytrachelus platymelus*) 1종을 기록.

② 무라야마(村山釀造), 1931, 「제주도의 딱정벌레목 개정(Revision des Familles des Ipides et

Platypides[Coleoptertes] de l'ile de Quelpart)」- 나무좀류 제주도산 12종 기록.

③ 마츠무라(松村松年), 1931, 『일본곤충대도감』- 남방부전나비 아종(*Z. maha f. saishutonis*)을 비롯하여 제주도산 100종을 기록.

④ 조복성, 1932, 「조선산 길앞잡이류에 대해(朝鮮産斑蝥科ニ就テ)」- 길앞잡이류 9종 기록.

⑤ 카토(加藤正世), 1932, 「매미류 연구(Studies on Cicadas)」- 말매미 등 매미류 4종 기록.

⑥ 사이토(齊藤孝藏), 1932, 「조선산 하늘소에 대해(朝鮮産天牛ニ就テ)」- 하늘소류 16종 기록.

⑦ 도이(土居寬暢), 1932a, 「조선 노린재의 신산지(テウセンオホカメムシノ新産地),」- 장흥 노린재(*P. semiannulata*) 1종 재인용.

⑧ _____, 1932b, 「마헤지로노린재의 신산지(マヘジロカメムシノ新産地)」- 제주 노린재(*O. quelpartensis*) 1종 재인용.

⑨ 나카야마(中山昌之介), 1932, 「조선나비에 대한 일반 정보 안내(A guide to general information concerning Corean butterflies)」- 남방부전나비와 왕자팔랑나비 2종 기록.

⑩ 우치다(內田淸之助) 외 25인, 1932, 『일본곤충도감』- 제주도 산지가 기입된 것 8종, 세계 공통 혹은 일본 전국에서 제주도산이라는 생각되는 것 63종 기록.

⑪ 세이츠(Seitz, A.), 1932, 『대시류의 세계(The Macrolepidoptera of the World)』- 남방부전나비 1종 기록.

⑫ 조복성, 1933, 「조선산 장수풍뎅이 변이에 대하여(朝鮮産 'カブトムシ'ノ變異ニ就テ)」- 장수풍뎅이(*Xylotrupes dichotoma*) 第4圖 ♂이 제주도산임을 밝힘.

⑬ 무라야마(村山釀造), 1933, 「Notes supplementaire à la Revision des Ipides et Platypides de Corée II」- 사카쿠레좀(*Xyleborus ebriosus*) 1종 기록.

⑭ 석주명, 1934, 「조선산 나비의 연구(朝鮮産蝶類の研究)」- 가락지장사(*A. hyperantus anzuensis*)가 제주에 분포하는 것을 후에 알았고 이것을 포함하여 6과 29종을 기록.

⑮ 조복성, 1934, 「조선산 하늘소과 갑충에 대하여(朝鮮産天牛科甲蟲數種ニ就テ)」 - 네줄범하늘소(*Chlorophorus quinquefasciatus*) 1종 기록.

⑯ 가미조(上條齊昭), 1934, 「조선산 집게벌레에 대한 기록(朝鮮産蠼螋科雜記)」 - 큰집게벌레(*Labidura japonica*) 등 집게벌레류 3종 기록.

⑰ 사이토(齊藤孝藏), 1934, 「조선산 하늘소류에 대해(朝鮮産天牛類ニ就イテ)」 - 알락수염하늘소(*Apalimna liturata*)와 수염하늘소(*Monochamus rosenmulleri*) 등 2종의 하늘소류 기록.

⑱ 나가하나(長花懍), 1934, 「조선산 빈대에 대해(朝鮮産南京蟲ニ就テ)」 - 제주산 빈대(*Cimex lectularius*) 1종 기록.

⑲ 무라야마(村山釀造), 1934, 「포모사산 딱정벌레목의 먹이식물에 대해(On the Ipidae (Coleoptera) from Formosa with special references to their food plants)」 - 사카쿠레나무좀(*Xyleborus ebriosus*)과 미카도나무좀(*Scolytoplatypus mikado*) 2종을 기록.

⑳ 모리(森爲三)·도이(土居寬暢)·조복성(趙福成), 1934, 『원색 조선의 나비(原色 朝鮮の蝶類)』에서 제주도산 나비류 7과 62종을 수록.

㉑ 석주명, 1935, 「애물결나비 변이연구 및 그 학명에 대하여(ヒメウラナミジャノメの變異研究竝に其學名に就て)」 - 제주도산 배추흰나비(*Pieris rapae*)를 기록.

㉒ 사이토(齊藤孝藏), 1935, 「조선산 하늘소 분포(朝鮮産天牛類の分布)」 - 제주도산 하늘소류 20종 기록.

5. 1936~1940년: 34편

① 석주명, 1936, 「조선산 가락지나비에 대하여(朝鮮産 *Aphantopus hyperantus* Linnéニ就テ)」 - 가락지장사 1종 기록.

② 조복성, 1936, 「조선산 가뢰과 목록(朝鮮産地膽科目錄)」 - 먹가뢰 등 가뢰과(*Meloidae*) 6종 기록.

③ 고노(河野廣道), 1936a,「홍날개과(Family Pyrochroidae)」- 홍다리붙이홍날개(*Pseudopy rochroa lateraria*) 1종 기록.

④ _____ , 1936b,「가뢰과(Family Meloidae)」- 열점박이가뢰(*Mylabris calida*)와 먹가뢰(*Epicauta chinensis*) 등 2종 기록.

⑤ 키시다(岸田久吉)·나카무라(中村倭), 1936,「일본산 나비 목록(Catalogue of Japanese insects)」- 왕자팔랑나비(*Daimio tethys saishuana*) 1종 기록.

⑥ 추조(中條道夫), 1936,「버섯벌레과(Family Erotylidae)」- 톱니무늬버섯벌레(*Aulacochilus decoratus*)와 모라윗왕버섯벌레(*Episcapha taishoensis*) 등 2종을 기록.

⑦ 도이(土居寬暢), 1936,「유문목 추가 및 정정(有吻目追加及訂正)6」- 제주도산 각시비단노린재(*Eurydema pulchra*) 1종 기록.

⑧ 미와(三輪勇四郎), 1936,「길앞잡이류(Family Cicindelidae)」- 제주도산 길앞잡이류 7종을 기록.

⑨ 무라야마(村山釀造), 1936,「잎벌레의 약제 구제시험 2(Expériences sur l'Emploi des insecticides contre les deux Chrysomélides)」- 오리나무잎벌레(*Agelastica caerulea*) 1종을 기록.

⑩ 야마다(山田滿寬), 1936,「조선산 노린재목에 대해(朝鮮産異翅目ニ就テ)」- 매미목 중 제주도산 10종, 세계공통종 2종, 총괄표에 제주도산 31종을 기록.

⑪ 석주명, 1937,「제주도산 나비채집기(濟州島産蝶類採集記)」- 1신아종을 포함하여 제주도산 나비류 58종을 기록.

⑫ 백갑용(白甲鏞), 1937,「조선 미기록종 수검은왕꽃벼룩에 대해(朝鮮未記錄種のヲスグロオホハナノミに就いて)」- 한라산에서 채집한 조선 미기록종 수검은왕꽃벼룩(*Macrosiagon cyaniveste*) 1종을 기록.

⑬ 카토(加藤正世), 1937,「일본산 뿔매미과 목록(日本産角蟬科目錄)」- 오카모토뿔매미(*ricentrus okamotoi*) 1종 재인용,

⑭ 히라야마(平山修次郎), 1937,『원색 1000종 속 곤충도감(原色千種續昆蟲圖鑑)』- 왕자팔랑나비(*Satarupa tethys saishuana*) 1종 기록.

⑮ 마츠우노(松尾正行), 1937, 「조선산 호랑하늘소속에 대하여(On the *Xylotrechus* in Korea)」
- 네줄범하늘소(*C.quinquefasciatus*) 1종 기록.

⑯ 무라야마(村山釀造), 1935, 1937a, 「조선산 풍뎅이과 미기록 진종 및 2신종(朝鮮産 金龜子未記錄珍種竝二新種)」- 소똥구리류 9종(그중 중복종 1종) 기록.

⑰ 사와다(澤田玄正), 1937, 「일본산 딱정벌레속에 대해(On the genus *Serica* of Japan (Scarabaeidae)」- 우단풍뎅이(*Serica japonica*), 긴수염우단풍뎅이(*Serica boops*)와 주황우단풍뎅이(*Serica similis*) 등 우단풍뎅이 3종 기록.

⑱ 무라야마(村山釀造), 1937b, 「일본산 딱정벌레에 대해(本邦産ナガキクイムシに就て)」- 제주긴나무좀(*Crossotarsus simplex*) 1종 기록.

⑲ 석주명, 1938a, 「조선산 흰점팔랑나비에 대해(朝鮮産 *Hesperia maculata* チャヌダラセセリに就て)」- 흰점팔랑나비(*Hesperia maculatus*) 1종 기록.

⑳ _____, 1938b, 「조선산 물결나비 변이연구(朝鮮産ウラジャノメの變異研究)」- 물결나비(*Ypthima motschulskyi*) 1종 기록.

㉑ _____, 1938c, 「줄흰나비연구(Studo pri *Pieris napi* Linné)」- 줄흰나비(*Pieris napi*) 1종 기록.

㉒ 에자키(江崎悌三)·호리(堀浩)·야수마츠(安松京三), 1938, 『원색일본곤충도설原色日本昆蟲圖說』- 전반적인 곤충류 중 제주도산 65종, 세계공통종 19종 기록.

㉓ 마스이(增井正幹), 1938, 「조선산 사슴벌레과에 대해(朝鮮産鍬形蟲科に就て)」- 제주도산 넓적사슴벌레(*E. platymelus*) 1종 기록.

㉔ 마츠오(松尾正行), 1938, 「조선산 버섯벌레과에 대해(朝鮮産大蕈蟲科に就て)」- 톱니무늬버섯벌레(*Aulacochilus decoratus*) 1종 기록.

㉕ 무라야마(村山釀造), 1938a, 「**Revision des Sericines**[Coleoptera, Scarabaeides] **de la Corée**」- 제주도산 5종과 조롱박우단먼지벌레(*Serica elliptica*) 1신종 기록.

㉖ _____, 1938b, 「조선 묘포 토양충조사[풍뎅이구제시험보고](鮮內苗圃ノ土壤虫調査[金龜子驅除試驗報告])」- 제주도산 곤충 중 6과 26종 기록.

㉗ 노무라(野村健一), 1938~1939, 「섬들의 나비(島嶼의 蝶類) I~Ⅳ」- 나비류 75종을 제주도산으로 기록하고, 그중 고유종은 2종으로 전체에 대한 고유도가 3%라고 기록.

㉘ 석주명, 1939a, 「조선산 봄처녀나비 변이연구(朝鮮産ヒメヒカゲの變異研究)」- 제주도산 기록.

㉙ _____, 1939b, 『조선산 접류 총목록(A Synonymic List of Butterflies of Korea)』- 제주도 나비류 기록.

㉚ 타나카(田中三夫), 「조선산 노린재목(朝鮮産の異翅目)2, 1939」에 제주도산 노린재류 5종을 기록.

㉛ 나카야마(中山昌之介), 1939, 「큰이십팔점박이무당벌레의 생태와 방제에 관한 연구(大二十八星瓢虫の生態竝防除に關する研究), 1939」- 제주도산 곤충도 다룸.

㉜ 히라야마(平山修次郎), 1939, 『원색나비그림(原色蝶圖譜)』- 왕자팔랑나비(S. tethys saishuana) 1종 기록.

㉝ 야마야(山谷文仁), 1939, 「아오모리현 길앞잡이과 목록(A list of Cicindelidae from Aomori Prefecture)」- 분포란에 제주도산 5종 기록.

㉞ 나카야마(中山昌之介)·무라마츠(村松茂), 1940, 「담배해충의 일종인 조명나방 생태조사 연구(烟作害蟲の一種アハノヌイガの生態に關する研究)」- 조명나방(Pyrausta nubilalis)이 제주도에서 발생이 적다고 기록.

6. 1941~1945년: 15편

① 석주명, 1941a, 「조선에 풍부한 5종 나비 변이 및 분포 연구(朝鮮に産する五種の蝶の變異及分布の研究)」- 호랑나비(P. xuthus), 흰뱀눈나비(S. halimede), 흰줄표범나비(A. laodice), 산은점선표범나비(A. selene)를 다루었으나 그 가운데 산은점선표범나비는 제주도에 분포하지 않는다고 기록.

② _____, 1941b, 「두번째 조선산 애물결나비 변이연구(再び朝鮮産ヒメウラナミジャノメの變異研究)」- 애물결나비(*Ypthima baldus*) 1종 기록.

③ _____, 1941c, 「조선산 노랑나비 변이연구(朝鮮産モンキテフの變異研究)」- 노랑나비(*Colias hyale*) 1종 기록.

④ _____, 1941d, 「조선반도의 특수성을 나타내는 몇 종의 나비에 대해(朝鮮半島の特殊性を現する數種の蝶類に於て)」- 오색나비(*Apatura ilia*), 은점표범나비(*Argynnis cydippe*), 긴은점표범나비(*Argynnis vorax*)와 푸른부전나비(*Lycaenopsis argiolus*) 등 4종 기록.

⑤ 도이(土居寬暢)·다나카(田中三夫), 1941, 「조선산 노린재속에 대해서(On the genus Eurydema(Heteroptera) of Chosen)」- 제주도산 노린재류 2종 기록.

⑥ 나카야마(中山昌之介), 1941, 「고구마작은나방에 관한 연구(甘藷小蛾に關する研究)」- 고구마뿔나방(*Brachmia macroscopa*) 1종 기록.

⑦ 무라야마(村山醸造), 1941, 「조선과 만주국의 새로운 풍뎅이종(Nouvelles Especes de Scarabaeides du Manchoukuo et de la Corée)」- 제주그물눈풍뎅이(*Holotrichia reticulata*) 1종 기록.

⑧ 석주명, 1942a, 「세번째 조선산 배추흰나비 변이연구(三たび朝鮮産モンシロテフの變異研究)」, 제주도산 다룸.

⑨ _____, 1942b, 「조선산 참산뱀눈나비 변이연구(朝鮮産テウセンタカホヒカゲの變異研究)」- 제주도산 다룸.

⑩ _____, 1942c, 「조선산 나비의 연구(朝鮮産蝶類の研究) 제2보」- 나비류 6과 16종 기록.

⑪ _____, 1942d, 「조산산 이형 및 기형 나비(朝鮮産異形及畸形形の蝶)」- 제주도산 이형異形으로 남방부전나비(*Z. maha*) ♀, 산호랑나비(*P. machaon*), 기형畸形으로 암끝검은표범나비(*A. hyperbius*), 암먹부전나비(*E. argiades*), 먹부전나비(*E. fischeri*), 남방부전나비(*Z. maha*)♂ 등 5종 기록.

⑫ 타나카(田中三夫), 1942, 「조선산 소금쟁이과에 대해(朝鮮産 アメソボ科に就て)」- 왕소금쟁이(*Aquarius elongatus*)와 소금쟁이(*Aquarius paludum* var. *remigator*) 2종 기록.

⑬ 석주명, 1943, 「수원농사시험장에 있는 조선산 나비표본 목록(朝鮮産蝶類標本目錄;水

原農事試驗場所藏)」- 6과 48종 나비류 기록.

⑭ 시로즈(白水隆)·시바타니(柴谷篤弘), 1943, 「일본산 산꼬마부전나비, 부전나비 및 그 근사종에 대해(日本産ヒメシジミ, ミヤマシジミ及び其の近似種について)」- 산꼬마부전나비 학명을 '*Plebejus argyrognomon zezuensis*' 대신 '*Plebejus argus seoki*'로 명명.

⑮ 요코오(橫尾多美男), 1944, 「조선에 있는 모기류 특히 중국얼룩날개모기의 분포와 생태에 관한 연구(朝鮮に於する蚊類特に*Anopheles hyrcanus sinensis*の分布竝に生態に關する硏究)」- 중국얼룩날개모기(*Anopheles hyrcanus sinensis*) 1종 기록.

7. 1946년 이후: 9편

① 석주명, 1946a, 「경성대학 부속생약연구소 제주도시험장 부근의 접상」- 채집종 38종 중에서 연구소 주변에서 서식하는 31종, 다른 지역에서 날아온 것으로 생각되는 7종 기록.

② 1946b, 「제주도 남단부의 자연 더욱이 그곳의 접상에 대하여」- 산방산, 송악산 부근, 가파도와 마라도의 나비류 기록.

③ 조복성, 1946a, 「조선산 매미과의 재검토」- 제주도산 매미류 3종 기록.

④ 1946b, 「조선산 하늘소과 갑충」- 남색초원하늘소 등 제주도산 하늘소 28종 기록.

⑤ 석주명, 1947a, 「제주도의 접류」- 채집종수 65종, 채집지 8곳 기록.

⑥ 1947b, 「조선산 암먹부전나비의 변이연구(朝鮮産ツバメシジミの變異硏究)」- 암먹부전나비(*Everes argiades*) 1종 기록.

⑦ 야마다(山田正興), 1947, 「제주도 및 오사카산 폭탄먼지벌레의 무늬에 대해(濟州島及び大阪俯産ミイデラゴミムシの斑紋に就て)」- 폭탄먼지벌레(*Pheropsophus jessoensis*) 1종 기록.

⑧ 구로와(黑佐和義), 1949, 「일본 시코쿠산 딱정벌레목록(四國産步行蟲目錄)」- 분포란에 제주도가 포함된 딱정벌레 20종 기록.

⑨ 아라키(荒木東次), 1950, 「버섯벌레과에 대해(オビオキノコ屬[大覃蟲科]に就いて)」- 제주도산 모라윗왕버섯벌레(E. morawitzi morawitzi)와 노랑줄왕버섯벌레(E. flavofasciata) 2종을 다룸.

8. 선행연구 통계

『제주도곤충상』에 기록된 연구를 시대적으로 살펴보면, 1900년까지 2편, 1910년까지 1편, 1920년까지 2편, 1930년까지 21편, 1935년까지 22편, 1940년까지 34편, 1945년까지 15편, 1946년 이후 9편이었다.

국가별로 살펴보면, 한국인의 연구 편수 30편, 일본인과 한국인의 공동 편수 1편, 일본인의 연구 편수 68편, 서양인의 연구 편수 6편이다.

학자별로 보면 석주명石宙明 22편, 무라야마(村山釀造) 13편, 조복성趙福成 8편, 오카모토(岡本半次郎)와 도이 간초(土居寬暢) 각 5편, 나카야마(中山昌之介) 4편, 카토(加藤正世), 사이토(齊藤孝藏), 타나카(田中三夫) 각 3편, 마츠무라(松村松年), 히라야마(平山修次郎), 마츠오(松尾正行), 에자키(江崎悌三), 키시다(岸田久吉) 각 2편, 그리고 백갑용白甲鏞, 이치카와(市河三喜), 시부야(Shibuya, J.), 도이 큐사쿠(土井久作), 니지마(新島善直), 키노시트(木下榮次郎), 마치다(町田貞一), 야모야마(靑山哲四郞), 고노(河野廣道), 추조(中條道夫), 야마다(山田滿寬), 히라야마(平山修次郎), 사와다(澤田玄正), 마츠우노(松尾正行), 노무라(野村健一), 야마야(山谷文仁) 등 각 1편이 있다.

제2절 총목록

석주명은 '제2장 총목록'에서 제주도산 곤충 19목 141과 737종에 대한 문헌기록을 상세히 밝히고 있어 후학들에게 검증의 기회를 주면서 『제주도곤충상』의 총목록의 한계를 다음과 같이 밝히고 있다.

① 본 목록은 1950년 현재로 졸저 제주도총서 제3『제주도문헌집』중「곤충부」에 수록된 문헌을 기본으로 삼아 펴낸 것이다.「곤충부」는 비교적 완전한 줄 알았더니 역시 기록되어 있지 않은 부분들이 있어서 이는 개정시에 증보코저 한다.

② 배열은 에자키(江崎悌三) 박사의『일본곤충도감』(1932) 곤충강분류표에 준하였고, 과科이하는 모두 학명의 알파벳순으로 하였다.

③ 나비 종류만은 편자의 전문인 관계도 있어서, 지금 현재로는 기타 부분에서는 각 저자의 의견에 맹종한 데가 많다.

④ 오카모토(岡本半次郎) 박사의 대저는 필자가 전문인 나비를 통해서 볼 때 의문점들이 많아서 전체로 믿기 어려운 저서이다. 나비부만은 필자의 입장에서 대략 취사선택하였지만 기타 부분은 거의 그대로 포섭하였는데, 전문외인 편자의 입장에서 보더라도 기타 부분의 것에도 많은 오류가 있음을 짐작하겠으니, 금후 적당한 인사가 나타나서 본편을 기본으로 하여 다시 정리하여야 하겠다.

⑤ 신형출처에는 *로 표시하였다.

그는 제주도 곤충에 관련하여 모든 종들에 대한 문헌 기록과 그 한계들을 분명히 밝히고 있어 후학들에게 잘못된 것들에 대해서 쉽게 수정할 수 있도록 토대를 만들었다.

제3절 총괄

'제3장 총괄'에서는 지금까지 발표된 문헌을 인용하여 제주도 곤충을 정리하였는데, 그 내용을 살펴보면, 톡토기목(Collembela) 2과 3종, 좀목(Thysanura) 1과 1종, 잠자리목(Odonata) 4과 12종, 강도래목(Plecopterar) 1과 1종, 집게벌레목(Dermaptera) 1과 4종, 메뚜기목(Orthoptera) 5과 12종, 다듬이벌레목(Psocoptera) 2과 2종, 털이목(Mallophaga) 4과 17종, 이목(Anoplura) 3과 10종, 매미목(Homoptera) 19과 75종, 총채벌레목(Thysanoptera) 2과 2종, 풀잠자리목(Neuroptera) 3과 5종, 딱정벌레목(Coleoptera) 32과 244종, 벌목(Hymenoptera) 13과 39종, 밑들이목(Mecoptera) 1과 1종, 벼룩목(Siphonaptera) 2과 7종, 파리목(Diptera) 15과 45종, 날도래목(Trichoptera) 2과 2종, 나비목(Lepidoptera) 30과 255종 등 19목 141과 737종의 한국명과 학명을 정리하였다.

한편, 정세호는 제주특별자치도민속자연사박물관에서 발간한 『제주도곤충총서』(2019)에서 1847년 제주도 곤충이 근대식 학명으로 기록된 이후 170여 년 동안 선행 연구자의 기록과 그가 직접 채집 기록한 것들을 토대로 제주도 곤충을 총 24목 361과 5,108종으로 기록하고 있다.

〈표 1〉 제주도 곤충 연구자 및 발표 종수

연구자 / 목별	이치카와 市河三喜 (1906)		오카모토 岡本半次郎 (1924)		조복성 (1936)		석주명 (1970)		이李 등 (1985)		김원택 (1993)		백白 등 (1995)		정세호 (2005)	
	과	종	과	종	과	종	과	종	과	종	과	종	과	종	과	종
Protura 낫발이목																
Collembola 독토기목							2	3			3	4	5	9	5	9
Diplura 좀붙이목																
Thysanura 좀목					2	2	1	1	1	1	2	2	1	2	1	1
Microcoryphia 돌좀목											1	2	1	1	1	2
Ephemeroptera 하루살이목									1	1	3	3	5	8	6	3
Odonata 잠자리목	2	4	3	11	4	11	4	12	4	18	6	28	7	45	8	55
Grylloblattodea 귀뚜라미붙이목																
Blatella 바퀴목													2	5	2	7
Mantodea 사마귀목													1	4	2	5
Protura 흰개미목					1	1			1	1	1	1	1	1	1	1
Plecopterar 강도래목	1	1	1	1	1	1	1	1	1	1	2	2	2	2	5	7

목별 \ 연구자	이치카와 市河三喜 (1906)		오카모토 岡本半次郎 (1924)		조복성 (1936)		석주명 (1970)		이李 등 (1985)		김원택 (1993)		백白 등 (1995)		정세호 (2005)	
	과	종	과	종	과	종	과	종	과	종	과	종	과	종	과	종
Dermaptera 집게벌레목	1	1	1	3	2	3	1	4	3	6	4	11	4	11	4	11
Orthoptera 메뚜기목	1	3	5	11	8	20	5	12	8	40	11	74	10	64	11	77
Phasmida 대벌레목	1	1							1	2			1	3	3	3
Psocoptera 다듬이벌레목							1	2							2	2
Mallophaga 털이목							4	17			3	17	4	16	3	16
Anoplura 이목					1	2	3	10	1	2	3	10	5	9	4	9
Hemiptera 노린재목	4	5							27	172	31	219	33	230	32	267
Homoptera 매미목	4	8	13	41	16	49	19	75	16	84	24	254	29	312	37	370
Thysanoptera 총채벌레목							2	2					3	39	3	56
Neuroptera 풀잠자리목			3	4	3	5	3	5	3	5	4	8	4	7	5	11
Coleoptera 딱정벌레목			22	168	29	216	32	244	38	437	48	741	51	930	74	1,259
Hymenoptera 벌목	6	9	8	34	12	58	13	39	33	146	46	290	35	339	38	456

연구자 / 목별	이치카와 市河三喜 (1906)		오카모토 岡本半次郎 (1924)		조복성 (1936)		석주명 (1970)		이李 등 (1985)		김원택 (1993)		백白 등 (1995)		정세호 (2005)	
	과	종	과	종	과	종	과	종	과	종	과	종	과	종	과	종
Mecoptera 밑들이목	1	1	1	1	1	2	1	1	1	3	2	5	2	5	2	5
Siphonaptera 벼룩목					1	2	2	7	1	2	2	7	3	7	3	7
Diptera 파리목	4	8	7	22	11	62	15	45	24	190	46	328	49	369	51	430
Trichoptera 날도래목			2	2	2	2	2	2	2	2	5	5	5	5	10	23
Lepidoptera 나비목	9	45	26	228	26	249	30	265	27	454	33	525	38	892	47	1,269
총계	34	86	26	228	120	685	141	737	193	1,601	280	2,536	301	3,315	360	4,361
	11목		12목		16목		19목		19목		21목		25목		26목	

제2장 석주명이 지은 우리말 곤충 이름

일제강점기 시기에 대부분 외국인 학자들인 이치카와(市河三喜) 등 많은 학자들이 제주도와 관련하여 기록하게 된다. 당시에는 일제강점기여서 우리말 이름이 없었다. 석주명은 『제주도곤충상』을 정리하면서 목명目名과 과명科名 그리고 종명種名 190여 종에 이르는, 아름답고 부르기 쉬운 우리말 이름을 새롭게 붙이게 된다. 하지만 이들 중 많은 종들이 오늘날에는 쓰이지 않거나 다르게 쓰이고 있는 실정으로 안타까운 마음이 그지없다. 따라서 앞으로 그의 업적을 기리기 위하여 이를 정리할 필요가 있다.

석주명이 기록한 『제주도곤충상』(1970)이 곤충목록과 최근 국립생물자원관에서 발간한 『국가생물종 목록(Ⅲ. 곤충)』(2019)을 비교하여 정리하였다. 신칭新稱은 석주명이 우리말 이름을 처음으로 붙인 것을 뜻하며, → 이하는 석주명이 기록한 학명이다. 또한 학명의 번호는 『제주도곤충상』(1970)에 기록된 번호를 뜻한다.

〈표 2〉『제주도곤충상』(1970)에서 신칭新稱으로 기록한 곤충목록

석주명의 신칭(1970)	국립생물자원관(2019)	학명
새벼룩	닭벼룩	**Class Insecta** 곤충(昆蟲)강 **Subclass Pterygota** 유시(有翅)아강 **Ord. Aphaniptera** 벼룩(隱翅)목 **1. Fam. Sarcopryllidae** 새벼룩과-신칭 1. *Echidnophaga gallinacea* (Westwood, 1875)
꿀벌개파리	기록되지 않음	**2. Ord. Diptera** 파리(雙翅)목 **Subord. Cyclorrhapha** 환봉(環縫)아목 **Ser. Pupipara** 용생군(蛹生群) **3. Fam. Braulidae** 벌개파리과 8. *Braula coeca* Nitzsch, 1818
말개파리	말이파리	**4. Fam. Hippoboscidae** 이파리과 10. *Hippobosca equina* Linnaeus, 1758
긴말파리	긴말파리	**7. Fam. Oestridae** 쇠파리과 16. *Gasterophilus haemorrhoidalis* (Linnaeus, 1758)
동굴말파리	동굴말파리	17. *Gasterophilus nasalis* (Linnaeus, 1758)
까마귀파리	검정집파리	**8. Fam. Muscidae** 파리과 23. *Musca bezzii* Patton & Cragg, 1913 → *Musca corvina* Fabricius
변소파리	털깜장파리	25. *Hydrotaea ignava* (Harris, 1780) → *Ophyra leucostigma* Wieddemann
일본수염치레꽃등에	일본수염치레꽃등에	**12. Fam. Syrphidae** 꽃등에과 32. *Chrysotoxum shirakii* Matsumura, 1931 → *Chrysotoxum japonicum* Matsumura
잔수중다리꽃등에	물결넓적꽃등에	35. *Metasyrphus nitens* (Zetterstedt, 1843) → *Helophilus frequens* Matsumura

석주명의 신칭(1970)	국립생물자원관(2019)	학명
노망다리꽃등에	종아리꽃등에	37. *Paragus tibialis* (Fallén, 1817)
노랑줄재니등에	큰재니등에	**Subord. Orthorrhapha** 직봉(直縫)아목 **Ser. Brachycera** 단각군(短角群) **13. Fam. Bombyliidae** 재니등에과 40. *Ligyra flavofasciata* (Macquart, 1891)
흰머리파리매	흰목덜미쉬파리	**14. Fam. Asilidae** 파리매과 42. *Sarcophaga albiceps* (Meigen, 1826)
흰줄각다귀	흰줄숲모기	**Ser. Nematocera** 장각군(長角群) **17. Fam. Culicidae** 모기과 49. *Aedes albopictus* (Skuse, 1895)
큰혹모기	큰검정들모기	51. *Armigeres subalbatus* (Coquillett, 1898) → *Armigeres subalbatus* Walke
조선뒹벌	조선뒤영벌	**3. Ord. Hymenoptera** 벌(膜翅)목 **Subord. Apocrita** 세요(細腰)아목 **19. Bombidae** 뒹벌과 55. *Bombus koreensis* Radoszkowski, 1887
오까모도맵시벌	가시맵시벌	**29. Fam. Ichneumonidae** 맵시벌과 88. *Stenichneumon posticalis* (Matsumura, 1912)
흰꼭대기검정잎벌	흰무늬검정잎벌	**Subord. Symphyta** 광요(廣腰)아목 **30. Fam. Tenthredinidae** 잎벌과 90. *Macrophya apicalis* Smith, 1874
얼룩똥풍뎅이	먹무늬똥풍뎅이	**4. Ord. Coleoptera** 딱정벌레(鞘翅)목 **Subord. Polyphaga** 다식(多食)아목 **31. Fam. Scarabaeidae** 풍뎅이과 108. *Aphodius variabilis* Waterhouse, 1875 → *Aphodius obsoleteguttatus*
부산감저풍뎅이	감자풍뎅이	111. *Apogonia cupreoviridis* (Kolbe, 1886) → *Apogonia cupreoviridis fusanis* Kolbe

석주명의 신칭(1970)	국립생물자원관(2019)	학명
동골우단풍뎅이	제주우단풍뎅이	116. *Maladera secreta* (Brenske, 1897)
조선뿔풍뎅이	참금풍뎅이	118. *Bolbelasmus coreanus* (Kolbe, 1886)
콩뿔풍뎅이	애기뿔소똥구리	121. *Copris tripartitus* Waterhouse, 1875 → *Copris acutiden* Motschulsky
그물풍뎅이	제주그물눈검정풍뎅이	133. *Holotrichia reticulata* Murayama, 1941
애뿔풍뎅이	창뿔소똥구리	142. *Liatongus phanaeoides* (Westwood, 1840)
긴우단풍뎅이	조롱박우단풍뎅이	156. *Nipponoserica elliptica* (Murayama, 1938)
제주나무좀	털나무좀	**33. Fam. Ipidae** 나무좀과 162. *Coccotrypes nubilus* (Blandford, 1894)
비목나무좀	후박나무좀	172. *Indocryphalus pubipennis* (Blandford,1894)
조롱박바구미	어리둥근혹바구미	**35. Fam. Curculionidae** 바구미과 176. *Catapionus modestus* Roelofs, 1873
광대바구미	흰줄바구미	178. *Cleonus japonicus* Faust, 1907 → *Cleonus superciliosus* Schonherr
달걀바구미	알바구미	181. *Tychius ovalis* Roelofs, 1874
굵은길죽바구미	제주배바구미	183. *Lixus depressipennis* Roelofs, 1873
사탕잎벌레	등줄잎벌레	**37. Fam. Chrysomelidae** 잎벌레과 219. *Cryptocephalus parvulus* Müller, 1776 → *Cryptocephalus amatus* Baly
찔레꽃잎벌레	파잎벌레	222. *Galeruca extensa* Motschulsky, 1861
새밥거저리	갈색거저리	**43. Fam. Tenebrionidae** 거저리과 245. *Tenebrio molitor* Linnaeus, 1758
먹거저리	곡물거저리	246. *Tenebrio obscurus* Fabricius, 1792

석주명의 신칭(1970)	국립생물자원관(2019)	학명
레이시방아벌레	루이스방아벌레	**44. Fam. Elateridae** 방아벌레과 249. *Tetrigus lewisi* Candeze, 1873
전나무살짝수염	전나무살짝수염벌레	**46. Fam. Anobiidae** 살짝수염벌레과 251. *Ernobius abietis* (Fabricius, 1792)
붉은목타원개미붙이	붉은목개미붙이	**47. Fam. Cleridae** 개미붙이과 253. *Necrobia ruficollis* (Fabricius, 1775)
붉은다리타원개미붙이	붉은다리개미붙이	254. *Necrobia rufipes* (De Geer, 1775)
루리타원개미붙이	루리개미붙이	255. *Necrobia violacea* (Linnaeus, 1758)
일본이십팔점박이 무당벌레	큰이십팔점박이 무당벌레	**50. Fam. Coccinellidae** 무당벌레과 264. *Henosepilachna vigintioctomaculata* (Motschulsky, 1857) → *Epilachna niponica* Lewis
조선어깨넓은버섯벌레	톱니무늬버섯벌레	**51. Fam. Erotylidae** 버섯벌레과 271. *Aulacochilus decoratus* Reitter, 1879
노랑줄왕버섯벌레	노랑줄왕버섯벌레	272. *Episcapha flavofasciata* (Reitter, 1879)
털보나무쑤시기	털보곡식쑤시기	**53. Fam. Cryptophagidae** 나무쑤시기과 275. *Cryptophagus pilosus* Gyllenhal, 1827
청개미반날개	청딱지개미반날개	**58. Fam. Staphylinidae** 반날개과 286. *Paederus fuscipes* Curtis, 1840
중국물방개	물방개	**60. Fam. Dytiscidae** 물방개과 290. *Cybister chinensis* Motschulsky, 1861
꼬마딱정먼지벌레	꼬마노랑먼지벌레	**61. Fam. Carabidae** 딱정벌레과 300. *Acupalpus inornatus* Bates, 1873
타툼딱정벌레	제주홍단딱정벌레	314. *Coptolabrus smaragdinus monilifer* Tatum, 1947 → *Coptolabrus monilifer* Tatum

석주명의 신칭(1970)	국립생물자원관(2019)	학명
민먼지벌레	씨앗머리먼지벌레	319. *Harpalus griseus* (Panzer, 1797)
긴목먼지벌레	긴목칠납작먼지벌레	322. *Synuchus crocatus* (Bates, 1883)
큰조롱박먼지벌레	큰조롱박먼지벌레	324. *Scarites sulcatus* Olivier, 1795 → *Scarites semirugosus* Chaudoir
노랑테딱정먼지벌레	꼬마좁쌀먼지벌레	326. *Stenolophus fulvicornis* Bates, 1873 → *Stnolophus proximus* Dejean
차독나방	차독나방	**5. Ord. Lepidoptera** 나비(鱗翅)目 **Subord. Heteroneura** 이시(異翅)아목 **63. Fam. Liparidae** 독나방과 337. *Arna pseudoconspersa* (Strand, 1914) → *Nygmia conspersa* Butler
노랑독나방	무늬독나방	338. *Kidokuga piperita* (Oberthur, 1880)
압로스톨나방	쐐기풀알락밤나방	**64. Fam. Noctuidae** 밤나방과 341. *Abrostola triplasia* (Linnaeus, 1758)
으름덩굴잎	으름큰나방	344. *Eudocima tyrannus* (Guenee, 1852)
가로줄밤나방	검은띠애나방	345. *Gelastocera exusta* Butler, 1877
두점가로줄밤나방	검은띠애나방	346. *Gelastocera exusta* Butler, 1877 → *Agrotis exusta nigromaculata* Graeser
라비다밤나방	깃붉은밤나방	347. *Spaelotis ravida* (Denis et Schiffermüller, 1775)
도오쿄오밤나방	숫검은밤나방	348. *Agrotis tokionis* Butler, 1881
채소뿌리밤나방	검거세미나방	349. *Agrotis ipsilon* (Hufnagel, 1776) → *Agrotis ipsilon* Rottemburg
한돌가마귀나방	흰눈까마귀밤나방	350. *Amphipyra monolitha* Guenee, 1852
뒷날개흰줄	검은띠수염나방	353. *Hadennia incongruens* (Butler, 1879) → *Bertula jutalis* Walker

석주명의 신칭(1970)	국립생물자원관(2019)	학명
외점암전이	멸강나방	357. *Mythimna separata* (Walker,1856) → *Cirphis unipuncta* Haworth
매소고나밤나방	무궁화잎큰나방	358. *Gonitis mesogona* (Walker, 1858)
델타밤나방	작은나무결밤나방	359. *Actinotia intermediata* (Bremer, 1861)
무궁화잎밤나방	무궁화무늬나방	360. *Thyas juno* (Dalman, 1823)
세모밤나방	대만수염나방	361. *Hypena trigonalis* (Guenee, 1854)
메꽃밤나방	표범꼬마밤나방	362. *Acontia trabealis* (Scopoli, 1763)
그늘밤나방	보라무늬밤나방	363. *Ercheia umbrosa* Butler, 1881
두줄밤나방	제주어린밤나방	364. *Callopistria duplicans* Walker, 1858
물결밤나방	쌍흰줄꼬마짤름나방	367. *Eulocastra excisa* (Swinhoe, 1885) → *Eulocastra undulata* Snellen
수풀꼬마밤나방	알락꼬마밤나방	373. *Deltote nemorum* (Oberthur, 1880)
작은유리병꼬마나방	넓은띠흰꼬마밤나방	374. *Maliattha signifera* (Walker, 1858)
유리병꼬마나방	앞노랑꼬마밤나방	375. *Maliattha chalcogramma* (Bryk, 1948) → *Maliattha vialis* Moore
큰구름무늬밤나방	큰구름무늬밤나방	377. *Mocis undata* (Fabricius, 1775)
뱀대가리나방	애으름큰나방	380. *Eudocima phalonia* (Linnaeus, 1763) → *Ophideres fullonica* Linnaeus
노랑무늬끝짤름나방	흰줄짤름나방	384. *Pangrapta flavomacula* Staudinger, 1888
울툭불툭끝짤름나방	구름무늬짤름나방	385. *Pangrapta suaveola* Staudinger, 1888 → *Pangrapta indentalis* Leech
굽은끝짤름나방	북방쌍띠밤나방	387. *Mythimna curvata* Leech, 1900
검은끝빠른밤나방	검은수중다리밤나방	388. *Dysgonia obscura* (Bremer et Grey, 1853)

석주명의 신칭(1970)	국립생물자원관(2019)	학명
무화과윗날개나방	붉은금무늬밤나방	389. *Chrysodeixis eriosoma* (Doubleday, 1843) → *Phytometra chaleytes* (!) Esper
조롱윗날개나방	꼬마금무늬밤나방	390. *Diachrysia nadeja* (Oberthur, 1880) → *Phytometra chrysitis nadeja* Oberthur
범벅윗날개나방	국화금무늬밤나방	391. *Thysanoplusia intermixta* (Warren, 1913)
깨밤나방	벼밤나방	393. *Sesamia inferens* (Walker, 1856)
태극나방	흰줄태극나방	395. *Metopta rectifasciata* (Menetries, 1863) → *Speiredonia interlineata* Guenee
톱니바퀴태극나방	태극나방	396. *Spirama retorta* (Clerck, 1759)
흰점밤나방	큰뒷노랑밤나방	399. *Olivenebula oberthueri* (Staudinger, 1892) → *Triphaennis obertueri albimacula* Warren
다갈색얼럭나방	뒷노랑얼룩나방	**65. Fam. Agaristidae** 얼럭나방과 400. *Sarbanissa subflava* (Moore, 1887)
제주도점박이 붉은꼬마불나방	알락주홍불나방	**66. Fam. Arctiidae** 불나방과 408. *Barsine pulchra* (Butler, 1877) → *Miltochrista pulchra quelparta* Okamoto
케자르불나방	굴뚝불나방	411.*Epatolmis caesarea* (Goeze, 1781)
삐뚜루불나방	외줄점불나방	414. *Spilarctia luteum* (Hufnagel, 1776) → *Spilosoma obliqua* Walker
미란다자벨레나방	버드나무얼룩 가지나방	**70. Fam. Geometridae** 자벌레나방과 421. *Abraxas miranda* Butler, 1878
꽃밭애기	물결애기자나방	422. *Scopula superciliata* (Prout, 1913)
왕자애기나방	줄노랑흰애기자나방	423. *Scopula superior* (Butler, 1878)
노랑자벌레나방	외줄노랑가지나방	426. *Auaxa sulphurea* (Butler, 1878) → *Auaxa cesadaria* Walker

석주명의 신칭(1970)	국립생물자원관(2019)	학명
단순밥타나방	연노랑가지나방	427. *Lomographa simplicior* (Butler, 1881)
억지밥타나방	흑점박이흰가지나방	428. *Lomographa temerata* (Denis et Shiffermüller, 1775)
점날개가지나방	네눈가지나방	429. *Hypomecis punctinalis* (Scopoli, 1763)
솔가지나방	솔검은가지나방	430. *Deileptenia ribeata* (Clerck, 1759) → *Bora mia ribeata* Clerck
위령선애기나방	흰무늬물결자나방	433. *Melanthia procellata* (Denis et Schiffermüller, 1775) → *Cidalia procellata inqauinata* Butler
한줄자벌레나방	큰빗줄가지나방	434. *Descoreba simplex* Butler, 1878
줄흰자벌레나방	흰줄푸른자나방	437. *Geometra dieckmanni* Graeser, 1889
오얏자벌레나방	톱무늬물결자나방	438. *Eulithis prunata* (Linnaeus, 1758)
세검은점자벌레나방	고운날개가지나방	439. *Oxymacaria normata* (Alpheraky, 1892) → *Macaria proximaria* Leech
호랑이자벌레나방	노랑날개무늬가지나방	442. *Epobeidia tigrata* (Guenee, 1857)
흰제비자벌레나방	꼬리두점박이가지나방	443. *Ourapteryx similaria* Leech, 1897
끝흰날개하늘나방	끝흰재주나방	**71. Fam. Ceruridae** 하늘나방과 448. *Hexafrenum leucodera* (Staudinger, 1892)
등불하늘나방	팔자머리재주나방	450. *Gonoclostera timoniorum* (Bremer, 1861)
석왕사하늘나방	꼬마재주나방	452. *Clostera pigra* (Hufnagel, 1766)
조선하늘나방	고려재주나방	453. *Neodrymonia coreana* Matsumura, 1922
중국하늘나방	주름재주나방	455. *Pterostoma gigantina* Staudinger, 1892 → *Pterostoma sinica* Moore
수원하늘나방	회색재주나방	456. *Syntypistis pryeri* (Leech, 1889)
게피하늘나방	노랑재주나방	457. *Rosama cinnamomea* Leech, 1888
십자하늘나방	꽃무늬재주나방	458. *Stauropus basalis* Moore, 1877

석주명의 신칭(1970)	국립생물자원관(2019)	학명
저승박각시	탈박각시	**73. Fam. Sphingidae** 박각시과 460. *Acherontia styx* Westwood, 1848
콘포도박각시	포도박각시	461. *Acosmeryx naga* (Moore, 1857)
사가박각시	검은꼬리박각시	467. *Macroglossum saga* (Butler, 1878)
복숭아박각시	분홍등줄박각시	469. *Marumba gaschkewitschii* (Bremer et Grey, 1852)
제주박각시	제주등줄박각시	470. *Marumba saishiuana* Okamoto, 1924
하이칼라박각시	세줄박각시	473. *Theretra oldenlandiae* (Fabricius,1775)
민갈구리나방	남방흰갈고리나방	**82. Fam. Drepanidae** 갈구리나방과 549. *Deroca inconclulsa coreana* Hampson, 1814 → *Deroca phasma* Butler
여덟점날개나방	여덟무늬알락나방	**83. Fam. Zygaenidae** 알락나방과 550. *Balataea octomaculata* (Bremer, 1861)
중국가는날개나방	유리날개알락나방	552. *Illiberis sinensis* Walker, 1854
흰줄포충나방	흰띠풀명나방	**85. Fam. Pyralidae** 명충나방과 557. *Crambus argyrophorus* Butler, 1878
별박이명충나방	제주별명나방	561. *Diloxia fimbriata* Hampson, 1896
노랑갓명충나방	노랑무늬들명나방	564. *Goniorhynchus exemplaris* Hampson, 1898 → *Goniorhynchus marginalis* Warren
두빛갈명충나방	줄노랑알락명나방	568. *Nephopterix bicolorella* Leech, 1889
곧은무늬명충나방	사탕무우들명나방	572. *Sitochroa verticalis* (Linnaeus, 1758)
알롱명충나방	콩줄기명나방	575. *Ostrinia scapulalis* (Walker, 1859) → *Pyrausta varialis* Bremer
외줄박이창밤나방	창나방	**86. Fam. Thyrididae** 창밤나방과 578. *Striglina cancellata* Christoph, 1881 → *Striglina scitaria* Walker

석주명의 신칭(1970)	국립생물자원관(2019)	학명
사과잎말이나방	사과흰애기잎말이나방	**87. Fam. Olethreutidae** 애기잎말이나방과 580. *Spilonota ocellana* (Denis and Schiffermuller, 1775) → *Spilonota ocellana* Fabricius
포다나잎말이나방	뿔날개잎말이나방	**88. Fam. Tortricidae** 잎말이나방과 581. *Archips asiaticus* (Walsingham, 1900) → *Cacoecia podana* Scopoli
벚나무수리 빛잎말이나방	벚나무잎말이나방	582. *Pandemis chlorograpta* Meyrick, 1931 → *Pandemis ribeana* Hubner
감저꼬마나방	고구마뿔나방	**89. Fam. Gelechiidae** 곡식나방과 583. *Helcystogramma triannulella* (Herrich-Schaffer, 1854) → *Brachmia macroscopa* Meyrick
애기옷좀나방	애기옷좀나방	**91. Fam. Tineidae** 곡식좀나방과 588. *Tineola biselliella* (Hummel, 1823)
담요좀나방	털좀나방	589. *Trichophaga tapetzella* (Linnaeus, 1758)
헥토르유리나방	복숭아유리나방	**92. Fam. Aeegeriidae** 유리나방과신칭 590. *Synanthedon bicingulata* (Butler, 1878) → *Conopia hector* Butler
일본풀잠자리	등빨간풀잠자리	**8. Ord. Neuroptera** 뿔잠자리(脈翅)목 **Subord. Planipennia** 편시(扁翅)아목 97. Fam. Chrysopidae 풀잠자리科 596. *Italochrysa japonica* (MacLachlan,1875)
유리창판날개풀잠자리	모시보날개풀잠자리	**98. Fam. Osmylidae** 판날개풀잠자리과 597. *Plethosmylus hyalinatus* (MacLachlan, 1875)
제주판날개풀잠자리	제주보날개풀잠자리	580. *Spilosmylus saishiuensis* Okamoto, 1924

석주명의 신칭(1970)	국립생물자원관(2019)	학명
황소노린재	황소노린재	**9. Ord. Hemiptera** 매미(半翅)목 **Subord. Heteroptera** 이시(異翅)아목 **Ser. Gymnocerata** 현각군(顯角群) **99. Fam. Pentatomidae** 600. *Alcimocoris japonensis* Scott, 1880
남방풀노린재	남방풀색노린재	609. *Nezara viridula* (Linnaeus, 1758)
일본주둥이노린재	붉은땅노린재	612. *Parastrachia japonensis* (Scott, 1880)
큰소금쟁이	왕소금쟁이	**103. Fam. Gerridae** 소금쟁이과 620. *Aquarius elongatus* (Uhler, 1896)
반날개소금쟁이	소금쟁이	622. *Aquarius paludum paludum* Motschulsky, 1866 → *Aquarius paludum remigator* Horvath
홀쭉침노린재	호리납작침노린재	**104. Fam. Reduviidae** 침노린재과 625. *Pygolampis bidentata* (Goeze, 1778) → *Pygolampis cognatus* Horvath
노랑침노린재	노랑침노린재	627. *Sirthenea flavipes* (Stal, 1855)
애띠좀매미	흰띠거품벌레	**111. Fam. Cercopidae** 좀매미과 643. *Obiphora intermedia* Uhler, 1896 → *Aphrophora intermedia* Uhler
버들멸구	등줄버들머리매미충	**113. Fam. Cicadellidae** 멸구과 646. *Podulmorinus vitticollis* (Matsumura, 1905)
국화수염진디	국화꼬마수염진딧물	**Ser. Sternorrhyncha** 복문군(腹吻群) **115. Fam. Aphididae** 진디과 651. *Macrosiphoniella sanborni* (Gillette, 1908) → *Macrosiphoniella chrysanthemi* Del
국화진디		652. *Macrosiphoniella sanborni* (Gillette, 1908)
우엉수염진디	우엉수염진딧물	653. *Uroleucon gobonis* (Matsumura, 1917)

석주명의 신칭(1970)	국립생물자원관(2019)	학명
장미수염진디	장미흰깍지벌레	654. *Aulacaspis rosae* (Bouché, 1834) → *Macrosiphum rosae* Linnaeus
복숭아진디	복숭아혹진딧물	655. *Myzus persicae* (Sulzer, 1776)
원예식물진디		656. *Myzus persicae* (Sulzer, 1776) → *Rhopalosiphum persicae* Sulzer
귀리진지	보리수염진딧물	657. *Sitobion avenae* (Fabricius, 1775)
귤나무진디	탱자소리진딧물	658. *Toxoptera aurantii* (Fonscolombe, 1841)
포도나무뿌리진디	포도뿌리혹벌레	**116. Fam. Phylloxeridae** 흑진디과신칭 659. *Viteus vitifolii* (Fitch, 1855) → *Phylloxera vastatrix* Planch
장미깍지진디	장미흰깍지벌레	**117. Fam. Coccidae** 깍지진디과 661. *Aulacaspis rosae* (Bouché, 1834)
거북깍지진디	거북밀깍지벌레	663. *Cerostegia japonica* (Green, 1921) → *Cerostegia floridensis* Comstock
귤나무동굴깍지진디	온실갈색깍지벌레	664. *Chrysomphalus aonidum* (Linnaeus, 1758)
열대깍지벌레		665. *Chrysomphalus aonidum* (Linnaeus, 1758)
깍지진디	무화과깍지벌레	666. *Coccus hesperidum* Linnaeus, 1758
솜깍지진디	이세리아깍지벌레	667. *Icerya purchasi* Maskell, 1878
귤나무긴깍지진디	긴굴깍지벌레	668. *Lepidosaphes gloverii* (Packard, 1869)
동굴흑점깍지진디	동굴점깍지벌레	670. *Parlatoria pergandii* Comstock, 1887
사과흑점깍지진디	긴점깍지벌레	671. *Parlatoria proteus* (Curtis, 1843)
귤나무흑점깍지진디	귤나무점깍지벌레	672. *Parlatoria zizyphus* (Lucas, 1853)
귤나무가루깍지진디	귤가루깍지벌레	673. *Planococcus citri* (Risso, 1813)

석주명의 신칭(1970)	국립생물자원관(2019)	학명
줄새깃날개꼬마	Thysanoptera 총채벌레목 알팔파줄총채벌레	**10. Ord. Thysanoptera** 새깃날개꼬마(總翅)목-신칭 **Subord. Terebrantia** 천공(穿孔) 아목 **118. Fam. Aelothripidae** 줄새깃날개꼬마과-신칭 674. *Aeolothrips fasciatus* (Linnaeus, 1758)
파새깃날개꼬마	파총채벌레	**119. Fam. Thripidae** 새깃날개꼬마과-신칭 675. *Thrips tabaci* Lindeman, 1888
애소이	애소이	**12. Ord. Anoplura** 이(蝨)목 **126. Fam. Haematopinidae** 짐승이과 697. *Linognathus vituli* (Linnaeus, 1758)
수리긴뿔털이	수리긴뿔털이	**13. Ord. Mallophaga** 털이(食毛)목 **Subord. Ischnocera** 세각(細角)아목 **127. Fam. Philopteridae** 긴뿔털이과-신칭 698. *Colpocephalum flavescens* (De Haan,1829)
갈매기긴뿔털이	갈매기긴뿔털이	699. *Saemundssonia melanocephalus* (Burmeister, 1838)
꼬마닭긴뿔털이	닭긴뿔털이	700. *Goniocotes gigas* (Taschenberg, 1879) → *Goniodes abdominalis* Piaget
닭긴뿔털이		701. *Goniocotes gigas* (Taschenberg, 1879)
꿩긴뿔털리	땅딸보꿩참새털이	702. *Goniodes dissimilis* Denny, 1842
칠면조긴뿔털이	칠면조긴뿔털이	703. *Chelopistes meleagridis* (Linnaeus, 1758) → *Goniodes stylifer* Nitzsch
비둘기긴뿔털이	비둘기긴뿔털이	704. *Columbicola columbae* (Linnaeus, 1758) → *Lipeurus baculus* Nitzsch
홀죽집오리긴뿔털이	홀쭉집오리긴뿔털이	705. *Anaticola squalidus* (Scopoli, 1763)
까마귀긴뿔털이	까마귀긴뿔털이	706. *Degeeriella unicinosus* (Burmeiter, 1838)

석주명의 신칭(1970)	국립생물자원관(2019)	학명
소걸이	소털이	**128. Fam. Trichodectidae** 짐승털이과-신칭 710. *Damalinia scalaris* Nitsch, 1818
작은닭이	닭털이	**Subord. Amblycera** 둔각(鈍角)아목 **129. Fam. Menoponidae** 짧은뿔털이과-신칭 712. *Menopon gallinae* (Linnaeus, 1758) → *Neumannia pallidum* Nitzsch
지빠귀이	지빠귀이	713. *Ricinus mystax* (Brumerister, 1838)
오리이	오리털이	714. *Trinoton querquedulae* (Linnaeus, 1758)
대만딱다깨비사촌	딱다기	**17. Ord. Orthoptera** 메뚜기(直翅)목 **Subord. Saltatoria** 도약(跳躍)아목 **135. Fam. Locustidae** 메뚜기과 726. *Gonista bicolor* (de Haan, 1842) → *Gelastorrhinus rotundatus* Shiraki
일본메뚜기	각시메뚜기	728. *Nomadacris japonica* (I. Bolívar, 1898)
동굴톡토기	초록둥근톡토기	**18. Ord. Collembola** 톡토기(粘管)목 **Subord. Symphypleona** 합절(合節)아목 **139. Fam. Sminthuridae** 알톡토기과 735. *Sminthurus viridis* (Linnaeus, 1758)
물톡토기	물톡토기	**Subord. Arthropleona** 이절(離節)아목 **140. Fam. Poduridae** 톡토기과 736. *Podura aquatica* Linnaeus, 1758

제3장 평가와 과제

『제주도곤충상』의 의의는 다음과 같다.

첫째, 지리적 여건 등으로 인하여 다른 학자들이 자주 올 수 없던 제주도에 석주명은 3회에 걸쳐 방문하였다. 그중 1943년 4월 24일부터 구 경성제국대학 의학부 소속인 '생약연구소 제주도시험장' 책임자로 부임하면서 1945년 5월까지 2년 1개월간 제주도에 머물며 곤충채집을 하면서 정리하였다. 그 당시 우리나라 곤충학자가 많지 않아 몇몇밖에 활동하지 못하던 시대인데 당대 최고의 학자인 그가 제주도 곤충을 정리하였다는 사실은 제주도로 보면 다행스런 일이다.

둘째, 석주명이 곤충 관련 논문 또는 책자를 쓸 때에는 당시 논문이나 책자를 구하기가 힘들었을 것인데도 많은 제주도 관련 책자 또는 논문을 구입하여 정확하게 분석하여 정리하였다는 점은 오늘날 후학들에게도 학문의 모범과 더불어 학문적 가치를 보여주었다.

셋째, 석주명의 『제주도곤충상』이 발간된 것은 1970년이지만, 그 원고는 1950년 6월 전에 완료되어 제주도의 곤충을 19목 141과 737종으로 정리했다. 제주도 곤충에 대하여 전반적으로 정리한 학자는 이치카와(市河三喜)가 1906년에 11목 34과 86종, 오카모토(岡本半次郎)가 1924년 12목 92과 527종을 기록하고 있다. 그 후 조복성은 1963년에 오카모토가 기록한 것과 더불어 자신이 채집한 자료를 가지고 16목 120과 685종을 기록하였다. 그러나 석주명은 조복성보다 13년이나 이른 시기에 48종이나 더 많은 종수를 기록한 것으로 보면 그가 얼마나 많은 자료를 수집하였는가를 보여준다.

넷째, 석주명이 『제주도곤충상』을 정리하면서 목명目名, 과명科名, 종명種名 190여 종에 이르는, 아름답고 부르기 쉬운 우리말 이름을 새롭게 붙이게 된 사실이다.

석주명은 "남이 하지 않는 일을 10년간 하면 반드시 성공한다. 세월 속에 씨를 뿌려라. 그 씨는 쭉정이가 되어서는 안 된다. 정성껏 가꾸어야 한다."라고 다짐하고 실천하여 세계적인 나비학자가 되었다. 오늘날 제주도는 유네스코 생물권보전지역 지정,

세계자연유산 등재, 세계지질공원 인증 등으로 독특한 자연경관과 더불어 생물 다양성의 가치가 주목받고 있다. 이 시점에서 석주명이 제주도 곤충에 남긴 업적은 매우 크다는 점을 상기하여야 하며 그의 업적을 재조명하여 후대에 남길 수 있도록 해야 한다.

『제주도곤충상』연구사에 등장하는 곤충들

애기뿔소똥구리

흰줄바구미

노랑줄왕버섯벌레

물방개

제주홍단딱정벌레

큰조롱박먼지벌레

『제주도곤충상』에서 우리말 이름을 새로 붙인 종과 기록된 곤충들

무늬독나방

멸강나방

대만수염나방

국화금무늬밤나방

흰줄태극나방

버드나무얼룩가지나방

줄노랑흰애기자나방 　　　　　　　솔검은가지나방

고운날개가지나방 　　　　　　　노랑무늬가지나방

주름재주나방 　　　　　　　탈박각시

포도박각시

분홍등줄박각시

제주등줄박각시

남방흰갈고리나방

여덟무늬알락나방

모시보날개풀잠자리

딱다기

각시메뚜기

『제주도자료집』

양정필

제1장 개요

주지하듯이, 석주명은 1943년 4월부터 1945년 5월까지 만 2년간 제주도에서 살면서 제주도 관련 자료를 수집하였고, 8·15 해방 직후 6권의 총서로 출간할 계획을 세웠다. 애초에는 6권을 2개월에 한 권씩 1년 동안 서울신문사 출판국에서 출간할 계획이었다. 그러나 이 계획은 뜻대로 진행되지 못해서 석주명 생전에는 3권만이 간행되었다. 제1집 『제주도방언집』(1947), 제2집 『제주도의 생명조사서(제주도 인구론)』(1949), 제3집 『제주도문헌집』(1949)이 그것이다. 그의 생전에 간행되지 못한 나머지 세 권에 대해서도 석주명은 간행 준비를 거의 끝낸 것으로 보인다. 그러나 6·25 전쟁의 발발로 미간행 세 권은 그의 생전에 빛을 보지 못하고, 사후인 1970~71년 사이에 간행되었다.

『제주도자료집』은 제주도 총서 제6집으로 총서의 마지막 권에 해당한다. 『제주도자료집』 간행 준비는 두 차례에서 걸쳐서 이루어진 듯하다. 우선 석주명은 해방 직후 1년 동안 6권의 총서를 간행한다는 최초의 계획에 의해서 이 책의 간행 준비를 끝낸 것 같다. 그런데 석주명이 1950년 6월에 쓴 『제주도자료집』 서序에 의하면, 애초의 계획이 여러 가지 사정으로 지연되었고, 지연된 기간은 책의 내용을 좀 더 충실히 하는 기회가 되었음을 밝히고 있다. 이를 보면 최초의 계획이 지연되는 동안 석주명은 『제주도자료집』에 대해 보완 작업을 하였음을 알 수 있다.

앞의 '서'에 의하면, 이 책의 2차 간행 준비는 1950년 6월 무렵에 끝났음을 알 수 있다. 그런데 그 직후에 6·25 전쟁이 발발하였고, 전쟁의 와중에 석주명이 유명을 달리하면서 미간행 책들의 간행은 한참 미루어지다가 1970년과 71년에 빛을 보게 되었다. 『제주도자료집』은 총서의 맨 마지막으로 1971년 9월 10일, 보진재에서 간행되었다.

『제주도자료집』의 성격은 석주명이 쓴 위의 '서'에 잘 드러나 있다. 인용하면 다음과 같다.

> 이 제6집에는 제1~5집에 들지 않은 여러 자료를 모은 것이다. 이 자료란 것이 저자가 주로 잡지에 기고한 기간·미간의 졸편들로서 그중에는 기고했던 것을 다시 찾아온 것도 약간 있다. 이 제6집이 제주도 총서의 종권이므로 친지의 권고도 있고, 또 연구하는 분의 편의를 고려하여 권말에 졸저 목록을 부록으로 넣기로 하였다.

이처럼 『제주도자료집』은 제주도총서 제1~5집에 수록되지 않은 글들을 모은 것이다. 그 결과 이전의 다섯 권과는 달리 이 책을 관통하는 하나의 핵심 주제를 찾기는 쉽지 않다. 다만 어느 글이나 제주도와 관련 있다는 점이 하나의 공통점이라고 하면 공통점이 될 것이다. 특히 제주어에 대한 내용이 많은 분량을 차지하고 있어서, 『제주도방언집』을 잇는 또 하나의 '제주어' 보고라고 말할 수 있다. 마지막으로 권말에 석주명의 저술 목록이 부록으로 실려 있다. 이는 그의 연구 업적을 일목요연하게 파악할 수 있게 해준다는 점에서 의미가 있다. 본서의 목차는 아래와 같다.

목차
한국의 자태

제주도와 울릉도

제주도 지명을 포함한 동식물명(증보판)

제주도의 나비

제주도 방언 수필 보유

제주도의 식물명

제주도의 동물명

농업 관계의 제주어

임업 관계의 제주어

목축 관계의 제주어

해산 관계의 제주어

한자의 제주어

제주도의 동리명

제주도 방언 중의 조선 고어

외국어에서 유래한 제주도 방언

제주도 방언과 마래어馬來語

제주도 방언과 비도어比島語

제주도 방언과 안남어安南語

제주 시조 고·양·부 삼씨고三氏考

속보

탐라고사耽羅古史

토산당 유래기

마라도 엘레지

제주도전설 눈까진 장서방(눈먼 장꿩)

제주도 전설 독버르니

제주도의 회상

주요작물 파종량 비교표

목향木香의 재배 시험

곤마莨麻의 재배 시험

제주도청론

대한민국의 여다女多 지역

「남녀수의 지배선」의 위치

도민의 식료품 조사

제주도의 상피병象皮病

부록: 저자의 업적 목록 및 해설

제2장 내용

개요에서 언급했듯이,『제주도자료집』에 실린 글들은 총서 5권에 포함되지 않은 것들을 모은 것이기 때문에 그 성격이 서로 다른 것들이 많아서 하나의 주제로 연결하기는 쉽지 않다. 이 글에서는 편의상『제주도자료집』에 실린 글들을 몇 개의 소주제로 분류하여 그 내용을 소개하고자 한다. 편의상 분류한 소주제는 다음과 같다. 1. 제주도 일반, 2. 인구 관련, 3. 제주도 역사 관련, 4. 제주도 전설 관련, 5. 농작물 재배 관련, 6. 제주어 관련. 각 소주제에 부합한 글들을 분류해 보면 아래와 같다.

1. **제주도 일반:** 한국의 자태, 제주도와 울릉도, 제주도의 회상, 제주도청론
2. **인구 관련:** 대한민국의 여다 지역, 남녀수의 지배선의 위치, 도민의 식료품 조사, 제주도의 상피병
3. **제주도 역사 관련:** 제주시조 고양부 삼씨고, 속보, 탐라고사
4. **제주도 전설 관련:** 토산당 유래기, 마라도 엘레지, 눈까진 장서방, 독버르니

5. 농작물 재배 관련: 주요 작물 파종량 비교표, 목향의 시험 지배, 곤마의 시험 재배

6. 제주어 관련: 위에서 언급되지 않은 글들

아래에서는 소주제별로 각각의 내용을 소개하고자 한다.

1. 제주도 일반

1) 「한국의 자태」

「한국의 자태」란 글은 석주명이 『제주신보』(1948년 2월 6일자)에 투고한 「조선의 자태」를 재수록한 글이다. 이 글을 보면 석주명이 제주도를 어떻게 생각하였는지, 또 그가 총서를 간행할 수 있을 만큼 제주도에 큰 관심을 가졌던 이유가 무엇인지를 어느 정도 짐작할 수 있다.

이 글에서 석주명은 한국 사람은 한국의 자태를 잘 알아야 세계 열국 사이에서 발언권을 얻고 세계문화 건설에 이바지할 수 있다고 적고 있다. 그런데 국제 생활을 하게 된 우리는 일상생활에서 한국 고유의 요소가 매우 적은 사실에 놀라게 되는데, 그런 가운데 제주도의 언어·풍속·습관·기타는 육지와 서로 달라서 자세히 보면 한국의 옛날 모습 내지 진정한 모습을 말해주는 자료가 많다고 생각하였다. 즉 진정한 한국의 자태를 찾으려면 제주도에서 그 자료를 많이 구할 수 있다고 보았던 것이다. 그리고 제주도가 한국의 자태를 간직할 수 있었던 배경으로는, 고도孤島여서 육지에서와 같이 외래문화의 침윤을 받을 기회가 적었던 점, 작지 않은 면적과 인구로 인해 고유문화를 보존할 수 있었던 점 등을 거론하였다.

이를 통해서 한국 사회와 제주도에 대한 석주명의 인식을 엿볼 수 있다. 석주명은 한국 사회가 국제 사회에서 대우받기 위해서는 그 고유한 문화를 갖고 있어야 한다고 생각하였다. 그런데 막상 당시 한국 사회는 국제화가 많이 진행되어 고유의 요소가 많

이 사라졌다고 인식했다. 그런데 석주명이 보기에 절해고도 제주도는 육지와는 달리 한국의 고유한 자태를 간직한 곳이었다. 따라서 제주도에는 한국의 자태를 밝혀줄 금쪽같은 자료가 지극히 많이 산재해 있다고 인식하였다. 다만 석주명은 제주도 사람들이 아쉽게도 제주도의 특이성 내지 한국 고유 문화성을 귀한 줄 모른다고 생각하였다.

석주명이 제주도에 주목하고 제주도 관련 자료를 대단히 열성적으로 수집한 이유를 어느 정도 짐작할 수 있을 것 같다. 그는 제주도를 한국 고유문화의 보고로 인식하였다. 그런데 막상 제주도 사람은 그에 대한 인식이 부족하여 그 귀함을 모르고 있다고 보았다. 결국 그 가치를 인식한 자신이 관련 자료를 수집하여 계통을 세우려고 노력하게 되었고, 그러한 노력은 자연스럽게 제주도 총서 6권의 발간으로 결실을 맺었다고 볼 수 있겠다.

석주명이 생각한 한국의 자태, 한국 고유의 요소가 무엇인지는 좀 더 논구가 필요해 보이며, 당시의 제주도를 한국 고유의 요소를 간직한 지역으로 인식하는 것이 타당한지도 논의가 필요할 것이다. 그렇지만, 석주명이 제주도에 관심을 갖게 된 계기를 짐작할 수 있다는 점에서 이 글은 큰 의미가 있다고 하겠다.

2) 「제주도와 울릉도」

이 글은 『소학생』(1947년 10월호)에 실렸던 것이다. 수록 잡지 이름을 보면 알 수 있듯이, 어린이와 청소년을 대상으로 제주도와 울릉도를 소개한 글이다. 제주도에 국한해서 보면, 석주명의 제주도 소개는 자연과학자답게 자연환경에 초점이 맞추어져 있다. 예컨대 새끼 화산 즉 오름이 300개 이상인데, 이는 두말할 것 없이 세계 제일이고, 현무암으로 된 김녕리의 사굴은 그 길이가 세계 제일이고, 또 식물이 많기로도 세계적이라고 제주도를 소개하고 있다. 제주도의 자연환경 가운데 세계적인 요소들을 강조하고 있는 점이 인상적이다.

그리고 1,950m의 한라산은 평지에서부터 정상까지 오르다 보면 아열대에서 한대까지 여행하는 것과 같다고 하면서, 이는 중국 남경에서부터 북으로 가서 북경을 지나 흥안령을 또 지나 시베리아까지 여행하는 것과 같다고 비유하고 있다. 한 섬에서 그 풍경이 많이 변하는 것을 볼 수 있으니 아주 재미있는 일이라고 제주도를 소개하였다. 이처럼 석주명의 제주도 소개는 자연환경에 초점이 맞추어져 있고, 특히 제주도가 세계에 내세울 수 있는 것을 주요한 소재로 삼고 있다.

3) 「제주도청론」

이 글은 『제주신보』(1948년 10월 20일)에 실렸던 것이다. 일제강점기 제주도濟州島라는 특별 행정구역이 미군정 하인 1946년 8월 1일에 가장 상급 행정단위라고 할 수 있는 제주도濟州道로 승격하였다. 이 글은 '반半 제주인'이라고 자처한 석주명이 제주도제濟州道制 실시에 대한 소감을 적은 것이다. 특이한 사실은 신문 투고 시기가 4·3이 진행 중인 1948년 10월이라는 것이다. 이때는 제주도로 승격된 지 이미 2년이 더 지난 시기인데, 다소 뜬금없이 제주도 승격에 대해 쓴 이유는 분명하지 않다.

석주명은 미군정 하에서 실시된 도제에 대해서 긍정적이지는 않았던 것 같다. 그는 "당초부터 미국인 군정 하의 위곡委曲된 일 행정 현상으로 보았"다고 적고 있기 때문이다. 미국은 제주도가 특수하고도 중요하다고 해서 도道로 승격시켰다고 보았다. 그런데 도 아래에 단지 2개의 군만 있는 것은 있을 수 없다고 적고 있는데, 도제 실시에 대해 부정적인 인식을 재차 확인할 수 있는 것 같다. 특히 도민의 부담을 언급하는 부분에서 도제 실시에 대한 석주명의 인식은 분명해진다고 할 수 있다. 그는 제주도 전체가 부식질 과다의 척박한 토지로 도민은 자연히 근로하지 않을 수 없다고 보았다. 심지어 그는 제주도민이 육지에 와서 일한다면 누구나 부자가 될 것이라고 하였다. 그만큼 힘든 제주도 사람들에게 도제 실시로 그 부담이 과중될 것으로 생각한 것 같다. 도지사 및 고관 국장의 존재가 제주도민에게 이익이 될 것으로도 생각하지 않았다.

다만 도제 실시로 중앙 정부가 혜택의 균점을 꾀해야 하고, 나아가서는 자체제로 될 것을 기대하였다. 아울러 제주도 개발의 중요성을 강조하였다. 특히 지하수 개발에 착안해야 할 것을 강조하면서 지하수 문제가 해결되면 제주도개발 문제는 반은 성공하는 것이 될 것으로 주장하였다.

이처럼 대체로 석주명은 제주도제 실시에 대해 부정적인 인식을 갖고 있었던 것 같고, 제주도 개발과 관련하여 지하수를 주목한 부분도 눈에 띈다. 다만 도제를 실시한 지 2년이 더 지났고, 또 제주4·3이 발발하여 한창 진행 중이던 때에 「제주도청론」을 투고한 이유는 알기 어렵다.

4) 「제주도의 회상」

이 글은 석주명이 1936년에 1개월간 제주도를 여행하면서 동물을 채집할 당시 받은 인상을 기록한 것이다. 동물 채집 결과는 「제주도산 접류 채집기」란 제목으로 『제피루스』에 투고하였다. 그 글과 중복되지 않는 단편적인 내용들을 모아, 1937년에 『지리학연구』(제14권 제5호, 1937년, 일어)에 투고한 것이 바로 이 글이다.

비록 단편적이지만, 1936년 당시 제주도에 대한 서술이 흥미를 끈다. 석주명은 제주도의 민가는 전라도 해남의 그것과 비슷하다고 느꼈다. 도시는 인구 3만 5천 명의 제주읍이 있는데, 진짜 도시는 읍내에서도 성내뿐이라고 하였다. 재미있는 것은 당시 제주도의 도시와 농촌을 막론하고 대판풍大阪風이 많이 들어와 있다는 서술이다. 그래서 육지와 비교하여 오히려 진보된 느낌이 있다고 적고 있다. 소도시의 상점이나 이발소 등도 개성보다 낫다고 하였다.

그러면서 곳곳의 부락에는 폐병 환자가 있다고 하면서, 그들은 대판 방면에 여공으로 나갔던 사람들이 폐병이 들어서 돌아온 때문이라고 하였다. 당시 도일渡日 제주인의 존재 및 그들이 제주 사회에 끼친 영향은 어느 정도 알려져 있는데, 이 연장선에서 석주명의 서술을 이해할 수 있을 것이다. 폐병 환자의 존재는 일반적인 사료에서 쉽게 접하기 힘든 것으로 도일 제주인의 고달픈 삶을 보여준다고 할 수 있다.

1936년 당시 석주명은, 제주도에 대해서 오사카의 영향을 받아서 대도시에 부럽지 않은 시설, 좋은 공기 등으로 건강 지역으로 더할 나위가 없는 곳으로 인식하였다. 그러나 1943년부터 2년여간 체류할 때 그는 제주도 인구를 조사한 바가 있고, 그 결과는 『제주도의 생명조사서』로 발간되기도 하였다. 이 인구 조사를 통해서 그는 제주도는 건강 지역으로 보기 어렵다는 결론에 도달하였다. 1개월 정도의 여행에서 받은 인상과 실제 현장 조사 결과가 달랐던 것이다. 그래서 석주명은 「제주도의 회상」에 '추기追記'를 넣어서 제주도가 건강 지대라고 하기는 어렵다고 적고 있다.

이 글에는 제주도의 농경에 대한 내용도 수록되어 있다. 종자를 흩뿌리고 그 위를 10여 두, 많을 때는 수십 두의 소나 말로 밟게 하는 농경 방식을 목격한 것을 적고 있다. 석주명은 특히 소와 말을 뒤따르면서 제주도 농부들이 부르는 민요에 깊은 인상을 받았다. 민요의 뜻을 알 수 없지만 이국 정취가 느껴지고 어딘가 로맨틱한 데가 있다고 적고 있다.

한라산 서남쪽에 있는 오백나한을 가려고 두세 차례 시도하였지만, 우천으로 갈 수 없었던 사정도 기록하였다.

감귤 관련 기록도 있는데, 당시 석주명은 서귀포에 있었던 일본인 니시모토(西本)의 제주 농원을 방문하였다. 그에 의하면 이 농원 부근이 조선 유일의 밀감 산지라는 이야기를 들었다고 적고 있다. 당시 그곳의 감귤류는 제주도 내에서 전부 소비되어 육지에는 알려지지 않았다고 한다. 제주도에서 개량 감귤의 재배 기원 및 보급과 관련하여 주목되는 언급이다.

이 글에서 특히 흥미로운 내용은 가파도 관련 서술이다. 석주명은 곤충 채집을 위해서 직접 가파도를 찾았다. 그의 기록에 의하면 가파도는 당시로부터 약 80년 전에 개간되기 시작하였다. 작은 언덕도 없는 평탄한 곳이어서 개척이 수월했고 나무는 베기만 하고 심지 않아서 나무를 하나도 볼 수 없는 곳이 되고 말았다. 그래서 땔감도 제주도로부터 구입하는 형편이었다.

당시 가파도 호수는 170여 호, 인구는 700여 명이었다. 석주명은 신유의숙辛酉義塾

을 비교적 훌륭한 학원이라고 소개하고 있다. 당시 직원은 2명이었고, 보통학교 정도의 개량 서당으로 가파도 사람들의 경영이어서 도민 전체가 이용하고 소중히 여겼다. 신유의숙의 영향으로 40세 이하의 남녀 중에 문맹은 한 사람도 없었다.

가파도의 성인 남자는 어업에 종사하고, 여자는 전부 해녀였다. 남녀 모두 평등하게 일하였고, 그런 만큼 모두 기개가 있고 용감하여 애들까지도 활달하다는 인상을 받았다. 특히 석주명은 아이들의 수영 실력에 감탄하였다. 아이들은 거의 물고기처럼 자유롭게 헤엄을 쳤다. 여자아이는 해녀가 되는 훈련, 남자아이는 창을 갖고 바다에 들어가 고기를 찌르는 훈련을 하였다. 석주명의 눈에 그 아이들은 전부가 올림픽 수영 선수의 싹으로 보였다. 가파도 사람들의 배 다루는 솜씨에 대해서도 신기神技라고 표현할 정도로 깊은 인상을 받았다. 모슬포와 가파도를 오갈 때 가파도 사람이 조종하는 작은 범선을 탔는데 배를 전복 안 시키는 조종술에 경탄할 뿐이었다고 적고 있다.

당시 가파도의 명물로는 큰 전복, 참외, 자리회가 있었다. 석주명은 신유의숙 교원 문시욱 씨의 호의로 앞의 두 가지를 맛볼 수 있었다. 그러나 뼈째로 먹는 자리회는 육지인인 본인과는 친해질 것 같지 않다고 하였다.

이 외에 '한라정원'이라 가칭한, 흙붉은오름[토적악] 동쪽 속밭이라는 완만한 경사지에 있는 절경과 평시에는 건천이었다가 비가 내리면 하천으로 변하는 제주도 계곡에 대해서도 소개하고 있다. 1936년의 제주도 상황에 대해 단편적으로 언급한 것에 불과하지만, 당시 제주도의 일면을 확인할 수 있다는 점에서 의의가 있다.

2. 인구 관련

석주명은 제주도총서 중 하나로 『제주도의 생명조사서(제주도인구론)』를 발간할 정도로 인구 현상에 관심이 많았다. 그는 관청의 인구 조사에 대해 불만이 있었고, 자기만의 방식으로 인구 현상을 조사하고자 하였다. 그 연장선에서 인구 관련 몇 편의 글을 발표하였는데 그것들이 『제주도자료집』에 수록되어 있다. 「대한민국의 여다 지역」, 「남녀수의 지배선의 위치」, 「도민의 식료품 조사」, 「제주도의 상피병」 등이 여기에 해당한다.

1) 「대한민국의 여다 지역」

이 글은 『대한민국 통계월보』(1950년 제8호)에 실렸던 것이다. 이 글을 읽어보면 『제주도의 생명조사서』와 관련이 있음을 알 수 있다. 다만 『제주도의 생명조사서』가 제주도에 국한된 것이라면, 이 글은 전국을 대상으로 하고 있다는 점에서 차이가 있다. 그리고 제목에서 알 수 있듯이, 인구 현상 가운데서도 특히 여다 현상에만 초점을 맞추고 있는 점도 『제주도의 생명조사서』와는 다른 점이라고 할 수 있다.

석주명에 의하면 당시 우리나라 사람은 출생 시 성비가 남>여이고, 사망률의 성비도 남>여이고, 생존자 즉 주민의 성비도 대개는 남>여이었다. 남한 전체적으로는 남자가 여자보다 약 2% 많았고, 시도별로도 비슷하였다. 그런데 어떤 곳은 그렇지 않아서 남<여인 여다 지역이 있었다. 특히 제주도의 경우에는 여다 현상이 극단적인 모습을 보여서 여자가 남자보다 20% 이상 많았다. 구체적으로 당시 제주도 남자 수는 114,736명이었고, 여자 수는 139,791명이었다. 둘을 합하면 당시 제주도 인구는 254,527명 정도였음을 알 수 있다.

당시 부군면 별로 여다 지역을 보면, 전국에서 여자가 남자보다 1.15배 이상 많은 지역은 모두 제주도의 군면들이었다. 구체적으로, 여자가 남자보다 1.40배 이상 많은 지역은 북제주군 조천면, 1.35배 이상 많은 구역은 북제주군 구좌면, 1.20배 이상 많은 구역은 도 단위로서 제주도, 군 단위로서 북제주군 그리고 애월면, 한림면, 표선면, 성산면, 1.15배 이상 많은 구역은 제주읍, 군 단위로서 남제주군, 대정면, 안덕면, 중문면, 서귀면, 남원면이었다. 보다 구체적으로 남자 100명에 대한 여자 수를 정리하면 아래와 같다.

〈표 1〉 여다면女多面 일람표 중 제주 지역

연번	군면	비율	연번	군면	비율
1	북제주군 조천면	141	7	남제주군 대정면	118
2	북제주군 구좌면	135	8	남제주군 안덕면	118
3	북제주군 한림면	125	9	남제주군 중문면	117
4	북제주군 애월면	122	10	남제주군 서귀면	115
5	남제주군 표선면	121	11	남제주군 남원읍	115
6	남제주군 성산면	120	12	제주읍	115

* 비고: 위 일람표에는 남제주군 남원읍과 제주읍이 빠져 있다. 그런데 위에서 알 수 있듯이, 석주명은 이 두 읍면도 1.15 배 이상 구역이라고 하였다. 이에 의거해서 두 지역을 위 표에 수록하였다.

여기서 궁금한 점은 석주명이 어떤 자료에 의거해 위와 같은 수치들을 제시하고 있는가이다. 그 자료는 1949년 5월 1일 오전 0시 현재로 전국의 총인구를 일제히 조사한 『대한민국 제1회 총인구 조사결과 속보』인 것으로 보인다. 같은 글에서 이 자료에 대한 언급이 있으므로 이 조사 결과에 의거해서 분석한 것으로 보아도 무리가 없을 것이다.

1949년 5월 1일 당시 인구라고 하면 제주도의 경우 제주4·3의 와중이었고, 특히 4·3이 일단락되고 있던 시기였다. 당시 혼란한 제주도를 대상으로 인구 조사가 이루어졌는지, 이루어졌다고 하더라도 온전한 인구 조사가 가능했는지는 의문이다. 그러나 여하튼 석주명은 1949년 5월 당시 제주도 인구의 특징을 논하고 있고 그것은 극단적인 여다 현상으로 나타났다. 4·3을 겪으면서 다수의 남자들이 희생당한 결과임은 말할 것도 없다. 석주명은 당시 제주도에서 4·3이 발발했고 많은 인명 희생이 있고 또 수많은 가옥이 불태워진 사실을 알고 있었다. 그리고 당시 극단적인 여다 현상이 이 사건에 기인한 것임을 알고 있었을 텐데 이에 대해서는 언급하지 않았다. 4·3이 금기시되던 당시 상황에서 4·3을 공개적으로 언급하는 것은 불가능하였을 것이다. 다만 단편적이지만 당시 인구 조사 기록을 남긴 점은 4·3 전후 인구 관련 연구에 도움이 될 것이다.

한편 석주명의 여다 현상에 대한 관심은 제주도에 국한되지 않았다. 전국에서 여다 지역을 조사하였다. 그 결과에 의하면 여자가 남자보다 1.10배 이상 되는 구역은 강화도 길상면, 영암군 금중면, 무안군 도초면, 창원군 천가면, 통영군 연초면 등이었다. 양암군 금중면을 제외하면 모두 해안에 소재한 면들이다. 이 외에 1.05배 이상 되는 구역은 전국적으로 33곳이었다. 이 가운데 22곳이 해안 지역이었다. 석주명은 이러한 현상에 대해서 해안 지방에 여다 지역을 이루는 경향이 있는 것은 사실이라고 적고 있다. 그리고 석주명은 중국의 옛 문헌을 참고하여, 해안 지대에 여자가 많고 내륙 지대에는 남자가 많은 현상은 태곳적부터 있었던 사실이라고 하였다.[1] 이 글은 앞서 언급했듯이, 4·3 당시 제주도 인구의 변화에 대한 내용을 포함하고 있어서, 향후 이를 비판적으로 활용할 경우 관련 연구에 도움이 될 것으로 생각된다.

2) 「남녀수의 지배선의 위치」

이 글은 『대한민국 통계월보』(1949년 제5호)에 실렸던 것이다. 석주명에 의하면 '남녀수의 지배선'이란 출생 시에는 남＞여였던 것이 생장하면서 남자가 많이 죽는 관계로 생존자는 언젠가 남＜여로 되는데, 남＞여이던 것이 남＜여로 바뀌는 과정에서 남＝여로 되는 경계선을 말한다. 이는 석주명이 명명한 것이다. 『제주도의 생명조사서』에서는 각 마을마다 이 지배선을 추출한 적이 있다. 석주명은 이 지배선이 제주도에만 국한될 것이 아니라 나라 전체에도 적용될 수 있다고 생각하였다. 그래서 『대한민국 통계월보』 제1~3호를 이용하여 남녀수의 지배선을 추출한 내용이 바로 이 글의 토대를 이룬다.

---

1) 중국 문헌에 대한 교시는 위당 정인보가 하였고, 석주명은 본문에서 이에 대해 사의를 표하고 있다.

1947년 통계(대한민국 통계월보)에 의하면, 제주도에서 출생아 수의 성비는 남자 965명 대 여자 840명으로 그 비율은 53% 대 47%였다. 이는 남한 전역 총수의 성비 남자 233,050명 대 여자 204,982명, 그 비율 53% 대 47%와 일치하였다.

제주도에서 인구 개수概數의 성비는 남자 112,703명 대 여자 120,742명, 그 비율은 48% 대 52%였다. 남한 지역 총수의 성비는 남자 9,268,966명 대 여자 9,817,321명으로 그 비율은 51% 대 49%였다.

제주도에서 추정 인구의 성비는 남자 129,542명 대 여자 146,337명으로 그 비율은 47% 대 53%였다. 이 둘을 합하면 275,879명이 된다. 남한 지역 총수의 성비는 개수概數처럼 남자 10,053,752명 대 여자 9,832,482명으로 그 비율은 51% 대 49%였다. 이 둘을 합하면 19,886,234명이 된다.

제주도에서 출생 시의 성비와 총인구의 성비는 정반대로 역전된 것으로 나타나는데 이는 석주명의 연구 결과와 같다.

다만 기존에 간행된 통계월보에서, 1년 미만 아동의 최저 사망률이라든가, 인구자연 증가율에서 감소라든가, 사아死兒 수의 전무라든가, 출생율의 최저라든가, 사망률의 최저라든가, 모두가 제주도에 한한 신뢰할 수가 없는 통계라고 적고 있다.

이처럼 당시 인구 통계는 완전한 것이 되지 못하고 여러 한계를 내포하고 있었다. 그럼에도 관련 자료가 부족하다면 석주명이 제시한 해방 직후의 인구 수치들은 관련 연구에서 활용될 수 있다고 생각한다.

3) 「도민의 식료품 조사」

인구 혹은 생명 조사와 직접 관련은 없지만, 생명 유지와 관련하여 음식의 중요성은 두말할 필요가 없다. 석주명도 인구 관련 위의 두 글 바로 뒤에 「도민의 식료품 조사」를 배치하고 있다. 이를 보면 그 관련성을 완전히 무시할 수는 없을 것이다. 당시 제주도민이 섭취한 주요 음식과 식사량에 대한 정보를 알 수 있어서 참고가 된다. 구체적인 식사량과 주요 음식은 아래와 같다.

주식품: 보리와 조

농부 남자: 1일 3식분 대승大升 8합合

농부 여자·보통 남자: 7합

평균성인남자 1일: 대승 6~8합

다만 백미라면 그 분량에 못 미치고, 감저는 주요한 대용식이다.

부식물

백체白菜: 김치, 국 또는 생으로 1년 내내 사용한다.

미역: 국(더운 국 혹은 찬 국)으로 4~7월에 많이 사용한다.

자리: 산남에서는 5~12월에, 산북에서는 5~9월에 나는데 회로 많이 먹고 소금에 절여서 1년
　　　내내 식용한다.

멸치: 산북인이 비교적 많이 먹는다.

무: 김치, 국, 생으로 혹은 말려서 10~3월에 많이 먹는다.

해어류海魚類: 종류가 많으니 1년 내내 식용으로 한다고 할 수가 있다.

콩잎(생식), 호박잎(더운 국), 호박, 오이, 달래, 쑥, 미나리, 해초, 돈육 등을 흔히 먹는다.

고사리는 전도에 풍산豊産하는데도 불구하고 많이 안 쓰이는 것은, 고사리 요리에
는 다소 손이 가는 때문에 분주한 주부들에게 채택되지 않기 때문이라고 적고 있다.

석주명이 언급한 음식들은 제주도의 40대 이상의 사람이라면 익숙한 음식들이다.
위의 음식은 대개 1950년을 전후한 시기 제주도 사람들의 주식과 부식이다. 이 음식
들은 대개 1960~70년대까지도 제주도 사람들의 주식이고 부식이었다고 생각된다.
그 시기를 살았던 제주도 사람들이라면 석주명이 소개한 주식과 부식이 낯설지 않을
것이다.

4) 「제주도의 상피병」

이 글은 『조선의보』(1948년 제2권 제1호)에 실렸다. 제목 그대로 당시 제주도의 상피병에 대해 보고한 글이다.

3. 제주 역사 관련

1) 「제주시조 고양부 삼씨고」와 「속보」

이 글은 『주간 서울』(1950년, 87호)에 실렸던 것이다. 제목만 보면 그 내용이 고양부 삼성 신화에 대한 소개이거나 기존과 다른 새로운 해석에 관한 것으로 생각할 수 있다. 그런데 실제 내용은 고양부 세 성이 중국 해남도에 특히 많다는 것을 근거로 고양부 세 사람이 해남도에서 왔을 가능성을 제기하는 것이다.

석주명은 해방 후에 안남에서 25년 동안 생활하고 돌아온 이일래李一來란 사람을 만나 안남어, 광동어 등을 배웠다. 그 과정에서 중국 해남도에서 안남에 걸쳐서 고高·양梁·부符 3성이 많은 반면, 중국 본토에는 이 3성이 희귀하다는 이야기를 듣게 된다. 해남도의 고·양·부 3성이 제주도의 고高·양良·부夫와 통한다고 생각한 석주명은 이런 내용은 지금까지 논급된 일이 없는 만큼 특필대서할 사항이라고 적고 있다. 이를 보면 석주명은 이를 대단한 발견이라고 생각했던 것 같다. 특히 해남도는 제주도와 꽤 잘 연결된다고 주장한다. 해사海事를 주로 하는 점, 언어의 악센트가 강한 점 등이 제주도와 비슷하다는 것이다.

그러나 석주명은 단순히 비슷한 발음의 성씨가 많은 점, 해사에 능한 점, 언어의 특성 정도만 갖고 제주 신화 속 고·양·부가 해남도에서 왔다는 주장을 하기에는 무리가 있다고 판단하였던 것 같다. 그래서인지 이 글에서는 직접적으로 그러한 주장을 펴지는 않고 있다.

한편 이 글을 발표한 후에 중앙박물관의 김원룡金元龍으로부터 자신의 생각을 뒷받침해 줄 수 있는 사료를 소개받게 된다. 그 사료에 입각하여 제주의 고·양·부가 해남도에서 온 사람이 아닐까 하는 생각에 대한 확신을 갖게 된다. 이에 대한 내용을 서술한 것이 「속보」이다. 따라서 「속보」는 지상에 발표한 것은 아니고, 『제주도자료집』을 내면서 추가한 내용이다.

김원룡이 알려준 자료는 『후한서』 권116 열전76 남만전南蠻典 파군巴郡에 관한 것이다. 그 기록에는 남만에 다섯 성씨가 있는데, 그 가운데 파씨巴氏는 적혈赤穴에서, 나머지 네 성은 흑혈黑穴에서 나왔다는 내용, 석혈石穴에서 검을 던져 적중시킨 이를 군君으로 삼았다는 내용, 토선土船에 관한 내용 등이 적혀 있다. 석주명은 이혈二穴이어서 제주의 삼혈三穴과는 차이가 있지만 구멍에서 나왔다는 점이 비슷하고, 또 창을 던진 행위는 삼성신화의 화살을 쏜 행위와 비슷하고, 토선의 등장은 삼성신화에서 세 여인이 배를 타고 온 내용과 유사하다고 보았다. 그래서 자신이 제창한 제주도 시조 고양부 삼씨는 해남도에서 온 사람이 아닐까 한 우견愚見이 좀 더 확연해지는 것 같다고 생각하였다. 이어서 해남도와 제주도가 해류로 이어질 수 있음을 몇몇 표류 기록을 통해 보임으로써 자신의 주장을 뒷받침하려고 했다.

현재 관련 연구 성과에 의하면 석주명의 추정은 설득력이 높지는 않다. 제주도 사람들이 고양부 성씨를 사용하기 시작한 것은 고려 전기로 보인다. 따라서 삼성 신화의 고양부 세 성씨를 토대로, 탐라에 농경문화가 들어오던 시기(기원전으로 추정됨)의 사실을 추정하는 것은 설득력이 취약할 수밖에 없다. 석주명이 제주도의 거의 모든 것에 관심을 갖고 열심히 관련 자료들을 수집한 것은 충분히 평가받아야 한다. 다만 본인의 전공이 아닌 곳에서는 아마추어로서의 한계를 일정하게 드러내기도 하는데, 여기에서도 그러한 일면을 볼 수 있다고 생각한다.

2) 「탐라고사」

이 글은 『국학國學』(1947년 제3호)에 실렸던 것이다. 그 내용은 일제가 편찬한 『조선사』에서 신라 통일 이전의 제주도 관계 사료를 모은 것이다. 즉 탐라와 관련된 조선 사료, 일본 사료, 중국 사료를 연대순으로 배열하여 기록하고 필요한 곳에는 설명을 추가하였다. 사료를 제시한 후 총괄 부분에서 사료를 토대로 초기 탐라사를 정리하고 있는데, 제시한 사료에 근거한 것으로 현재적 관점에서 보면 새로운 것은 없다.

다만 탐라 초기 역사에 관심을 가진 석주명을 보면서 다방면에 관심을 가진 그의 면모를 다시 한번 확인할 수 있다. 아울러 1947년 당시에 탐라사에 대한 관심을 가진 한국인이 극히 적었다고 볼 수 있는데, 그런 상황에서 초기 탐라의 사료를 광범위하게 수집하고 그것을 『국학』에 투고한 것 자체는 일반인들 및 연구자들의 탐라사에 대한 관심을 촉발할 수 있다는 점에서 의의를 부여할 수 있다.

4. 전설 관련

1) 「토산당 유래기」

이 글은 『향토』(1946년 9월호)에 실렸던 것이다. 석주명에 의하면 토산당 관련 내용은 이미 일본인 아카마츠(赤松), 아키바(秋葉) 두 사람에 의해 수집된 바 있다. 석주명이 채록한 것도 그 내용의 대의大意는 같으나, 세목에서 차이가 있어 관련 학자들에게 참고가 될 것 같아서 지면에 발표하였다. 석주명에 의하면 일본인은 서귀포의 남자 무당인 박봉춘의 구전을 채록한 것이고, 자신은 그로부터 10여 년이 지나서 토평리의 남자 무당인 김해춘의 구전을 채록한 것이어서, 시차와 구술자의 다름으로 인해 세목細目에서 차이가 있게 되었다고 한다.

토산당은 남토산에 있다. 토산당은 신의 본거요 그 신은 제주도 남반南半을 지배하는 절대의 존재였다. 당시 대부분의 마을에는 토신인 본향이 있는데, 토산당은 그 제신諸神의 상위에 있었다. 토산당의 유래는 다음과 같다.

전라도 나주 영산榮山 사도使道(=사또)는 부임하면 백일이 되어 죽는 일이 계속되었다. 그 이유는 나주 금성산에 본거를 둔 토주신土主神을 우대하지 않아서 토주신이 그렇게 한 것이었다. 이 토주신은 사신蛇神이었다. 한 사또가 부임하였는데, 그는 토주신의 요청을 수용하여 2주일간 굿을 하였다. 그러자 토주신이 자신의 모습을 드러냈고, 사또는 부하를 시켜 화살을 쏘아 토주신을 죽였다. 본거를 잃은 토주신의 영靈은 청천운간을 떠돌았다.

한편 남토산에 사는 강씨康氏와 한씨韓氏는 토산물을 경성 왕실에 헌상하면 상을 받아 부자가 된다는 말을 듣고, 그대로 하여서 상을 받고 귀로에 올랐는데 항구에 와서 짐을 정리하던 중 한 보퉁이에서 사신蛇神의 영靈이 환생한 금바득을 발견하고 바다에 던져버렸다. 그때부터 파도가 높아져서 1주일이나 출항할 수 없었다. 그것이 금바득을 버린 때문임을 알게 된 그들은 치성을 드려서 노여움을 달래니, 비로소 출항할 수 있었다.

제주도 성산면 온평리 방두포에 도착하니 아름다운 처녀(사신의 영이 변한 것)가 나타나, 나주 영산 금성산에 살다 제주도로 왔음을 말하니, 강씨와 한씨의 소개로 남토산으로 가게 되었다. 가는 도중에 신풍리의 토주신인 영산주瀛山主(남신南神)의 간섭을 받았으나 개의치 않고 강행하여 남토산 해안 근처 큰 바위 아래에 좌정하였다.

몇 달이 지나도 감주 한 잔 가져오는 사람이 없자, 바다에 있는 왜선倭船을 요술로 파선시켰다. 7명의 왜인이 조난당하여 제주도에 표류하였다. 마침 가시리 부락 오좌수의 딸이 하녀를 데리고 빨래하러 갔다가 이들 왜인에게 죽임을 당하였다. 그 후 한씨의 딸이 오좌수 집에 시집갔는데 갑자기 병이 생겨 죽게 되었다. 점인占人은 사신蛇神의 작난으로 야기된 것임을 말하니 무당을 초래하여 굿을 하였고 병인은 회복되었다. 이 영험함을 목도한 강씨, 한씨, 오씨는 때때로 공물을 올려 위무하기 시작한 것이 그 마을에 보급되고 이어서 성산에서 대정까지 이르게 되었다.

위와 같은 토산당의 유래를 적은 석주명은 이어서, 토산당이 사신이어서 산북인들이 토산리 부근 사람들과 혼인함을 좋아하지 않는다는 것과 그래서인지 토산리의 경우 여자가 좀 더 많다고 하였다. 그리고 당시에 이미 미신 타파가 고창되면서 토산당이 타격을 받고 있던 사정도 소개하고 있다.

2) 「마라도 엘레지」

이 글은 『성대학보城大學報』(1944년 제18호. 일문日文)에 실렸다. 석주명은 1936년 제주 방문 당시에도 마라도 여행을 시도하였지만 실패하였다. 그러다 1943년 5월에 마라도를 방문하여 2박을 하였다. 당시 마라도는 13호에 48명이 살고 있었다. 마라도 전체가 571번지라는 1개 번지였다. 동물 채집 결과는 전문 학술지에 발표하였고, 이 글에서는 마라도에서 2박하면서 들은 전설을 소개하고 있다.

마라도 북단 선창 가까이 우물 옆에는 원시적 사당이라고 할 만한 퇴석이 있었다. 마라도 사람들은 이곳을 아미씨당(본향)이라 부르며 그 영험함을 믿었다. 「마라도 엘레지」는 이 사당의 유래로, 김성종 옹(1943년 당시 74세)으로부터 들은 이야기였다. 그 내용은 아래와 같다.

수백 년 전의 일이라고 한다. 모슬포의 이모李某란 부인이 수풀 속에서 생후 3개월도 안 된 아이를 발견하고 원님에게 신고하여 부모를 찾았지만 알 도리가 없어서 발견한 이 부인이 그 아이를 맡아 키웠다. 그 아이가 커서 8살이 되었을 때 이 부인이 아이를 낳았고, 8세의 여아는 애보개가 되었다.

매년 봄마다 망종으로부터 반달 동안은 마라도로 건너가는 것이 허락되어 해녀들은 그 시기에 마라도로 건너가 물질을 하였다. 이 부인도 마을 사람들과 함께 마라도로 건너갔다. 며칠 후 바다에는 풍랑이 일고 짙은 안개가 끼어 개지 않았다. 적은 식량을 갖고 간 일행은 굶주림과 싸워야 했다. 일행의 비탄이 극도에 달한 어느 날 선주船主, 선두船頭, 이 부인 등 세 사람은 이상한 꿈을 꾸었다. 백발노인이 나타나 애보개를 섬에 남겨두고 떠나면 무사히 돌아갈 수 있다고 말하였다. 그들은 애보개를 섬에 남긴 채 배를 띄웠고 바다는 잔잔해져서 무사히 돌아올 수 있었다. 다음 해 4월에 다시 마라도에 건너와서 해변 가까이 있는 동굴에서 희생되어 죽은 애보개의 백골을 발견하여 따뜻한 장례를 지냈다. 마라도 사당은 이 아이의 영을 위한 것으로, 당시까지도 바다 일하는 사람들을 잘 위한다고 하였다.

3) 「눈까진 장서방(눈먼 장꿩)」

꿩을 의인화한 설화로, 제주도민들의 애환이 담겨 있는 것 같지만, 그 자세한 내용 소개는 생략한다.

4) 「독버르니」

정의읍 근처에 '독버르니'라는 고개가 있고 그 뜻은 독이 깨진 곳이다. '독버르니'의 내용은 육지의 '독쟁이 구구'와 거의 같아서 내용 소개는 생략한다.

5. 농작물 재배 관련

이 범주에 포함될 수 있는 글들은 「주요 작물 파종량 비교표」, 「목향의 시험 지배」, 「곤마의 시험 재배」 등이다.

「주요 작물 파종량 비교표」는 제주도 서귀포 토평리, 경북 안동의 농림학교, 개성부 운학정의 생약연구소에서 이루어진 주요 작물의 파종량을 기록한 것이다. 비교 대상이 된 주요 작물은 보리, 밀, 메밀, 조, 피, 콩, 고구마, 감자였다. 비교 결과 보리만 두 지역보다 파종량이 많았고, 나머지는 남부의 안동, 중부의 개성과 비교하여 파종량이 적었다. 이런 사실만 적고 그 의미에 대해서는 논하지 않고 있다.

「목향의 시험 지배」 역시 토평리 제주도시험장에서 이루어졌다. 이는 근두부상根頭

部上에 달린 잎의 개수에 따라 수확고가 어떻게 달라지는 지를 시험한 것이다. 그 결과 4~6매를 남기는 것은 손해였고, 8매를 남긴 것, 화경花莖 적거摘去, 채종분採種分은 성적이 좋았다. 그렇지만 석주명은 한 번의 시험 결과로 결론을 내리기 어렵다고 판단해서, 재시험하여 비교 후에 그 우열을 결정할 것이라고 적고 있다.

「곤마의 시험 재배」는 곤마의 품종별 재배 성적을 시험한 것이다. 석주명이 시험한 곤마 품종은 적망赤芒, 청망靑芒, 적환赤丸, 청환靑丸 네 종이었다. 그런데 뒤의 두 종류는 인부의 실수로 뒤섞여서 시험할 수 없었다. 앞의 두 품종을 시험한 결과 적망 품종이 우수한 것으로 나왔지만, 1년 더 재배 시험 후에 최종 결론을 내리려고 하였다.

이 부분은 석주명이 제주도에 내려온 목적, 즉 경성제대 제주도시험장 근무와 깊은 관련이 있다고 생각된다. 다만 석주명의 관심이 다방면에 걸쳐 있었고, 또 전문적인 내용들은 관련 학술지에 투고한 결과인지, 『제주도자료집』에는 그와 관련된 글이 위 세 편에 그치고 있다.

6. 제주어 관련

1) 「제주도지명을 포함한 동식물명(증보판)」

이 글의 초판은 『국립과학박물관 동물학부 연구보고』(제1권 제1호, 1946)에 실렸고 이후 석주명에 의해 증보되었다. 제목에서 알 수 있듯이, 동물과 식물 이름(학명이나 중국 및 일본에서의 이름 등) 가운데 제주도 혹은 제주도 내의 지명을 포함한 명칭을 선별하여 수록한 것이다. 구체적으로 영문 학명을 알파벳 순서로 배열하고, 그다음에 우리나라에서 부르는 이름을, 그다음에는 일본에서 부르는 이름을, 그다음에는 중국에서 부르는 이름을, 마지막으로 그 동식물의 분포 지역을 제시하고 있다.

석주명에 의하면 수록한 동식물 가운데는 벌써 학문적으로 무의미하게 된 것도 많았다. 그렇지만 그대로 열거하였고, 이로 인해 이 글은 학문적 가치는 별로 없는 것이 되었다고 자평하였다. 그러나 이 글을 통해서 제주도 지명이 동식물 명칭에 얼마나 등장하는지를 알 수 있다. 구체적으로 그 숫자를 보면, 식물 명칭 중에 제주도 지명이 포함된 것은 103개였고, 동물 명칭 중에 제주도 지명이 포함된 것은 46개였다. 참고로 식물 명칭 가운데는 박만규 편 『우리나라 식물명감』(1946)에서 인용한 것이 많다고 밝히고 있다.

구체적으로 석주명이 제시한 제주도 지명을 포함한 동식물명의 사례를 제사하면 아래와 같다.

연번	학명	우리 이름	일본 이름	중국 이름	분포지
1	Acanthopanax Koreanum Nakai	섬오가피 나무	タンナトリカブト	팀라오가피 耽羅五加皮木	제주도, 일본
2	A. quelpaertense Nakai	한라투구꽃	タンナレイジンサウ		제주도
3	Artemisia hallaisanensis	한라산쑥	タンナヨネヨモギ		제주도
4	Rubus croceacantha Leveille	섬딸기	サイシウヤマイチゴ	제주산해 濟州山苺	제주도
5	Anomala quelparta Okamoto	제주풍뎅이	サイシウコガネ		제주도
6	Satyrus alcyone zezutonis Seok	산굴뚝나비	タカネジャノメ		제주도

위 표에서 밑줄 그은 것이 동식물명에 포함된 제주도 지명이다. 예컨대 1번의 섬오가피나무의 경우 영문 학명에는 제주도 관련 지명이 없지만, 일본명과 중국명에서 '탐라'가 포함되어 있다. 2번의 한라투구꽃의 경우에는 영문 학명에 제주도의 영어 명칭인 'quelpaert'가 포함되어 있고 우리나라 이름도 '한라투구꽃'이어서 '한라'라는 제주도 지명이 들어가 있다. 일본명에도 탐라가 포함되어 있다. 결국 한라투구꽃은 학명,

우리니라 명칭, 일본명에 제주도 관련 지명이 포함된 경우이다. 3번의 한라산쑥의 경우 학명에 'hallaisan' 즉 한라산이 포함된 경우이다. 4번의 섬딸기의 경우 특히 중국명에 '제주'가 포함된 경우이다. 5번과 6번의 경우는 동물 명칭에 해당하며 용례는 식물명과 같다. 즉 5번의 제주풍뎅이의 경우에는 영문 학명, 우리나라 이름, 일본명에 제주 관련 지명이 포함되어 있다. 6번의 산굴뚝나비의 경우 석주명이 명명한 것으로 보이는데, 'quelpart'가 아니라 'zezu'를 사용한 것이 특징이라고 할 수 있다.

석주명에 의하면 위 동식물명에 포함된 제주도 지명은 제주, 제주도, 탐라, 영주, 한라산, 홍로 등이라고 한다.

제주도 지명이 포함된 동식물명은 앞서 언급했듯이, 149개를 소개하고 있는데, 중국명은 매우 적다. 그나마 식물명에는 중국 명칭이 다소 포함되어 있지만, 동물명에서는 중국명을 거의 찾기 어렵다. 반면 거의 모든 동식물명에는 일본명이 있다. 서구 학문을 받아들이는 과정에서 빚어진 차이를 여기에서도 확인할 수 있는 셈이다.

2)「제주도의 나비」

이 글은 말미에 수록 학술지를 기재하지 않은 것을 보면, 기존에 투고했던 글이 아니라 책을 내면서 새롭게 추가한 것으로 보인다.

이 글은 제주도의 나비가 표고에 따라 어떻게 분포하는지를 살펴본 것이다. 당시 석주명이 잡은 나비는 7과 65종이었고, 문헌에 있지만 아직 그가 잡지 못한 종류는 4과 8종이어서 합치면 제주도 나비류는 7과 73종이 되었다. 그러나 채집하지 못한 8종에는 의심나는 것도 있어서 제주도 나비는 대략 70종이라고 하면 무난할 것으로 보았다. 석주명은 이를 크게 셋으로 분류하였다. 즉 전도에서 볼 수 있는 것, 산지성 종류, 해안성 종류가 그것이다.

전도에서 볼 수 있는 나비 종류는 모두 15종이었다.

산지성 종류는 12종이었다. 이는 다시 정상에서 잡을 수 있는 것과 정상에서 잡을 수 없는 것으로 나눌 수 있는데, 전자가 10종이고 후자는 2종에 불과하였다.

해안성 종류는 29종이었다. 이는 다시 표고에 따라 다섯으로 분류하였다. 고찰 결과 중 중요한 내용을 들면 다음과 같다. 우선 전도에서 볼 수 있는 15종은 표고 0~1,950m 어디에서나 볼 수 있는 것으로 생존력이 강대한 것으로 이해할 수 있다.

제주도 속도屬島들에서도 남방부전나비와 노랑나비 두 종류는 모두 볼 수 있으니 이 둘은 가장 생존력이 강한 종류라고 할 수 있다. 또 제주도에서도 바람이 강한 남쪽 섬들인 마라도, 가파도, 지귀도 등에는 매우 희귀한 먹부전나비를 많이 볼 수 있는데 이는 주목할 점이라고 하였다. 특히 이 종류는 일본 큐슈 등지에도 없고 암먹부전나비처럼 보편성이 있는 종류도 아니어서 기이하다고 아니 할 수 없다고 적고 있다.

3) 「제주도 방언 수필 보유」

제목 그대로 제주도 방언에 대한 간단한 설명을 덧붙인 것으로, 보유라는 표현에서 알 수 있듯이, 『제주도 방언』에서 소개한 것 이외에 추가된 단어들이다.

이 글에서 다룬 제주어는, 가시, 감의 변천, 같다와 굳으다와 그 고어古語, 꽝과 비바리, 기와의 변천, 나락의 변천, 마을의 변천, 말라리아의 병명, 매미와 미나리의 제주어, 벼루의 어원, 벼룩의 어원, 변소의 명칭, 찰떡의 제 방언과의 관계, 체와 계, 태국어, 토끼의 변천, 하품의 변천 등 18개이다. 이 중 네 단어에 대한 설명을 소개하면 아래와 같다.

> **가시**: 장인, 장모를 제주어로 가시아방, 가시어멍이라 하고 장조丈祖, 장조모丈祖母를 가시할방, 가시할망이라고 하니 육지의 가시할아버지, 가시할머니와도 같다. 뿐만 아니라 부부를 제주어로는 '두가시'라고 하니 대관절 이 '가시'란 말이 무엇일까 하고 자문한다.
> '가시'가 우리말의 고어로 처妻란 뜻임은 널리 알려진 것이다. 그러나 '가시'가 마래어로 Kasih 즉 사랑(愛)이란 뜻임은 누구에게나 알려지지 않은 것으로, 이것으로 미루어 볼 때 제주어 내지 한국어의 '가시'나 마래어의 '가시'가 동원어同源語임을 짐작하겠다고 적고 있다.

꽝과 비바리: 제주어로 뼈를 '꽝', 처녀를 '비바리'라고 하는데 석주명은 연래로 이 두 말의 어원을 찾으려고 애썼다고 한다. 지금 겨우 억지로라도 그와 비슷한 말을 구하였기에 기록해 둔다고 하였다.

꽝-꽛(광동어)

비바리-비체妣髢: 범부레(벤골 주의 인도어)

말라리아 병명: 이 병은 학질이란 통칭이 있지만, 제주도에는 9개의 별칭이 있다고 적고 있다. 즉 꾀병, 날걸리, 말거미, 물먹는병, 시늉병, 터는병, 풋터는병, 터러기, 초약 등이 그것이었다.

태국어: 석주명은 제주어와 태국어를 비교해 보고 싶으나 태국어를 가르쳐줄 사람이 없어서 손대지 못하고 있었다. 우연한 기회에 제주어와 공통되는 태국어 1개를 얻었고 그것을 기록하였다. 제주어의 '매미'란 말은 '마감'이란 뜻인데, 태국어로는 '없다'의 뜻이라니 서로 통하는 데가 있어서 재미가 있다고 적고 있다.

이상에서 알 수 있듯이, 석주명은 제주어의 어원 혹은 타국어와의 관련성에 관심이 컸음을 알 수 있다. 그러나 이는 무리한 시도로 학술적 가치는 크게 인정받지 못하고 있는 것 같다. 다만 말라리아처럼 별칭에 대한 소개는, 다양한 제주어를 소개하고 있다는 점에서 흥미롭다.

4) 「제주도의 식물명」

석주명은 이 글의 서두에서 식물의 제주 이름을 모아서 정리한 이유를 밝히고 있다. 그에 의하면 제주도 사람들은 섬에서 나는 많은 식물을 풍부하게 이용하고 있어서 그 경험을 종합 정리하면 분명히 의의 있는 것이 될 수 있다고 생각하였고, 그런 의미에서 식물의 제주명을 모아 보았다고 한다. 제주도 식물에 대한 관심이 컸고, 제주도 식물은 다양한 분야에서 연구가 가능할 터인데, 그 일환으로 석주명은 제주도 식물의 제주어 이름에 주목하였던 것이다.

한편 그는 본인이 언어학 전문가가 아니므로 다른 연구자에 의해 자신이 수집한 것들이 이용되어, 제주 농민들의 경험이 종합 정리되기를 기대하는 측면도 있었다. 한편 일본인 나카이 타케노신(中井猛之進) 박사가 『제주도 식물보고』(1914)에서 많은 식물의 제주명을 보고한 바가 있지만 그것은 제주식 이름과 본토의 이름이 혼동되어 있어서 그 가치가 반감된다고 평가하면서 자신의 글이 갖는 의의를 밝히고 있다.

제주도의 식물명은 그가 직접 농민들로부터 듣고 수집한 것들이었다. 그중에는 같은 이름이 수종數種을 포함하는 경우도 있고, 그 반대로 1종의 식물이 수 개의 이름을 갖는 경우도 있어서 혼란된 점도 없지 않다. 그리고 약간 철자가 다른 경우에는 일정한 표준에 의하여 정리하였다. 마지막으로 식물의 제주이와 표준어 외에도 일본어도 부기하였다. 이는 당시까지 우리말의 표준어가 보편화되지 않은 상황에서 참고를 위해서였다. 석주명이 수록한 제주도의 식물명은 546개이다. 제주도의 식물명에 대한 석주명의 정리 방식은 아래와 같다.

제주어	표준어	일어
가개비참외	개구리참외	성환진과成歡眞瓜
꾀	참깨	ゴマ
굿가시낭	꾸지뽕나무	ハリグワ
돗채비고장	산수국	サハアチサイ

5) 「제주도의 동물명」

이 글은 앞의 「제주도의 식물명」과 그 목적, 의의, 서술 방침을 공유하고 있다. 석주명이 수록한 제주도의 동물명은 359개라고 한다. 제주도의 동물명에 대한 정리의 구체적인 예를 보이면 아래와 같다.

제주어	표준어	일어
가개비	청개구리	カエル
게염지	개미	アリ
공쟁이	귀뚜라미	コホロギ
힌밤주리	흰잠자리	백청령白蜻蛉

예시에는 보이지 않았지만, 동물명을 일별해 보면 확실히 소와 말에 대한 명칭이 많고 또 물고기 명칭도 많음을 알 수 있다. 목축이 번성하고, 사면이 바다로 둘러싸인 섬이라는 자연 조건에 기인한 것임은 물론이다.

6) 「농업 관계의 제주어」

제목 그대로 농업과 관련된 제주어를 모아서 수록한 것이다. 여기에 수록된 농업 관계 제주어는 586개라고 한다. 제시 방법은 앞서와 같다. 몇 가지 예를 들면 아래와 같다.

제주어	표준어	일어
가름팥	동리 안의 밭	部落內ノ畑
강답	천둥지기	천수답
고고리	이삭	수穗
작멀=작지	돌자갈	사리砂利
코박새기	조롱박	ヘウタンノバカチ

7) 「임업 관계의 제주어」

여기에 수록된 임업 관계 제주어는 87개라고 한다. 몇 가지 예를 들면 아래와 같다.

제주어	표준어	일어
사농바치	사냥군	狩人
ᄌᆞ밤	메밀잣밤	椎ノ實
좌전림	묏갓	·墓ノ府屬林

8) 「목축 관계의 제주어」

여기에 수록된 목축 관계 제주어는 325개라고 한다. 몇 가지 예를 들면 아래와 같다.

제주어	표준어	일어
가라ᄆᆞᆯ	검은말	黑馬
거문월라	흑백얼럭소	黑白斑馬
무판칩	육고肉庫	肉店
ᄆᆞᆯ막	말외양간	馬小屋
촐눌	꼴더미	秣積

9) 「해산海産 관계의 제주어」

여기에 수록된 해산 관계 제주어는 116개라고 한다. 몇 가지 예를 들면 아래와 같다.

제주어	표준어	일어
강회	회	刺身
보건치	조기	石首魚
술래미	가자미	比目魚
춤때	낚시때	釣竿

10) 「한자의 제주명」

여기에서는 한자의 훈을 읽는 제주식 발음을 소개하고 있다. 제주명, 표준명, 한자 순으로 배열하고 있고, 가나다순으로 제시되어 있다. 여기에 수록된 한자의 제주명은 199개라고 한다. 그 용례를 제시하면 아래와 같다.

제주명	표준언	한자
가를 별	다를 별	別
드실 온	따뜻할 온	溫
탕국 탕	나라 당	唐

11) 「제주도의 동리어」

여기에서는 제주도 마을과 오름 등의 속칭과 그 한자명을 보이고 있다. 수록된 동리어는 185개이다. 참고를 위해서 그 내용은 부록으로 수록하였다.

석주명은 제주도 동리어에 대해서 가시, 개(浦), 내(川) 오름(岳)들이 많이 들어 있음을 알겠고 또 튼음(ㅎ)으로 시작되는 지명은 없고 몽골식의 지명이 많다고 하였다.

12) 「제주도방언 중의 조선 고어」

여기에서는 제주어의 고어古語를 모았다. 이를 위해서 제주어, 고어, 현대 표준어 순으로 기록하였다. 여기에 수록된 조선 고어는 338개이다. 그 사례를 제시하면 아래와 같다.

제주어	고어	현대 표준어
가로기	골오기	쌍둥이
갑폴	갓블	아교
돗치	도치	도끼
멩마구리	머구리	맹꽁이
톡ㄱ아리	톡	턱

석주명은 「·」 음이 있는 어語는 대개가 고어로 볼 수 있다고 생각하였다. 그러면서 고어와 「·」 음이 잔존한 점으로 보아 제주어는 조선어의 역사적 연구 상 가장 가치 있는 자료라고 적고 있다.

13) 「외국어에서 유래한 제주도 방언」

여기에서는 제목 그대로 외국어에서 유래했다고 생각한 제주어를 그 외국어 및 표준어와 함께 제시하고 있다. 석주명이 제주어의 어원이 된다고 생각한 외국어는 몽골어, 일본어, 중국어, 마래어, 만주어, 비도어, 안남어였다. 그가 수록한 각 외국어로부터 유래한 제주어의 수는 아래와 같다.

몽골어 184개, 일본어 49개, 중국어 41개, 마래어 33개, 만주어 16개, 비도어 15개, 안남어 12개 등. 간단히 사례를 제시하면 아래와 같다.

제주어	몽골어	표준어
꾀염시냐	꾀엄시너	끓느냐
기머리	기열렁	북시뼈
놈삐	놈삐, 러뻬이	무
밋밋	밍밍	철철

제주어	일본어	표준어
가반	カバン	가방
간딴ᄒ다	簡單ダ	간단하다
화본	花盆	화병

제주어	중국어	표준어
관디청	관디청	관덕정
궨당	췐당(眷堂)	친척
오도롱	五道弄[2]	오도동
화본	화펀(花盆)	화병

---

2) 산서성 당현의 村名.

제주어	마래어	표준어
각	가끼(kaki)	다리
거살	가수ー르(kasar)	남루한 의복
방상	방사(bangssa)[3]	친척
심방	심방(=不可信)	무당
오라방	아방(abang)[4]	오빠

제주어	만주어	표준어
가라몰	카라모린	검은말
니	니	이(齒)
쇠돈(牛屯)	쇠톤	상하효리
태전	타이첸	駄價

제주어	비도어	표준어
둑다귀	도께	도마뱀
아까시낭	아까시아	아카시아
이녁	이녀(너의)	자기
믄독(塵)	몬독(山)	먼저

제주어	안남어	표준어
엄매	매	엄마

---

3) 동포, 문족, 가족 등에서 유래.
4) 형, 연장자의 뜻.

14) 「제주도 방언과 마래어」

이 글은 『어문語文』(제2권 제2호, 1950)에 실렸던 것이다. 여기에서는 앞에서 소개한, 제주도 방언 중에서 마래어와 관계가 있다고 판단한 33개 단어에 대해서 논하였다. 석주명 본인도 다소의 비약을 느끼는 것이 약간 있다고 하였다. 특히 33개 가운데 똑같은 것은 불과 6개이고, 그 의미까지 일치하는 것은 단지 3개뿐이었다. 그래서 서주명도 제주어와 마래어와의 유연類緣 관계는 몽골어, 중국어, 만주어, 일본어보다는 희박하다고 인정하고 있다. 그러면서도 제주어에 마래어의 요소가 약간이라도 포함되어 있는 것만은 사실로 보았다.

15) 「제주도 방언과 비도어」

이 글은 『조선교육』(제3권 제3호, 1949)에 실렸던 것이다. 석주명은 제주도 방언에 비도어의 요소도 분명히 들어 있다고 확신하였다. 다만 그 비율은 마래어에 비하여 분명히 낮았다고 보았다.

16) 「제주도 방언과 안남어」

석주명은 안남에서 25년간이나 생활한 이일래로부터 도움을 받았다. 석주명도 안남어가 제주어와는 인연이 적은 말임을 인정하고 있다. 그럼에도 다소 억지로 뽑아서 제주도방언과 관련이 있다고 생각되는 안남어 등을 제시하였다.

이상으로 『제주도자료집』에 수록된 제주어를 간단히 소개하였다. 필자는 역사 전공자로 언어학에 대해서는 문외한이다. 따라서 석주명의 제주어에 대한 수집 및 정리 작업에 대해 평가할 수 있는 위치에 있지 않다. 따라서 기존 연구자들의 평가를 소개하는 것으로 대신하고자 한다.

　　『제주도 방언집』에서 '외국에서 유래한 제주도방언'에서 몽골어·중국어·만주어·일본어와 비교하고, 그 이후에 『제주도 자료집』에서는 '마래어·비도어·안남어'를 추가하고 있다. 비교 언어학에서는 공통 조어에서 분기되어 나온 언어라야만 비교 가능하다(차용어라는 개념과는 다르다). 그렇다고 한다면 중국어나 마래어·비도어·안남어 등은 비교 대상에서 제외되어야 마땅하다.

　　또 비교 가능한 몽골어도 『제주도 방언집』에서는 22개 어휘에서 17개 어휘로 그 수가 줄어들었다. 이는 아마도 확실한 음운론적·형태론적·의미론적 대응 없이 음이 서로 비슷하거나 뜻이 비슷하면 그 언어에서 유래했다고 단정한 결과라 보인다. 그러나 계통상으로 보거나 역사적으로 볼 때 몽골어와 비교는 그 당시 어느 누구도 감히 흉내 내지 못할 일임에 분명하다.[5]

제3장 과제

　　『제주도자료집』은 앞서도 언급했듯이, 제주도총서 5권에 포함되지 않은 글들을 모아서 엮은 것이다. 따라서 주제의 일관성은 떨어진다. 이 책을 소개하기 위해서 크게 여섯 소주제로 분류했듯이, 그 글들은 대개 제주도 일반에 대한 것, 제주도 인구에 대한 것, 제주도 역사에 대한 것, 제주 설화에 대한 것, 식물 재배에 관한 것, 제주어에 관한 것 등으로 나눌 수 있을 것 같다.

　　제주도 인구에 대한 부분은 총서 중 『제주도의 생명조사서』의 연장선상에 있다고 볼 수 있다. 그런 만큼 그 책과 연계하여 검토하는 작업이 필요할 것이다. 제주어에 대

---

5) 강영봉, 「제주어와 석주명」, 『탐라문화』 22, 2002, 11쪽.

한 것 역시, 총서 중『제주도방언집』의 연장선상에 있는 것으로 그 책과 함께 검토되면 좋을 것이다. 실제로 석주명의 제주도 방언에 대한 글들을 분석한 연구자들은 대개 그렇게 하고 있다.

　제주도 일반, 제주도 역사, 제주도 설화 등 역시『제주도수필』의 연장선에서 있다고 생각한다. 이 글들 역시『제주도수필』의 많은 글들과 함께 다루어지고 분석된다면 더 의의가 있을 것이다. 마지막으로 제주도 식물 재배 관련 글은 제주도 총서보다는 석주명의 전공으로서 그의 전문 연구 성과의 연장선에 있는 것으로 볼 수 있다.『제주도자료집』에 실려 있는 식물 관련 글은 극히 단편적이어서 그 자체로 어떤 의미를 부여하기는 쉽지 않은 것 같다

　석주명의『제주도자료집』은 어떻게 평가할 수 있을까. 필자는 역사 전공자이므로, 위 책에 실린 역사 관련 글들을 중심으로 살펴보면, 석주명의 역사 관련 글은 긍정적인 측면과 아쉬운 측면을 동시에 갖고 있다고 생각된다. 앞에서도 언급했듯이, 당시 제주도, 탐라의 역사에 대한 관심이 극히 저조한 상황에서 관련 글들을 지면에 발표했다는 것 자체는 의미가 있다고 생각한다. 다만 그 글의 수준을 보게 되면 아쉬운 부분이 적지 않다. 확실히 전문 역사 연구자가 아닌 아마추어로서 지니게 되는 한계가 존재한다고 생각한다.

　역사학 분야뿐 아니라 언어학 분야에서도 비슷한 평가를 내리고 있는 것 같다. 본문에서 인용한 연구자에 의하면, 석주명의 제주어 채집과 그것을 글로 기록하여 남긴 것은 그 자체로 평가받을 만한 일이었다. 다만 과도하게 외국어와 제주어의 관련성을 찾고 있는 것은 언어학에 대한 이해가 부족한 데서 비롯된 측면이 있다고 지적하고 있기 때문이다.

　『제주도자료집』은 여러 분야의 글들이 망라되어 있는데, 석주명 본인의 전공 분야가 아닌 곳에서는 아마추어로서 한계를 노정하고 있다고 생각한다. 그렇지만 그가 기록한 1940년대 제주 관련 글들은 현재에는 사료로서 일정한 의미를 지닐 수 있다고 생각한다. 그것을 활용하여 살아 있는 글로 만들 것인지 아니면 한 자연과학자의 취미활

동에 그치게 할 것인지는 후학들의 관심과 노력에 달려 있다고 할 수 있다.

석주명이 '제주도총서'에서 다루고 있는 주제는 다방면에 걸쳐 있고, 다루는 시기도 차이가 있지만, 적지 않은 글들이 일제강점기 및 해방 직후의 제주도 상황을 담고 있다. 역사학을 하는 입장에서, 그의 글들 중에는 해당 시기 제주도 역사를 연구하는 데 자료로 이용할 만한 것이 꽤 있다고 생각한다. 다만 많은 글들이 단편적인 사실을 기록한 것이어서 석주명의 글을 중심으로 해당 시기 제주도 역사를 복원하는 데는 한계가 있다. 따라서 관련된 다른 자료들도 폭넓게 수집하여 비교 검토하는 작업이 요구된다.

그리고 다른 자료에서 쉽게 접할 수 없는 내용들이 수록되어 있는 경우도 있다. 그러므로 해당 시기 연구자들이 석주명의 제주도 총서에 관심을 가질 필요가 있다. 특히 『제주도의 생명조사서』, 『제주도수필』, 『제주도자료집』 등의 글들 중에는 석주명 당대의 기록이지만, 현재 관점에서는 역사 자료로 이용할 만한 것도 있어서 이에 대한 관심이 요구된다. 『제주도자료집』의 인구 기록은 4·3 전후 시기의 인구 변동을 보여준다는 점에서 가치가 높다. 여성 인구가 비상식적으로 높은 것 역시 4·3의 영향인데, 공개적으로 제주4·3을 언급할 수 없었던 석주명은 이런 방식으로 당시 제주도의 상황을 전하려고 했던 것 같다.

석주명은 제주도와 관련된 자료라면 모두 수집하려고 한 것 같다. 그 결과 본인이 의도하였든 그렇지 않았든, 다방면에 걸쳐서 글을 쓰게 되었다. 앞서 언급했듯이, 이는 이중적인 의미를 갖게 되었다고 생각한다. 즉 한편에서는 석주명의 전공이 아닌 관계로 아마추어 수준을 벗어났다고 보기 어려운 한계가 존재한다. 그렇지만, 다른 한편으로는 그 자체가 자료집으로서 가치를 지니는 경우도 꽤 있다. 따라서 각 분야 전공자들이 석주명이 수집한 자료 및 그의 분석에 관심을 갖고 그 의의와 한계를 검토하고 분석하는 작업도 요구된다. 이를 통해서 석주명이 남긴 제주도총서의 성격과 그 의의가 보다 분명해지고, 나아가 석주명에 대한 평가도 합당하게 이루어질 수 있다고 생각한다.

석주명의 제주도총서의
의의

윤용택

제1장 머리말

석주명은 곤충학계에서는 나비박사로, 에스페란토 관계자들에게는 에스페란토운동가로, 그리고 제주학계에서는 제주학의 선구자로 불린다. '제주도총서'를 비롯한 석주명의 제주도 연구는 그 양과 질에서 뛰어나 그를 제주도 박사라고 부르기에 충분하다.[1] 이방인이었던 그는 2년이라는 짧은 기간 동안에 제주도의 자연, 생태, 언어, 역사, 문화, 사회, 산업 등에 있어서 방대한 분량의 자료를 모으고, 분석하고 정리하였다.

하지만 특정 분야에서는 탁월한 전문가라 할지라도 다른 분야에서는 비전문가가 되기 때문에 석주명의 업적에는 공과功過가 공존한다. 강영봉(2008)은 석주명의 제주어 연구에 대해 "어느 한 사람의 개인적 관심 또는 호기심이 전공자에게 자극을 주고 좋

---

* 이 글은 필자의 「석주명의 제주학연구의 의의」(『탐라문화』 39, 215~263)를 이 책의 취지에 맞게 다듬은 것이다.

1) 석주명은 제주도에 관한 연구를 '제주도학(濟州島學)'이라고 명명하였지만, 지금은 제주도 학계에서 '제주학'으로 통용되고 있기 때문에, 이 논문에서는 석주명의 말을 직접 인용할 때를 제외하고는 '제주학'으로 사용하고자 한다.

은 자료를 제공한다. 비전공자가 전공자에게 영향을 미칠 수 있고 전공자는 풍부한 자료를 제공받음으로써 그 외연을 넓힐 수 있다. 물론 부정적인 요인도 있다. 비전공자이기 때문에 부정확하고 잘못된 자료를 제시하는 경우가 있을 수 있고, 이를 사실로 믿거나 진실로 받아들이는 사람도 있게 마련이어서 오해를 사기도 한다. 그러나 전공자의 거르개를 거쳐 정제된 자료를 내놓는다면 문제는 해결될 것이다. 결국은 이 둘이 서로 보완적일 때 가장 바람직한 관계가 이루어질 것이다."라고 이야기한다. 이 말은 제주학의 다른 분야에도 공통적으로 적용할 수 있으며, 석주명의 제주학 연구의 공과를 공정하게 평가하고 계승하는 것은 후학들의 몫이다.

석주명은 평양에서 태어나 개성에서 생물교사로 있으면서 나비연구로 이름을 떨쳤고, 말년에는 제주도와 서울에서 연구를 하였다. 그러기에 그는 남북한 동포들이 함께 존경할 수 있고, 자연과학도와 인문사회학도가 동시에 흠모할 수 있는 보기 드문 학자이다. 그리고 일제강점기에 우리나라 학자들 가운데 세계에 내세울 수 있는 거의 몇 안 되는 인물 가운데 한 사람이다. 제주도와 관련된 그의 논저와 자료들은 제주학계뿐만 아니라 한국학계의 귀중한 자산이다.

그의 삶과 학문은 평전[2])을 통해 알려지기 시작하였다. 그의 나비연구에 대해서는 1997년에 처음으로 학위논문(문만용, 1997)에서 다뤄졌고, 그의 제주학 연구에 대해서는 2000년 이후부터 평가가 이뤄지기 시작하였다.[3]) 여기서는 그러한 성과들을 염두에 두면서 '제주도총서'를 비롯하여 제주도와 관련해서 썼던 글들을 바탕으로 석주명의 제주학 연구의 의의에 대해서 조명해보고자 한다. 여기서 석주명의 제주학 연구 전반에 대해서 논하는 이유는 곤충학, 에스페란토, 제주학 등 그의 연구 전체에서 제주학

---

2) 여기서는 이병철의 『석주명』(동천사, 1985), 『위대한 학문과 짧은 생애』(아카데미서적, 1989), 『석주명 평전』(그물코, 2002) 등의 제목으로 발간된 책을 의미한다.

3) 석주명이 제주학의 선구자로서 본격적으로 논의되기 시작한 것은 2000년 10월 7일 제주전통문화연구소가 주최한 석주명 50주기 세미나 〈제주학 연구의 선구자, 고 석주명 선생 재조명〉에서부터이다.

연구가 차지하는 위치를 규명함으로써 그의 연구업적을 총체적으로 평가할 수 있는 계기를 마련하기 위함이다.

석주명은 유고집을 포함한 17권의 저서, 120여 편의 학술논문, 180여 편의 잡문(소논문과 기고문)을 남겼는데[4], 그 가운데 제주도와 직접 관련된 것으로는 6권의 제주도총서와 27편의 논문, 보고서, 기고문 등[5]이 있다. 그는 한국의 나비와 제주도를 위해 일생을 바쳤다. 석주명은 진정한 한국의 자태를 찾으려면 제주도에서 그 자료를 찾아야 한다는 것을 깨달았다. 그러나 흔히 쓰는 물과 공기를 귀하게 생각하지 못하는 것처럼 제주도 사람들은 제주도의 특이한 자연과 문화가 귀한 줄 모르고 있다는 사실에 안타까워하면서 하루바삐 한국의 식자들이 금싸라기 같은 제주도의 자료를 수집하여 체계를 세울 것을 주장하였다(석주명, 1948b: 1971: 7~8). 그리고 누군가가 그것을 해주기를 기다리지 않고 자연과학도였던 그가 인문사회학적 연구를 직접 수행하여 마침내 '제주도총서'를 남김으로써 제주학의 선구자가 되었다.

석주명은 스스로 반半제주인임을 밝히면서[6], 제주도를 사랑하였다. 그는 1936년 여름에 나비채집을 위해 제주도에 한 달간 머물면서 특이한 자연과 문화에 매료되었고, 1943년 4월부터 2년여 동안 생약연구소 제주도시험장에 근무하면서 제주도 관련 자료 수집에 혼신의 노력을 기울였다. 1948년 2월경에 제주도를 다시 찾아 고유문화가 사라져 가는 것에 대한 안타까운 감회를 신문에 기고했을 뿐만 아니라, 제주도를

---

4) 석주명은 1950년 6월에 탈고한 『제주도자료집』에 자신의 전체 연구업적 목록과 해설을 싣고 있다(석주명, 1971: 215~240쪽 참조).

5) 다른 학회지나 잡지에 실렸던 일부 논문과 에세이는 『제주도자료집』(보진재, 1971) 및 『석주명 나비채집 이십년의 회고록』(신양사, 1992)에 재수록되어 있다.

6) "9월말에서 10월초에 걸쳐서 발간된 귀지(貴紙)를 지금 서울에서 읽고 두어줄 글월을 드리겠습니다. 먼저 귀지 창간 3주년을 축하합니다. 그 간의 뚜렷한 자취를 돌아보고 반제주인(半濟州人)인 소생으로는 유쾌를 금할 수가 없으며, 앞으로의 꾸준한 계속을 충심으로 비나이다. …"(석주명, 1948f: 1971: 197쪽 참조).

떠나고서도 해방 직후부터 4년 동안 제주도와 관련된 각종 신문기사들을 거의 빠짐없이 모으고 분석하였다(석주명, 1949e; 1949h; 1949i; 1950c). 그가 남긴 대부분의 제주도 관련 자료들은 제주4·3 이전 것들이기에 더욱 가치가 있다.

석주명은 나비 연구와 제주도 연구를 통해 지역적인 것이 민족적인 것이요, 국가적인 것이 세계적인 것이 될 수 있다는 것을 입증해 보였다. 그는 지역어인 제주어를 수집 연구하여 그 진가를 세상에 알림으로써 방언연구의 중요성을 인식시켰다. 그리고 그는 세계 보편언어로서의 국제어는 강대국의 언어가 아니고 모두가 쉽게 배울 수 있는 중립어라야 한다는 것을 인식하고, 에스페란토에 일가를 이루어 그것을 세상에 보급하기에 힘썼다. 그가 지역어인 제주어를 수집하고 연구한 것은 국제어인 에스페란토의 중요성을 알리고 그것을 널리 보급하려 했던 것과 좋은 대비를 이룬다. 그가 1947년에 『국제어 에스페란토 교과서 부附 소사전』과 『제주도방언집』을 펴낸 것은 우연의 일치로만 볼 수 없다. 그는 세계주의자(globalist)인 동시에 지역주의자(localist)였고, 더 나아가 지역과 세계를 자연스럽게 넘나든 세역주의자世域主義者(glocalist)였다[7]. 그 점에서 석주명은 세상을 떠난 지 60년이 지났지만, 세역화世域化(glocalization)[8] 시대를 사는 우리가 걸어가야 할 길을 제시하고 있다.

세상이 제주도의 가치를 제대로 알지 못할 때, 석주명은 제주도의 가치를 깨닫고 수많은 자료를 수집하고 연구하여 세상에 알렸지만, 후학들에게도 많은 과제를 남기고 있다. 그가 남긴 제주학의 자료들을 분석하고, 그의 연구 성과를 평가하여 그 의미를 밝히고, 그의 한계를 극복하는 것은 후학들의 몫이다.

───────

7) 세역주의자世域主義者(glocalist)는 세계주의자(globalist)와 지역주의자(localist)를 합성한 말이다.

8) 세역화世域化(glocalization)는 세계화(globalization)와 지역화(localization)를 합성한 말이다.

제2장 석주명의 제주학 연구

석주명은 1936년 7월 21일부터 8월 22일까지 제주도에 머무르면서 한 달여 동안 나비채집을 한 바 있다. 당시 그의 기록인 「제주도나비채집기(濟州島産蝶類採集記)」와 「제주도의 회상(濟州島の思ひ出)」을 보면, 이미 그의 관심은 단순히 나비채집에만 머물지 않고 제주도의 도시와 농촌, 부속섬인 가파도(석주명, 1937b: 162: 1937c: 28)와 섶섬(석주명, 1937b: 167), 제주도의 자연(오백장군, 한라정원, 산중하천)과 풍속 등에 이르기까지 확장되고 있음을 확인할 수 있다. 이때의 제주체험을 통해 석주명은 제주도가 자연과 인문 분야에서 보물섬임을 인식하게 되었다.

하여 1943년 4월 24일, 경성제국대학 의학부 미생물학교실 소속의 '생약연구소 제주도시험장'으로 자청하여 전근을 오게 된다. 자연과학자의 한 사람으로서 제주도에서 사계절을 지낼 수 있는 좋은 기회로 알고, 누구도 가기를 꺼려하는 벽지 근무를 자원했던 것이다. 그는 제주도에 장기간 체류하게 됨으로써 자신의 전문분야인 제주도 나비에 국한하지 않고 제주도의 자연과 인문 사회 분야에 이르기까지 관심을 넓혀 제주도의 전반적인 진상을 규명할 수 있는 좋은 기회를 얻었다(석주명, 1947f: 1992: 55). 그는 제주도에 부임하자마자 육지와 너무나 판이한 여러 가지 현상에 흥미를 느끼고 나비와 더불어 '제주도'를 그의 연구 테마로 삼았다(석주명, 1968: 서: 1992a: 179). 그는 곤충채집부터 방언, 인구, 제주도 관련 문헌과 자료 등을 조사하기 시작했으며, 일상생활에서 보고 듣고 읽은 것 중에 제주도에 관한 것이 나오면 즉시 적당한 제목을 붙여 카드에 기록해 쌓아두었다. 그리고 석주명은 1945년 5월 제주도를 떠난 다음 개성과 서울에서 자료들을 분석하여 여섯 권의 제주도총서로 정리해냈다.

제주도총서 발간 계획은 그의 생전인 1950년 6월에 탈고한 『제주도자료집』 서문에 잘 나타나 있다.

저자가 1943년 4월부터 1945년 5월까지 만 2개년여 제주도에 살면서 수집한 제주도에 관한 자료는, 8·15해방 직후 총서로 하여 6권의 책으로 출간할 계획을 세웠다. 서울신문사출판국의 호의로, 2개월에 1권씩 모두 1년 동안에 필畢하려 한 것이, 여러 가지 사정으로 이렇게 지연되었는데, 지연된 그만큼 내용을 좀더 충실히 할 기회를 갖게 된 것을 다행으로 생각한다. 이 제주도총서의 발간상황은 다음과 같다. 제1집 제주도방언집(1947), 제2집 제주도의 생명조사서-제주도인구론(1949), 제3집 제주도문헌집(1949), 제4집 제주도수필-제주도의 자연과 인문[교료校了], 제5집 제주도곤충상[채자료採字了], 제6집 제주도자료집[탈고脫稿]으로, 이 제6집에는 제1-5집에 들지 않은 여러 자료를 모은 것이다. 이 자료란 것이 저자가 주로 잡지에 기고한 기간·미간의 졸편들로서 그중에는 기고했던 것을 다시 찾아온 것도 약간 있다. 이 제6집이 제주도총서의 종권終卷이므로 친지의 권고도 있고, 또 연구하는 분의 편의를 고려하여 권말에 졸저목록을 부록으로 넣기로 하였다.

-1950년 6월 서울에서-

하지만 '제주도총서'는 그의 생전에 아래 제1-3집만 세상에 나오게 된다.

『제주도방언집』, 제주도총서 제1집, 서울신문사, 1947.
『제주도의 생명조사서 - 제주도 인구론』, 제주도총서 제2집, 서울신문사, 1949.
『제주도문헌집』, 제주도총서 제3집, 서울신문사, 1949.

그리고 제4-6집은 석주명이 한국전쟁으로 졸지(1950. 10. 6.)에 세상을 떠남으로써 유고로 남았다가 나중에 동생인 석주선의 노력으로 발간되었다. 그의 제주도총서는 1968년 11월에 출간된 제주도총서 제4집 『제주도수필-제주도의 자연과 인문』을 시작으로 1970년 8월 제5집 『제주도곤충상』, 1971년 9월 제6집 『제주도자료집』이 발간됨으로써 완간되었다. 제주도의 나비에서 시작된 석주명의 제주도 연구는 언어, 역사, 문화, 의학, 사회문제 등으로 광범위하게 확장되어 간다. 그의 제주학 연구 성과의 대부분은 제주도총서와 그의 글모음집인 『석주명 나비채집 이십년의 회고록』 속에 결집되어 있다.

　석주명의 학문 전체를 놓고 볼 때, 제주도 연구 이전과 이후는 확연히 다르다. 석주명이 1943년 4월 제주도에 오기 전까지 에스페란토 관련 글들을 빼고는 그의 연구 대부분은 나비와 관련된 것이다. 그러나 제주도에 머물게 되면서 그의 학문적 연구는 인문사회 분야까지 확장된다. 즉 제주도에 오기 전까지는 나비 연구가이자 곤충학자였던 석주명은 제주학 연구를 거치면서 명실상부한 통합학자로서 성장하게 되었다.[9] 그는 "국학과 생물학"에서 제주도 곤충 조사와 제주도 방언 조사, 더 크게 말하면 곤충학과 제주학 연구 사이에 긴밀한 연관이 있음을 보여주고 있다(석주명, 1992a: 79~82쪽 참조). 석주명은 제주학 연구를 통해 자연과학, 인문학, 사회과학을 모두 아우르는 통합학자이자 학문융합의 선구자로 우뚝 서게 된 것이다.

제3장 석주명 '제주도총서'의 의의

　석주명의 '제주도총서'가 갖는 자료적 의미와 출판학적 의의에 대해서는 어느 정도 규명된 바 있고(홍순만, 2000: 최낙진, 2007: 2012), 특히 제주어(제주방언) 연구와 관련해서는 연구자들이 상당 정도로 규명해 놓고 있다(강영봉, 1999: 2002: 2007: 2012). 여기서는 그러한 성과를 토대로 석주명의 '제주도총서'가 갖는 의의를 밝혀보고자 한다.

---

9) 국학자인 정인보(鄭寅普)가 "내가 석교수(石敎授)를 만난 지도 어느덧 십오륙 년이나 된다. 그 때는 아는 이가 적었고 지금 와서는 모르는 이가 없다. … 나는 박물학에 대하야 비평할 밑천이 없다. 국학(國學)의 영역 안에서 서로 비최는 바 깊은지 오램으로 두어줄 글월을 써서 권두에 붙인다. 1949년 3월 6일 정인보"(석주명, 1992: iv 참조)라 한 것으로 보아 석주명은 제주도에 오기 전부터 국학에 대해 관심을 가졌던 것으로 보인다. 그러나 그가 인문사회학 전반에 관한 글을 발표하기 시작한 것은 제주도 연구 시기 이후라 할 수 있다.

제1절 『제주도방언집』의 의의

　석주명은 '제주도총서' 제1집으로 『제주도방언집濟州島方言集』을 1947년 12월 30일 세상에 내놓았다. 그동안 곤충학자로만 알려졌던 그가 제주학의 선구자로 주목받기 시작한 것은 바로 이 책 덕분이다. 그가 제주어를 조사하고 수집하게 된 동기는 "국학과 생물학"의 '방언과 곤충'에 잘 나타나 있다.

　　어떤 학자의 말에 의하면 이 세상에 언어가 9백이상이나 있다고 한다. 그 각 민족어는 다시 지방 지방에 따라 여러 지방언어 즉 방언으로 나누이고 또 한 지방의 방언이란 것도 자세히 조사해보면 개인자에 의한 개인어라고 볼 수 있는 것들을 발견하게 된다. 이것을 기꾸로 생각하여 언어에 있어서의 개인차를 제거하여 귀납하면 방언이 성립하는 것이고, 제 방언간의 차이점을 조절하면 민족어가 되는 것이고, 제 민족어간의 공통점들을 계통세우면 언어분화의 계통을 밝히게 되는 것이다.

　　곤충학자들의 말에 의하면 이 지구상에는 곤충이 전 동물의 4분의 3 내지 5분의 4를 차지하고 있다고 한다. … 곤충들은 대륙에 따라 그 곤충상이 다르고 같은 대륙에서도 지역에 따라서 지역별의 곤충상간에는 차이가 있는 것이고, 같은 지역에 있어서도 소지역인 지방에 따라서 각 지방 곤충상에는 차이가 있는 것이다. 이것을 거꾸로 해서 생각하여 각 지방의 곤충상 간의 차이를 조절하면 지구상의 전 육지를 먼저 몇 개의 큰 구역으로 나눌 수가 있겠고, 그 지역을 다시 소지역으로 나눌 수가 있으며 이렇게 몇 단계로 나눌 수가 있는 것이 조선전토를 도군면동道郡面洞의 순으로 나눌 수가 있는 것과 같다.(중략…)

　　이만하면 방언과 곤충 간에는 일맥상통하는 점을 발견할 수 있다는 것보다 지방차와 개체차로 보아 공통점이 많아서 방언을 연구하는 방법으로 곤충을 연구할 수도 있겠고 또 곤충을 연구하는 방법으로 방언을 연구할 수도 있을 것이다. 나는 해방 전에 경성대학 제주도시험장에 2년여나 체재해 있었는데 제주도의 특이한 방언들을 들을 때 곧 방언과 곤충을 연결시킬 수 있었다. (중략…)

그러나 제주도에 온 이상 이런 기회에 곤충을 채집하는 한편 방언의 단어라도 많이 모아서 조선어학자에게 제공하는 것은 유의의有意義한 일임을 느껴서 단어수집에 상당한 시간을 제공하였다. … 만 2년간에 수집한 단어는 7000이 되어서 일단락을 지었고, 그 때는 해방되는 해라 차차 시국이 달라져감을 깨닫고 5월에는 그만 귀경하였다. 수집된 단어의 수는 상당히 많으니 이것을 어떤 모양으로든지 정리하면 유의의한 것이 틀림이 없는 일이다. (하략…)(석주명, 1992a: 79~82)

우리는 여기서 석주명의 학문하는 자세를 엿볼 수 있다. 그는 다른 이가 더 잘할 수 있는 부분은 과감하게 포기하고, 그가 가장 잘할 수 있는 유의미한 것을 찾아 연구하려 하였다. 하여 그는 전문 언어학자가 언어지리학의 차원에서 전국적인 언어지도를 그려주기를 희망하면서 자신은 제주어 어휘 수집에만 전력을 다하였다. 그러나 아직도 우리나라에 전국적인 언어지도가 없는 것을 고려한다면, 언어지리학을 제주어에 대입시키려 했던 석주명의 시도는 무척이나 값진 일이었다(강영봉, 2002: 5쪽 참조). 그리고 일제강점기 당시 조선어 연구의 대가인 오구라(小倉進平)가 제주어를 간접 연구하는 데 그쳤다면, 석주명은 제주도 현지에서 직접 어휘를 수집하고 연구하였다는 데 그 가치가 크다(한국방송공사, 1980: 현용준 인터뷰에서).

『제주도방언집』은 제1편 제주도방언집, 제2편 고찰, 제3편 수필 등으로 이뤄져 있다. 제1편 제주도방언집은 일반사전이라기보다는 가나다순으로 제주어를 표준어에 대응시킨 7,000여 어휘집이다. 석주명은 『제주도방언집』을 통해 한낱 외딴 섬의 방언이 제주어를 표준어와 어깨를 나란하게 했고, 『제주도방언집』은 곤충학자 석주명을 언어학자의 반열로 끌어올리고 있다.

석주명은 어휘를 수집하는 데 그치지 않고 7,000여 어휘를 분석하여, 제주어와 육지의 다른 지방(전라도, 경상도, 평안도, 함경도)의 방언과의 공통점을 찾고, 일부는 조선고어에서 그 유래를 찾기도 한다. 그리고 곤충학에서 사용하는 방법인 지방 곤충상 상호간의 유연관계類緣關係(Affinities)를 숫자적으로 연구하는 것처럼 각 어휘 중에서 전라도, 경상도, 함경도, 평안도 등의 방언들과의 공통점을 뽑았다. 즉 나비분류학에 쓰이는 연구방법을 방언연구에 응용한 것이다(석주명, 1948e; 1992a: 81). 그는 자신의 연구방법에 대해 다음과 같이 평가하고 있다.

> 이 연구방법은 별로 독창적인 것이 아니고 곤충학에서는 흔히 쓰이는 것이나 방언 연구에 응용한 데 의의가 있고, 필자가 감히 전문 외의 학문에 손대게 해준 것이었다. 뿐만 아니라 나의 제주도 곤충조사와 제주도 방언 내지 제주도 조사 간에 좀 더 크게 말하면 나의 곤충학과 제주도 간에는 긴밀한 연관성이 있는 것이다. 제주도 접류의 진상은 제주도 전모를 구명함에 있어서 더욱 잘 인식되는 때문이었다(석주명, 1992a: 81~82쪽).

그 결과 그는 제주어에는 전라도와 경상도 방언분자가 많이 들어와 있지만, 제주어 7,000여 어휘 가운데 전라도와 경상도 방언과 완전히 동일한 것은 각각 340개와 338개로 전체의 5퍼센트에 미치지 못하고 있다는 것을 보여준다. 제주어가 그만큼 특이하다는 것이다. 그리고 그는 방언들 간의 공통어를 찾는 과정에서 각 지방에서의 방언사전의 필요성을 절감한다(석주명, 1947f: 97). 각 지방의 방언사전이 있었더라면, 제주어와 여러 방언들 간의 공통점을 찾는 데 수월했을 뿐만 아니라 보다 정확했을 것이라는 것이다.

그리고 그는 제주도, 전라도, 경상도, 함경도, 평안도의 방언과는 일치하지만 이른바 표준어와 다른 18개 어휘를 제시하면서 이들은 서울 부근의 말이나 책에 나오는 말과 상이할 뿐이지, 그 분포상태로 보아서 단연 표준어로 편입시켜야 하고, 소위 표준어라고 하는 것들은 경기도방언으로 취급하는 게 타당하다고 주장한다(석주명, 1947f. 115). 수도권에서 쓰는 말만 표준어로 할 게 아니라 전국에서 널리 쓰는 말도 표준어가 되어야 한다는 그의 주장은 세계 보편언어로서의 국제어는 강대국의 언어가 아니라 중립어라야 한다는 주장과도 상통한다. 그리고 각 지역의 방언사전이 필요하고, 전국에서 널리 쓰이는 말은 서울말이 아니라도 표준어로 편입해야 한다는 그의 주장은 오늘날에도 여전히 설득력을 지닌다.

강영봉(2002)은 석주명이 '제주어'라는 명칭을 사용하였고, 제주어를 남부어와 북부어로 구분하였으며, 제주어와 외국어를 비교한 것은 제주어에 대한 그의 공로라고 본다. 그러나 그가 제주어를 연구하면서 외국어(중국, 몽골, 만주, 일본)에서 유래한 어휘가 어떤 것이지를 탐색하고, 더 나아가 말레이어, 필리핀어, 베트남어 등과의 관계도 따지고 있는데, 이에 대해서는 좀 더 면밀한 평가가 필요하다.

석주명은 제주어 7,000어휘를 분석하는 과정에서 『용비어천가』(1445), 『두시언해』(1481), 『훈몽자회』(1527), 『송강가사』(1747) 등의 우리의 고전들, 오구라(小倉進平)의 『조선방언의 연구(朝鮮語方言の研究)』(1944) 등의 일본 학자들의 연구성과, 방종현, 이숭녕, 최현배 등 우리 학자들의 연구 성과를 포함하여 88권의 문헌을 참고하였다. 이것은 이미 그가 국어학에서도 상당한 수준에 이르렀다는 것을 보여준다.

한편, 석주명은 『제주도방언집』의 제3편 수필에서 제주도 방언에 다소라도 관계된 것을 뽑아 가나다순으로 수록하고 있는데, 이는 『제주도수필』과 함께 작은 제주문화사전 역할을 하고 있다.

제2절 『제주도의 생명조사서 – 제주도 인구론』의 의의

『제주도濟州島의 생명조사서生命調查書』는 부제가 보여주듯이 제주도의 인구론이다. 석주명은 종래의 호구조사와 인구조사에 한계를 느껴 자기 나름의 기준을 가지고 1944년 2월 7일부터 1945년 4월 5일까지 인구조사를 실시하였다.

〈표 1〉을 검토해보면, 석주명이 인구조사 자료들을 제주도에서 다 분석하지 못하고, 개성으로 복귀해서 해방 직전까지 분석 작업을 계속하고 있음을 확인할 수 있다.『제주도의 생명조사서』의 출간일이 1949년 11월 1일이니 자료 분석을 끝내고 완성된 책으로 나오기까지는 4년이 더 소요된 셈이다. 그동안 제주도는 제주 현대사에서 가장 참혹한 비극인 제주4·3을 겪게 되고, 조사 대상이었던 중산간 마을들은 폐허가 되고

〈표 1〉『제주도의 생명조사서』연구 일정표[10]

조사한 곳	조사기간	분석일	분석한 곳
토평리	1944. 2. 7.~25.	1944. 3. 12.	토평리
법환리	1944. 4. 15.~18.	1944. 4. 30.	토평리
신하효리	1944. 4. 3.~17.	1944. 7. 23.	토평리
함덕리	1944. 10. 26.~30.	1944. 11. 19.	토평리
교래리	1944. 10. 31~11. 1.	1944. 11. 19.	토평리
상도리	1945. 1. 29.~30.	1945. 2. 15.	토평리
송당리	1945. 1. 31.~2. 1.	1945. 2. 17.	토평리
성읍리	1945. 2. 3.~4.	1945. 2. 19.	토평리
오라리	1945. 2. 24.~25.	1945. 3. 8.	토평리
명월리	1945. 2. 27.~3. 2.	1945. 3. 21.	토평리
대정(3개리)*	1945. 3. 13.~14.	1945. 4. 8.	토평리
화순리	1945. 3. 14.~16.	1945. 5. 31.**	개성
의귀리	1945. 3. 27.~28.	1945. 6. 1.	개성
토산리	1945. 3. 28.~29.	1945. 6. 2.	개성
저지리	1945. 4. 3.~4.	1945. 6. 8.	개성
용수리	1945. 4. 4.~5.	1945. 6. 9.	개성
총괄		1945. 7. 18.	개성

---

10) 표에서 대정(3개리)은 보성리, 인성리, 안성리를 의미한다. 그리고 『제주도의 생명조사서』에서 화순리를 분석한
날짜와 장소가 − 1945. vi. 31. 於開城으로 표기되어 있으나, 석주명이 5월에 개성으로 돌아간 것을 고려한다면,
1945년 5월 31일의 착오인 것으로 보인다(석주명, 1949b: 143쪽 참조).

만다.[11] 그렇기 때문에 석주명은 이 책이 출판과 동시에 고전이 되었다고 다음과 같이 자평하고 있다(석주명, 1949b: 3).

이 연구에 착수한 것은 1944년 2월이니 지금으로부터 꼭 만 5년 전이었다. 이 5년이란 세월은 지구 위에서 일어난 인간생활에 있어서의 가장 큰 변동을 포함하여서 그 영향은 우리 제주도에도 미쳤다는 것보다 제주도에야말로 예기치 못하였던 큰 영향을 미쳤고 현재도 그 안정성을 찾기에는 까마득하다.

지금의 제주도의 형편은 해안 일주도로 이상부以上部의 인가가 모두 폐허로 되었다니 이 책에서 다뤄진 토평리, 교래리, 송당리, 성읍리, 오라리, 명월리, 의귀리, 토산리의 반쪽 제1구, 저지리 등 8.5부락의 기록은 벌써 역사적 기록으로 되고 만다. 뿐만 아니라 거기 따라 해안부락의 인구동태도 격변했으니 이 책은 출판과 동시에 고전으로 되어서 더욱 의의가 있다.

…

- 1949. 2. 19. 서울에서 -

그는 제주도 전체 인구 특징을 확인하기 위하여 제주의 문화적 측면을 고려하면서 제주도 전체의 모습을 반영할 수 있도록 조사대상 마을을 선정하였다. 즉 인구이동이 심하지 않고 외래풍이 많이 수입되지 않은 마을 가운데 산남과 산북, 동부와 서부, 해안과 내륙 어느 한쪽에 치우치지 않도록 9개 면 16개 마을을 선정하였다.

그리고 석주명은 제주도가 잡혼, 재혼, 중혼 등이 많아서 자녀를 출산한 상황을 여자로부터 자세하게 듣는다는 게 어렵다는 문화적 상황을 고려해서 보다 진실에 가까운 인구실태를 파악하기 위해 부父 또는 부父였던 사람에게 조사표 1매씩을 배당하여

---

11) 1948년 11월부터 9연대에 의해 중산간마을을 초토화시킨 강경 진압작전은 비극적인 사태를 초래하였다. 강경 진압작전으로 중산간마을 95% 이상이 불타 없어졌고 수많은 인명이 희생됐다. 4·3사건으로 가옥 39,285동이 소각되었는데, 대부분 이때 방화되었다. 제주4·3연구소 홈페이지(www.jeju43.org) 4·3전개과정 참조.

그로부터 생겨난 자녀 전부를 수록하였다.『제주도의 생명조사서』는 제주도의 해안마을과 중산간마을을 고루 추출하고 제주도의 전체 마을 수의 10퍼센트에 해당하는 16개 마을을 대상으로 조사한 자료이기 때문에, 당시의 인구의 실상을 파악하는 데 중요한 단서를 제공해준다.

석주명은 십여 년간 수십만 마리의 나비를 측정하고 통계 내고 분류하는 과정에서 터득한 나비분류학의 방법을 제주어 연구에서와 마찬가지로 인구조사에서도 응용하였다. 다만 제주어의 유래와 분포 등을 언어들 간의 유연관계를 가지고 규명했다면, 인구조사에서는 주로 통계학적 방법을 가지고 규명했다는 점에서 차이가 있다. 그는 수십만의 나비를 하나하나 측정하고 통계 내어 분류했던 것처럼, 제주도의 마을별, 나이별, 성별, 생사生死별, 거주지별 등의 인원수를 일일이 조사하여 통계 내고, 이를 바탕으로 제주도 전체 인구의 특징과 그것의 자연 및 사회 환경 등의 원인을 추리함으로써 당시 제주사회의 실태를 규명하였다.

그는 인구조사를 하면서 나비연구에서 사용하던 측정, 통계, 분류, 분석 방법 등을 차용하고 있는데, 이는 호랑나비(Papilio xuthus LINNÉ)의 앞날개 길이 측정표(석주명, 1972: 209)와 16개 마을 총계의 인구구성표(석주명, 1949b: 184)를 비교해보면 한눈에 알 수 있다. 그는 나비연구에서는 봄형과 여름형, 암수의 구분에 따라 측정하고 통계를 내었지만, 인구조사의 경우는 남녀별, 연령별, 마을별, 생사별, 현지 거주자와 타지로 출가자 등에 따른 다양한 비교 분석을 통해 제주사회의 문화적, 환경적 특성들을 추론하고 있다.

우리는『제주도의 생명조사서』를 통해 일제강점기 말기의 제주사회를 다음과 같이 이해할 수 있다. 첫째, 16개 마을의 호수와 조사표수를 비교했을 때, 조사표수(4,851)/호수(4,689)가 약 1.0인 것으로 보아(석주명, 1949b, 168), 제주도에서는 결혼하여 자식을 두게 되면 대부분 세대를 분리하고 있다. 따라서『제주도의 생명조사서』는 제주도 가족제도의 중요한 특징인 철저한 분가제도를 실증적으로 보여주는 자료이다.

둘째, 여다女多의 섬으로 알려진 제주도 인구의 연령대별 성별 인구변동의 추이를 보면, 16개 마을 전체 평균으로 볼 때 산아産兒의 성비는 52:48로 남자가 많으나 출가자를 포함한 마을주민의 성비는 48:52로 역전되어 여자가 많았다(석주명, 1949b, 172). 그리고 출산된 자녀의 70퍼센트가 주민(출가자 포함)을 구성하고 30퍼센트는 사망하는데, 사망비율은 16:14로 남자가 여자보다 높다. 이는 제주도에 여자가 많은 가장 큰 원인은 남자가 많이 죽기 때문이라는 것을 잘 보여주는 것이다.

셋째, 일제강점기 말기에 제주도에 거주하는 16세 이상의 남녀의 비율은 41:59로 여자가 월등히 많아서 남자의 1.5배나 되었다. 석주명은 이처럼 여자가 월등히 많아지는 것은 출가出稼가 주원인이고, 출가자가 그처럼 많은 것은 자연이 그만큼 척박한 때문이며 제주도 여자가 노동을 많이 할 수밖에 없는 이유도 자연이 척박하고 남자가 출어出漁를 하기 때문으로 진단한다(석주명, 1949b, 187).

이를 종합하자면 제주도 전체적으로 볼 때, 남자가 더 많이 태어나고, 15세 이하의 유년기까지는 남자가 많다. 하지만 남자 사망률이 높아지면서 남녀 성비가 역전되고, 16세 이후가 되면 남자들이 외지로 많이 빠져나가게 되어 여자활동인구가 많아져서 여다女多 현상이 나타난다(석주명, 1949b, 187쪽). 이 조사는 제주4·3 이전에도 제주도는 여자가 많은 섬이었고[12], 특히 제주4·3 때 성인 남자들이 많이 희생됨으로써 여자가 많은 섬으로 더욱더 굳어졌다는 것을 보여준다.

그리고 『제주도의 생명조사서』는 제주4·3 이전에 16개 마을을 조사한 것이기 때문에 사료적 가치가 크다. 그리고 석주명의 인구조사 자료는 제주4·3으로 인한 피해의 정도를 가늠할 수 있게 해준다. 이를테면 『제주도의 생명조사서』와 2015년 현재 정부에서 공식 확정한 제주4·3희생자 명단(제주4·3희생자유족회, 2015 참조)을 비교해보면 제주4·3으로 제주섬의 피해가 얼마나 심각한지 짐작할 수 있다. 물론 석주명의 인구조

---

12) 석주명은 다른 곳에서 조선시대, 일제강점기, 해방 이후 자료 등을 인용하여 제주도가 예전부터 여자가 많은 섬임을 밝히고 있다(석주명, 1968: 199~203쪽 참조).

〈표 2〉『제주도의 생명조사서』를 통해서 본 제주4·3 피해

조사한 곳	『제주도의 생명조사서』		2015년 확정 4·3희생자 수	희생자 수 /호수
	호수	인구수(현주자+외주자)		
토평리	360	1,645 + 80	93	0.26
법환리	430	1,963 + 234	18	0.04
신하효리	530	2,678 + 249	79	0.15
함덕리	800	3,671 + 326	275	0.34
교래리	55	304 + 13	80	1.45
상도리	130	657 + 59	51	0.39
송당리	220	1,139 + 86	86	0.39
성읍리	251	1,113 + 73	76	0.30
오라리	267	1,451 + 104	245	0.92
명월리	420	1,973 + 184	137	0.33
대정(3개리)	225	1,417 + 117	94	0.42
화순리	303	1,483 + 127	27	0.09
의귀리	188	963 + 102	251	1.34
토산리	160	793 + 70	162	1.01
저지리	190	869 + 65	116	0.61
용수리	160	852 + 76	19	0.12
총괄	4,689	22,971+1,965	1,809	0.39

사가 1945년 4월에 끝났고, 그해 8월 해방이 되면서 일본에 나가 있던 사람들이 상당수 들어왔으며, 제주4·3 당시 실제로 희생된 사람이 정부에서 공식 확정한 희생자 수보다 더 많다는 것을 감안한다면, 위의 두 자료만 가지고 제주4·3으로 인한 피해를 정확히 유추하는 데는 한계가 있다.

그러나 〈표 2〉에서 마을의 호수와 공식 확인된 마을별 희생자만을 비교해보더라도, 즉 16개 전체 마을 희생자수(1,809명)/호수(4,689호)가 0.39라는 것은 평균적으로 세

집에 한 명 이상 희생되었고, 중산간마을에서는 평균 두 집에 한 명꼴로 희생되었으며, 특히 토산리 1.01, 의귀리 1.34, 교래리 1.45 등을 감안한다면 그 피해가 막중했음을 확인할 수 있다.

제3절 『제주도문헌집』의 의의

『제주도문헌집濟州島文獻集』은 제목이 보여주듯이 제주도와 직접 관련되거나 제주도에 대해서 언급한 단행본과 논문 총 1,000여 종의 문헌을 수록한 것이다. 그러나 이 책은 단순히 문헌 제목만 적어놓은 게 아니라, 논저들을 서지학적으로 배열한 것이다(석주명. 1949a: 240). 그의 다른 연구서들은 자신이 직접 '제주도'에 대한 자료를 수집하고 연구한 것이라면, 이 책은 '제주도에 대한 연구', 즉 '제주학'을 위한 1, 2차 문헌들을 분류하고 그에 대한 자신의 입장을 정리한 것으로서 제주학을 위한 필수 자료이다.

석주명은 『제주도문헌집』에서, 제주도濟州島를 월등하게 많이 다룬 학자들로 '식물학'의 나카이(中井猛之進), '제주도학濟州島學'의 석주명, '사회학'의 젠소(善生永助), '동식물학'의 모리(森爲三), '방언학'의 오구라(小倉進平) 등 다섯 사람을 들면서, 자신을 분명히 제주도학 연구자로 명시하고 있다(석주명. 1949a: 244). 그는 제주도의 가치를 알고, 제주도만을 전문적으로 연구할 필요성을 깨닫고 '제주도학'이라는 용어를 처음으로 도입했다. 우리는 여기서 석주명이 단순히 필드의 수집가가 아니라 제주도와 관련해서 양과 질에서 풍성하면서도 다양한 연구를 했다는 것을 확인할 수 있다.

『제주도문헌집』은 제1장 저자명순, 제2장 내용순, 제3장 주요문헌 연대기순, 제4장 서평, 제5장 총괄 등 총 5장으로 이뤄져 있다. '제1장 저자명순'에서는 우리나라 저자들은 가나다순으로, 일본인 저자들은 アイウ 순으로, 서양인 저장들은 abc 순으로 문헌들을 정리하고 있어서 저자의 이름만 알면 쉽게 관련자료들을 찾을 수 있도록 하였다.

'제2장 내용순'은 다시 제1절 총론부, 제2절 자연부, 제3절 인문부로 나뉘는데, 총론부는 제주도와 관련해서 총론적인 성격의 문헌들을 수록하고 있다. 제2절 자연부는 다시, 기상, 해양, 지질광물, 식물, 동물, 곤충 등 제주도의 자연을 6개 분야로 나눠 총 433편을 다루고 있다. 여기서 곤충 부분을 따로 분류한 것은 석주명 자신이 곤충학자이기에 가능했던 것이다. 우리는 여기서 그가 자연과학 전반에 대해서 폭넓은 지식을 지니고 있음을 확인할 수 있다. 제2절 인문부에서는 다시, 언어, 역사, 민속, 지리, 농업, 기타산업, 정치·행정, 사회, 위생, 교육·종교 등 총 11개 분야 총 599편을 다루고 있는데, 우리는 여기서 석주명이 제주도의 인문사회 분야에 대해서도 광범위한 관심과 해박한 지식을 가지고 있음을 알 수 있다. 그는 제주도와 관련해서 거의 모든 분야에 관심을 가지고 자료를 모으고 연구하였다.

'제3장 주요문헌 연대기순', '제4장 서평', '제5장 총괄' 등의 부분은 『제주도문헌집』이 단순한 문헌목록집이 아니라는 것을 보여준다. 석주명은 '제3장 주요문헌 연대기순'에서 제주도 연구에서 반드시 필요한 제주도 관계 단행본(◎) 26권, 제주도 관계 논문(○) 121편, 제주도를 논급論及한 단행본(⊗) 10권, 제주도를 논급한 논문(×) 26편을 등 183편만을 추출하여, 각각 ◎, ○, ⊗, × 등으로 표기하여 놓음으로써 제주학 연구자들이 관련문헌을 쉽게 찾아볼 수 있도록 하였다.

'제4장 서평'에서는 제주도 관계문헌 가운데 27권의 문헌들에 대해 간단하게 평하고 있다. 이를테면 고정종의 『제주도요람, 1930』의 경우 "내용이 비교적으로 충실하여 훌륭한 책이다.", 김두봉의 『제주도실기, 탐라지보유』(1932. 1934. 1936)의 경우 "2편을 합친 책인데 중판하면서 추보追補하였다. 7000부나 소화되었다고 하나 그 내용으로 보아 추천할 수 없는 책이다.", 스기야마(杉山幸一)의 『제주도요람』(1942)의 경우 "저자 자신이 경영하는 관광안내소의 선전용으로 인쇄한 것이지만 잠시 오는 관광자에게는 편리한 팜플렛이다." 등으로 한두 줄로 간략하게 해제해 놓고 있다.

'제5장 총괄'에서 제주도에 관한 주요 논저자들을 평가하면서 논저 편수만 가지고 따지지 않고, 제주도 연구에 공헌한 정도를 다시 질적으로 평가하고 있다(석주명, 1949a: 247). 이처럼 석주명은 자신이 읽었던 문헌들을 중심으로 제주도와 관련된 모든 책들을 저자명순, 내용순, 연대순 등으로 분류하고, 자신이 생각하기에 주요한 문헌들과 저자들을 추려내고, 자신의 관점에서 질적인 평가를 하였다. 어떤 것을 잘 모르면서 그것을 평가할 수는 없다는 점을 고려할 때, 석주명은 제주도와 관련된 거의 모든 자연과학과 인문사회과학 분야의 문헌들을 섭렵했을 뿐만 아니라, 나름대로의 가치 기준을 확고하게 가지고 있음을 알 수 있다.

뿐만 아니라『제주도문헌집』의 말미에 있는〈추가분〉에서 그동안 빠뜨린 문헌 일부와 출판 직전에 나온 최신의 논저들을 추가하는 것으로 볼 때, 그의 지적 성실성을 엿볼 수 있다. 그의『제주도문헌집』은 앞으로 제주학 관련 논저목록을 작성하는 경우에 필수 참고서가 될 것이다.

제4절 『제주도수필 -제주도의 자연과 인문』의 의의

『제주도수필濟州島隨筆 -제주도의 자연과 인문』은 1949년 5월에 탈고하여 1950년 6월에 이미 교정 완료된 상태였으나 한국전쟁으로 석주명 생전에 나오지 못하다가 그의 회갑을 기념하여 1968년 11월에야 그의 동생 석주선에 의해 발간된 첫 유고집이다. 이 책은 제목만 보면 수필집으로 착각하기 쉬우나 내용으로 볼 때, 제주도의 자연과 인문사회에 대한 다양한 자료들이 들어 있어 작은 제주백과사전이라 할 만하다. 이 책은 서문序, 오돌또기(원 제목 '오돌똑') 악보와 가사, 1장 총론, 2장 자연, 3장 인문 등으로 나뉘고 있다.

제1장 총론에서는 제주도의 과거와 현재 모습을 이야기하고 있다. 우선 한반도(육지부)에는 있지만 제주섬에는 없는 당시 풍경風景으로 까치와 포플러를 들고[13], 반대로 육

---

13) 석주명은 "까치는 까마귀가 많은 이 섬에 부적(不適)할 것이다."라고 진단하고 있으나(석주명, 1968: 5), 1980년대에 제주도에 인위적으로 까치를 들여옴으로써 지금은 제주도가 까치 천국이 되고 있다.

지부에는 없고 제주섬에만 있는 풍태風態로 밭밟기와 해녀를 들고 있다. 하지만 제주도가 한반도의 다른 지역과 다르기는 해도 동식물의 성립분자를 놓고 볼 때 일본보다 한반도의 분자가 많을 뿐만 아니라 중요 분자의 대부분이 한반도와 공통되어 생물학상으로 한국의 부속섬임을 분명히 하고 있다(석주명, 1968: 5). 그리고 석주명은 1295년, 1580년, 1771년, 1880년 등의 우리나라의 옛 자료와 일본 학자들의 자료들을 통해 제주도의 특산물들을 보여주면서, 300여 개의 오름, 비자림, 김녕굴, 제주도특산 동식물 등은 세계 제일이고, 감귤원, 돌, 비바람, 여자, 소, 말, 고사리, 까마귀, 진드기, 자생아 열대식물, 해녀, 장수자 등은 한국 제일이라 보고 있다(석주명, 1968: 6~7).

최근 세역화世域化(glocalization)시대가 되면서 제주도에서는 '제주다움'과 '제주적인 것'을 찾고, 그것을 산업으로 연결하려 하고 있다. 석주명은 육지에는 있고 제주도에는 없는 것과 육지에는 없고 제주도에만 있는 것 등을 통해서 제주다움을 찾으려 하고 있고, 제주도에 있는 것들 가운데서 세계 제일과 한국 제일을 통해서 가장 제주적인 것을 찾는다. 제주적인 것은 한반도의 다른 지역뿐만 아니라 다른 나라의 것들과 비교를 통해서 드러난다. 그는 나비연구를 통해서 나비마다 지역적 분포가 다르다는 것을 알았고, 자연과 문화도 지역마다 다르다는 것을 깨달아 제주적인 것(또는 제주다움)의 가치를 찾으려고 시도하였다.

물론 그렇다고 해서 '제주적인 것'인 것이 곧 이상적인 것이라거나 바람직한 것은 아니다. 왜냐하면 다른 지역에 비해 어떤 것이 부족하거나 많은 것은 그 지역의 강점이 아니라 치명적인 약점이 될 수도 있기 때문이다. 따라서 '제주적인 것'의 약점과 강점을 잘 아우르면서 제주도의 자원으로 키워나가는 것은 제주인의 몫이라 할 수 있다.

'제2장 자연'에서는 제주도의 기상, 해양, 지질·광물, 식물, 동물(곤충 제외), 곤충 등의 분야를 각각 사전식으로 분류하고 있는데, 그의 『제주도문헌집』에서와 순서가 동일하다. 석주명은 여기서 제주자연의 전 분야에 걸쳐 자신이 보고, 듣고, 읽고, 직접 연구한 것들을 각각의 분야에서 가나다순으로 스케치하고 있다. 즉 제주도 자연을 잘 드러낼 수 있는 것들 가운데 그의 관점에서 중요하거나 특이하다고 인정되는 것을 정리하고 있다. 우리는 여기서 석주명이 제주의 자연을 이해하기 위해 선행연구자들의 문헌들을 꼼꼼히 서로 비교해가면서 읽었고, 아직 밝혀지지 않은 것들에 대해서는 자신이 직접 관심을 가지고 연구했다는 것을 확인할 수 있다.

'제3장 인문'에서는 제주의 전설·종족, 방언, 역사, 외국인과의 관계, 관계인물, 민속, 의식주, 일상생활, 지리, 도읍·촌락, 산악, 도서, 지도, 교통·통신, 농업, 임업, 축산, 수산, 기타산업, 정치·행정, 사회, 인구·특수부락, 위생, 교육·종교, 문화 등 총 25절로 나뉜다. 이 책 전체를 놓고 볼 때 '제2장 자연' 분량이 50쪽인 데 반해, '제3장 인문'은 그보다 훨씬 많은 278쪽에 이른다. 그리고 '자연' 분야에서는 선행연구자들, 특히 일본 학자들의 성과를 많이 인용하였으나, '인문' 분야에서는 주로 석주명 자신이 직접 원자료를 읽고 연구한 것을 바탕으로 하고 있다는 점에서 차이가 있다. 그 점에서 그는 제주도와 관련해서는 인문학자이자 사회과학자라 할 수 있다.

석주명은 언어, 풍속, 문화 등에서 한반도(육지부)의 다른 지역에서는 찾기 힘든 '제주다움'과 '제주적인 것'을 찾지만, 그것들 가운데 다른 지역이나 다른 나라의 것들과 공통적인 요소들을 찾는 것을 게을리하지 않는다. 그는 제주도와 멀리 떨어진 평안도와의 공통점으로 언어, 여자들의 옷, 돗통시, 소의 거세, 밥 짓는 법(좁쌀을 백미 넣은 후 끓이면서 넣는 것) 등을 든다(석주명, 1968: 122). 그리고 일본과의 공통점으로 바느질하는 법, 아이 업는 법, 여자가 짐을 머리에 이지 않는 것, 여자가 내외內外 않는 것, 부엌에 솥을 걸되 온돌에 붙이지 않고 돌로 딴 솥덕을 만드는 것, 휘파람 부는 습관 등이 있고(석주명, 1968: 111), 몽골과의 공통점으로 모자, 의복, 신에 모피를 사용하는 것, 목마牧馬가 성하고 말을 잘 모는 것, 말똥을 연료로 사용하는 것, 우마견牛馬犬의 귀를 절단하는 것, 바람으로 선곡選穀하는 것, 애기구덕, 일부 언어 등이 있다(석주명, 1968: 90). 이는 제주도의 언어, 풍속, 문화에서 제주적인 것이라 생각되는 것들 가운데는 우리의 옛것이거나 몽골이나 일본 등 외부로부터 들어온 것도 있을 수 있다는 것을 의미한다.

그리고 석주명은 돗통시가 제주도의 독특한 것이 아니라는 것을 분명히 하고 있다. "인분을 돼지 사료의 일부로 사용하는 것이 제주도 독특의 것은 아니다. … 이제 이 변소 겸 돈사의 분포상태를 살펴보면 제주도 외에 다음과 같이 밝혀졌다. 한반도에서는 북으로부터 회령, 양구, 통영, 거창, 합천, 광양의 여러 지방, 중국 내몽고 서부, 산동성 전부, 산서성 동·중부, 만주 용정, 오키나와, 필리핀 전역 등이다.(석주명, 1968: 96~97) 이처럼 돗통시가 세계적으로 보편적인 것이라면, 우리나라에서 돗통시가 제주적인 것으로 알려진 계기가 무엇이고, 제주도의 돗통시가 다른 지역의 돗통시와 어떻게 다른지를 규명하는 것도 필요하다.

석주명은 제주도 사람들이 자랑하는 것도 전국적으로 보았을 땐 그리 대수롭지 않을 수도 있다는 평가를 내린다. 즉(외지인의 관점에서) 그는 제주인들이 자랑하는 영주십경에 대해서 "명승으로 영주십이경이라고 소개된 것이 있으나 전국적으로 볼 때 하나도 신통할 것이 없다. 다만 제주도가 남해의 절도絶島 요 고산高山 이니 그 섬 자체 즉 한라산이 재미있는 존재라고 할 수 있다."(석주명, 1968: 115쪽) 라고 평하고 있고, 백록담에 대해서는 "한국 남단에 있는 한라산정의 화구호이니 북단의 백두산 천지와 더불어 옛날부터 전설로 풍경으로 선전되는 것은 당연한 일이다. 그러나 백두산의 천지와는 비교될 바가 못 되고, 수심이 상당하다고 선전되어 있지만 한천旱天 이 계속될 때는 고갈하는 정도이니 대수롭지 않다. 녹담만설이라고 영주십이경 혹은 제주십경에 끼워 제주도에서는 자랑할 만하다고 하겠지만 전국적으로 볼 때는 문제가 안 될 것이다."(석주명, 1968: 129) 라고 평하고 있다.

제주인들이 외지인들에게 자랑하고 싶은 것과 외지인들이 제주도에서 보고 특이하다고 느끼는 것 사이에는 상당한 차이가 있을 수 있다. 그리고 제주인들이 생각하는 '제주다움'(또는 '제주적인 것') 과 외지인들이 생각하는 '제주다움'이 다를 수가 있다. 석주명은 자연과학도이자 외지인으로서, 그리고 제주도를 아끼는 반半 제주인으로서 제주도의 자연과 문화를 좀 더 객관적으로 보면서 그것을 바탕으로 '제주다움'과 제주도의 가치를 찾으려고 하였다.

제5절 『제주도곤충상』의 의의

『제주도곤충상濟州島昆蟲相』은 1950년 6월에 편집 완료되었지만 한국전쟁으로 출간되지 못하고, 20년이 지난 1970년 8월에야 유고집으로 출간되었다. 이 책은 곤충학자이자 제주학자인 석주명이 할 수 있는 최선의 것으로, 제1장 연구사, 제2장 총목록, 제3장 총괄 등으로 이뤄져 있다.

'제1장 연구사'에서는 제주도 곤충과 관련된 논저 106편을 연대순으로 배열하고, 각각에 대한 간략한 해제를 덧붙이고 있다. 이를테면 1847년 제주도산으로 제주홍단딱정벌레(Coptolabrus monilifer) 1신종을 발표한 타텀(Tatum T.)의 논문에서부터 1950년 제주도산 모라윗왕버섯벌레(Episcapha moravitzi moravitzi)와 노랑줄왕버섯벌레(E. flavofasciata)의 2종을 다룬 아라키(荒木東次)의 논문에 이르기까지 제주도 곤충과 관련된 총 106편의 논저에서 다뤄진 내용과 체재, 특히 거기에서 발표된 제주도산 곤충들에 대해서 설명하고 있다. 그는 1장의 말미에 연대별 편수, 국적별 편수, 저자별 편수 등을 분석해 놓고 있다. 여기에서 석주명 22편, 무라야마(村山釀造) 13편, 조복성 8편 등 주요 곤충학자들의 성과를 제시하면서 제주도 곤충과 관련해서 단연 자신이 독보적 존재임을 드러내고 있다.

'제2장 총목록'에서는 제주도산 곤충 19목 141과 737종에 대해서 등장하는 출처, 즉 학술지, 보고서, 곤충도감 등에 대해 상세히 밝히고 있어 후학들에게 검증의 기회를 주고 있다. 그리고 '제3장 총괄'에서는 제주도 곤충 19목 141과의 한국명, 학명(라틴어), 각 과에 대한 737종을 기록하고 있다. 그 가운데 나비목은 30과 255종으로 전체 곤충의 3분의 1에 이르며, 특히 그 가운데 나방을 제외한 제주도의 나비는 73종이다.

석주명은 73종의 제주도 나비들 가운데 제주를 대표하는 나비로 '제주왕나비(Danaus tytia/Parantica sita)'를 꼽는다(석주명, 1992a : 53). 그는 '제주왕나비'의 이름 유래에 대해서 다음과 같이 밝히고 있다.

*Danaus tytia*의 종명種名이요, 속명屬名이요, 또 과명科名으로 우리 조선에는 1과 1속 1종이 날 뿐이다. 조선서는 중조선中朝鮮 이남에 분포하고 서조선이나 북조선에는 보기 어려운 남방 계통의 우미優美한 종류이다. 제주도에서만은 전도全島에서, 즉 해안에서부터 산꼭대기까지 널리 분포해 단연 제주도를 대표하는 나비라 할 수 있겠다. 필자는 1945년 이 나비를 제주의 대표나비로 하고 '영주왕나비'라는 이름으로 발표한 일이 있다. '영주'는 제주도의 옛 이름이 다(석주명, 1947c).

석주명은 우리나라 250여 종의 나비 분포를 250장의 우리나라 지도와 세계지도에 그려 넣은 『한국산접류분포도』(1973)의 첫머리에 '제주왕나비'를 자리매김하였다. '제주왕나비'는 제주도에서는 1년에 3회, 내륙에서는 2회 발생한다. 제주도에서 발생한 제1회 개체들이 태풍과 같은 기상으로 인하여 태백산맥을 따라 내륙지방으로 이동하는 것이다(정세호, 1999: 173; 김용식, 2002: 209). 그러나 후에 학자들은 '제주왕나비'가 태백산맥에서도 발견된다는 이유로 '왕나비(*Parantica sita*[Kolla])'로 개명하고, 네발나비과, 왕나비아과로 분류하고 있다.

석주명은 『제주도곤충상』에서 나비목 부분만 상세할 뿐 나머지는 그렇지 못하다는 것을 밝히고 있다. 그의 부족한 부분을 메우고, 그가 미처 발견하지 못해서 생긴 오류들을 바로잡아서 제주도 곤충상에 대해 보다 정확하고 상세한 연구를 하는 것은 후학들의 과제이다.

제6절 『제주도자료집』의 의의

『제주도자료집濟州島資料集』은 '제주도총서'의 마지막 권으로 잡지에 기고했던 제주도와 관련된 글들을 모은 것이다. 1950년 6월 탈고되었지만 1971년 9월에야 유고집으로 발행되었다. 이 책은 장과 절이 따로 나눠있지 않고 34편의 글과 석주명 자신의 업적목록으로 이뤄져 있다. 이 책은 전체의 3분의 2가 제주어와 관련된 글들로 『제주도방언집』의 자매편이라 할 만하다.

　석주명은 "제주도명 지명을 포함한 동식물명"에서는 제주, 제주도, 탐라, 영주, 한라산 등이 포함된 식물명 100여 개, 동물명 40여 개를 열거함으로써 생명종 다양성 측면에서 제주도의 생물학적 가치가 얼마나 되는지를 간접적으로 보여주고 있다(석주명, 1971: 11). 그리고 농민으로부터 직접 듣고 수집한 제주도의 식물명 550여 개, 동물명 330여 개, 농업관련 550여 개, 임업관련 90여 개, 목축관련 300여 개, 어업관련 110개 등의 제주어를 남겼다.

　뿐만 아니라 한자漢字의 음훈音訓에서 표준어와 다른 제주어 200여 개를 수집해놓고 있다. 이를테면 '물物'은 '것물'(표준어 '만물물')이고, '도都'는 '골도'(표준어 '도읍도'), '왈曰'은 'ㄱ를왈'(표준어 '갈왈'), '욕浴'은 '모용욱'(표준어 '목욕욕')', '사使'는 '부릴ㅅ'(표준어 '하여금사') 등이다. 그리고 지금은 한자어로 뒤바뀌어 거의 잊혀진 190여 개의 마을 이름(洞里名)을 고스란히 기록해 놓았다. 지금이라도 그 마을 지명들을 제주어로 다시 되살리는 게 바람직하다. 한편 제주어의 기원을 밝히기 위해 조선고어朝鮮古語와 외국어(몽골어, 일본어, 중국어, 말레이어, 만주어, 필리핀어, 베트남어 등)를 고찰하고 있는데, 이 부분은 1947년에 발행된『제주도방언집』을 보완한 것으로 보인다.

　그리고『제주도자료집』의 "제주시조 고양부 삼씨고濟州始祖 高良夫 三氏考", "탐라고사耽羅古史", "토산당유래기兎山堂由來記", "마라도엘레지" 등은 그의 인문 분야에서의 관심을 잘 보여주는 글들이다.

　석주명은 자신의 연구업적 목록을 몇 차례 정리한 바 있지만,『제주도자료집』부록에서 최종적으로(1950. 7. 1.) 자신의 연구업적을 정리하고 그에 대한 해설을 달았다. 따라서『제주도자료집』은 제주학 연구자들뿐만 아니라 석주명 연구자들에게도 필수자료가 되고 있다.

제4장 맺음말

한때 제주도 濟州道가 제주도 濟州島의 가치를 깨닫지 못하고 하와이, 홍콩, 싱가포르, 두바이 등을 부러워하면서 그들을 닮아보고자 제2의 하와이, 홍가포르, 제2의 두바이를 꿈꾸던 적이 있었다. 그러나 최근에 지역적인 것의 가치가 높이 평가되는 세역화 世域化(glocalization) 시대가 되면서 "제주다움이 경쟁력이다.", "가장 제주적인 것이 세계적인 것이다."라는 구호가 심심찮게 나오고 있다.

석주명은 '제주적인 것'의 가치를 가장 먼저 알아본 인물이다. 그는 6, 70년 전에 제주도의 특이한 자연과 문화가 귀하다는 것을 깨닫고, 그것들이 사라지는 것을 안타까워하면서 하루바삐 한국의 식자들이 금싸라기 같은 제주도의 자료를 수집하여 체계를 세울 것을 주장하였다. 그리고 누군가 그것을 행할 것을 기다리지 않고, 곤충학도였던 그가 직접 제주도의 자연뿐만 아니라 인문사회 분야 연구에 직접 뛰어들어 제주학 연구의 초석이 되는 제주도총서를 결집 結集해냄으로써 자타가 공인하는 제주학의 선구자가 되었다.

어떤 것의 가치는 그것을 매일 보는 사람보다는 처음 보는 사람이 더 잘 알게 되는 경우가 적지 않다. 그리고 이미 다른 많은 것을 보았던 사람은 그들과 비교를 통해 좀 더 객관적으로 그것의 가치를 알 수 있다. 석주명은 나비채집을 하느라 전국을 거의 다 섭렵 涉獵하였다. 그러기에 그는 제주도의 자연과 인문의 가치를 한눈에 알아차릴 수 있었고, 2년간 제주도에 상주하면서 제주도에 관련해서 보고, 듣고, 읽고, 직접 조사한 자료들을 철저하게 기록하여 분석하고 분류였으며, 그것들을 엮어 제주도총서를 만들어냈다.

석주명의 제주학 연구는 자연과 인문사회 분야의 거의 모든 영역을 망라한다. 그는 이방인이었고, 곤충학을 제외한 나머지 분야에서는 비전공자였다. 그러기에 그는 제주인들이 미처 보지 못한 것들을 볼 수 있는 참신성과 과감성을 가졌지만, 그만큼 잘못 볼 수 있는 가능성도 있다. 그는 제주도에 오기 전에 이미 나비 분야에서는 세계적으로 인정받는 학자였다. 한 분야의 대가人家는 다른 비전문 분야에서도 큰 성과를 낼 수 있다는 장점도 있지만, 경우에 따라서는 부적합한 권위에의 오류를 범할 수 있는 약점도 지닌다. 즉 나비연구의 대가였기에, 그가 범한 잘못들마저도 대중들은 사실과 진실로 받아들이는 경우도 생겨난다. 석주명의 제주학 연구의 한계가 바로 그것이다. 하지만 그가 범할 수 있는 작은 오류에 비해 그가 이룬 성과가 워낙 크다. 따라서 석주명의 제주학 연구의 성과를 계승하고 그의 오류를 바로잡는 것은 각 분야에서의 전공자들의 몫이다.

석주명의 제주학 연구는 다음과 같은 의의가 있다.

첫째, 그가 남긴 자료들은 제주도 연구를 위한 기초자료가 된다. 제주도와 관련해서 그가 수집하고 기록한 자료들은 제주도 근현대사에서 가장 큰 비극인 제주4·3 직전의 것들이어서 제주도 자연과 인문사회의 옛 모습에 가까운 것들로, 그로 인해 그는 제주학의 선구자가 되었다.

둘째, 일제강점기에 한국인에 의해 종합적으로 제주도 연구가 이뤄졌다. 당시 일본 어용학자들이 제주도 연구를 많이 했지만 그들의 연구 목적은 자원을 수탈하고 사회를 지배하기 위한 것이었다. 그러나 석주명의 제주도 연구는 양과 질에서 일본인 학자들을 압도했을 뿐만 아니라, 반半제주인의 입장에서 제주도를 애정 어린 눈으로 바라보면서 연구했고, 제주학 연구를 한국의 자태姿態를 밝히는 국학國學 연구의 연장으로 보았다.

셋째, 자연과학의 방법론을 인문사회 분야에도 적용하는 선례를 남겼다. 즉 나비연구에서 사용하는 통계, 분류, 분석 방법들을 방언연구, 인구조사, 문헌자료분류 등에서도 응용하고 있다. 그리 본다면 석주명은 이미 60여 년 전에 최근 화두가 되고 있는 학문융합을 시도하였다는 점에서 우리나라 학문융합의 선구자라 할 수 있다.

넷째, 석주명은 제주도 연구를 통해 통합학자가 되었다. 석주명의 학문연구 전체를 놓고 볼 때 제주도 연구 이전과 이후는 확연하게 다르다. 석주명은 제주도 연구 이전에는 한낱 곤충학자에 불과했지만, 제주도 연구를 하면서 자연, 인문, 사회 분야를 아우르는 통합학자로 성장했다.

석주명이 세상을 떠난 지 70여 년이 지났다. 많이 늦었지만 석주명 학문 전체에서 그의 제주학 연구가 차지하는 위치를 입체적으로 조명하는 작업이 필요하다. 그동안 학문 전반에서 연구방법과 내용이 많이 달라졌고, 제주학 분야에서도 양과 질에서 상당한 성과가 나왔다. 그에 걸맞게 석주명의 제주학 연구에 대해서도 다양한 분야에서 좀 더 객관적이고 냉정한 평가가 이뤄져야 할 것이다.

3부
———

석주명의
제주도 연구에
대한 평가

석주명과
제주도 나비

정세호

제1장 석주명의 나비 연구

제1절 *A Synonymic List of Butterflies of Korea*

일제강점기에 곤충도감으로는 일본인들이 자랑하는 마츠무라(松村松年) 박사의 『일본곤충대도감 日本昆蟲大圖鑑』(1931)과 우치다(內田淸之助) 등이 만든 『일본곤충도감 日本昆蟲圖鑑』(1932)이 있었다. 하지만 이 책들에서는 나비들이 성장 환경에 따라 크기나 모양이 약간 차이가 있을 뿐인데도 연구업적을 늘리기 위하여 제각각 다른 이름들을 붙여서 조선에 분포하는 나비 종류를 921종으로 기록하게 된다.

석주명은 그동안 채집하고 수집한 수많은 표본을 가지고 개체변이 연구를 토대로 같은 종을 다르게 부르는 동종이명 同種異名(synonym)이거나, 잘못 붙여진 나비 이름들을 바로잡았다. 세계 최고의 권위를 자랑하는 학술단체인 영국왕립아시아학회의 조선지부에서는 1938년 석주명에게 '조선산 나비' 전체 목록에 대한 논문을 의뢰했고, 그는 그동안 연구 성과들을 바탕으로 조선에 분포하는 나비류를 255종으로 정리하여 *A*

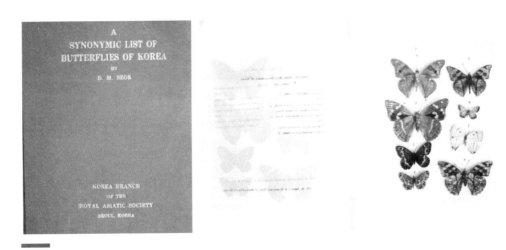

<그림 1> *A Synonymic List of Butterflies of Korea*

Synonymic List of Butterflies of Korea(1940)를 발간하였다.

　이 책은 일반적으로 『조선산 접류 총목록』으로 불리지만 정확히 번역하자면 『한국 나비의 동종이명 목록』이라 할 수 있다. 이 책이 발간됨으로써 석주명은 세계적인 나 비학자로 우뚝 서게 되었다.

제2절 조선 나비 이름의 유래기

　우리나라에는 수많은 나비가 있었지만, 당시까지 우리가 부르는 우리말 이름은 노 랑나비, 흰나비, 호랑나비 정도였다. 따라서 석주명은 우리나라 250여 종의 나비 분류 를 끝내고 해방이 되자 우리나라에 서식하는 나비들의 우리말 이름을 붙이게 된다.

　그는 우리나라 나비 이름을 가나다순으로 배열하고 각각에 '학명을 쓰고', '영어이 름', '일본이름' 등을 기록하고, '나비모양', '나는 모습', '채집자'와 '채집지' 등을 반영하 여 종에 맞는 우리말 이름을 지었다. 그가 붙인 우리말 나비 이름은 1947년 4월 5일 조 선생물학회에 붙여 통과시키게 되고, 그 후 『조선 나비이름의 유래기』를 발간하게 된

〈그림 2〉 조선나비이름의 유래기

다. 현재 우리가 쓰고 있는 우리나라 나비 이름 중 70퍼센트 이상을 석주명이 붙였다. 그 가운데 우리나라 나비 이름의 유래를 일부 소개하면 다음과 같다.

① '가락지장사(가락지나비)'는 영어이름 'Ringlet'에서 유래한 것으로 앞뒤 양 날개의 안쪽 면 바깥에 배열된 '가락지무늬'가 있어 붙여졌다.

② '영주왕나비'는 '영주'는 '제주도'의 옛 이름이고, 왕나비는 '크기가 커서' 붙여졌다.

③ '제주도꼬마팔랑나비'는 제주도에만 있는 아주 작은 종류의 나비라서 붙여진 이름이다. 그리고 줄점팔랑나비속에 속하지만 뒷날개 안쪽면에 '줄점'이 뚜렷하지 않으므로 '줄점'을 넣지 않았다.

④ '네발나비'는 나비 앞다리가 퇴화되어 완전한 발이 4개만 있다 하여 붙여졌다.

⑤ 호랑나비는 중국에서 '봉접鳳蝶'이라 하는데, 이 '봉접'이라는 글자가 조선으로 들어오면서 '봉접→봉나비→범나비→호랑접→호랑나비' 순으로 변해온 것으로 어원을 밝혔다.

<표 1> 제주도에 분포하는 나비류 중 석주명이 처음 붙인 이름

과명	기록 종수	석주명	종명
부전나비과	30	22	물빛긴꼬리부전나비, 남방남색부전나비, 푸른부전나비, 암먹부전나비, 뾰죽부전나비, 큰녹색부전나비, 벚나무까마귀부전나비, 귀신부전나비, 귤빛부전나비, 물결부전나비, 큰주홍부전나비, 작은주홍부전나비, 고운점박이푸른부전나비, 담흑부전나비, 부전나비, 산부전나비, 남방부전나비, 범부전나비, 작은홍띠점박이푸른부전나비, 바둑돌부전나비, 먹부전나비, 극남부전나비
네발나비과	75	52	오색나비, 번개오색나비, 구름표범나비, 암끝검은표범나비, 흰줄표범나비, 암검은표범나비, 산꼬마표범나비, 작은표범나비, 작은은점선표범나비, 시골처녀나비, 도시처녀나비, 봄처녀나비, 먹그림나비, 금빛어리표범나비, 왕은점표범나비, 은점표범나비, 긴은점표범나비, 홍점알락나비, 산굴뚝나비, 암붉은오색나비, 공작나비, 남방공작나비, 청띠신선나비, 알락그늘나비, 먹그늘나비, 뿔나비, 줄나비, 제이줄나비, 제일줄나비, 왕줄나비, 굵은줄나비, 눈많은그늘나비, 뱀눈그늘나비, 흰뱀눈나비, 먹나비, 담색어리표범나비, 굴뚝나비, 부처사촌나비, 부처나비, 왕세줄나비, 별박이세줄나비, 애기세줄나비, 왕그늘나비, 들신선나비, 함경산뱀눈나비, 왕오색나비, 대왕나비, 풀표범나비, 줄그늘나비, 애물결나비, 물결나비, 제주왕나비(영주왕나비)
호랑나비과	11	11	사향제비나비, 청띠제비나비, 제비나비, 무늬박이제비나비, 산제비나비, 산호랑나비, 긴꼬리제비나비, 남방제비나비, 호랑나비, 모시나비, 꼬리명주나비
흰나비과	11	9	갈구리나비, 노랑나비, 남방노랑나비, 극남노랑나비, 각시멧노랑나비, 멧노랑나비, 기생나비, 줄흰나비, 배추흰나비
계	127	94	

⑥ 부전나비는 앉을 때 날개 모양이 '부전'(사진틀 같은 것을 걸 때 아래에 끼우는 작은 방석 구실을 하는 세모꼴의 장식물) 같아서 붙여졌다.

제주도에 서식하는 나비는 각시멧노랑나비, 무늬박이제비나비, 청띠신선나비, 번개오색나비, 남방공작나비, 암붉은오색나비, 극남부전나비, 꽃팔랑나비, 흰줄표범나비, 애기세줄나비, 작은주홍부전나비, 암검은표범나비, 줄나비, 유리창떠들썩팔랑나비, 암먹부전나비, 작은주홍부전나비, 홍점알락나비, 수풀떠들썩팔랑나비, 먹그늘나비, 뱀눈그늘나비, 산제비나비, 갈구리나비, 왕세줄나비, 굴뚝나비, 먹부전나비 등 127종이나 되는 나비류가 분포하고 있는데, 그중 73퍼센트를 차지하는 93종이 석주명이 처음으로 붙인 나비 이름들이다.

제3절 한국산 접류분포도

석주명은 우리나라 나비를 분류하고, 이름을 지은 후 그것들의 분포를 연구하였다. 그는 우리나라 전 지역을 조사한 결과물들을 토대로 나비들의 분포를 우리나라 지도와 세계지도에 한 장 한 장 그려나가기 시작했고, 각 종들에 대한 '남방한계선'과 '북방한계선' 등 국내외 서식지도 함께 그려지게 되었다.

『한국산 접류분포도』는 252종의 나비를 각 종마다 우리나라 지도와 세계지도에 그

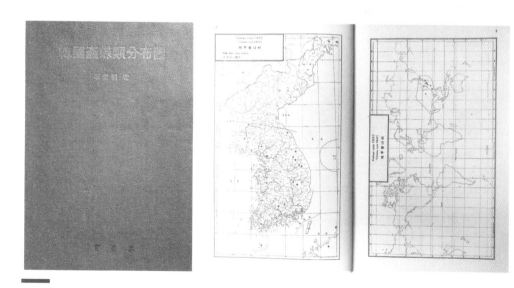

〈그림 3〉 한국산 접류분포도

려 넣은 것으로 한국전쟁 중에 원고를 마무리하였으나 그가 급작스레 사망하는 바람에 발간되지 못하고 1973년에 유고집으로 발간되었다.

석주명은 나비채집을 마친 이후에는 늘 나비채집 여행 지도를 그렸다. 그리고 그는 "내가 돌아다니는 곳을 지도에 표시한다면 꽤 복잡할 것이다. 사실 나는 내가 다닌 길을 100만분의 1 지도에 붉은 선으로 표시하고 있는데, 거의 거미집 모양이 돼가고 있다. 몇 해 지나 나비 종류 수대로 붉은 선 거미집이 완성되면 이 나비 분포 지도를 보고 채집지를 골라 여행을 떠나게 될 것이다."라고 이야기한 바 있는데, 그의 나비분포 연구는 오늘날 생물정보를 이용한 '테마여행'의 시초라고 할 수 있다.

제2장 제주도의 나비

제주도 나비와 관련된 석주명의 연구 업적은 「제주도의 접류」와 『조선 나비이름의 유래기』, 『제주도곤충상』, 『한국산 접류분포도』 등을 꼽을 수 있으며, 이를 토대로 석주명과 제주도 나비에 대하여 정리하였다.

제1절 제주도의 나비 분포

석주명은 「제주도의 접류」(1947)에서 그가 채집한 제주도 나비는 7과 65종이었고, 기록에는 있으나 아직 못 잡은 종류는 4과 8종으로 제주도산 나비는 7과 73종이라 기록하고 있다. 그러나 문헌에 있으나 잡지 못한 8종은 의심나는 종류들로서, 제주도에 분포하는 나비는 약 70종이라 정리하고 있다.

그는 그중 개체수가 많은 56종을 대상으로 하여 고도별 분포를 정리하였는데, 제주도 전도에 분포하는 나비 15종, 산지에 분포하는 나비 12종, 해안 쪽에 분포하는 나비 29종으로 고도별 서식지에 따라 3개의 구역으로 정리하였다.

1. 제주도 전도에서 분포하는 나비: 15종

제주왕나비, 흰뱀눈나비, 은줄표범나비, 긴은점표범나비, 들신선나비, 작은멋장이나비, 큰멋장이나비, 줄흰나비, 제비나비, 산제비나비, 산호랑나비, 긴꼬리제비나비, 호랑나비, 유리창떠들석팔랑나비, 제주도꼬마팔랑나비 등 15종이며, 이 종들은 어디서든지 볼 수 있는 나비 종류로 생존력이 강대함을 알 수 있다.

2. 산지에 분포하는 나비: 12종

(1) 정상에서도 잡을 수 있는 나비: 10종

① 1,800m 이상 분포하는 나비: 산굴뚝나비, 산부전나비, 꽃팔랑나비 등 3종

② 1,500m 이상 분포하는 나비: 가락지장사 1종이지만 한라산 북쪽에서는 먹이의 관계로 1,200m까지 분포하는 게 재미있다.

③ 1,400m 이상 분포하는 나비: 조선산뱀눈나비(함경산뱀눈나비)와, 눈많은그늘나비 등 2종

④ 1,000m 이상 분포하는 나비: 큰녹색부전나비

⑤ 500m 이상 분포하는 나비: 먹그늘나비, 은점표범나비, 검은테떠들썩팔랑나비

(2) 정상에서는 잡을 수 없는 나비: 2종

① 1,400~1,000m에 분포하는 나비: 도시처녀나비 1종

② 1,000~200m에 분포하는 나비: 제일줄나비 1종

3. 해안 쪽에 분포하는 나비: 29종

① 1,400m선: 암끝검은표범나비의 한계선이다. 위쪽으로는 조선산뱀눈나비(함경산뱀눈나비)와 눈많은그늘나비 등 2종, 아래쪽으로는 도시처녀나비, 굴뚝나비, 부처사촌나비, 물결나비, 암끝검은표범나비, 흰줄표범나비, 암검은표범나비, 애기세줄나비, 청띠신선나비, 담흑부전나비, 노랑나비, 푸른큰수리팔랑나비 등 하한선으로 12종이 분포한다.

② 1000m선: 남방노랑나비, 남방부전나비, 남방제비나비, 제주도왕자팔랑나비, 줄점팔랑나비 등의 한계선이다. 위쪽으로는 큰녹색부전나비와 도시처녀나비 2종, 아래쪽으로는 제일줄나비, 왕은점표범나비, 푸른부전나비, 남방부전나비, 극남부전나비, 노랑나비, 남방제비나비, 제주도왕자팔랑나비, 줄점팔랑나비, 흰점팔랑나비의 하한선이기도 하며, 12종이 분포한다.

③ 700m선: 극남부전나비의 한계선이다. 위쪽으로는 줄흰나비가 많이 분포하고, 아래쪽으로는 홍점알락나비와 극남노랑나비가 분포한다고 기록하고 있다.

④ 500m선: 암먹부전나비의 한계선이다. 위쪽으로는 먹그늘나비, 은점표범나비, 검은테떠들석팔랑나비, 아래쪽으로는 물결부전나비, 암먹부전나비, 작은주홍부전나비, 청띠제비나비가 분포한다.

⑤ 200m선: 해안지대를 의미하는 곳으로 위쪽으로는 제일줄나비, 아래쪽으로 네발나비, 먹부전나비, 배추흰나비 등이 분포한다.

이상의 5선線은 한라산의 남과 북에 따라 차이가 있고, 분포하는 종은 29종이며, 또한 먹이에 따라 한라산을 중심으로 남쪽과 북쪽에 따라 차이가 있다고 분석하였다. 제주도는 큰 화산인 한라산으로 되어있고, 제주도가 곧 한라산이며, 해안가에서 1,950m에 이르기까지 오르면서 그곳의 식물을 본다면, '불과 하루에 오르는 곳인데도 아열대亞熱帶에서 한대寒帶에 여행하는 것'과 같다고 기록하고 있다. 이렇듯 석주명은 서식지

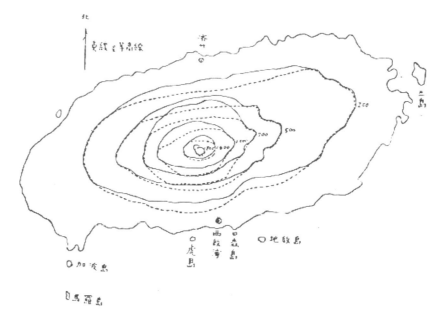

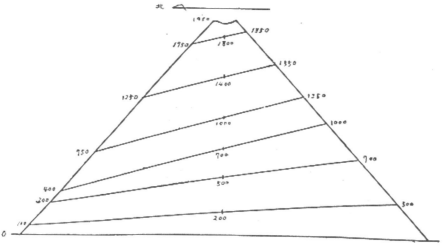

〈그림 4〉 제주도 나비의 고도별 분포

별, 고도별 분포뿐만 아니라 한라산을 중심으로 남쪽과 북쪽의 식물 분포가 달라 서식하는 나비들이 다르다는 것을 밝혀냄으로써 나비의 생태학, 생물지리학, 생물통계학을 정립하고 있다.

석주명은 제주도의 나비류 중 제주왕나비(*Parantica sita* [Kollar, 1833])의 유래뿐만 아니라 제주도의 해안부터 산꼭대기까지 분포도를 작성해 서식지에 대한 분포도를 정리하였고, 이는 오늘날에도 학술적으로 중요한 자료로 활용되고 있다. 그는 「나비채집 20년 회고록」(1950, 1992)에서 제주도의 부속도서인 추자도, 마라도, 섶섬에서 조사한 것을 기록하고 있다.

① 추자도의 나비: 1949년 8월 조선산악회 제6회 학술조사시 참가하여, 큰멋장이나비와 제주꼬마팔랑나비 등 2종을 채집하였다.
② 마라도의 나비: 1943년 5월 29~30일, 큰멋장이나비, 먹부전나비, 남방부전나비, 노랑나비와 배추흰나비 등 5종을 기록하였으며, '먹부전나비'가 분포되어 있음은 특이사항으로 정리하고 있다.
③ 섶섬의 나비: 제비나비, 청띠제비나비 여름형, 푸른부전나비, 남방부전나비 등 2과 4종을 채집하였다.

그는 종합적으로 제주도의 부속도서에는 남방부전나비와 노랑나비가 분포하는데, 이들 종은 생존력이 가장 강한 종이라고 분석하였다. 또한 마라도, 가파도, 지귀도에는 바람이 매우 강한데도 본도에는 개체수가 적은 먹부전나비가 많은 것이 아주 특이하다고 기록하고 있다.

제3장 제주도의 곤충과 방언

제1절 석주명이 정리한 제주어 곤충 이름

석주명은 "언어에서 개인차를 제거하여 귀납하면 방언이 성립하는 것이고, 여러 방언 사이의 차이점을 조절하면 민족어가 되는 것이고, 민족어들 사이의 공통점들을 계통 세우면 언어 분화의 계통을 밝히게 되는 것이다. 이만하면 방언과 곤충 사이에는 일맥상통하는 점이 많아서 방언을 연구하는 방법으로 곤충을 연구할 수 있겠고, 곤충을 연구하는 방법으로 방언을 연구할 수도 있을 것이다."라고 「국학과 생물학」에서 밝히고 있다. 이에 따라 석주명은 곤충을 통하여 제주방언 40여 종을 정리하였다.

〈표 2〉 석주명이 정리한 곤충 이름 중 제주방언

목명	종명	제주방언	비고
잠자리목	잠자리	곰밥주리=밥주리=밤버리=풋자리= 물새	
	붉은잠자리	고치밥주리	
	큰매미(말매미)	왕재열=왕젤	
	흰잠자리	힌밥주리	
집게벌레목	집게벌레	좁재기	
메뚜기목	귀뚜라미	공젱이=공즁이	
	메뚜기, 민충이	득다구리=말축=만축	
	방아깨비	산전발락(남부어) / 심방말축(북부어)	
	땅강아지	하눌강생이=하늘밥도둑=도루래	
사마귀목	사마귀(범아자비)	주주애기=주주와기=소곰바치	
노린재목	매미	자리, 재, 재리, 재앨, 젤 〈중국어 '젠'에서 유래〉	
	애매미	고삭잴=고시약재=고샛젤=극삭재열=고치젤=폰재열	

목명	종명	제주방언	비고
노린재목	멸구	멜위=진쉬(북부어) / 멸뉘=준시(남부어)	
	게아재비	물하라방=물해래비	
하루살이목	하루살이	누네누니=누니누니	
벼룩목	벼룩	베록	
이목	이	늬=니	
딱정벌레목	풍뎅이	붕댕이=두메기=두미애기 두메기=두미애기= 붕댕이	두메기 (몽골어)
	장수풍뎅이	떠렁쇠	
	반디	불한듸= 불한지=불환듸	
	뽕나무하늘소=뽕자지	뽕남이즈(남부어) / 뽕낭잣(북부어)	
	바구미	남쇠(남부어) / 돗보리(북부어)	
파리목	각다귀	곡다귀	
	똥구더기	똥버렝이	
벌목	말개미	몰개염지(북부어)	
	쌍살벌	사상벌(남부어) / 사장벌(북부어)	
	불개미	불근게염지	
	개미	게염지	
	꿀벌	청벌	
나비목	호랑나비	심방나비	
	송충	소낭베렝이=솔충=솔충버렝이	
	자벌레	자최=자치=잣채	자나방 애벌레
	굼벙이	도렝이=도롱이	
통합	벌레	버렝이=베렝이	
	곤두벌레	고노리(남부어) / 장쿨내비(북부어)	
	진드기(환형)	부구리	
	진둑(편형)	부구리	
	진디	서미역(진둑과 같고, 소형이며, 발이 약간 긴 것)	

제2절 나비 이름에 남은 석주명

석주명의 업적을 기리기 위해 곤충학계에서는 나비의 학명에 석주명의 영문인 Seokia 또는 seoki를 붙여 예의를 표하고 있는데, 산꼬마부전나비[*Plebejus argus seoki* Shirozu et Shibatani,1943], 홍줄나비[*Seokia pratti eximia* Moltrecht, 1909], 흑백알락나비[*Hestina persimilis seoki* Shirozu, 1955]이다.

그리고 우리나라에서는 석주명의 성姓인 '석'을 붙여 석물결나비[*Ypthima amphithea* Ménétriès, 1858]라는 우리말 나비 이름을 지어서 예의를 표하고 있다.

산꼬마부전나비

홍줄나비

흑백알락나비

석물결나비

석주명이 우리말 이름을 붙인 제주도의 나비들

제주왕나비(왕나비)

큰멋쟁이나비

제비나비

산제비나비

산호랑나비

긴꼬리제비나비

호랑나비

산굴뚝나비

꽃팔랑나비

가락지나비

눈많은그늘나비

먹그늘나비

은점표범나비	도시처녀나비	암끝검은표범나비
굴뚝나비	부처사촌나비	물결나비
흰줄표범나비	암검은표범나비	애기세줄나비
청띠신선나비	노랑나비	푸른큰수리팔랑나비

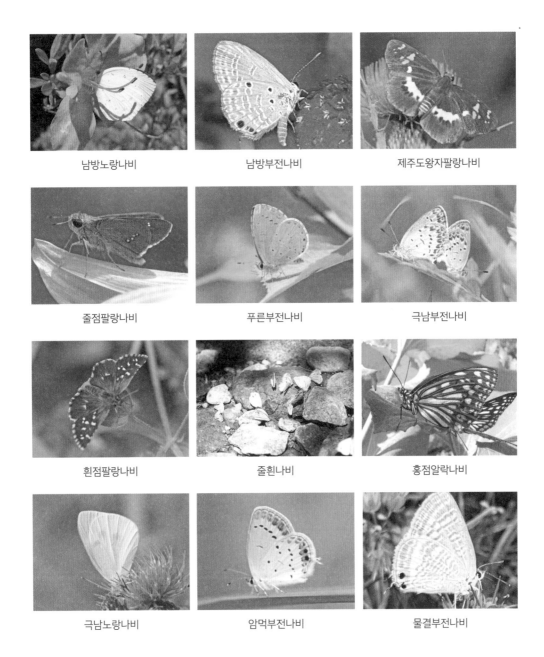

남방노랑나비	남방부전나비	제주도왕자팔랑나비
줄점팔랑나비	푸른부전나비	극남부전나비
흰점팔랑나비	줄흰나비	홍점알락나비
극남노랑나비	암먹부전나비	물결부전나비

작은주홍부전나비 청띠제비나비 네발나비

배추흰나비 제주꼬마팔랑나비 범부전나비

바둑돌부전나비 뿔나비 부처나비

갈구리나비

석주명이 본 제주문화 속 몽골적 요소

윤용택

제1장 머리말

제주도는 오랫동안 해안지역의 반농반어半農半漁와 중산간지역의 반농반목半農半牧이라는 독특한 문화적 특성을 유지해왔다. 그 결과 제주특별자치도(2008)에서는 제주마, 테우리, 잣성 등의 목축문화 유산들을 제주문화상징으로 선정한 바 있다. 제주도의 목축문화는 중산간 지역에 오름과 벵듸라는 목축에 적합한 초원지대가 있어서 가능했지만, 그것이 활성화되는 데는 몽골이 13~14세기에 대제국으로 팽창하는 과정에서 제주도를 지배했던 역사적 배경의 탓도 크다. 특히 제주도에 말[馬] 중심의 목축문화가 결정적으로 뿌리내리게 된 것은 유목국가인 대몽골(원)제국과 만나면서부터이다. 그리고 대몽골과 교류가 단절된 뒤에도 제주도는 중산간 초원지대에서 말을 사육

---

* 이 글은 필자의 「석주명이 본 제주문화 속 몽골적 요소에 대한 재검토」(『제주도연구』 53, 1~27)를 이 책의 취지에 맞게 다듬은 것이다.

하여 조정에 헌납해야 하는 가혹한 공마貢馬제도의 희생양이 되었다. 10소상이니 고수목마古藪牧馬니 하는 우리에게 익숙한 단어들도 결국 그로부터 비롯된 것이다.

대몽골(원)의 입장에서 볼 때 제주도는 바닷길로 일본과 남송을 공략하기에 적합한 지리적 지정학적 요충지였고, 제주도 중산간은 동부 몽골과 유사한 자연환경을 지니고 있어서 군마를 키우기에 적합한 곳이었다. 그렇기 때문에 대몽골(원)은 탐라를 14개 국영목장 중 하나이면서 주요한 해상루트로 이용하였다(박원길, 2015: 2). 제주도와 몽골의 교류기간은 학자들 간에 다소 차이가 있지만[1], 일반적으로 여몽연합군이 삼별초 항쟁을 진압한 1273년부터 최영이 목호의 난을 진압한 1374년까지 약 100년간으로 본다. 하지만 원元에 뒤이어 등장한 명나라가 운남雲南의 양왕梁王의 가속을 비롯하여 원의 지배층들을 세주도에 유배시킴으로써 몽골인의 제주이민은 1392년까지 이어졌다(T. 테무르, 2017: 6). 이처럼 120여 년간 이어진 몽골인의 유입으로 제주도의 언어, 음식, 복식, 인종, 민속, 풍습 등에서 몽골의 영향이 컸을 것으로 추측된다.

몽골문화가 우리에게 알려지기 시작한 것은 한인들이 몽골을 여행할 수 있게 된 일제강점기부터이다. 당시 기록들 가운데 대표적인 것이 여운형(1936)의 〈몽골여행기〉인데, 여운형은 1922년 1월 초에 모스크바에서 열린 '극동민족대회'에 참관하기 위해 몽골의 울란바토르를 경유하며 여행했던 기록을 남겼다(오미영, 2016: 63~102). 그리고 나비박사로 유명한 석주명은 1940년 8월에 내몽골 동북부지역에서 나비 채집여행을 한 후에 「싱안링, 만저우리, 하이라얼의 접류」(1941i: 63~73)를 발표하였고, 당시에 보고 느꼈던 몽골문화에 대한 인상을 「몽골인의 편상片想」(1941h: 10~13)과 「북만주여행의 회상

---

1) 제주와 몽골의 교류기간을 일부에서는 탐라성주 양호(梁浩)가 코빌라이칸을 만나러 몽골로 떠나는 1266년부터 제주도가 다시 고려에 귀속되는 1367년까지 약 100년간으로 보기도 하고(강영봉, 1999: 1; 고문자·박경윤, 2007: 18), 또 다른 이들은 양호가 코빌라이칸을 만나 비단옷을 하사받은 1267년 1월부터 대몽골(원)의 탐라지배와 목호 세력의 상징과도 같은 법화사 아미타삼존불이 명나라로 떠나는 1406년 4월까지 139년간으로 보기도 한다(양해숙·박원길, 2019: 6).

(北滿の旅の思ひ出)」(1941: 19~22)에 남겼다. 이 기록은 수백 년 동안 잊혔던 몽골문화를 우리나라에 알리는 역할을 했고, 석주명이 제주도의 언어와 풍습에 남은 몽골적 요소들을 연구하는 계기가 된다는 점에서 의의가 있다.

한편, 석주명은 1936년 여름에 한 달 남짓 제주도에서 나비채집 여행을 한 후 제주도의 이국적인 자연과 문화에 호감을 갖게 되었다(1937: 27~29). 그 후 그는 1943년 4월부터 1945년 5월까지 서귀포시 토평동에 있는 경성제국대학 부속 생약연구소 제주도 시험장에서 근무하면서 제주도의 자연과 문화에 관한 자료를 수집하고 연구하였다. 그 성과들이 6권의 제주도총서에 고스란히 담겨 있는데, 『제주도방언집』(1947), 『제주도수필』(1968), 『제주도자료집』(1971) 등에서 그가 제시한 제주도의 언어와 풍습 속에 남은 몽골적 요소들을 찾아볼 수 있다. 석주명은 제주도와 몽골을 직접 현지답사하고 두 지역의 언어와 풍습을 비교 연구한 근대 이후 첫 한국인이라 할 수 있다.

그로부터 반세기가 지난 후인 1990년 한·몽 수교가 맺어지면서 1990년대 후반부터 많은 연구자들이 제주도의 언어와 문화에 미친 몽골의 영향에 관심을 보이고 있다. 특히 제주어의 몽골어 차용 관계와 제주도 목축문화에 남아있는 몽골적 요소들에 대한 연구에서는 많은 성과가 축적되고 있다. 제주도에 전해진 몽골문화는 몽골의 전통과 정체성을 가장 잘 보여주는 대몽골(원) 시기의 것들이다. 그렇기 때문에 제주문화에 남아있는 몽골적 요소들을 분석하고 연구하는 작업은 제주도 전통문화 가운데 하나인 목축문화의 형성과정과 제주인의 정체성을 이해하는 데 도움이 된다. 뿐만 아니라 그러한 작업은 그동안 많이 변질된 몽골문화를 복원하고 몽골인의 정체성을 이해하는 데 기여할 것으로 기대된다.

나비박사였던 석주명은 언어와 문화에 대한 비전공자였기 때문에 전공자들이 미처 보지 못한 것들을 볼 수 있는 참신성과 과감성을 가졌지만, 그만큼 잘못 볼 수 있는 가능성도 있다. 그렇지만 그가 남긴 자료들은 우리나라가 수백 년 동안 문화교류가 단절되던 상황에서 제주도와 몽골의 언어, 음식, 복식, 인종, 민속, 풍습 등을 비교 연구할 수 있는 단초를 제공해주는 기초자료로서 큰 의미가 있다.

여기서는 석주명이 본 제주문화 속의 몽골적 요소들을 검토하고, 그것의 의의와 한계에 대해서 논해보고자 한다. 이를 위해서 2장에서 석주명의 몽골에 대한 이해와 그 한계를 살펴보고, 3장에서 석주명이 제시한 제주문화에 남아있는 몽골의 유풍들을 검토하며, 4장에서 한·몽 수교 이후 이뤄진 제주문화 속의 몽골적 요소에 대한 연구 성과와 의의를 살펴보고자 한다.

제2장 석주명의 몽골 이해와 그 한계

제1절 석주명의 몽골 여정

나비박사 석주명은 곤충학 분야를 넘어서 인문사회 분야까지 연구했던 통합학자이고(윤용택, 2012: 151~176), 제주도 연구에 직접 뛰어들어 제주학의 선구자가 되었다(윤용택, 2012: 289~330). 그의 최종학력은 가고시마고등농림학교 농학과(농예생물전공) 졸업이지만, 민속학을 비롯한 인문사회 분야에서도 폭넓은 성과를 남겼다. 그럴 수 있었던 이유를 전경수(2019: 474~477)는 가고시마고등농림학교의 필수 교육과정이었던 '농촌조사'를 하면서 학습한 야연野硏(field research) 내지는 야학野學(field science)에서 찾고 있다. 당시 '농촌조사'는 특정 농촌지역을 직접 답사하여 지세, 지질, 기후, 교통, 인구, 토지, 농업경영상태, 주요작물, 가축, 연중행사, 명소, 풍습, 방언 등에 관한 기초자료를 수집하여 종합적인 사회조사 보고서를 제출하는 것이었다. 그러한 학습과정은 훗날 석주명이 나비 채집여행을 마친 후 그 지역의 민속, 풍습, 언어 등에 대해서 의미있는 기록들을 남기고 있는 것과 무관하지 않다.

석주명은 1939년 봄에 만주와 북중국의 박물관과 농사시험장에 소장된 나비표본들을 우리나라 것들과 비교하기 위해 하얼빈박물관과 공주령농사시험장公主嶺農事試驗場, 천진북강박물원天津北疆博物院과 북경정생생물조사소北京靜生生物調査所를 방문한 바 있고(1939c), 1940년 여름에 북만주와 내몽골 동북부지역으로 나비 채집여행을 하였다. 당시 그 지역은 일본제국의 실질적 지배 아래 있던 만주국(1932~1945)에 편입되어 있던 지역이었다.

석주명은 1940년 7월 관모연봉冠帽連峰에서 나비채집을 마치고, 8월 2일부터 18일까지 북만주와 내몽골 동부지역에서 나비채집 여행을 하였는데 그 전후 사정을 「관모연봉산접류채집기」(1941g)에서 자세히 밝히고 있다. 관모연봉 나비채집 여행 마지막 날 일기를 보면 "7월 30일 맑음, 오전 8시 보상 발. 오후 2시 주을朱乙에 도착할 때까지 중간 중간에 채집. 이날 오후 장재순 군은 채집품을 가지고 개성으로 향하고, 나는 온보溫堡에서 1박하고 다음날 만주로 출발하기로 했다."(석주명, 1941g: 107)라고 기록되어 있다. 그걸 감안하면 그는 함경북도 온보에서 7월 31일 만주로 출발한 후 8월 2일부터 내몽골 동부지역에서 나비를 채집했다는 것을 알 수 있다. 그 지역은 바로 직전 해인 1939년에 국경전쟁을 치렀던 할흐골 지역과 인접한 군사상 특수지역이고[2], 계절적으로 나비채집하기에 다소 늦은 감이 있었지만, 그는 날씨가 좋아서 큰 어려움은 없었다고 밝히고 있다(석주명, 1941i: 63). 당시에 그는 내몽골 동부지역에서 총 57종의 나비를 채집하였는데, 주요 여행 일정과 장소는 다음과 같다.

제2절 석주명의 몽골 이해

석주명은 내몽골 동부지역에서 보고 듣고 느꼈던 것을 「몽골인의 편상」에 기술해 놓고 있다. 그는 하이라얼(海拉爾), 만저우리(滿洲里), 싱안링(興安嶺) 등에서 나비채집을 한

---

2) 1939년 5~6월 일본 측이 몽골 영토 깊숙이 침입하여 일부 지역을 점령하자 몽골·소련 연합군이 8월 20일 일본군을 포위하여 공격하여 8월 31일 일본 제6군 병력을 섬멸하고 몽골에서 축출하였다. 당시에 양측에서 13만 명 병력이 참전했으며, 탱크 1천여 대, 장갑차 800여 대가 동원되었고, 이 전쟁에서 일본·만주군 측에서 4만 8천 명, 몽골·소련 측에서 2만 6천 명이 목숨을 잃었고, 1939년 9월 16일 양측이 정전협정에 서명함으로써 할흐골 전쟁이 끝났다(강톨가 외, 2009: 336).

8월/ 일	채집지		현재 위치
2	둥징청(東京城)		헤이룽장성(黑龍江省) 무단장(牧丹江) 닝안(寧安市)
3	야불리전(亞布力鎭)		헤이룽장성(黑龍江省) 하얼빈(哈爾濱) 상즈(尚志市)
7	치치하얼(齊齊哈爾)		헤이룽장성(黑龍江省) 치치하얼(齊齊哈爾市)
8	하이라얼(海拉爾)		내몽골자치구 후룬베이얼(呼倫貝爾)
9 ~ 10	만저우리(滿洲里)		내몽골자치구 후룬베이얼(呼倫貝爾) ★ 러시아 자바이칼스크와 맞닿아 있다.
11	26호 부근[약 2리주위]	싱안링(興安嶺)	?
12	싱안링(興安嶺)[정상까지]		내몽골자치구 후룬베이얼(呼倫貝爾) 야커스(牙克石市)
13	야루(雅魯)		내몽골자치구 후룬베이얼(呼倫貝爾)
14	자란툰(托蘭屯市)		내몽골자치구 후룬베이얼(呼倫貝爾)
15	정자툰(鄭家屯)		지린성(吉林省) 쓰핑(四平) 솽랴오(雙遼市)
16	퉁랴오(通遼)		내몽골자치구 퉁랴오(通遼市)
18	유량푸(餘粮堡)		내몽골자치구 퉁랴오(通遼市)

〈그림 1〉 석주명의 몽골 나비채집 여행지도

후 사막지방의 나비를 채집하고 그 지역에서 사업하는 송도중학 제자 장경섭張慶燮을 만나기 위해 퉁랴오(通遼)에 들렀다. 그는 몽골에 대해서 잘 아는 장경섭과 몽골인 조금산趙金山 씨의 안내로 말을 타고 유량푸(餘糧堡) 지방을 삼사 일 견학하였다. 그 과정에서 그는 몽골의 언어와 생활문화 등을 체험하게 되는데, 주요 부분을 발췌하여 정리하면 다음과 같다.

① 몽골인은 조선인과 용모와 언어에서 대단히 흡사한 점이 많다. 몽골인의 언어를 들어보면 우리가 그 의미는 알 수 없으되 어조語調와 발음이 조선말과 틀림없다. 그 증거로는 몽골어를 배운 조선인은 몽골인처럼 이야기할 수가 있고, 조선어를 배운 몽골인은 조선인처럼 이야기할 수 있는 까닭이다. 내가 본 한 몽골인이 조선어를 말하는 것을 들어도 어구語句의 수는 적을망정 이야기하는 말에 부자연스런 발음과 어조를 발견할 수가 없었다. 먼저 그 알파벳의 일부를 들면 '아 어 이 오 우 으' '가 거 기 고 구 그' '나 너 니 노 누 느' 등등 조선 한글형과 똑같다. 몽골의 알파벳이 조선 한글보다 더 긴 역사를 갖고 더 원시형이니 분명히 조선 한글은 몽골 것에서 유래한 것을 알 수 있다.

② 타인의 집에 갔을 때 하는 '문더(여러분 안녕하시오)', '노헤우제(개를 좀 보아주시오)'라는 인사말은 몽골인의 풍습을 잘 나타낸다. 타인의 집에 가서 무엇보다도 무서운 것은 개[犬]이다. 몽골개는 흉악하기 짝이 없어서 무심코 타인의 집에 접근하였다가는 큰일을 당한다. 몽골개는 모르는 사람에게는 용서없이 달려드는 까닭이다.

③ 몽골인의 집에는 변소 시설이 없다. 그들은 끝없이 펼쳐진 광야에서 매우 드문드문 흩어져 살면서 목축생활을 하기 때문에 변소가 필요 없다. 소변은 집 뜰에서 볼 수도 있어서 손님들에게도 불편이 별로 없다. 하지만 대변을 볼 때는 그 집 문을 출입할 때에 곤란을 느끼기 때문에, 손님인 경우는 반드시 그 집 아이라도 데리고 나가야 한다.

④ 몽골인의 먹거리는 주로 동물성인데, 양고기, 쇠고기, 양유, 우유 등이 있고, 유제품으로 치즈와 버터 등이 있다. 식물성 먹거리로는 기장쌀을 소기름으로 볶은 초미炒米가 있고, 채소는 별로 없으며, 소금은 많이 안 쓴다.

⑤ 연료로는 가축들의 똥을 건조시킨 훈피(糞皮)를 쓴다. 몽골인의 생활은 먹거리뿐만 아니라 전부가 목축에 의존하는 것이다.

⑥ 몽골인은 남녀노소를 막론하고 승마를 잘 한다. 한 사람이 초미와 치즈를 휴대하면 넉넉히 2개월간을 말 타고 야숙野宿하면서 여행할 수 있다고 한다. 몽골인의 승마자세를 보면 한쪽 엉덩이로 타는데, 보기에는 훌륭치 않고 쉽게 떨어질 듯도 싶으나 절대로 그렇지 않다. 장시간 승마하려면 엉덩이를 좌우로 바꾸어서 타야 계속 탈 수 있고, 더구나 수렵시에는 달리면서 잡은 것들을 줍기에 편하다고 한다.

⑦ 몽골인은 목축생활에 의존하고, 목축은 점점 늘어나는 것이기 때문에, 물질적 욕심이 대단히 적다고 한다. 그들은 사람을 후하게 대하고 금전을 남용하는 경향조차도 있어서 하이라얼(海拉爾) 등지의 카페에서는 몽골인이 가장 환영받는다는 말조차 들었다. 몽골인은 목축생활을 하면서도 가죽을 무두질하는 방법을 모르기 때문에 하이라얼 등지의 모피상들은 몽골인들과 물물교환으로 대단한 수입이 있다는 말도 있다.

⑧ 몽골인들은 현대문화에 뒤떨어져 있다. 하지만 그들은 만주국 서쪽 지역, 내몽골이나 싱안링(興安嶺) 지나 후룬(呼倫)지방 같은 광야에 가장 적응된 민족이기 때문에, 그 지역은 그들의 손에 의해서 개척되는 것을 기대하는 수밖에 없다.

⑨ 몽골족이 가지고 있는 민족병과 악풍속과 그들의 생활에 깊게 침입한 술, 담배, 차茶의 과용에 대한 습성 등을 치료 혹은 교정하지 않으면 크게 기대하기가 어려울 것이다. 그들이 즐겨하는 술, 담배, 차는 모두 기호품에 속하는 것이기 때문에 과용하지 말아야 하며, 더구나 그것들이 그 지방에서 나지 않는 것이기 때문에 거듭 고려해봐야 한다(석주명, 1941h: 10~13).

몽골 언어나 풍습에 대한 석주명의 이러한 지식은 내몽골 동부 지역을 여행하면서 직접 목격하거나 장경섭으로부터 전해들은 것이었다. 그렇기 때문에 그가 접한 몽골 문화가 시기적으로나 지리적으로 몽골의 전통문화를 대표하거나 몽골인의 정체성을 드러내는 것이라 보기는 어렵다.

하지만 몽골인에 대한 석주명의 이해는 공감되는 부분이 많다. 우선 한국인과 몽골인은 용모가 흡사하다는 그의 주장은 설득력이 있다. 한국인과 몽골인은 체질인류학적으로 비슷하여 얼굴과 몸매가 닮을 뿐만 아니라 갓난아기 엉덩이에 나타나는 '몽골반점'이 95퍼센트 이상 나타나는 민족은 몽골족, 만주족, 퉁구스족, 그리고 한민족뿐이다(고문자 김승환, 2007: 82). 그리고 한국어와 몽골어가 계통적으로 동북아시아어족으로 어조, 발음, 문법 등이 상당히 유사하다(최기호 편, 2012: 307~314). 그렇다고 해서 몽골 알파벳이 한글과 같다거나 몽골어가 한글보다 더 긴 역사를 갖고 더 원시형인 것으로 볼 때 한글은 몽골어에서 유래하였다는 석주명의 주장은 오류이다.

그리고 몽골개가 사납다는 그의 주장도 설득력이 있다. 몽골의 유목민들은 게르와 가축을 지키기 위해서 사나운 개가 필수적이다. 몽골개는 워낙 사나워서 개에게 물려 생명을 잃는 경우도 종종 있기 때문에, 오늘날에도 '노헤우제(개 좀 보세요.)'라는 인사말이 있게 되었고, 몽골인은 외출할 때는 개가 접근할 때 휘두를 채찍을 갖고 다닌다(김혜정, 2012: 162~163). 몽골에는 변소시설이 없다는 이야기도 석주명이 여행할 당시의 시대적 배경을 감안하면 사실에 가깝다. 몽골에는 '변소'라는 말 자체가 없기 때문에 지금도 '소변본다'는 표현을 남자의 경우 '말 보러 간다', 여자의 경우 '말젖 짜러 간다'는 말로 에둘러 표현한다(김기선, 2008: 258~259). 그리고 몽골인은 주로 육식을 하고, 식물성 먹거리나 채소가 부족하며, 가축의 똥을 연료로 사용하고, 말을 대단히 잘 탄다는 이야기들은 최근까지도 몽골 전역에서 통용된다.

당시 내몽골은 일본 관할에 있는 만주국에 편입되어 있었지만, 석주명은 그 지역의 넓은 평원들은 그 지역 몽골인들에 의해 개척되어야 한다고 주장하고 있다. 그러한 주장은 피지배민족의 아픔을 아는 식민지 학자의 양심에서 비롯된 것으로 보인다. 그러나 몽골인은 물질적 욕심이 적어 인심이 후하고 어리숙하다거나 몽골인이 술, 담배, 차를 과용하는 것은 바람직하지 않다는 그의 주장은 좀 더 논의가 필요하다.

제3절 석주명의 몽골 이해의 한계

석주명은 일제강점기 나비 전문가였기 때문에 나비를 채집하거나 관련 자료를 수집하기 위해 우리나라와 일본 본토는 물론 당시 일본제국의 세력이 미치던 북중국, 북만주, 내몽골, 사할린, 대만 등지까지 여행을 할 수 있었다. 당시 내몽골 나비채집 여행은 일본학술진흥회의 보조를 받고 이뤄졌지만, 그는 조선인의 입장에서 몽골의 풍습과 사회상을 「몽골인의 편상」에 기술하고 있다. 이 글은 몽골에 대한 정보가 거의 없던 당시에, 우리 학자가 우리글로 몽골의 풍습과 사회상을 알리고 있다는 점에서 큰 의미가 있다.

석주명은 일찍부터 국제어인 에스페란토를 교육하고 보급하는 데도 심혈을 기울였고 해방 이후에는 『국제어 에스페란토 교과서 부附 소사전』(1947e)을 펴냈다. 그리고 그는 나비채집을 하면서 지역이 달라지면 곤충분포와 방언분포가 달라지는 것을 알고, 방언연구의 필요성을 강조하면서 『제주도방언집』을 펴내기도 하였다. 그런 것으로 보아 그의 언어학에 대한 지식을 어느 정도 알 수 있다.

몽골인과 한국인은 용모가 닮았고, 언어적으로 어조와 발음이 같기 때문에, 몽골어를 배운 한국인은 몽골인처럼 이야기할 수 있고, 한국어를 배운 몽골인은 한국인처럼 이야기할 수 있다는 주장은 오늘날에도 여전히 설득력을 가진다. 하지만 앞서 지적한 바와 같이 몽골의 알파벳이 한글과 같고, 한글보다 더 긴 역사를 갖고 더 원시형인 것으로 보아 한글은 몽골어에서 유래했다고 하는 그의 주장은 설득력이 없다. 우리말과 몽골어가 모두 음소문자이고, 당시는 한글 창제원리를 밝힌 훈민정음 해례解例에 대한 연구가 없던 시절[3]이라는 사실을 감안하더라도, 그가 내몽골여행을 하던 당시의 몽골문자(몽골비칙)와 한글의 알파벳이 같다는 주장은 이해하기 힘들다.

---

3) 훈민정음 해례본은 1940년 안동에서 처음 발견되었고, 그에 대한 본격적인 연구는 그보다 훨씬 후에야 이뤄지기 시작하였다.

어떤 현상이나 풍습이 서로 비슷할 때 어느 하나가 다른 것으로부터 유래되었다는 주장을 펴기 위해서는 충분한 근거가 확보되어야 한다. 몽골 풍습이 우리 풍습의 근원이라 주장하려면, 단순한 형태의 유사성만이 아니라 그 전래과정과 그 근거가 제시되어야 한다. 그리 본다면 우리나라 베개와 몽골 베개가 다 같이 크고 높은 것으로 보아 우리 베개가 몽골에서 유래했다는 석주명의 주장은 설득력이 부족하다.

그리고 다른 문화를 평가하는 데는 신중해야 한다. 석주명은 몽골인들은 증식이 잘 되는 목축생활을 하기 때문에 물질적 욕심이 적어서 사람들에게 후하게 대하고 금전을 남용하는 경우도 있다고 주장하지만, 그러한 평가에 대해서 동의하기 힘들다. 몽골인들이 드문드문 떨어져 살면서 겨울이 길고 추운 환경에서 목축생활을 하고 있다는 사실을 감안한다면, 머나먼 길을 온 손님에게 접대를 잘 하고, 육식을 많이 하며, 마유, 양유, 우유 등으로 아이락(마유주)과 아르히(증류주) 등을 생산하여 일상에서 즐기는 것은 자연스런 풍습이다. 그리고 몽골은 강우량 부족으로 채소 재배가 어렵기 때문에 몽골인은 비타민C를 보충하기 위하여 오래전부터 차를 중국에서 수입하여 다양한 차를 즐겨 마셔왔다(김혜정, 2012: 185~189). 몽골인에게 술과 차는 단순한 기호품이 아니라 식품에 가깝다. 그리 본다면, 몽골인들이 술과 차를 즐기는 문화를 악습으로 규정하는 평가는 그러한 문화가 있게 된 자연환경과 사회적 배경을 충분히 고려하지 않은 데서 나온 것이다.

「몽골인의 편상」은 내몽골 동부 지역을 보름 남짓 여행했던 체험을 바탕으로 쓰인 것으로 문자 그대로 몽골인에 대한 단편적 생각이다. 그러나 당시 석주명의 내몽골여행은 훗날 제주문화 속에 남은 몽골적 요소를 탐색하는 중요한 계기가 되고 있다. 이는 석주명(1947f: 127)이 『제주도방언집』을 펴내면서 제주어 중에서 몽골어, 만주어, 중국어에 관계있는 것들을 뽑아낼 때 당시 내몽골에서 만났던 장경섭의 도움을 받았다고 밝히는 사실로도 확인할 수 있다.

제3장 석주명이 본 제주문화 속의 몽골직 요소

제1절 석주명이 본 제주도와 몽골 관계

석주명이 「몽골인의 편상」에서 "내몽골지방에서 견문한 것 중 별로 문헌에 보이지 않는 사실만을 약간 기록해보려 한다."라고 기술하는 것을 볼 때, 1940년 내몽골여행 당시에도 몽골 관련문헌들을 어느 정도 읽었음을 알 수 있다. 그리고 그는 내몽골여행과 제주생활을 통해서 제주도와 몽골의 풍습들이 유사하는 점을 인지하고, 제주도의 언어, 종족, 풍습 등에서 몽골의 많은 영향을 받았다고 주장하게 되었다(1947f: 1968: 1971).

석주명은 제주도가 인류의 탄생지로부터 동방으로 향하는 3코스, 즉 북방코스(시베리아, 몽골, 만주, 한반도), 중국 중원코스(황하, 양자강 사이 중국 중원), 남방코스(아시아 남방해변, 태평양군도)의 말단에 위치해 있고, 예전부터 몽골, 한漢, 왜倭, 유구琉球, 여송呂宋 등과 교류가 있다는 기록에 미루어 볼 때 제주도 종족은 여러 민족이 들어와 혼혈이 되었고(1968: 47), 이李, 정鄭, 조趙, 강姜, 장張, 송宋, 주周, 진秦, 석石, 초肖 등 10성씨가 원에서 귀화하였으며(1968: 192), 좌左씨 등 일부 성씨들이 제주도가 원의 관할 아래 있을 때 목마관으로 왔던 사람의 자손일 가능성이 높다고 주장한다(1968: 47). 그리고 삼별초가 여몽연합군에 의해 진압된 후 고려와 몽골이 제주도를 지배하는 과정(석주명, 1968: 47, 72, 79), 제주도의 마정사馬政使와 제주도와 몽골의 관계사(석주명, 1968: 74~77) 등을 비교적 상세히 기술하는 것으로 볼 때, 그는 제주도와 몽골에 대해 상당한 이해가 있었던 것을 확인할 수 있다.

석주명(1948)은 제주도는 외딴 섬이어서 일단 형성된 문화는 외래문화가 스며들 기회가 적고, 적정한 면적과 인구가 있어서 고유문화를 보존할 수 있었기 때문에, 제주도의 언어와 풍습 등을 잘 살펴보면 한국의 옛 모습 내지는 진정한 모습을 말해주는 자료가 많다고 보았다. 그가 제주도의 언어와 문화를 심도 있게 연구하려 했던 이유는 궁극적으로 우리말과 우리 문화의 뿌리를 찾기 위한 것이었다.

석주명은 세계를 제패하던 대몽골(원)이 제주도를 지배하는 과정에서 제주도의 언어와 풍습이 몽골로부터 상당한 영향을 많이 받았다고 확신한다. 반면에 비슷한 시기 (1935~37년)에 제주도의 자연과 문화를 연구했던 일본인 인류학자 이즈미(泉靖一)는 문화적으로 볼 때 몽골이 제주도에 미친 영향은 별로 없다고 주장한다. 이를테면 몽골의 유풍遺風으로 얘기되는 가죽옷이나 가죽신발은 몽골이 제주도를 지배하기 이전부터 제주인들이 착용하던 것이고, 마구馬具, 연자매, 방사탑, 돌하르방, 마소몰이노래 등도 육지의 것들과 크게 다르지 않은 것으로 보아 몽골의 영향이 그다지 크지 않다는 것이다(이즈미, 2014: 53~54). 앞으로 제주문화를 보는 서로 다른 두 연구자의 관점을 비교 연구해볼 필요가 있다.

석주명은 1940년대 초에 몽골을 직접 현지답사하고 제주도에 살면서 연구한 결과 제주문화 속에 몽골의 요소들이 짙게 남아있다고 확신하게 되었다. 그가 몽골의 유풍이라 할 때, 몽골풍습은 대몽골(원)이 제주에 영향력을 행사하던 13~14세기에 전해진 것이다. 그 시기는 몽골인의 정체성을 가장 잘 드러내기 때문에 몽골인들 스스로가 영광스러워하는 시기이다. 반면에 그가 내몽골 동부지역을 여행하면서 접한 풍습은 그로부터 600년이 지난 1940년의 것이고, 그가 접했던 제주문화 속의 몽골 유풍 역시 1943~45년의 것들이다. 따라서 그가 주장하는 제주문화 속에 남은 몽골적 요소들에 대해선 시공간적 간극을 고려하면서 검토해야 한다.

제2절 석주명이 본 제주문화 속의 몽골의 유풍들

석주명은 1936년 8월에는 제주도를, 1940년 8월에는 내몽골 동부지방을 여행한 바 있고, 1943년 4월부터 1945년 5월까지 제주도 서귀포에 있던 경성제국대학 생약연구소 제주도시험장에 근무하면서 제주도의 인문과 자연에 대한 자료를 수집하고 연구한 바 있다. 그러한 제주도와 몽골에 대한 직간접 경험과 지식을 바탕으로 그는 제주도와 몽골의 공통점을 다음과 같이 제시하고 있다(석주명, 1968: 90).

① 모자帽子, 의복衣服, 신발(靴)에 모피毛皮를 사용하는 것.

② 목마牧馬가 성성盛하고 말을 잘 몰고 부리는(驅使) 것.

③ 마구馬具.

④ 말똥(馬糞)을 연료로 사용하는 풍습이 있다.

⑤ 가죽모자(皮帽)는 몽골모자(蒙古帽) 모양이다.

⑥ 밭이나 들(田野)에 있는 돌무더기는 몽골의 '오보'와 흡사하다.

⑦ 소, 말, 개(牛馬犬)의 귀를 절단하는 풍속.

⑧ 제주견(濟犬)으로 사냥하는 것.

⑨ 바람으로 선곡選穀하는 방법.

⑩ 애기구덕(搖籃)도 몽골풍에 통하는 바가 있다.

⑪ 언어의 공통점.

석주명은 이들을 몽골 유풍으로 보고 있지만[4], 이 가운데는 몽골 유풍으로 보기 어려운 것도 있고, 그의 부연 설명을 들어보면 잘못 해석하는 부분도 있다. 이를테면 그는 겨울철에 털가죽으로 만든 모자, 짐승가죽으로 만든 옷과 버선 등을 착용하여 제주개(濟犬)로 사냥하는 것이 '따뜻한 나라인 제주도에 어울리지 않는' 몽골로부터 전해진 풍습으로 보고 있다(석주명, 1968: 90). 하지만 그러한 해석은 제주도의 자연환경과 사회적 환경을 충분히 이해하지 못한 데서 비롯된 것이다.

제주도의 해안지대(해발 200미터 미만), 중산간지대(해발 200~600미터), 산간지대(해발 600미터 이상)는 기온과 식생분포가 판이하게 다르다. 해안지대는 겨울에도 일평균 기온이 5℃ 미만으로 내려가는 일이 거의 없을 정도로 따뜻하지만, 목축이 이뤄지는 중산간

---

4) 강영봉·서재철(2001: 228~236)은 대체로 석주명의 견해에 동의하면서, 몽골과 만남을 통해서 제주도가 얻은 것으로서, 목축법, 건축기술, 소똥연료, 차용어, 성씨도래, 봉수대 등을 들고 있다.

이상의 지역은 겨울에 눈이 많고 추운 날씨가 이어진다. 중산간 지역에 사는 화전민과 사냥꾼들이 사냥하거나 테우리들이 소나 말을 돌보면서, 추울 때 노루, 오소리, 소, 개 등의 털가죽 감태(모자)를 쓰는 것은 지극히 자연스런 것이었다. 그리고 해안지역 사람들도 중산간과 고산지역에 방목하는 소나 말을 돌볼 때 추위를 막기 위해 가죽옷을 입었고, 눈 쌓인 한라산을 다닐 때 노루가죽이나 소가죽으로 만든 가죽발레(덧바지), 가죽 버선, 가죽신 등을 착용했다(장애란, 2014: 187~197). 이것들이 몽골 유풍이라 하더라도 제주도의 독특한 환경에 필요했기에 오랫동안 지속되었던 것이지 '따뜻한 나라인 제주섬에 어울리지 않는' 풍습이라는 해석은 부적절하다. 그의 해석은 제주도의 독특한 자연과 사회 환경을 고려하지 않은 데서 비롯된 것이다.

　제주인들이 말을 많이 키우기 때문에 말을 잘 부리는 것은 자연스런 일이다. 특히 말테우리나 말을 이용하여 밭을 밟아야 하는 농부들은 말을 잘 부렸다. 석주명(1968: 67)은 남녀를 불문하고 제주인들이 말을 잘 탄다는 사례로 1940년대 결혼식에 여자무당(女巫)이 말 타는 풍습이 있다고 언급하고 있다. 실제로 제주도 전통혼례에서는 신랑이 말을 타고 신부 집으로 갈 때, 여자하인(하님)이 예장禮狀을 담은 홍세함(婚書函)을 등에 지고 말을 타서 함께 갔다(오문복, 2014: 410~423).[5] 이는 다른 지역 사람들에 비해 제주인들이 말을 잘 탔다는 것을 간접적으로 보여주는 대목이다.

　밭이나 들에 있는 돌무더기들이 겉모습만 보면 몽골의 '오보'와 흡사하지만 기능까지 유사한 것은 아니다. 제주도의 밭이나 들에 있는 돌무더기에는 두 유형이 있다. 하나는 밭 중앙 또는 한켠에 돌무더기를 쌓아놓은 '머들'이다. 머들은 노동력이 부족하여 돌들을 다른 곳으로 이동하기 힘든 경우에 조성되거나 작벡(담)과 같이 밭담이나 산담을 쌓을 때 이용하는 것으로(김유정, 2012: 50), 신앙과는 전혀 관련이 없다. 따라서 머들은 오보와 그 기능이 전혀 다르다. 다른 하나는 '거욱대'로 불리는 원뿔형 돌탑이다.

---

5) 오문복에 따르면, 여자하인(하님)은 때로는 여자무당(女巫)를 겸하기도 하였다.

이는 마을의 액운을 막기 위한 방사탑防邪塔으로 돌이나 나무로 까마귀 부리나 사람 형상을 만들어 돌탑 꼭대기에 세워 허虛한 방향을 향하게 한다(김유정, 2012: 84~85, 331). 거욱대 중에는 성읍리 가마귀동산처럼 돌멩이를 올려놓거나 돌멩이를 뒤집어 놓으면 득남한다는 적석신앙積石信仰을 보여주는 것도 있지만(고광민, 2006: 214~215), 대부분의 거욱대는 기복祈福보다는 벽사闢邪의 기능이 있다.

반면에 몽골의 '오보'는 일반적으로 돌무더기 한복판에 나뭇가지가 하늘을 향해 세워져 있고, 소원을 적어놓은 헝겊들이 매달려 있으며, 가축 뼈들이 놓여 있는데, 몽골인들은 오보 주위를 돌면서 소원을 빌고 재물을 바치기도 한다. 오보는 만들어진 재료, 성격, 기능 등에 따라 다양하다. 이를테면 재료에 따라 돌오보, 나무오보, 흙오보 등이 있고, 종류에 따라 알탄오보, 길(고개)오보, 샘오보, 악수오보, 초원오보, 기념오보, 경계오보 등이 있으며, 성격에 따라 하늘오보, 인간오보, 대지오보 등이 있다.6) 따라서 몽골인의 신앙터이면서 이정표 역할을 하는 오보는 제주도의 돌무더기인 머들이나 거욱대보다는 신당에 가깝다고 보아야 한다.

제주도에서는 바람이 많기 때문에 선곡選穀할 때 바람을 이용한다. 제주인들은 바람 부는 날이면 동리 어귀나 모퉁이에서 바람이 부는 방향과 직각으로 서서 곡물을 낙하시키면서 선곡하였다. 석주명(1968: 105)은 바람으로 선곡하는 제주풍습을 몽골식이라고 보았지만, 그 근거를 제시하지는 않고 있다. 바람 많은 섬에서 바람을 이용하여 선곡하는 것은 지극히 자연스런 일이지 굳이 몽골에서 유래를 찾을 필요는 없다.

제주도에는 유아용 요람으로 애기구덕이 있다. 석주명(1968: 108)은 애기구덕을 사용하면 바쁜 여자가 발로 흔들면서 일할 수 있고, 뱀이나 독충을 피할 수 있으며, 운반하기도 쉽고, 흔들리는 요람에서 자란 아이들은 훗날 뱃멀미를 하지 않을 것이라고 추

---

6) 이안나(2014: 293~303)는 '오보'를 몽골어 발음을 살려서 어워 라 부르고 있다. 여기서 말한 오보는 몽네이고 위용 있는 산에 세우는 오보를 말하며, 이 오보에서는 해마다 정해진 날짜에 제의를 드린다.

측한다. 한편, 몽골에도 목제와 은제로 된 요람들이 있고, 요람의 밑에는 반달 모양으로 된 두 개의 나무판이 붙어 있어서 잘 흔들리며, 아이들을 포대기에 넣고 흔들면 울지도 않고 잘 잔다. 그리고 몽골인은 요람에서 아이를 키우면 허리가 단정하고 다리도 곧게 자란다고 믿는다(박원길, 2005: 239). 석주명은 제주도의 애기구덕과 몽골의 요람이 통하는 바가 있다고 보았는데, 그것이 우연의 일치인지 아니면 어느 한쪽이 다른 쪽의 영향을 받았는지에 대해서는 좀 더 논의가 필요하다.

석주명은 제주문화 속의 몽골적 요소들을 구체적으로 언급한 첫 한국인이고, 그의 자료들은 제주도와 몽골의 풍습을 비교연구 하는 데 단초를 제공해준다. 하지만 그의 연구는 비전공자로서 한계가 뚜렷하기 때문에 그것들의 진위에 대한 보다 심층적인 연구가 있어야 한다.

제3절 석주명이 본 제주어 속의 몽골어 요소

석주명은 내몽골 여행 당시 만났던 송도중학 제자인 장경섭의 도움으로 그가 수집한 제주어 7,000여 개 어휘 가운데 몽골어와 관계있는 240개 어휘를 뽑아내었다.[7] 그 과정에서 도움을 줬던 장경섭이 내몽골의 퉁랴오(通遼)에서 사업하고 있었다는 걸 감안하면, 석주명이 언급하는 몽골어는 1940년 당시 내몽골의 동부지역 언어일 가능성이 높다. 한편 석주명은 생전에 발간된 『제주도방언집』에서 몽골의 영향을 받은 제주어휘 240개를 제시했지만, 유고집인 『제주도자료집』에서는 복합어이거나 중복되는 것들을 삭제하여 184개로 정리하였다(석주명, 1971: 142~148). 그러나 이러한 차이가 석주명 본인이 직접 수정했는지, 유고집을 편집 교정했던 김교영이 띄어쓰기, 맞춤법 등

---

7) 석주명(1947b: 127~130)은 제주어와 관련있는 몽골어, 만주어, 중국어를 뽑는 데 장경섭(張慶燮)과 조금일(趙金一)의 도움을 받았다고 밝히고 있는데, 여기서 장경섭은 「몽골인의 편상」에 등장하는 장경섭이 확실하지만, 조금일은 조금산(趙金山)과 동일인인지는 미상이다.

에 맞게 고친다는 이유로 수정했는지는 분명지 않다.[8] 이에 대해서는 차후에 확인이 필요하다.

대몽골(원)은 13~14세기에 고려와 밀접한 교류를 하였고, 제주도를 지배한 적이 있어서 우리말과 제주어에 많은 영향을 미쳤다. 그리고 석주명은 고어古語가 남아있는 제주어를 연구하면, 우리말의 옛 모습을 알 수 있다고 확신하였다. 그렇기 때문에 그는 제주어를 수집하고 연구하였으며, 어원이 분명치 않은 제주어 어휘들 가운데 몽골어에서 유래한 것들을 찾으려 했다.

석주명은 말(馬)에 관한 말들은 몽골어와 만주어의 영향을 많이 받았다는 오구라(小倉進平)의 주장을 인용한다(석주명, 1947f: 131~132; 오구라, 2009: 630~631). 석주명은 말과 관련된 '가라물(검은 말), 산션이(이마에 흰 줄이 코까지 있는 말), 거울몰(발목이 흰 말), 고라물(회색밀), 무쉬(가축), 물(말), 부인유마(황갈색 말), 유마(갈색 말), 적다물(赤多馬)' 등이 몽골어에서 유래했다고 본다. 그리고 그는 '독고리낭(찔레나무), 멩마구리(맹꽁이), 볼레낭(볼레나무), 쇠윙이(엉겅퀴), 제완지(바랭이)' 등 동식물명과 '고지(밭이랑), 골(옛기름), 구둠(먼지), 놀(폭풍), 늠삐(무), 느싸움(여드름), 다슴(繼), 도곰(언치), 마-(자-), 마눙(파), 부렝이(수소), 북글래기(거품), 약돌기(망태기), 피창(순대), ㅎ술(건뜻)' 등의 어휘도 몽골어에서 유래했다고 본다. 뿐만 아니라 그는 제주지명 가운데 '가소름, 간드락, 눈미, 다그네, 도노미, 도래물, 떼미, 무두네, 서치무루, 솔오름, 어승생, 오도롱, 죽성고다시, 항파두리' 등을 몽골식 지명으로 보고 있다.

석주명은 전문 언어학자가 아니고, 당시 몽골어 관련 자문을 했던 장경섭과 조금일趙金一 역시 언어 전문가는 아니었기 때문에 그들이 제시하는 몽골어 차용어휘들 가운데는 오류가 있을 수 있다. 이에 대해서 강영봉(2012)은 제주어 가운데 몽골어 차용

---

8) 『제주도자료집』 원고는 1950년 6월에 탈고된 상태였지만, 한국전쟁으로 출간되지 못하다가 1971년 9월에야 유고집으로 나왔다. 유고집들의 자료는 석주선이 제공하였고, 석수명과 진하게 지냈던 헤스페란터스보 심교넝(沈敎맺)이 정리하고 교정하였다(김삼수, 1978: 207).

어휘는 말(馬), 군사, 매(鷹) 등과 관련된 50~60여 개에 불과하며, 서로 다른 두 언어에서 음운론적, 형태론적, 의미론적 대응 없이 발음이 비슷하거나 뜻이 비슷하면 그 언어에서 유래했다고 단정하는 것은 문제가 있다고 본다.

석주명이 제시한 몽골어 차용어휘들의 진위 여부는 그것들이 전해진 시기와 지역을 감안하면서 신중하게 재검토해야 한다. 석주명은 1940년대 초반에 사용되던 제주어와 동부 몽골어(정확히는 내몽골 동부 방언)의 유사성을 비교하였다. 하지만 제주도와 몽골 간에 교류가 단절된 600여 년 동안 두 지역의 언어도 많이 변했을 것이다. 그렇기 때문에 석주명이 제시했던 몽골어를 차용한 제주어휘의 진위를 가리기 위해서는 1940년대 몽골어만으로는 부족하고 중세몽골어도 함께 논의되어야 하며, 1940년대 제주어가 13~14세기 중세 제주어와 다를 수 있다는 점도 고려해야 한다.

한편, 1989년 제주도를 방문했던 몽골 언어학자 하칸촐로(Hakanchulu)는 제주도의 몇몇 고유어들이 13세기 동몽골 방언의 변형이라는 것을 지적하면서, 제주도는 언어학적으로 13세기 동몽골 방언의 보고寶庫라고 말한 바 있다(박원길, 2005: 232~233). 따라서 제주어에 대한 몽골어의 영향과 제주지명의 몽골적 요소를 보다 면밀히 검토하려면, 중세국어와 중세몽골어, 중세제주어와 중세몽골어, 현대제주어와 현대몽골어 등을 비교하는 입체적 접근이 뒤따라야 한다. 이를 위해서는 제주어학자, 국어학자, 몽골어학자 간에 협동 연구가 필요하다.

석주명은 언어에 관련해서 비전문가였지만, 일제강점기에 제주어와 몽골어를 연구하면서 단순히 문헌자료에만 의존하지 않고, 몽골과 제주도를 직접 답사하거나 거주하면서 우리말 고어古語, 제주어, 몽골어의 관계를 조사하면서 제주어 가운데 몽골어 차용어휘를 찾으려 하였다. 석주명의 그러한 시도는 비전공자이기 때문에 범할 수 있는 여러 오류의 가능성을 감안하더라도 제주어와 우리말의 연구범위를 시공간적으로 13~14세기 몽골까지 확장시키고 있다는 점에서 의미가 있다.

제4장 제주문화 속의 몽골적 요소들

제1절 한몽 수교 이후 제주도와 몽골 연구

1990년 3월 한·몽 수교가 이뤄지면서 몽골과 교류가 600년 만에 재개되었다. 그 이후 1990년대 후반부터 제주도와 몽골의 언어, 역사, 음식, 민속, 풍습 등을 비교하는 연구자들도 늘고 있고, 1940년대 초반에 석주명이 시도했던 연구 성과들을 뛰어넘고 있다.

김혜정(2012)은 1980년 후반부터 몽골을 넘나들면서 우리나라, 특히 제주와 몽골의 유사점들을 인지하고 제주지역 신문에 연재한 후『초원의 나라 몽골을 가다』를 펴낸 바 있다. 언어학 분야에서 강영봉(1996: 1999: 2007), 배영환(2016), 권성훈(2017) 등이 제주어와 몽골어의 관계를, 오창명(2002), 김기선(2003), 임도희(2016) 등이 제주도 지명의 몽골어 영향을 검토한 바 있다. 역사학 분야에서 김일우(2002: 2003: 2016)는 몽골의 제주지배가 시작되어 제주주민과 제주몽골족들이 더불어 살게 되면서 제주사회는 인구증가와 경제규모가 확대되었다는 데 초점을 맞추고 있고, 박원길(2005: 2013: 2015, 2019)과 이강한(2017)은 대몽골(원)의 세계지배 전략적 측면에서 제주도와 몽골 관계사를 조명하고 있으며, 전영준(2013)과 강만익(2016)은 탐라목장 운영과 목축문화 유입에 따른 제주사회의 변화를 논한 바 있다. 그리고 음식과 민속학 분야에서 오영주(2009: 2014), 장장식(2010), 이안나(2011) 등이 제주문화 속의 몽골적 요소를 탐색한 바 있다. 이러한 연구들은 이전에 있었던 석주명의 연구보다 훨씬 진전된 것들이다.

제주문화 가운데 몽골 영향을 가장 많이 받은 것은 목축문화라 할 수 있다. 1276년 8월 코빌라이칸이 타라치(塔刺赤)를 탐라의 다루가치(達魯花赤)로 파견하여 제주도 동부지역 수산평에 말 160마리를 방목한 이후 제주도는 대몽골(원)의 14개 주요 국영목장 가운데 하나가 되었다. 몽골의 영향을 받은 목축문화는 말 사육방식뿐만 아니라, 민속, 음식, 의복 등 제주사회 전반에 많은 변화를 가져왔다. 목축과 관련된 제주어 어휘들 가운데 중세 몽골어에서 비롯된 것이 많다.

박원길(2005)은 '조랑말'이 몽골말의 한 주법走法인 '조리모르'에서, '테우리'는 '모으다'라는 뜻을 지닌 중세몽골어 'teuri'에서 비롯되었고, 제주인들이 수말을 거세하고, 말의 코를 째는 습속은 질주할 때 숨을 편하게 쉬게 해주는 몽골의 습속에서 유래했다고 본다. 그리고 제주도 동부 오름에서 볼 수 있는 '피뿌리풀'도 방목하는 말들의 설사병을 치료하기 위해 몽골에서 가져왔을 것으로 추정된다(강영봉·서재철, 2001: 182~183; 박원길, 2005: 228~229). 그리고 가축의 똥을 말려 연료로 사용하고, 가축분뇨를 밭 가운데 모아 비료로 활용하는 '바령팟'도 결국은 말들을 많이 키우면서 생겨난 목축문화의 영향이라 할 수 있다(전영준, 2013: 67).

한편, 몽골이 1273년 제주도를 직할령으로 삼으면서 몽골군인, 목호, 죄인, 목수 등이 제주도에 집단적으로 들어와 정착하였다. 그리고 원명元明이 교체되고 1374년 목호의 난이 진압된 후 명明은 1382년부터 1392년까지 운남 양왕梁王의 가속을 비롯한 몽골의 왕족과 관료들을 제주도로 유배시켰다(T. 테무르, 2017: 36). 1530년에 편찬된 『신증동국여지승람新增東國輿地勝覽』 제38권 「제주목濟州牧」에 따르면, 원元에서 유입된 성씨로 '조趙, 이李, 석石, 초肖, 강姜, 정鄭, 장張, 송宋, 주周, 진秦' 등 10개가 있고, 운남에서 유입된 성씨로 '양梁, 안安, 강姜, 대對' 등이 있다. 그리고 제주지역 호적중초를 분석한 결과 그 외에 '강康, 좌佐, 홍洪, 서徐, 차車' 등도 대원大元을 본관으로 하는 경우가 있다는 것도 확인되고 있다(전영준, 2013: 71). 이처럼 몽골인들이 제주도에 정착하는 과정에서 제주여성들과 통혼이 이뤄졌을 것이고, 그로 인해 두 지역 간의 혼인풍습도 서로 영향을 주고받았을 것이다. 그러한 점을 고려한다면, 결혼 첫날밤을 신랑집에서 보내는 풍습이 서로 비슷하고(박원길, 2005: 239~240), 제주도 '애기구덕'이 몽골 요람과 흡사한 것도 어느 정도 이해될 수 있다.

오영주(2014: 20~31)는 음식 분야에서 제주도 음식 가운데 몽골에서 전해졌거나 비교 가능한 것들로 순다리-아이락/타라크, 고소리술-아르히, 개역-참파, 돔베고기-오츠, 육회-타타르, 고기국수-쿠릴타이슐, 수예-게데스, 상애떡-만도 등을 들고 있다. 이 외에도 돌하르방과 훈촐로를 비교하는 이들도 있고(박원길, 2005: 229~231; 장정식, 2011: 98~100: 오영주, 2014: 34~42), 두 지역의 '돌신앙'(이안나, 2011)과 버드나무 민속(장정식, 2010)을 비교하는 이들도 있다.

제주도와 몽골은 13~14세기에 긴밀한 교류가 이뤄지다가 15세기 이후 600년간 교류가 단절되었다. 그동안 두 지역에 문화변동이 있었지만, 그 변화의 정도는 서로 달랐다. 몽골의 경우 15세기 이후에는 한족[明]과 만주족[淸]의 지배를 받았고, 20세기에는 사회주의 정부가 들어섰다. 그 과정에서 몽골인들이 자신들의 전통문화와 정체성을 가장 잘 드러낸다고 보는 13~14세기 몽골문화는 많이 변형되었다. 반면에 제주도의 경우는 17~19세기에 200년간 출륙금지령이 내려져 외부와 교류가 거의 끊김으로써 고유한 언어와 풍습이 보존될 수 있었다. 그렇기 때문에 제주의 전통문화 속에 남아있는 몽골적 요소들 가운데는 오늘날 몽골문화보다 13~14세기 몽골의 전통문화에 더 가까운 것이 있을 수도 있다.

제2절 제주어 속의 몽골어 요소

대몽골(원)이 제주도를 지배하면서 언어, 민속, 풍습 등에 미친 영향들에 대한 논의가 비교적 활발한데, 특히 몽골어가 제주어에 미친 영향에 대해서는 일찍 시작되었다. 일제강점기에는 일본인 오구라(小倉進平)가, 해방 이후에는 석주명이 제주어와 몽골어의 관계를 연구하였다. 제주어의 몽골어 차용 연구를 본격적으로 시작한 이기문은 몽골어 차용어휘로 '가라(몰), 가달(석), 간자(몰), 고돌개, 녹대, 부루(몰), 사오리, 오랑, 절다(몰), 지달(쓰다), 아랑주' 등을 들고 있다(강영봉, 1999: 3~4). 그리고 강영봉은 제주어와 중세몽골어의 비교 연구를 통해, 제주어에서 '고렴[弔問], 고적[부조떡], 구덕[바구니], 도곰[떔치], 드사리[머슴살이], 복닥[껍질/모자], 수룩[무리], 술[줄], 우룩맞추다[날짐승이 서로 소리 질러 부르□ 8□다], 주레[메기], 허벅[□□이], 호랑[□□]' 등 12개 어휘가 몽골어에서 차용된 것이고(강영봉, 1999: 5~15), 목축과 관련된 제주어 가운데 '가라물(털빛이 까만 말), 가달석(재갈에 매인 고

삐줄), 고들게친(껑거리끈). 고라물(털빛이 누런 말), 구령물(털빛이 밤색인 말), 다간(두살 소), 부루물(털빛이 하얀 말), 적다물(털빛이 붉은 말), 지달(마소의 발을 동여매는 도구)' 등이 몽골어에서 차용된 것으로 본다(강영봉, 2007: 113~114).

1989년 제주도를 방문했던 몽골 언어학자 하칸촐로는 제주어 가운데 '정낭, 혼저, 허벅, 누루못, 한라산, 어리목, 어승생, 어후오름, 사라오름, 오라동, 아라동, 산굼부리, 비바리, 냉바리' 등이 몽골어와 관련 있다고 본다(박원길, 2005: 232~235). 그리고 김기선(2003: 219~227)도 '항파두리, 한라산, 어승생, 산굼부리, 어리목, 누루못' 등을 몽골어에서 유래한 것으로 본다. 한편 '항파두리' 지명과 관련해서는 여전히 논란이 많다. 박원길(2005: 236~237)과 김기선(2008: 95~196) 등은 항파두리를 고려 출신 몽골장군 홍다구洪茶丘[본명 홍준기洪俊奇]를 추증한 지명, '홍洪영웅' 즉 '홍+Bagatur〉Baatar'라고 하는 데 반해, 오창명(2002)은 항파두리는 김통정이 제주도에 들어오기 이전부터 존재했던 고유 이름으로 몽골어와 관련이 없다고 주장한다. 그리고 임도희(2016)는 김기선이 몽골어에서 차용되었다고 보는 '가시오름, 더데오름, 멜케, 모록밭, 무수내, 바리오름, 버렝이, 아진오름, 알오름, 웃드르' 등이 몽골어와는 상관없는 제주도의 고유 지명임을 주장하고 있다. 따라서 '한라산, 산굼부리, 항파두리' 등을 비롯해서 제주지명들 가운데 몽골어 차용어인지 제주 고유어인지 논란이 되는 부분에 대해서는 제주어 연구자와 몽골어 연구자들 사이에 보다 충분한 논의를 거칠 필요가 있다.

한편, 최기호(2012: 314)는 한국어와 몽골어는 명사의 곡용과 동사의 활용 등 문법 요소들이 매우 유사하고, 문장 구성 순서나 토씨 등의 용법도 같은 것이 많으며, 음운론적으로도 모음조화 등 유사성이 많고 모음체계나 자음체계도 비슷하다고 본다. 그리고 대부분 연구자들이 한국어와 몽골어는 공통 조어祖語에서 분화된 것으로 인정하고 있다. 따라서 제주어와 몽골어 사이에 유사한 어휘가 있을 경우, 동원어同源語인지 차용어인지에 대해서는 면밀한 검토가 필요하다. 이와 관련해서 배영환(2016)은 제주어와 몽골어의 관계를 '친족 관계와 언어 접촉에 따른 차용어 측면'에서 접근할 필요가 있고, 제주어에서 말[馬], 매[鷹鶻], 군사 관련 용어에 몽골어 차용어가 80여 개 집중되어 있지만, 음상만 비슷하다고 해서 차용된 어휘로 보려는 경향은 경계해야 한다고 주장한다.

제주어 속에 몽골어 차용어들이 있다면 그것은 13~14세기에 전해진 몽골어일 가능성이 높다. 따라서 제주어 가운데 몽골어 차용어는 600여 년 동안 몽골어가 어떤 변화 과정을 겪었는지를 알 수 있는 주요 자료이기 때문에 몽골어 음운사에서도 큰 의의를 지닌다(권성훈, 2017). 제주어와 중세몽골어에 대한 비교연구는 우리말과 몽골어의 뿌리를 확인하는 데 중요한 기여를 하게 될 것이다.

제3절 제주도와 몽골 관계 연구의 의의

1940년대 초에 수집된 석주명의 자료와 1990년 한·몽 수교 이후 이뤄진 여러 학자들의 연구 성과들에 비춰 볼 때 제주문화 속에 몽골적 요소들이 많이 남아 있다는 것이 확인된다.

제주도에 전해진 몽골문화는 시기적으로는 13~14세기의 것이고, 지역적으로는 주로 동부 몽골의 것일 가능성이 높다. 제주도에 들어온 몽골 목자牧子들의 출신지를 가늠할 수 있는 기록이 『고려사』에 있다. "명 황제가 고려 국왕에게 약재를 내려주었고, 친히 장자온 등에게 일러 말하기를, '… 이 탐라 목자牧子들은 원조元朝의 달달인達達人과 연계되어 본시 목양牧養을 업으로 삼고 별도로 농사를 지을 줄은 모른다. 또한 여러 해 동안 탐라에서 나고 자라 탐라 땅에 익숙하고 생활하는 사람들이다.…'"(『고려사』 제43권-「공민왕 21년」 9월 18일). 이 기록에 따른다면, 당시 몽골에서 제주도로 온 목자들은 동부 몽골에 살던 타타르인(Tatars)일 가능성이 높다.

동부 몽골 가운데도 다리강가 지역의 자연은 제주도와 대단히 흡사하여, "다리강가 지역의 기생화산들은 마치 제주의 오름을 보는 듯하다. 제주도와 몽골은 그 크기만 다를 뿐 펼치면 몽골이요, 축소하면 제주도다."(강영봉·서재철, 2001)라고 할 정도이다. 뿐만 아니라 이 지역은 대몽골(원) 시절에 말과 목동들이 제주도로 갔다는 구전설화도 있고(박원길, 2005: 219~221), 2005년 다리강가 지역에서 발굴된 대몽골제국의 초기 분묘에서 출토된 목관의 재질이 제주도 녹나무일 가능성이 높다는 의견이 제기되고 있다(박원길, 2005: 240). 그리고 제주어 가운데는 13세기 동몽골 방언의 요소들이 많이 남아있다(박원길, 2005: 233). 그러한 점들에 비춰볼 때 제주도에 전해진 몽골문화는 13~14세기 동부 몽골의 것일 가능성이 매우 높다.

　제주도와 몽골의 교류가 단절된 600여 년 동안 두 지역의 전통문화에도 많은 변화가 있었다. 특히 몽골의 전통문화는 1691년 할하몽골이 청淸에 복속되면서부터 변형되기 시작하였고, 1921년 소련의 지원으로 사회주의가 도입되면서 더욱더 급격하게 파괴되었다. 제주도 역시 조선시대와 일제강점기를 거치는 과정에서 전통문화가 훼손되고, 그 과정에서 제주문화 속의 몽골적 요소들도 많이 변형되었을 수 있다. 그렇지만 제주도에는 17~19세기 200년 동안 출륙금지령 때문에 외부와 교류가 거의 단절됨으로써 전통적 언어, 민속, 습속 등이 비교적 잘 보전될 수 있었다. 그리 본다면 제주도와 몽골의 교류가 단절된 600여 년 동안 몽골에 비해 제주도의 문화변형이 더 적었을 가능성이 높기 때문에 제주도의 전통문화는 13~14세기 대몽골(원)의 전통문화가 숨겨진 타임캡슐일 수도 있다.

　제주도와 몽골이 교류하던 당시는 몽골 고유의 전통문화가 형성되고 유지되던 영광스런 시기였고, 몽골인의 정체성이 잘 드러나는 시기였다. 하지만 그 이후 몽골이 한족인 명明과 만주족인 청淸의 지배를 받으면서 문화유산이 체계적으로 파괴되었고, 20세기에는 소련의 영향력이 강하게 미치면서 몽골의 진보적 지식인, 애국자, 승려들이 탄압받기도 하였다. 이후 1989년부터 몽골에 자유화와 개방화가 시작되면서 몽골의 지식인들은 그동안 부정되고 잊혔던 과거를 재구성하고 몽골인의 정체성을 재발견하려 하고 있다(박환영, 2008: 25~49).

　제주도의 전통문화 속에 들어 있는 몽골적 요소들은 오늘날 몽골인들이 재구성하려는 과거의 모습일 수 있다. 그러나 제주문화 속의 몽골적 요소를 탐색하기 위해서는 시간적으로 600년이라는 시간적 간극뿐만 아니라, 역사상 넓은 지역을 지배했던 대몽골(원)제국과 그에 비하면 작은 점에 불과한 탐라(제주)라는 공간적 간극을 넘어서야 한다. 따라서 오늘날 제주문화와 몽골문화 사이에 유사한 요소가 있다고 해서 곧바로 몽골 영향을 받은 것이라고 결론 내리는 데는 신중해야 한다.

제주문화에 남아있는 몽골적 요소들을 탐색하고 분석하는 작업은 제주도 전통문화의 실체를 규명하는 데 도움이 될 것이다. 한편 몽골의 입장에서 볼 때 그러한 작업은 그동안 많이 변형되었다고 여겨지는 몽골의 전통문화를 이해하고 복원하는 데 어느 정도 기여를 할 것이다. 그러나 제주문화 속에 남겨진 몽골적 요소의 실체를 밝히기 위해서는 역사학, 언어학, 민속학, 인류학 등의 학제적 연구와 우리나라와 몽골 학자들 간의 협동연구가 절실하다.

제5장 맺음말

제주도는 유라시아대륙과 태평양 사이에 위치한 지정학적 요충지에 있기 때문에 늘 주변 강대국들이 눈독을 들이는 곳이다. 13~14세기에 세계를 제패하던 대몽골(원)제국은 탐라를 14개 국영목장 중 하나이면서, 남송과 일본으로 진출하기 위한 주요한 해상 교두보로 삼았다. 그 과정에서 제주도의 언어, 풍습, 성씨, 민속, 음식, 의복 등에서 몽골문화의 영향을 받게 되었고, 특히 제주마, 테우리, 잣성 등의 목축문화 유산들과 그 후에 생겨난 10소장이니 고수목마古藪牧馬니 하는 용어들도 결국 멀리 본다면 몽골 영향에서 비롯된 것이라 할 수 있다.

원元이 명明에 의해 패망하고 몽골 지배층들이 마지막으로 제주도에 유배된 후부터 600여 년간 닫혔던 문호가 다시 열리게 된 것은 1990년 3월 한·몽 수교가 이뤄지면서부터이다. 그 이후 제주도의 언어, 풍습, 민속 등에 몽골이 미친 영향들에 대한 연구가 진행되고 있다. 그러나 석주명은 한·몽 수교 50년 전인 1940년에 내몽골 동부지역에서 나비 채집여행을 한 후, 이듬해에 「몽골인의 편상」에서 수백 년 동안 잊혔던 몽골문화를 우리나라에 알렸다. 이 글은 나중에 석주명이 제주도의 언어와 풍습에 남은 몽골적 요소들을 연구하는 계기가 된다는 점에서 의의가 있다. 그리고 그는 제주도와 몽골을 직접 현지답사하고 두 지역의 언어와 풍습의 비교연구를 시도한 근대 이후 첫 한국인이라 할 수 있다.

제주도의 전통문화 속에 몽골적 요소들이 남아 있다면 그것은 13~14세기 몽골문화의 흔적들이다. 그에 대한 탐구는 600여 년의 역사적 간극을 뛰어넘고, 당시 세계대제국인 대몽골(원)과 그에 비하면 작은 점에 불과한 탐라(제주)의 간극을 넘어서야 가능한 작업들이다. 그러나 그러한 간극들이 있기에 제주도의 전통문화 속에 남아있는 몽골적 요소들을 탐색하는 의미는 더 크다.

15세기 이후 몽골은 명明, 청淸, 소련의 영향권 아래 있게 되었고, 그들의 전통과 정체성을 잘 드러내주던 13~14세기 몽골문화는 많이 소멸되거나 변형되었다. 하지만 제주도의 경우는 17~19세기에 내려진 출륙금지령으로 외부와 문화교류가 끊김으로써 고유한 문화가 유지될 수 있었다. 그렇기 때문에 제주도의 전통문화는 잃어버린 13~14세기 몽골문화의 원형과 정체성을 찾는 열쇠가 될 수 있다.

지금까지 제주도와 몽골의 언어와 풍습을 비교하는 경우에 일반적으로 몽골자료가 기준이 되어 그 진위 여부가 평가되었다. 그러나 앞으로는 제주어와 제주풍습을 기초로 하여 중세몽골어와 몽골의 전통문화를 탐색하는 작업도 필요하다. 다시 말해서 제주도와 몽골의 언어와 전통문화를 연구할 때 그 기준을 몽골에서 제주도로 이동하는 코페르니쿠스적 전환도 필요하다는 것이다. 그럴 경우에 석주명이 제주문화 속의 몽골적 요소들을 제시하고 있는『제주도방언집』,『제주도수필』,『제주도자료집』은 주요한 기초자료가 될 것이다.

석주명은 전문 사회학자나 인류학자가 아니었기 때문에 제주도와 몽골에 대한 글에서 오류들도 있다. 하지만 그의 자료들은 몽골과 제주도를 직접 답사하거나 거주하고 난 후에 남긴 것들이기에 가치가 있다. 석주명이 남긴 제주문화 속의 몽골 유풍들에 대한 자료들은 최종 자료가 아니라, 제주도와 몽골의 전통문화와 정체성을 탐구하기 위한 기초자료로서 의미가 크다. 그리고 제주도 전통문화 속에 남아있는 몽골적 요소를 탐색하는 작업은 제주인에게는 제주문화의 형성과정과 그 뿌리를 이해하는 중요 자료를 제공해줄 것이고, 몽골인에게는 잃어버리고 잊힌 그들의 전통문화의 원형과 정체성을 찾는 데 기여할 것이다.

제주의 근대인물유산으로서
석주명

윤용택

제1장 머리말

인류는 한 세대에 이뤄놓은 성과를 다음 세대에도 지속적으로 계승 발전시키면서 물질문명과 정신문화를 이뤄왔다. 그렇기 때문에 오늘날 각 지역과 국가뿐만 아니라 국제연합 산하기구인 유네스코UNESCO에서는 가치 있는 자연유산과 문화유산을 보전하고 전승하기 위해 다양한 제도를 만들고 있다.

유네스코에서는 자연과 문화 분야에서 보편적 가치를 지닌 인류유산 파괴를 막고, 국제적 협력을 통해 자연재해나 전쟁으로 파괴 위험에 처한 유산 복구와 보호를 위해 세계유산(World Heritage) 제도를, 국제적 협력과 지원을 통해 인류 문화다양성의 원천인 무형유산을 보호하기 위해 인류무형문화유산(Intangible Cultural Heritage of Humanity) 제도를, 그리고 세계적 가치가 있는 귀중한 기록유산을 보존하고 신기술을 이용하여 대중들

---

* 이 글은 필자의 「제주의 근대 인물 유산으로서 석주명」(『제주도연구』 55, 55~81)를 일부 수정한 것이다.

이 기록유산에 쉽게 접근할 수 있게 하기 위해 세계기록유산(Memory of the World) 제도 등을 두고 있다.[1] 그리고 우리나라에서도 국가나 지역 차원에서 보전해야 할 유산[문화재] 유형들을 유적건조물, 유물, 무형문화재, 자연유산, 등록문화재 등으로 나누어 국보, 보물, 사적, 명승, 천연기념물, 국가(시도)무형문화재, 국가(시도)민속문화재, 국가(시도)등록문화재, 시도유형문화재, 시도기념물, 문화재자료로 지정하여 보존 전승하고 있다.[2]

하지만 그러한 유산[문화재] 유형분류 방식에 따르면, 인물과 관련된 유적·유물과 무형문화재 전승자들을 유산으로 지정하는 것은 가능하지만, 한 시대나 사회의 귀감이 되는 인물 자체는 유산으로 지정할 수 없다. 따라서 학문, 교육, 문화, 예술 등에서 지역과 국가와 인류 문화 창달에 기여하거나 선구자적 역할을 한 선조들이 남긴 정신적 전통을 계승 발전하기 위해서는 '인물유산'이라는 별도의 항목을 신설해야 한다. 만일 그것이 현실적으로 어렵다면, 당대의 사표師表가 될 만한 인물의 뜻과 정신을 널리 알리고, 기리고, 교육하고, 선양하기 위한 별도의 조직이나 기관을 마련할 필요가 있다.

학문, 교육, 문화, 예술 등에서 제주문화 창달에 기여한 이들은 제주지역의 큰 자산이다. 제주특별자치도는 2020년 7월 15일 "지역발전 공헌자에 대한 기념사업 지원 조례"를 제정하여 제주지역의 차원에서 그러한 인물을 기릴 수 있는 법적 근거는 마련하였다. 이 조례는 "제주특별자치도의 발전 및 도민 복리에 기여하고 돌아가신 지역발전 공헌자(내·외국인 포함)의 업적을 기념하고, 이들의 숭고한 뜻을 연구 및 계승 발전시키기 위한 기념사업을 원활히 추진하기 위하여 필요한 사항을 규정함으로써 후손들의 긍지와 자부심을 함양하는 데 이바지함"을 목적으로 하고 있다. 따라서 이 조례를 근거

---

1) '유네스코등재유산', 문화재청 국가유산포털

   http://www.heritage.go.kr/heri/html/HtmlPage.do?pg=/unesco/unescoInfo.jsp&pageNo=5_1_1_1에서 2020. 12. 1. 인출.

2) '문화유산검색', 문화재청 국가문화유산포털

   http://www.heritage.go.kr/heri/cul/culDivView1.do?tabGubun=1&pageNo=1_1_4_0에서 2020. 12. 1. 인출.

로 제주문화 창달에 기여한 이들의 뜻과 정신을 연구하고 계승하는 사업을 펼쳐나갈 수 있게 되었다.

석주명石宙明은 세계적 나비학자이면서 제주학의 선구자로 불리고 있다. 논자는 「석주명의 제주학 연구의 의미」(2011), 「학문융복합의 선구자 석주명」(2011), 「석주명의 학문이념에 관한 연구」(2017), 『한국의 르네상스인 석주명』(2018), 「석주명이 본 제주문화 속의 몽골적 요소에 대한 재검토」(2020) 등에서 석주명의 학문적 업적을 재평가한 적이 있다. 한편, 일제강점 말기에 석주명이 근무했던 구舊 경성제국대학 부속 생약연구소 제주도시험장이 2020년 6월 24일 국가등록문화재 제785호로 등재된 것을 계기로 제주사회에서 그의 뜻과 정신을 어떻게 기릴 것인가에 대해서 논의되고 있다(제주특별자치도 서귀포시, 2020).

이 글에서는 석주명을 제주의 근대인물유산으로 선정하여 그의 학문적 업적과 정신을 기려야 하는 이유와 그 방안에 대해서 논해보고자 한다. 이를 위해 2장에서는 제주 출신은 아니지만 제주의 교육, 문화, 예술 등에 기여함으로써 제주의 인물유산이라 할 수 있는 조선시대의 제주 오현五賢3)과 추사秋史, 그리고 근대의 석주명에 대해서 살펴본다. 그리고 3장에서는 오늘날에도 계승 발전시켜야 할 석주명의 이념과 정신이 무엇인지, 4장에서는 석주명이 남긴 유물과 그 활용방안으로 어떤 것이 있는지에 대해서 논해보기로 한다.

---

3) 우리나라 성리학의 도통(道統) 계보에서 오현(五賢)은 '김굉필(金宏弼), 정여창(鄭汝昌), 조광조(趙光祖), 이언적(李彦迪), 이황(李滉)'을 이르지만, 제주지방에서는 '김정(金淨), 송인수(宋麟壽), 정온(鄭蘊), 김상헌(金尙憲), 송시열(宋時烈)'을 제주 오현(五賢)이라 한다(고창석 외, 2000: 112~113).

제2장 제주도의 인물유산

제1절 조선시대 인물유산으로서 오현五賢과 추사秋史

제주지역의 발전을 위해서는 학문, 교육, 문화, 예술 등 각 분야에서 명성이 높고 제주 역사에서 중요한 사람들을 제주의 인물유산으로 선정하여 그들의 뜻과 정신을 선양하고 계승할 필요가 있다. 다양한 분야에서 명성이 높고 제주문화 발전에 기여한 사람들은 제주도의 중요한 자산이다.

역사적으로 볼 때 제주섬에는 중앙정부에서 관리로 파견되어 부임하거나, 중앙정치에 희생되어 유배를 오거나, 정쟁이나 전쟁을 피해 온 사람들이 많았다. 그들 가운데는 학문, 교육, 정치, 문화, 종교, 예술 등 분야에서 명성이 높고, 제주문화 창달과 제주인의 삶에 지대한 영향을 미친 이들이 있다. 그들의 뜻과 정신을 계승 발전하는 것이 제주문화를 북돋우고 제주도민의 삶의 질을 높이는 데 도움이 된다면, 그들을 제주의 인물유산으로 포함시키는 것이 바람직하다.

제주특별자치도(2008)는 제주문화에 영향을 미친 제주 오현五賢을 기리던 '오현단五賢壇'과 조선 최고 예술가로 불리는 추사秋史 김정희金正喜(1786~1856)가 제주 유배 중에 완성한 '추사체秋史體'와 '세한도歲寒圖'를 제주문화상징물 99개 속에 포함시키고 있다. 제주 오현과 추사는 제주 출신은 아니지만, 우리나라 역사에서 중요한 위치를 차지하면서 당대뿐만 아니라 지금까지도 전국적으로 잘 알려져 있고, 제주사회에 많은 영향을 미쳤다는 점에서 제주의 인물유산이라 할 수 있다.

조선시대에 제주를 거쳐 간 주요 인물들로 목사牧使 286명, 어사御使 22명, 그리고 주요 유배인流配人 125명 등이 있는데(고창석 외, 2000: 7~37), 이들 가운데는 선정善政을 베풀고, 충절忠節과 의리義理의 표상이 된 이들도 있고, 제주교육에 이바지한 이들도 적지 않다. 제주에서는 그들 가운데 도학, 의리, 교육 차원에서 교훈적 역할을 한 충암冲庵 김정金淨(1486~1521), 규암圭菴 송인수宋麟壽(1487~1547), 동계桐溪 정온鄭蘊(1569~1641), 청음淸陰

김상헌金尙憲(1570~1652), 우암尤庵 송시열宋時烈(1607~1689)을 특별히 제주 오현五賢으로 받들어 귤림서원에 봉안하였고, 귤림서원은 1868년 흥선대원군의 서원철폐령으로 훼철될 때까지 지방교육의 일익을 담당하였다.4) 이들이 제주에 머문 기간은 정온 9년 5개월, 김정 15개월, 김상헌 4개월, 송시열 111일, 송인수 3개월 등으로 편차가 크지만(고창석 외, 2000: 84~89), 모두 제주 오현으로 추앙되고 있다. 그리고 제주 오현은 제주 명문사학 중 하나인 오현중·고등학교의 교명에도 반영되어 오늘날까지도 간접적으로 제주교육에 영향을 미치고 있다.

한편, 추사 김정희는 8년 3개월간 유배생활을 하면서 추사체와 세한도로 대표되는 글씨와 그림을 완성하고, 수많은 시와 산문을 남겼다. 제주 유배의 혹독한 시련이 그의 학문과 예술을 절정에 이르게 하였다. 만일 추사에게 제주 유배 시기가 없었다면 그의 학문과 예술은 전혀 달라졌을 것이다. 그리고 그는 제주 유배 동안에 강기석, 강도순, 강사공, 김구오, 김여추, 김좌겸, 박계첨, 이시형, 이한우, 홍석우 등 많은 제자들을 양성함으로써 제주의 학문과 교육에 많은 기여를 하였다. 이처럼 제주는 추사의 예술과 학문에 지대한 영향을 미쳤고, 추사는 제주의 학문과 교육에 많은 영향을 미쳤다. 그의 '세한도'는 국보 180호로 지정되고, 그의 유배지는 사적 제487호로 지정되어 국가유산으로 보호받고 있다. 그리 본다면 추사를 제주의 인물유산으로 선정하는 것은 전혀 어색한 일이 아니다.

제2절 근대인물유산으로서 나비학자 석주명

제주 오현과 추사의 사례에서 보듯이 학문, 교육, 문화, 예술 분야에서 제주문화 창달에 기여한 이들을 선정할 때 제주 출신으로만 국한시키는 것은 바람직하지 않다. 그

---

4)『제주유맥 6백년사』귤림서원 학생명단에 따르면, 영조 26년(1750) 당시 129명, 철종 11년(1860) 당시 397명, 고종 29년(1892) 58명에 이른다(고창석 외, 2000: 223~225).

것을 감안하여 "제주특별자치도 지역발전 공헌자에 대한 기념사업 지원 조례"에서도 '지역발전 공헌자'의 범위를 제주출신자뿐만 아니라 내·외국인까지 확대하고 있다.[5]

　일제강점기와 한국전쟁기에도 수많은 육지 사람들이 제주를 거쳐 갔고, 그 과정에서 제주의 학문과 예술, 교육과 문화에 긍정적인 역할을 한 이들도 있다. 그 가운데 나비학자 석주명은 일제강점기 말기에 경성제국대학 부속 생약연구소 제주시험장(이하 제주도시험장) 책임자로 있으면서 제주도의 자연, 인문, 사회와 관련된 자료를 많이 수집하고 연구하여 제주학의 토대를 놓았다. 그리고 한국전쟁기에는 이중섭, 계용묵, 변훈 등 문화예술인들이 피난생활을 하면서 제주와 인연을 맺고, 제주의 문화예술인들에게 직간접적 영향을 미치기도 하였다.

　여기서는 석주명에 한정하여 논하기로 한다. 그는 세계적인 나비학자이고, 세계평화언어인 에스페란토 운동가이며, '조선적 생물학'을 주창하면서 자연과학 분야에서 국학운동을 펼치기도 하였다. 그는 우리나라 자연과학 분야에 기여한 공로를 인정받아 대한민국정부 건국공로훈장을 서훈받았고(1964년), 한국과학기술원 한림원에서 '과학기술인 명예의 전당'에 헌정하였으며(2009년), 한국조폐공사에서 그의 기념메달을 제작하였고(2010년), 우정사업본부에서 그의 기념우표를 발행하였으며(2015년), 과학기술정보통신부에서 우장춘, 이휘소 등과 함께 그를 '과학기술유공자'로 선정하였다(2017년). 그리고 그의 드라마틱한 삶은 라디오드라마와 뮤지컬로도 공연되었고[6], 초등교

---

5) 조례에 따르면, '지역발전 공헌자'란 내·외국인 중 다음 각 중 어느 하나에 해당하는 사람을 말한다. ㉮도민들을 위해 사회공헌을 하고 사망한 사람으로서 「상훈법」에 따라 서훈을 수여받은 사람, ㉯제주자치도의 자연·인문·사회 분야에 대한 연구의 토대를 마련하고 사망한 사람으로서 「상훈법」에 따른 서훈을 수여받은 사람, ㉰제주출신으로서 대한민국을 세계에 알린 후 사망한 사람으로서 「상훈법」에 따른 서훈을 수여받은 사람, ㉱제주출신으로서 제주자치도 향토문화 발전에 기여하고 사망한 사람으로서 제주자치도 문화상을 수여받은 사람. 제주특별자치도(2020).

6) KBS라디오 '빛을 남긴 사람들, 석주명 편' 1960년 방송(연출: 홍종화, 작가: 최헌); 제주MBC, WCC총회기념 특집 라디오드라마 2부작 석주명 일대기 '나비의 꿈' 2011년 방송(PD: 지건보, 작가: 한진오); 석주명 일대기를 그린 창작뮤지컬 〈부활-더 골든 데이즈〉 2011년 공연(12.7.~12.25., 나루아트센터), 2012년 공연(10.27.~11.11., 한전아트센터).

과서에도 실린 바 있으며[7], 그의 나비채집도구는 국가등록문화재 제610호로 등재되었고(2014년), 그가 근무했던 제주도시험장 건물은 국가등록문화재 제785호로 등재되었다(2020년). 그리 본다면 석주명은 제주와 인연을 맺고 있는 근대인물 중에서도 보기 드물게 전국적으로뿐만 아니라 세계적 명성을 지닌 인물이라 할 수 있다.

석주명은 1936년 여름 한 달간 제주도에서 나비채집을 하면서 제주의 자연과 문화에 관심을 갖게 되었고, 1943년 4월부터 1945년 5월까지 2년 남짓 제주도시험장 책임자로 근무하면서 제주도의 방언, 인구, 문헌, 민속, 역사, 곤충 등과 관련된 자료를 수집하였다. 해방이 되자 그는 그동안 나비와 제주관련 자료들을 정리하여 발간하는 데 전력을 기울였다. 그는 제주의 자연과 문화의 가치를 발견하고, 관련 자료를 수집하고 연구에 몰입하여 6권의 제주학총서를 결집해냄으로써 제주학의 선구자로 불리며, 누구보다 제주를 잘 알고 사랑한 나머지 스스로를 반4제주인이라 자부한 바 있다. 석주명의 전국적 명성과 제주문화에 기여한 바를 감안하면, 그는 "제주특별자치도 지역발전 공헌자에 대한 기념사업 지원 조례"의 '지역발전 공헌자'로서 자격이 충분하다.

물론 그동안 석주명을 기념하는 학술행사나 사업이 없었던 것은 아니다. 서거 50주년이 되는 2000년에 제주전통문화연구소에서 석주명 기념 학술세미나가 열린 이후로, 제주대 탐라문화연구소와 제주학회 등에서도 몇 차례 석주명 기념세미나와 학술대회를 개최하였다. 그리고 2003년 석주명이 근무했던 제주도시험장 부근에 기념비가 세워지고, 2007년 '석주명 선생기념사업회'가 창립되었다. 하지만 기념세미나나 기념행사만으로 그의 정신을 선양하는 데는 한계가 있다.

오늘날 석주명을 모르는 이 없지만, 그에 대한 체계적이고 깊이 있는 연구가 부족

---

7) '한국의 나비박사 석주명', 초등학교 교과서 『탐구생활6-1』(1990년); '석주명', 초등학교 국어교과서 『읽기3-2』(1996년).

하여 그를 제대로 아는 이도 거의 없다(윤용택, 2018: 8). 그가 제주의 가치를 세상 사람들에게 알렸던 것에 보답하기 위해서라도 이제 제주도가 나서서 그의 뜻과 정신을 세상 사람들에게 널리 알리고 계승 발전시켜야 한다. 그리고 그것은 제주지역의 문화발전을 위해서도 반드시 필요한 일이다.

제3장 석주명의 학문 이념과 정신

제1절 학문의 체계성과 통일성

석주명은 어느 하나를 제대로 알려면 그와 관련된 것들도 알아야 하고, 나비학의 계통을 제대로 세우려면 나비만 하나만 알아서는 안 되고, 나비와 관련된 다른 것들도 알아야 한다고 생각하였다.

> 학문이 아무리 분리되었다고 하더라도, 일 과목의 권위자는 타 과목에도 통하는 데가 있다. 내가 전공하는 조선나비를 예로 들어서 말하겠다. 나비의 학문인 인시류학(Lepidopterology)의 권위자가 되려면, 직접 관계되는 곤충학(Entomology)에도 통하여야겠고, 동물학(Zoology) 전체에도 다소는 통하여야 될 뿐만 아니라, 더 크게 생물학(Biology)에도 얼마큼은 통하여야만 된다. …뿐만 아니다. 나비의 학문이라도 깊이 들어가려면 지질학地質學, 물학物學을 포함하는 박물학(Natural History)도 바라보아야 하며, 더 나아가서는 박물학에 상대되는 물리, 화학도 최소한도로 알아야 자기의 나비의 학문을 자연과학(Natural Sciences)의 계통에 갖다 맞출 수가 있다. 동시에 자연역사 즉 박물학(Natural History)에 상대되는 인문역사 즉 협의의 역사(Human History)에도 손이 뻗어야 인생과의 관계까지 가져가서, 철학적 경지에 들어가 비로소 나비의 학문도 계통이 서게 되는 것이다. … 이와 같이 학문이 세분된 오늘날 한 과목을 전공하는 학도가 학문 전체에도 관심을 갖는 것처럼, 학생을 지도하는 교사들도 그 근원이 같은 학자나

정치가 등에 관심을 갖게 되는 것이 당연하다느니보다 관심을 아니 가져서는 안 된다고 할 수 있다(석주명, 1949a: 105~106).

실제로 석주명은 *Synonymic List*를 편찬하는 과정에서 수많은 우리 고전을 섭렵하였다. 그는 정철鄭澈(1536~1593)의 「사미인곡思美人曲」에 '범나비'가 처음 등장하고, 「조선왕조실록 광해군일기」에 '배추흰나비[白蝶]'가 등장하며, 신작申綽(1760~1828)이 「조수충어초목명鳥獸蟲魚草木名」에서 나비[蝶]와 나방[蛾]을 처음으로 구분하였다는 것을 밝혔다(석주명, 1972: 80~85). 하지만 그는 일호一濠 남계우南啓宇(1811~1890)의 나비그림이 나비 종류와 발생계절, 나비가 좋아하는 식물 등을 연구할 수 있고, 더 나아가 당시와 오늘날 자연과 생태의 변화까지 알 수 있기 때문에 우리 고전 가운데 유일하게 과학적 가치가 있다고 평가한다(석주명, 1940a; 1992a: 43~54). 한편, 그는 제주방언을 연구하는 과정에서도 『훈민정음訓民正音』, 『월인천강지곡月印千江之曲』, 『두시언해杜詩諺解』, 『훈몽자회訓蒙字會』, 『소학언해小學諺解』, 『농가월령가農家月令歌』, 『송강가사松江歌辭』 등과 당시 방종현, 최현배 등 우리말 연구학자들의 논저를 참고했다(석주명, 1947a : 132~136). 그 과정에서 얻어진 우리말에 대한 지식은 '가락지장사', '각씨멧노랑나비', '모시나비', '배추흰나비', '상제나비', '유리창나비', '청띠제비나비', '큰수리팔랑나비', '홍점알락나비', '흰줄표범나비' 등 248개의 아름다운 우리말 나비이름을 짓는 데 큰 역할을 하였다.

석주명은 우리나라 나비와 자연의 실상을 밝히는 데 주력하였다. 그는 나비연구를 하면서 우리나라 최남단 마라도에서 최북단 온성까지, 동쪽 울릉도에서 서쪽 가거도까지, 그리고 여러 섬들과 해안지대에서 백두산, 관모봉, 한라산 등 고산지역까지 탐사하면서 우리 나비 분포의 전모를 밝혔고, 그 지역의 대표나비를 선정하였다(석주명, 1992a: 5~26). 특히 그가 제주도의 자연연구에 매진했던 이유는 제주자연이 일본보다 우리나라에 더 가깝다는 것을 입증함으로써 우리 민족의 터전을 확고히 하기 위한 것이었다.

석주명은 우리말과 문화의 뿌리를 찾기 위해 제주도 방언과 문화를 연구하였다. 그

는 우리 문화의 옛 모습을 간직하고 있는 제주문화는 우리 문화의 뿌리이면서 궁극적
으로 우리 문화를 풍요롭게 해줄 자산이라고 보았다. 그리고 그는 제주문화 뿌리를 찾
기 위해 몽골문화와 비교하기도 하였고(윤용택, 2020: 1~27), 제주어 유래를 찾기 위해 우
리나라 다른 지역 방언, 외국어인 몽골어, 만주어, 중국어, 일본어, 베트남어, 말레이어,
필리핀어 등의 어휘를 탐색하기도 하였는데, 이에 대한 정당한 평가를 위해서는 언어
학, 국어학, 제주어 전문가들의 면밀한 검토가 필요하다.

석주명은 연구대상의 근원을 찾고 다른 것들과 연계성을 밝힘으로써 학문의 체계
성과 통일성을 세우려 했다. 그러한 그의 학문적 태도는 서로 다른 분야와 융복합해야
하는 시대를 사는 우리에게 많은 시사점을 준다.

제2절 학문의 주체성과 평등주의

생물들은 기후와 환경에 따라 향토색을 형성하기 때문에 석주명은 생물학적 지역
주의를 주창한다. 한 생물을 제대로 규명하기 위해서는 보편적 생물학과 더불어 지역
에 바탕을 둔 자역적 생물학도 필요하다는 것이다. 그렇기 때문에 그는 우리가 우리
를 위한, 우리의 생물학을 연구할 것을 주장하며, 자연과학 분야에서 국학운동을 시
도하였다.

> 국학國學이란 국가를 주체로 하는 학문이니 국가를 지닌 민족은 반드시 국학을 요구하는
> 것이다. 종래로 국학이라 하면 한문책이나 보고 읽는 것으로 생각하는 사람이 많지마는 국학
> 이란 인문과학에 국한될 것이 아니고 자연과학에도 연관되는 것으로 더욱이 생물학 방면에
> 서는 깊은 연관성을 발견할 수 있다. 조선에 많은 까치나 맹꽁이는 미국에도 소련에도 없고
> 조선사람이 상식常食하는 쌀은 미국이나 소련에서는 그리 많이 먹지 않는다. 그러니 자연과학
> 에서는 조선적 생물학(朝鮮的生物學) 내지 조선생물학朝鮮生物學이란 학문도 성립할 수 있다(석
> 주명, 1992a: 63).

그는 남계우의 나비그림이 빼어남에도 불구하고 널리 알려지지 못한 이유를 우리 나비 연구가 대부분 외국인 학자에 의해 연구되었기 때문이라고 판단한다. 그는 '조선 생물학'이라는 학문적 정체성을 구축하기 위해 우리의 자연, 역사, 문화 속에서 우리 나비를 입체적으로 연구하려 하였다. 하지만 그의 조선적 생물학은 민족적 우수성을 배타적으로 강조하는 국수적 민족주의가 아니라, 한국의 생물상을 왜곡되거나 과장하지 않고 있는 그대로의 모습을 밝히면서 자연과 인생의 조화를 찾으려는 문화적 민족주의 틀 안에 놓여 있다(문만용, 2012: 135~136).

그리고 그의 『한국본위 세계박물학연표』(1992)는 지구상에 생물이 등장한 시점부터 그가 사망하기 직전까지 인류문명과 세계과학의 연대기를 우리나라의 입장에서 정리한 것이다. 이는 그의 폭넓은 학문세계를 보여주는 문자 그대로 우리나라의 입장에서 펴낸 우리나라 사람을 위한 세계과학사요, 세계문화사로, 그가 자연과학에서 펼쳤던 국학운동의 산물이다.

석주명(1992a: 204~205)은 민족 간에 언어적 평등 없이는 세계평화를 기대할 수 없고, 특정 강대국이 자국어로 타 국민들에게 소통하도록 강요하는 것은 민주적이지도 않고 평화적이지도 않다고 주장하였다. 그는 국제어가 갖추어야 할 조건으로 ① 중립어라야 할 것, ② 표현이 자유로워야 할 것 ③ 쉽게 배울 수 있어야 할 것 등을 내세운다. 강대국 언어는 지배-피지배 관계가 성립되기 때문에 중립어라 할 수 없고, 세계적 학술어로 사용되는 라틴어는 중립적이긴 하지만 배우기가 어렵고 표현이 자유롭지 못하다. 반면에 문법과 어휘가 간단한 에스페란토는 영어를 배우는 20분의 1 노력이면 충분히 습득할 수 있을 정도로 쉽게 배울 수 있어서 국제어의 세 가지 요건에 모두 부합한다(석주명, 1949f; 홍성조 외, 2005: 66~84). 그가 모든 국가나 민족은 자국민이나 동족에게는 모국어로, 그리고 외국인에게는 에스페란토로 소통하자는 에스페란토 운동에 적극 참여했던 이유는 모든 인류는 평등하다는 입장을 지향했기 때문이었다.

한편, 그는 제주방언과 각 지역 방언들을 비교 연구하는 과정에서 '꼭감(곳감)', '골미(골무)', 냄비(남비)'처럼 서울 부근 말은 아니어도 우리나라 전역에서 널리 사용되는 말들은 표준어로 편입시켜야 한다고 주장한다(석주명, 1947a: 115). 이는 그가 중앙중심적 사고에서 벗어나 지역 평등주의 입장을 취하고 있음을 보여준다. 그는 한 걸음 더 나아가 제주지역의 방언인 제주어도 제주, 정의, 대정 지역의 세 지방어로 나눌 수 있고, 각각 그 지방어들도 마을마다 다르다는 걸 인정하였다. 그는 『제주도방언집』에서 제주어를 남부어와 북부어로 나눔으로써(석주명, 1947f: 9), 소지역 간에도 지역 평등주의 입장을 취하고 있다. 이처럼 국제어, 표준어, 지역어에 대한 석주명의 일관된 입장은 언어적 측면에서 민주적이고 지역 평등주의적인 입장이라 할 수 있다.

제3절 지역주의, 민족주의, 세계주의의 융섭

석주명의 지역주의와 민족주의는 편협한 국수주의가 아니라 세계주의와 이어지는 특징이 있다. 그러한 그의 세계관은 가고시마고농 시절에 접한 에스페란토의 영향이 크다. 에스페란토운동은 각 민족은 자국민과 소통할 때는 모국어로, 외국인과 소통할 때는 중립어이면서 배우기 쉬운 에스페란토로 소통함으로써 민족 간 대립과 분쟁을 해결하기 위한 세계평화운동이다. 석주명은 일제강점기에 에스페란토를 통하여 외국 학자들과 교류하였고, 해방 후에는 일반대중을 위한 에스페란토 강습회를 열고 여러 대학에서 에스페란토 강좌를 개설하여, 『국제어 에스페란토 교과서 부附 소사전』을 보급하면서 에스페란토운동을 펼친 민족주의적 세계주의자였다.

석주명은 우리 민족이 새 나라 건설을 꿈꾸던 1947년에 『국제어 에스페란토 교과서 부附 소사전』과 『제주도방언집』을 펴냄으로써 지역과 세계, 어느 하나도 소홀히 해선 안 되고, 그 둘을 잘 녹여내어 조화를 이뤄야 한다는 것을 보여주었다. 해방된 우리 민족이 당당한 세계의 일원이 되려면 국제어인 에스페란토를 배워야 하지만, 우리 문화를 담는 그릇인 우리말을 되살리기 위해서는 고어古語의 보고인 제주어를 잘 보존하고 연구해야 한다는 것이다.

그리고 그는 『한국본위 세계박물학연표』 권두언에서 자신의 민족주의는 폐쇄된

국수적 민족주의가 아닌 열려 있는 보편적 세계주의와 결합된 민족주의 입장에서 서술했음을 밝히고 있다.

> 국가가 있는 민족은 어느 분야에 있어서나 자국을 중심으로 한 연표를 요구한다. … 이 연표의 내용들은 첫째로 창의가 있어야겠고, 그것이 세계적 또는 한국적이라야만 했다. … 박물학사상이 철저히 보급만 된다면 인종차별이 없고, 계급이 없고, 남녀가 평등한 사회가 이 지구상에 건설될 것이 기대되는 것이니 여기에 취급된 사항들에는 이 점이 연관된 게 적지 않다. … 편자는 이 연표에 한국을 중심으로 한 세계과학사 내지 세계문화사에 호흡이 맞도록 힘써 보았다. … - 1949년 3월(석주명, 1992b: v~vi)

석주명은 이 책을 통해 남녀, 인종, 계급 간에 차별 없고 평등해야 한다는 당위적 명제를 박물학이라는 객관적 사실과 세계문화의 전개과정을 통해 합리적으로 보여주려 하였다(윤용택, 2018: 155). 민족문화가 융성하기 위해서는 지역문화의 다양성이 인정되어야 하고, 인류문화가 융성하기 위해서는 민족문화의 다양성이 인정되어야 한다는 것이다.

그는 나비연구를 통해서는 학문의 깊이를 추구했고, 제주도연구를 통해서는 학문의 폭을 넓혔으며, 에스페란토운동을 통해서는 민족주의와 세계주의의 조화를 추구하였다. 그는 자신의 전문분야인 나비연구에 충실하면서도 인문사회 분야까지도 아우르는 통합적 학문연구를 시도하였다. 그리고 그는 인문학과 자연과학, 지역과 세계, 전통과 현대, 특수와 보편 등을 자연스럽게 넘나들었고, 오래된 것이라 폄하하지 않고 새로운 것이라 해서 경시하지 않았으며, 지역, 민족, 세계 어느 한쪽에 치우치지 않고 받아들여 녹여내고 조화를 이뤄냈다(윤용택, 2017: 25).

오늘날 우리는 다른 학문, 기술, 예술을 융합하고 서로 다른 이념을 가진 이들과 공존하며 살아가야 하는 시대에 살고 있다. 다양한 분야에 두루 능통한 석주명의 학문연구와 서로 다른 견해와 관점들의 조화를 이루려는 그의 학문태도는 우리에게 많은 시사점을 준다.

제4장 석주명의 유물 현황 및 활용 방안

제1절 석주명의 유물 현황

석주명의 유물은 유품, 유적, 논저, 사진, 기타 기고문 등으로 나눌 수 있다. 그의 유품 가운데 국가등록문화재 610호로 지정된 나비채집도구와 *Synonymic List*(1940) 원고를 쓸 때 사용된 영문타자기와 육필원고와 육필메모 등은 단국대 석주선기념박물관에 소장되어 있다.

그리고 그가 1943년 4월 24일부터 1945년 5월까지 2년 남짓 근무했던 경성제대 부속 생약연구소 제주시험장(이하 제주도시험장)이 국가등록문화재 785호로 지정되었고, 복원 활용 계획이 세워지고 있다. 제주도시험장에는 석주명이 재임 당시에 사용하던 것으로 보이는 돌탁자가 있고, 그가 1944년 봄에 삽목한 동백나무 1,230그루 가운데 일부가 남아있다.

석주명은 생전에 세 차례에 걸쳐 자신의 논저목록과 해설을 남긴 바 있는데, 특히 한국전쟁 중인 1950년 7월 초에 탈고한 『제주도자료집』 부록 「저자의 업적목록 및 해설」은 자신의 연구업적을 최종적으로 정리한 것이다. 그는 16권(유고집 8권 포함)의 저서, 120편의 학술논문, 180편의 기고문 등을 남겼다. 그리고 석주명 관련 사진뿐만 아니라 그의 저서나 논문에 실린 여행지도, 나비채집지도, 나비분포도 등도 그의 행적을 엿볼 수 있는 주요한 자료들이다.

석주명 학술논문이 실린 주요 학술지로는 『제피루스Zephyrus』, 『동물학잡지動物學雜誌』, 『조선박물학회잡지朝鮮博物學會雜誌』, 『곤충계昆蟲界』 등이 있다. 『제피루스』는 1929년 일본접류동호회가 후쿠오카에서 창간한 나비 전문학술지로 석주명 논문 16편(후속논문 포함 22편)이 실려 있고, 『동물학잡지』는 일본동경박물학회에서 발행하는 동물학 학술지로 석주명 논문 15편(후속논문 포함 16편)이 실려 있으며, 『조선박물학회잡지』는 조선박물학회가 1925년 창간하여 1944년까지 발행한 생물학 학술지로 석주명 논문 14편(후속논문 포함 17편)이 실려 있고,『곤충계』는 곤충취미회에서 발간한 곤충 전문학술지로 석주명 논문 6편이 실려 있다. 이들 학술지에 실린 논문들은 대부분 일제강점기에 일본어로 발간된 것들이어서 우리말 번역이 필요하다.

해방이 되자 석주명은 일반대중과 어린이들을 위해 과학의 대중화 운동을 펼치면서, 당대의 지식인으로서 앞으로 우리나라가 어떻게 나아가야 할지에 대해 신문과 잡지를 통해 적극적인 발언을 하게 된다. 당시 석주명이 기고했던 잡지로는 서울신문사의『신천지新天地』, 현대과학사의『현대과학』, 교육자료사연회의『과학나라』, 조선아동문화협회의『소학생』 등이 있고, 신문으로는 서울신문, 연합신문, 제주신보 등이 있다.

그리고 국학자 정인보鄭寅普(1893~1950)가 석주명이 소장하던 일호一濠 남계우南啓宇의 호접도胡蝶圖를 보고 지은 한시 '일호호접도행一濠胡蝶圖行'을 쓴 10폭 병풍도 의미있는 물품이다. 그 밖에 에스페란토 도입 100주년 석주명 기념엽서(2006), 석주명 인물메달(2010), 석주명 기념우표(2015) 등과 그를 기리는 각종 행사자료들도 그와 관련된 물품들이다.

제2절 석주명 유물의 보전 방안

석주명의 뜻과 정신을 계승 발전시키기 위해서는 그의 삶과 업적을 규명해야 한다. 그는 생전에 자신의 논저들이 언제, 어느 학술지, 잡지, 신문 등에 실렸는지 여러 차례 상세하게 기록하고 해설해 놓았다(석주명, 1971: 215~240). 그에 따르면, 그는 가고시마고농 시절인 1927년 발표한 「에스페란토학습에 대하여」를 시작으로 1950년 발표한 「나비잡이 여담」에 이르기까지 23년간 저술활동을 하였고, 학술적으로 의미있는 활동은 1932년 발표한 「조선구장지방산접류목록」 발표를 시작으로 1950년 발표한 「덕적군도학술조사보고」까지 18년간 이뤄졌다.

하지만 그의 유품과 논저들은 이차세계대전, 제주4·3, 한국전쟁 등을 거치는 동안 멸실되어 시중에서는 찾기가 어려운 상태다. 따라서 유물을 보전하기 위해서는 우선 그것들이 어디에 남아있는지 확인하는 작업이 필요하다. 그리고 생전의 논저 원본을 확보하여 연구자와 대중이 쉽게 접근할 수 있도록 영인影印하고 디지털화해야 한다. 다행스럽게도『조선 나비이름의 유래기』(1947)는 전자책으로 제작되어 국립생물자원관 생물다양성 E-book코너(https://www.nibr.go.kr/cmn/wvtex/nibr/eBook/eBookList.do)에서 공개되고 있다. 그를 세계적인 나비학자의 반열에 오르게 한 *Synonymic List*(1940), 에스페란토 운동사의 주요자료가 되는『국제어 에스페란토 교과서 부附 소사전』(1947), 생전에 발간된 제주도총서인『제주도방언집』(1947),『제주도의 생명조사서』(1949),『제주도문헌집』(1949) 등도 지금은 접하기가 어려운 상황이어서 하루빨리 영인影印하고 전자책으로 제작해야 한다.

그리고 그의 생전 주요 저서들 가운데 실물들은 국가등록문화재로 지정하여 보존할 필요가 있다. 문만용(2018: 78)에 따르면, *Synonymic List*(1940)는 석주명이 "세계적인 곤충학자로 인정되는 큰 업적"이기 때문에 등록문화재로 지정될 가치가 있고, 국립중앙과학관은 그 책을 "우리나라 과학기술발전에 기여한 중요 과학기술자료"이기 때문에 체계적으로 보존 관리할 만한 가치가 있다.(한국대학신문. 2019. 8. 5.)라고 밝히고 있다. 뿐만 아니라 제주도총서 가운데『제주도방언집』(1947)은 우리나라 사람이 우리말의 뿌리를 찾기 위해 처음으로 펴낸 방언집이라는 점에서,『제주도의 생명조사서』(1949)는 제주4·3으로 파괴되기 전 제주인구의 모습을 밝히는 중요한 자료라는 점에서 등록문화재로서 충분한 가치가 있다.

그리고 사후에 발간된 유고집들 가운데도 절판되어 대중들이 접하기 어려운 저서들은 복간할 필요가 있다. 2008년 서귀포문화원에서 석주명 탄생 100주년을 기념하여 그의 제주도총서 6권을 새롭게 발간한 바 있다. 하지만 편집과정에서 오탈자가 있고 일부 누락된 부분도 있어서 학술적으로 인용하는 데는 한계가 있다. 석주명의 유고집 가운데『제주도수필』(1968),『제주도곤충상』(1970),『제주도자료집』(1971),『한국산접류의 연구』(1972),『한국산접류분포도』(1973),『한국본위 세계박물학연표』(1992) 등도 절판되어 손쉽게 구할 수 없지만 여전히 학문적 가치가 있는 책들이다. 따라서 이들을 영인하거나 한글세대들도 쉽게 읽을 수 있도록 복간할 필요가 있다.

석주명은 자신이 읽은 제주도 관련 논저 1,000여 종을 제주도 연구를 할 후학들에게 제공하기 위해 서지학적으로 배열하여 『제주도문헌집』(1949)을 펴냈다. 그는 제주도와 관련해서 총론적 성격 문헌들 42편, 자연부에서는 기상, 해양, 지질광물, 식물, 동물, 곤충 등 제주도의 자연을 6개 분야 433편을, 인문부에서는 언어, 역사, 민속, 지리, 농업, 기타산업, 정치·행정, 사회, 위생, 교육·종교 등 총 11개 분야 599편, 추가분 22편을 수록하고 있다. 특히 그는 제주도 연구에 반드시 필요한 제주도 관계 단행본 26권, 제주도 관계 논문 121편, 제주도를 논급論及한 단행본 10권, 제주도를 논급한 논문 26편 등 183편을 추출하여, 제주학 연구자들이 관련문헌을 쉽게 찾아볼 수 있게 하였다. 하지만 그 가운데는 제목만 있고 원문이 발견되지 않는 논저들도 있다. 따라서 그가 언급한 1,000여 종의 제주관련 논저들을 수집하여 확보하여 제주학 관련문헌들을 아카이브화하는 기초자료로 활용할 필요가 있다.

아울러 석주명의 삶을 규명하기 위한 육필원고와 육필메모, 사진과 영상들을 보존하기 위해서는 그것들의 목록을 작성하고, 그것들을 확보해 디지털화하여 많은 이들이 정보를 공유할 수 있게 해야 한다.

제3절 석주명 유물의 활용 방안

석주명의 유물을 활용하기 위해서는 우선 석주명이 2년 동안 근무했고, 국가등록문화재 제785호로 지정된 구舊 경성제국대학 부속 생약연구소 제주도시험장 연구동 건물을 복원하여 그의 삶과 업적을 보여주는 사진, 유품, 논저 등을 전시할 필요가 있다. 하지만 석주명 유물들 상당 부분이 단국대 석주선기념박물관과 과천국립과학관에 소장되고 있는 상황을 감안할 때 유물 전시와 관련해서는 두 기관의 협조뿐만 아니라 그들과 차별성이 있어야 할 것이다. 그리고 제주도에서 석주명 기념사업을 할 경우에는 제주학이나 생약연구소 제주도시험장 활동 등과 같이 제주와 관련성이 큰 부분을 집중적으로 추진해야 한다는 석주명 연구가들의 제언도 숙고할 필요가 있다.

석주명의 업적과 정신을 제대로 알리고 그의 삶과 학문적 업적, 뜻과 정신을 기리기 위해서는 제주시험장 연구동 건물을 복원하는 것만으로는 부족하고 별도의 석주명기념관이 설립되어야 한다. 거기에는 우선 그의 생애를 살필 수 있는 석주명전시실, 그의 제주도시험장 활동을 보여줄 생약연구소실, 그가 수집한 제주도자료를 볼 수 있는 제주문화체험실, 그의 제주방언 연구를 활용한 제주어체험실이 있어야 하고, 그가 세계 공용어인 에스페란토를 보급하기 위해 일생을 바쳤던 것을 감안하여 세계의 여러 언어들과 에스페란토를 경험할 수 있는 에스페란토체험실 등이 있어야 할 것이다. 그리고 그가 세계적인 나비학자이기 때문에 우리나라와 세계의 나비를 볼 수 있는 나비표본실과 나비를 직접 관찰할 수 있는 나비생태관도 구비된다면 많은 청소년들이 즐겨 찾는 학습장소가 될 것이다.

그리고 석주명은 세계적인 나비전문가이지만 일제강점기에 발표된 논저들은 대부분 일본어로 되어 있어서 일반인뿐만 아니라 전문가들조차도 접하기가 어렵게 되어 있다. 따라서 일본어로 된 그의 나비채집기와 나비목록들, 그리고 학술적으로 의미 있는 관련 논문들을 번역하고 출간하여 전문가와 일반대중도 쉽게 읽을 수 있도록 해야 한다.

석주명의 삶과 학문에 나타난 이념과 정신을 현대적 관점에서 평가할 필요가 있다. 그가 오래전에 세상을 떠났지만 그의 치열한 학문적 열정과 성실성, 체계성과 통일성, 주체성과 평등주의, 그리고 지역주의·민족주의·세계주의를 녹여내여 조화를 이루려는 태도는 지역과 세계를 아우르며 살아야 하는 오늘날에 더 의미가 있다. 하지만 그가 치열하게 학문을 탐구하는 과정에서 이미 생전에 전설적 인물이 됨으로써 그에 대한 객관적 평가가 이뤄지지 못한 측면도 있다. 그에 대한 보다 객관적인 평가를 위해서는 곤충학, 제주어, 한국어, 에스페란토, 제주학, 한국학, 과학사 등 각계 전문가의 학제적 협력이 있어야 한다. 그리고 석주명이 다양한 학문 분야에 기여한 점을 재평가하면서 그의 뜻과 정신을 선양하고 계승하기 위해서는 석주명연구회 내지는 석주명

학회를 설립하는 것도 필요하다.

석주명은 일찍이 제주도의 자연과 문화에 대한 관심을 가지고 자료를 수집하고 연구해 제주도총서를 발간하여 세상에 제주도의 가치를 알렸다. 이제 제주도가 나서서 석주명기념관을 건립하여 그의 학문적 업적을 드러내고, 그의 뜻과 정신을 계승하고 발전시켜야 한다. 전국적으로뿐만 아니라 세계적으로 명성 있는 '석주명'이라는 브랜드를 약초와 아열대식물을 기반으로 한 1·2차산업, 나비와 제주어를 접목한 2·3차산업, 그리고 그의 제주학 연구를 다양한 생태·문화체험산업에 활용한다면, 제주관광의 품격을 높이고 지역경제를 활성화하는 데도 도움이 될 것이다.

제5장 맺음말

석주명은 42년이라는 짧은 인생을 살았고, 학자로 활동한 기간은 18년에 불과하다. 하지만 나비, 에스페란토, 제주학 분야에 남긴 족적은 넓고도 깊다. 정부는 그의 공로를 인정하여 대한민국 건국공로훈장을 수여했고, 한국과학기술원 한림원은 '과학기술인 명예의 전당'에 헌정하였으며, 과학기술정보통신부는 우장춘, 이휘소 등과 함께 '과학기술유공자'로 선정하였다.

석주명은 한국을 대표하는 '세계적 나비학자', 자연·인문·사회 분야를 망라하여 연구한 '우리나라 최초의 통합학자 내지는 융합학자', 지역주의·민족주의·세계주의를 넘나든 '세역주의자世域主義者(glocalist)', 다양한 학문 분야에서 업적을 남긴 '한국의 르네상스인', 제주를 잘 알고 사랑했던 '제주학의 선구자' 등으로 불리고 있다. 그는 자신의 전공분야인 나비연구를 심화시키기 위해 인문사회 분야까지 폭넓게 연구하였고, 제주도의 방언과 인구 자료를 분석하면서 자연과학에서 주로 사용하는 통계적 귀납적 방법을 사용하여 진실을 규명함으로써 학문 융복합을 시도하였다.

그가 제주도의 자연, 방언, 인구, 민속, 역사 자료를 수집하고 연구했던 이유는 곧 우리나라의 사연, 언어, 사회, 문화의 근원을 밝히고 그 폭을 넓히기 위한 것이다. 그의 제주도 연구는 한국학의 연장이었고, 그렇기 때문에 그의 지역주의는 민족주의와 연결된다. 또한 그의 민족주의는 열린 민족주의와 평화적 세계주의로 연결된다. 그가 '조선적 생물학'을 주창하면서 학문의 주체성을 강조하지만, 그것의 궁극 목적은 민족문화의 다양성을 통해 세계문화의 발전을 위한 것이었다. 그리고 그가 자국민들끼리는 모국어로, 외국인과는 배우기 쉬운 하나의 국제어로 소통하자는 에스페란토운동을 펼쳤던 이유도 민족평등을 통해 세계평화로 나아가자는 것이었다.

그렇게 볼 때 석주명은 근대인물이지만, 현대에 더 어울리는 시대를 앞서간 인물로 평가된다. 그는 지역주의, 민족주의, 세계주의 어느 한쪽에 매몰되거나 배척하지 않고 모두를 잘 받아들여 조화를 이뤘다. 다양한 분야에 두루 능통할 뿐만 아니라 서로 다른 이념이나 관점을 녹여내어 화합하려고 했던 그의 학문태도는 학문 융복합의 시대이자 지역과 세계를 아우르며 살아가야 하는 우리에게 많은 메시지를 던져준다.

석주명은 정규대학이 아닌 고등농림학교를 나왔지만, 노력과 실력으로 세계적인 학자들과 어깨를 나란히 하였다. 그는 우리 청소년과 연구자들에게 학력이나 지위보다 노력과 실력이 중요하다는 것을 보여주는 좋은 모델이다. 그는 우리나라 자연과학계와 인문사회학계로부터 존경받는 몇 안 되는 인물 가운데 한 사람이다. 그에 대한 자연과학자와 인문사회학자들의 학제적 연구는 우리 학계에 서로 소통을 이루는 계기가 될 것이다. 그는 일제강점기에 평양에서 태어나 우리나라 전 지역을 두루 탐사하여 귀중한 자료를 많이 남겼고, 남북분단으로 갈등이 극에 달하던 한국전쟁 중에 서울에서 희생되었다. 따라서 남북의 학자들이 만나 석주명에 대해 공동연구를 한다면 민족의 화해와 화합에 도움이 될 것이다(윤용택, 2018: 221).

석주명이 근무했던 제주시험장 연구동 건물이 2020년 6월 24일 국가등록문화재 제785호로 공식 지정되었다. 그리고 제주특별자치도는 2020년 7월 제주지역의 발전과 도민 복리에 기여한 분의 숭고한 뜻을 연구하고 계승 발전시킬 수 있도록 '지역발전 공헌자에 대한 기념사업 지원 조례'를 제정하였다. 이를 계기로 전국적·세계적으로 명성이 높을 뿐만 아니라 제주문화 창달에 기여를 한 석주명을 제주의 근대인물유산으로 지정하고, 그의 업적과 정신을 기리는 기념관을 설립할 필요가 있다. 융복합의 시대와 글로컬 시대에 걸맞은 석주명기념관이 지어진다면, 제주도민뿐만 아니라 온 국민과 세계인이 즐겨 찾는 또 하나의 명소가 될 것이다.

참고문헌

참고문헌

1. 석주명 논저

1934, 「조선산 나비의 연구(朝鮮産蝶類の研究)」, 『가고시마고농창립25주년 기념논문집(鹿兒島高農創立25周年紀念論文集[前篇])」, 631-784. (제주도산 나비류 29종 기록)

1935, 「애물결나비의 변이연구 및 그 학명에 대해(ヒメウラナミジャノメの變異研究竝に其學名に就て)」, 『동물학잡지』 47: 626-631. (제주도산 애물결나비 1종 기록)

1936a, 「조선산 가락지나비에 대해(朝鮮産 Aphantopus hyperantus Linné に就て. (附)眼狀紋及其他の斑紋研究上の一新樣式)」, 『동물학잡지』 48: 995-1000. (제주도산 가락지나비 1종 기록)

1936b, 「조선산 배추흰나비 변이연구(朝鮮産モンシロテフの變異研究)」, 『동물학잡지』 48, 337-345.

1937a, 「두번째 조선산 배추흰나비 변이연구(再び朝鮮産モンシロテフの變異研究)」, 『동물학잡지』 49, 329-340.

1937b, 「제주도산접류채집기濟州島産蝶類採集記」, Zephyrus, 7 : 150-174. (제주도산 나비류 58종 기록)

1937c, 「제주도의 회상(濟州島の思ひ出)」, 『지리학연구』 14[5], 27-29. 『제주도자료집』 190-193쪽 「제주도의 회상」으로 번역 수록.

1938a, 「조선산 흰점팔랑나비에 대해(朝鮮産 Hesperia maculata チャヌダラセセリに就て)」, 『동물학잡지』 50(2): 82-84. (제주도산 흰점팔랑나비 1종 기록)

1938b, 「조선산 물결나비 변이연구(朝鮮産ウラジャノメの變異研究)」, 『동물학잡지』 50[2]: 88-93.

1938c, 「줄흰나비연구(Studo pri Pieris napi Linné)」, Annot. Zool. Japon., vol. 17, no.3-4, 525-529. (제주도산 줄흰나비 1종 기록)

1939a, 「조선산 봄처녀나비 변이연구(朝鮮産ヒメヒカゲの變異研究)」, 『관서곤충학회회보』 8, 72-80. (제주도산 봄처녀나비 1종 기록)

1939b,「조선산 나비의 연구사(朝鮮産蝶類の研究史),『조선박물학회잡지』26, 20–60.

1939c,「중국 및 몽골산 나비의 신산지(支那及び蒙古産蝶類の新産地)」,『동물학잡지』51, 658.

1939d,「만주산나비목록(滿洲産蝶類目錄)」,『동물학잡지』51, 773–776.

1940,「조선산나비개론(朝鮮産蝶類槪論)」,『조선일보』1940년 7월 21–22일자.

1941a,「남南나비전」,『조광』7[3], 257–259;『석주명 나비채집 20년의 회고록』43–54쪽 재수록.

1941b,「조선반도의 특수성을 나타내는 몇 종의 나비에 대해(朝鮮半島の特殊性を現する數種の蝶類に炊て)」,『일본학회협회보고』16[1], 73–81. (제주도산 오색나비, 은점표범나비, 긴은점표범나비, 푸른부전나비 4종 기록)

1941c,「두 번째 조선산 애물결나비 변이연구(再び朝鮮産ヒメウラナミジャノメの變異研究)」,『동물학잡지』53[8], 397–402. (제주도산 애물결나비 1종 기록)

1941d,「조선산 노랑나비 연구(朝鮮産モンキテフの變異研究)」,『동물학잡지』53[9], 431–436. (제주도산 노랑나비 1종 기록)

1941e,「조선에 풍부한 5종 나비 변이 및 분포 연구(朝鮮に産する五種の蝶の變異及分布の研究)」,『조선박물학회잡지』8[32], 39–52. (제주도산 호랑나비, 흰뱀눈나비, 흰줄표범나비, 꼬마표범나비, 네발나비 5종, 꼬마표범나비는 제주에 분포하지 않음을 기록)

1941f,「제주도의 곤충(濟州島の昆蟲)」,『문화조선』3[4](청풍호, 제주도특집), 52–54쪽.

1941g,「관모연봉산나비채집기(冠帽連峰産蝶類採集記)」, Zephyrus 9[2], 103–11.

1941h,「몽골인의 편상편상」,『박문』4:1, 10–13.

1941i,「싱안링, 만주어리, 하이라얼의 나비(興安嶺,滿洲里及び海拉爾の蝶類[一新亞種の記載を含む])」,『만주생물학회회보』4[2], 63–73.

1941j,「북만주여행의 회상(北滿の旅ひ出)」,『송우松友』, 19–22.『석주명 나비채집 20년의 회고록』385–388쪽 재수록.

1942a,「조선산 나비의 연구(朝鮮産蝶類の研究)[제2보]」,『가고시마박물동지회연구보고(鹿兒島博物同志會硏究報告)』1, 5–95. (제주도산 나비류 16종 기록)

1942b,「조산산 이형 및 기형 나비(朝鮮産異形及奇形の蝶)」,『가고시마박물동지회연구보고(鹿兒島博物同志會硏究報告)』1, 97–139. (제주도산 남방부전나비, 산호랑나비, 암끝검은표범나비, 암먹부전나비, 먹부전나비 5종 기록)

1942c,「세번째 조선산 배추흰나비 변이연구(三たび朝鮮産モンシロテフの變異研究)」,『동물학잡지』54[6], 219–229. (제주도산 배추흰나비 1종 기록)

1942d,「조선산 참산뱀눈나비 변이연구(朝鮮産テウセンタカホヒカゲの變異研究)」,『동물학잡지』54[10], 395–405. (제주도산 흰뱀눈나비 1종 기록)

1943,「조선산 나비표본 목록[수원농사시험장 소장]」, 조선농사시험장휘보, 15[1], 48–55. (제주도산 6과 48종 기록)

1944, 「마라도 엘레지(エレヂー)」, 《성대학보》 제18호. 『제주도자료집』 182-184쪽 「마라도 엘레지」로 번역 수록.

1945a, 「제주도의 나비(濟州島の蝶類)」, 『과학시대』 19, 40-41.

1945b, 「제주도의 나비(濟州島의 蝶類)」, 『조광』 11[1], 44-46.

1945c, 「제주도의 여다현상女多現象」, 『조광』 11[2], 39-41. 『석주명 나비채집 20년의 회고록』 149-156쪽 재수록.

1946a, 「토산당유래기兎山堂由來記」, 『향토』 9, 15-18. 『제주도자료집』 177-181쪽 재수록.

1946b, 「제주도지명을 포함한 동식물명」, 『국립과학박물관동물학부연구보고』 1[1], 1-4. 『제주도자료집』 11-20쪽 증보 재수록.

1946c, 「경성대학 부속생약연구소 제주도시험장 부근의 접상蝶相」, 『국립과학박물관동물부연구보, 1[1], 5-9. (제주도산 나비류 38종, 토착종 31종, 비래종 7종 기록)

1946d, 「제주도 남단부의 자연 더우기 그곳의 접상蝶相에 대하여」, 『국립과학박물관동물부연구보고, 1[1], 10-16.

1947a, 「조선산 나비 총목록(朝鮮産蝶類總目錄): 조선나비의 조선이름」, 『국립과학박물관동물부연구보고, 2[1], 10-16.

1947b, 「제주도의 접류蝶類」, 『국립과학박물관동물부연구보고』 2[2]: 17-45. 『석주명 나비채집 20년의 회고록』, 55-60쪽 재수록. (제주도산 68종 중 문헌에만 있는 미채집종 8종 기록)

1947c, 「탐라고사耽羅古史」, 『국학』 3, 25-28, 36. 『제주도자료집』 172-176쪽 재수록.

1947d, 『조선나비 이름의 유래기』, 백양당.

1947e, 『국제어 에스페란토 교과서 부(附) 소사전』, 조선에스페란토학회.

1947f, 『제주도방언집』, 서울신문사.

1947g, 『중등동물: 동물계교과서』, 교육연구사.

1947h, 『중등생물: 생물계교과서』, 을유문화사.

1947i, 「조선산 암먹부전나비의 변이연구(朝鮮産ツバメシジミの變異硏究)」, Zephyrus, 9[4], 283-85. (제주도산 암먹부전나비 1종 기록)

1947j, 「제주도와 울릉도」, 『소학생』 10월호, 18-19. 『제주도자료집』 9-10쪽 재수록.

1948a, 「울릉도의 인문」, 『신천지』 2월호, 200-201.

1948b, 「조선의 자태姿態」, 《제주신보》 1948년 2월 6일자. 『제주도자료』 7-8쪽 「한국의 자태」로 재수록.

1948c, 「나무를 심그자」, 『민성』 4, 34-35 및 38-39.

1948d, 「제주도의 상피병」, 『조선의보』 2[1], 38-39. 『제주도자료집』 213-214쪽 재수록.

1948e, 「국학과 생물학」, 김정환 편 『현대문화독본』(1947년 서울신문 학예란에 투고했던 과학수필 중 5편을 재편한 것). 『석주명 나비채집 20년의 회고록』 63-84쪽 재수록.

1948f, 「제주도청론濟州島廳論」, 《제주신보》 1948년 10월 20일자. 『제주도자료집』 197-198쪽 재수록.

1949a, 『제주도문헌집』, 서울신문사.

1949b, 『제주도의 생명조사서 –제주도 인구론』, 서울신문사.

1949c, 「나의 지표指標」,《독립신보》1949년 1월 7일자.

1949d, 「교사와 학자」,『새교육』5.『석주명 나비채집20년 회고록』105–108쪽 재수록.

1949e, 「신문기사로 본 해방후 1년간의 제주도」,『학풍』2[1], 100–101.『석주명 나비채집 20년의 회고록』179–181쪽 재수록.

1949f, 「'에스페란토'론」,『신천지』4[2],『석주명 나비채집 20년의 회고록』201–206쪽 재수록.

1949g, 「대학생과 어학공부」, 홍성조·길경자 편저,『나비박사 석주명』102–103쪽 재수록.

1949h, 「신문기사로 본 해방후 둘째해의 제주도」,『학풍』2[2], 112–113.『석주명 나비채집 20년의 회고록』183–186쪽 재수록.

1949i, 「신문기사로 본 해방후 셋째해의 제주도」,『학풍』2[3], 116–117.『석주명 나비채집 20년의 회고록』187–190쪽 재수록.

1949j, 「제주도방언과 비도어(比島語)」,『조선교육』3[3], 17–19.『제주도자료집』161–164쪽 재수록.

1949k, 「'남녀수의 지배선支配線'의 위치, 부(附) 제주도통계에 대하여」,『대한민국통계월보』5, 1–3.『제주도자료집』209–212쪽 재수록.

1949l, 「제주명산 '불로차不老茶' 예찬」, 불로차제조본포 서울출장소선전지.

1950a, 「나비채집 20년의 회고록」,『신천지』4[10], 5[1].

1950b, 「제주도방언과 마래어馬來語」,『어문』2, 1–4.『제주도자료집』157–160쪽 재수록.

1950c, 「신문기사로 본 해방후 넷째해의 제주도」,《제주신보》, 부록 제1호(1950년 4월 5일자).

1950d, 「제주시조 고양부(高·良·夫) 삼씨고」,『주간서울』87, 13.『제주도자료집』168–171쪽 증보 재수록.

1968, 『제주도수필–제주도의 자연과 인문』, 보진재.

1970, 『제주도곤충상』, 보진재.

1971, 『제주도자료집』, 보진재.

1972, 『한국산 접류의 연구』, 보진재.

1973, 『한국산 접류분포도』, 보진재.

1992a, 『석주명 나비채집 20년의 회고록』, 신양사.

1992b, 『석주명의 과학나라』, 현암사.

1992b, 『한국본위 세계박물학연표』, 신양사.

1940, *A Synonymic List of Butterflies of Korea*, Korea Branch of the Royal Asiatic Siciety, Seoul.

석주명·다카스카(高塚豊次), 1932, 「조선구장산나비목록(朝鮮球場地方産蝶類目錄)」, *Zephyrus*, vol.4[4], 311–317.

2. 기타

강만익, 2016, 「고려말 탐라목장의 운영과 영향」, 『탐라문화』 52, 67-103.

강문규, 2009, 「한라산을 서양에 알린 겐테」, 『화산섬, 제주세계자연유산, 그 가치를 빛낸 선각자들』, 제주특별자치도 한라산생태문화연구소.

강영봉, 1996, 「제주도와 몽골」, 『한·몽골교류천년』, 한몽골교류협회.

_____, 1999, 「제주어와 중세몽골어 비교연구」, 『탐라문화』 20, 1-16.

_____, 2002, 「제주어와 석주명」, 『탐라문화』 22, 1-13.

_____, 2007, 「몽골어와 제주어」, 국립제주박물관편, 『몽골의 역사와 문화』, 서경문화사,

_____, 2008, 「석주명의 제주어와 몽골어」, 석주명 선생 탄생 100주년 기념세미나 〈나비, 그리고 아름다운 비행-석주명 선생과 제주와의 아름다운 만남〉, 석주명 선생기념사업회, 2008. 12. 20.

_____, 2012, 「석주명의 제주어 연구의 의의와 과제」, 『학문융복합의 선구자 석주명』, 보고사.

강영봉·서재절, 2001, 『몽골, 몽골사람』, 한국몽골연구회.

강정효, 2009, 「용암동굴의 가치를 발굴한 부종휴」, 『화산섬, 제주세계자연유산, 그 가치를 빛낸 선각자들』, 제주특별자치도·한라산생태문화연구소.

겐테, 2007, 『(독일인 겐테가 본) 신선한 나라 조선, 1901』, 권영경 옮김, 책과함께.

강톨가 외, 2009, 『몽골의 역사』, 김장구·이평래 옮김, 동북아역사재단.

고광민, 2006, 『제주의 돌문화』, 제주돌문화공원.

고문자·김승환, 2007, 「몽골역사와 몽골어가 제주방언에 끼친 영향」, 〈한국어정보학회 국제학술대회: 한·몽·중·러.일 5개국 제28차 국제학술심포지엄 자료집〉, 한국어정보학회, 76-83.

고문자·박경윤, 「몽골이 제주방언과 문화에 끼친 영향」, 『한국어정보학』 9:1, 17-20.

고영자 편역, 2013, 『서양인들이 남긴 제주견문록(1845-1926)』, 제주시우당도서관.

고창석 외, 2000, 『제주 오현(五賢) 조사』, 제주대학교 탐라문화연구소·제주시.

국립산림과학원, 2012, 『한국의 나비분포 변화(1938-2011)』, 국립산림과학원.

권성훈, 2017, 「제주방언 속의 몽골어 차용어」, 『동악어문학』 70, 53-67.

김기선, 2003, 「몽골비사의 알타이적 지명요소와 관련 한국(제주도) 및 대마도 지명 연구」, 『몽골학』 14, 2003, 215-237.

_____, 2008, 『한몽문화교류사』, 민속원.

김병택, 2011, 『제주예술의 사회사』(하), 제주대학교 탐라문화연구소.

김삼수, 1976, 『한국의 에스페란토운동사』, 숙명여자대학교출판부.

김영돈, 1965, 『제주도민요연구』(상), 일조각.

_____, 2002, 『제주도민요연구』(하), 민속원.

김용식, 2002, 『원색 한국나비도감』, 교학사.

김유정, 2012, 『제주의 돌문화』, 서귀포문화원.

김은희 편역, 2010, 『일본인이 조사한 제주도』, 제주발전연구원.

김일우, 2002, 「고려후기 제주 법화사의 중창과 그 위상」, 『한국사연구』119, 29–56.

_____, 2003, 「고려후기 제주·몽골의 만남과 제주사회의 변화」, 『한국사학보』15, 45–74.

_____, 2016, 「몽골황제 순제의 제주 피난궁 터 탐색」, 『몽골학』46, 27–61.

김찬수, 2009, 「왕벚나무 표본 첫 채집자 타케」, 『화산섬, 제주세계자연유산, 그 가치를 빛낸 선각자들』, 제주특별자치도·한라산생태문화연구소.

_____, 2009, 「구상나무 명명자 윌슨」, 『화산섬, 제주세계자연유산, 그 가치를 빛낸 선각자들』, 제주특별자치도·한라산생태문화연구소.

김치완, 2012, 「석주명의 제주도 자료에 비친 제주문화」, 『학문융복합의 선구자 석주명』, 보고사. 217~255.

김태능, 2014, 『제주도사논고』, 제주대학교박물관.

김혜정, 2012, 『초원의 나라 몽골을 가다』, 태학사.

담수계, 1954, 『증보 탐라지』, 제주문화원(2004).

문만용, 1997, 「'조선적 생물학자' 석주명의 나비 분류학」, 서울대학교 대학원 과학사 및 과학철학 협동과정 석사논문.

_____, 2012, 「나비분류학에서 인문학까지」, 『학문융복합의 선구자 석주명』, 보고사, 99–136.

_____, 2018, 「석주명의 한국산나비 3부작」, 『애산학보』45, 51–80.

박원길, 2005, 「제주 습속 중의 몽골적 요소」, 『제주도연구』28, 215–246.

_____, 2013, 「영락제와 제주도」, 『제주도연구』40, 1–48.

_____, 2015, 「대몽골(원)제국 시대의 양마법(養馬法)과 기마장비」, 『제주도연구』43, 1–88.

박환영, 2008, 『몽골의 전통과 민속보기』, 박이정.

배영환, 2016, 「제주방언 속의 몽골어 차용어에 대한 연구사적 검토」, 『어문논집』68, 7–36.

부종휴, 1969, 「제주도식물의 연구사」, 『월간제주』7월호, 13–15.

서재철·정세호, 2005, 『제주도 곤충』, 일진사.

양혜숙.박원길, 2019, 「몽골사에서 탐라의 가치」, 『제주도연구』51, 5–52.

여운형, 1936, 「나의 회상기」1–5편, 『중앙』3–7월호, 조선중앙일보사.

오구라(小倉進平), 2009, 이진호 역주, 『한국어방언연구』, 전남대학교출판부.

오문복, 2014, 「관혼상제」, 『제주생활문화100년』, 제주문화원, 408–489.

오미영, 2016, 「여운형의 〈몽골여행기〉에 나타난 한·몽 교류사적 의미」, 『몽골학』46, 63–102.

오성찬, 2004, 『나비와 함께 날아가다』, 푸른사상.

오영주, 2009, 「동아시아 속의 발효음식문화」, 『제주도연구』32, 157–203.

_____, 2014, 「제주–몽골 학술문화교류를 위한 '탐라 몽골학' 기반조성 노력」, 〈2014년 심포지움자료집〉, 제주학회, 5–81.

오창명, 2002, 「세수의 항몽유적지 관련 지명」, 『제주항파두리 항몽유적지 학술조사 및 기본정비 계획용역』, 제주문화예술재단 문화재연구소.

우낙기, 1965, 『제주도(대한지지1)』, 한국지리연구소.

우종인, 1938, 「남부조선채집기」, 『곤충계』 6:55, 721–728. 『석주명 나비채집 20년의 회고록』, 330–337쪽 재수록.

윤용택, 2003, 「나비박사 석주명 기념관 건립을 제안하며」, 〈제주문화포럼 소식지〉 2003년 7월호.

_____, 2007, 「석주명 선생, 업적 재조명 제주도가 앞장서야」, 제주대신문, 2007. 5. 16.

_____, 2011, 「석주명의 제주학 연구의 의의」, 『탐라문화』 39, 215–263.

_____, 2012, 「학문융복합의 선구자 석주명」, 『학문융복합의 선구자 석주명』, 보고사.

_____, 2017, 「석주명의 학문이념에 관한연구—통재와 융섭의 측면을 중심으로」, 『철학사상문화』 25, 121–149.

_____, 2018, 『한국의 르네상스인 석주명』, 궁리.

_____, 2020, 「석주명이 본 제주문화 속의 몽골적 요소에 대한 재검토」, 『제주도연구』 53, 1–27.

_____, 2020–2011, 「제주학의 선구자 나비박사 석주명(1~65)」, 『서귀포신문』 2020. 1. 2. ~ 2011. 4. 15., 총 65회 연재.

_____, 「제주의 근대 인물유산으로서 석주명」, 『제주도연구』 55, 55–81.

윤용택 외, 2012, 『학문융복합의 선구자 석주명』, 보고사.

이강한, 2017, 「13~14세기 고려와 원제국의 '탐라(제주)'정책」, 『한국학논총』 48, 73–123.

이병철, 1985, 『석주명』, 동천사.

_____, 1989, 『위대한 학문과 짧은 생애–나비박사 석주명 평전』, 아카데미서적.

_____, 1997, 「나비박사 석주명의 생애와 학문」, 『과학사상』 제21호, 범양사.

_____, 2011, 『석주명 평전』, 그물코.

이안나, 2011, 「제주와 몽골의 '돌 신앙'」, 『한민족문화연구』 37, 255–288.

_____, 2014, 『몽골의 생활과 전통』, 민속원.

이영구, 2018, 「석주명과 에스페란토」, 『애산학보』 45, 291–318.

이즈미(泉靖一), 2014, 『제주도(1966)』, 김종철 옮김, 여름언덕.

임도희, 2016, 「제주도의 지명 일연구—중세몽골어와의 개연성을 중심으로」, 『영주어문』 33, 23–43.

장애란, 2014, 「의생활」, 『제주생활문화 100년』, 제주문화원, 160–219.

장장식, 2010, 「문화비교로 본 제주와 몽골의 민속」, 『동아시아문화와 예술』 7, 35–65.

전경수, 2000, 2003, 「석주명의 학문세계: 나비학과 에스페란토어, 그리고 제주학」, 〈제주학 연구의 선구자 고 석주명 선생 재조명〉 2000제주전통문화 학술세미나자료집, 제주전통문화연구소; 〈제주학의 선구자 나비박사 석주명 선생의 삶〉, 2003 석주명 기념비 제막식 세미나, 서귀포시.

_____, 2010, 「'천부적 인류학자' 이즈미 세이치(泉靖一)의 생애와 학문세계(중간보고)」, 〈『제주도』(천정일 저)의 학술적 의의〉, 제48회 탐라문화제 기념 특별세미나 자료집, 제주대 탐라문화연구소.

_____ , 2019, 「석주명의 야학野學과 가고시마고등농림학교(鹿兒島高等農林學校)의 교육과정」, 『근대
　　　서지』 19, 449–497.

전영준, 2013, 「13~14세기 원元 목축문화의 유입에 따른 제주사회변화」, 『제주도연구』 40, 49–78.

정세호, 1999, 『원색 제주도의 곤충』, 제주도민속자연사박물관.

_____ , 2019, 『제주도곤충총서』, 제주도민속자연사박물관.

제주4·3희생자유족회, 2015, 『제주4·3희생자유족회 27년사』, 도서출판 각.

제주신보, 「산악회원들 일단 귀경키로」, 1948년 2월 4일자.

_____ , 「조선의 자태」, 1948년 2월 6일자.

제주특별자치도 서귀포시, 2020, 「영천동 농촌중심지 활성화 사업 석주명 선생 기념관 관련 연구용역
　　　(구舊경성제국대학 부속 생약연구소 제주지소 및 제주도시험장 근대역사 경관조성)」, 발간등
　　　록번호 79–6520000–000140–01.

제주특별자치도, 2008, 『제주도문화상징』, 제주문화예술재단.

_____ , 2020, "제주특별자치도 지역발전 공헌자에 대한 기념사업 지원 조례"(제정 2020–07–
　　　15, 조례 제2574호).

진성기, 1962, 『제주도학(개관편)』, 인간사.

최기호 편, 2012, 『몽골어 문법과 회화』, 동광출판사.

최낙진, 2007, 「석주명의 '제주도총서'에 관한 연구」, 『한국출판학연구』 52, 305–333.

_____ , 2012, 「석주명의 '제주도총서'의 출판학적 의미」, 『학문융복합의 선구자 석주명』, 보고사,

한국대학신문, 「단국대 석주명서적·연세대 구수략 등 중요 과학자료 보존, 국가가 지원한다」, 2019. 8. 5
　　　일자.

한국방송공사, 1980, 〈나비박사 석주명〉(TV인물평전/비디오테잎), KBS.

한라산생태문화연구소, 2009, 『화산섬, 제주세계자연유산, 그 가치를 빛낸 선각자들』, 제주특별자치도·
　　　한라산생태문화연구소.

한라산연구소, 2004, 『한라산과 부종휴』, 학술심포지엄자료집, 한라산연구소·한라일보.

한림화, 2000, 「국학자 석주명의 생애에 대한 고찰」, 〈제주학 연구의 선구자 고 석주명 선생 재조명〉 2000
　　　제주전통문화 학술세미나자료집, 제주전통문화연구소. 2000. 10. 7.

한창영, 1969, 「이야기를 남긴 사람들 '석주명 선생'」, 『제주도』 통권 41호, 제주도.

허남춘 외, 2017, 『현용준 선생의 학문세계』, 제주특별자치도 제주학연구센터.

홍성조·길경자 편, 2005, 『나비박사 석주명 선생』, 한국에스페란토협회.

홍순만, 2000, 「제주도학 연구와 석주명 선생의 공헌」, 〈제주학 연구의 선구자 고 석주명 선생 재조명〉
　　　2000 제주전통문화 학술세미나자료집, 제주전통문화연구소. 2000. 10. 7.

T. 테무르, 2017, 「명초明初 유배지로서 탐라」, 『제주도연구』 48, 27–48.

제주학의 선구자 석주명

부록

제주도
나비채집기

글 석주명   번역 안행순

Ⅰ. 산꼬마부전나비 (*Lycaena argus zezuensis* Seok nov. subsp.)[1]

제주부전나비[신칭新稱]

제주부전나비(*L. a. zezuensis Seok nov. subsp.*)는 암수 모두 한반도산 부전나비(*L. a. insularis Leech*)와 매우 흡사하나, 유일하게 다른 점은 점무늬의 발달이 현저하다는 점이다. 특히 앞뒤 양 날개 뒷면 바깥 테두리 부근의 주황색 띠 안쪽에 반달 모양의 점무늬들이 집중적으로 줄을 이루고 있어 반달 모양이 아닌 것처럼 보일 정도다. 제주부전나비(*L. a. zezuensis Seok nov. subsp.*)에서도 한반도산 부전나비(*L. a. insularis Leech*)와 같은 변이는 적잖이 인정된다. 1936년 7월 31일, 서귀포 부근에서 수컷 8마리, 암컷 1마리를 채집했다.

---

* 이 글은 석주명(1937)의 「제주도산접류채집기濟濟州島産蝶類採集記」(*Zephyrus*, 7: 150~174)를 우리말로 옮긴 것이다.

1) 오늘날에는 *Lycaena argus zezuensis* Seok nov. subsp.와 *Lycaena argus* insularis Leech 모두를 산꼬마부전나비(*Plebejus argus* [Linnaeus, 1758])의 이명으로 다루고 있다.

〈그림 1〉 산꼬마부전나비
1, ♂, 앞면   2, ♂, 뒷면   3, ♀, 앞면   4, ♀, 뒷면

앞날개 길이 측정

mm	14	15	16	計
♂	5	3	–	8
♀	–	–	1	1

[부기] 종래 제주도산濟州島産 중에 한반도산(牛島産)과 동일한 부전나비의 존재가 거론되고 있으나, 실제 한반도산 부전나비와 동일한 것인지 아니면 별도의 것인지, 또한 기존의 원명 신아종新亞種에 속해야 하는 것을 한반도산과 동일하게 취급해 왔는지는 잘 알 수 없다.

Ⅱ. 왕자팔랑나비(*Daimio sinica moorei Mabille*)[2]

제주왕자팔랑나비(サイシウダイメウセセリ)

본 형은 조선에서는 매튜스(Y. Matuse) 씨가 채집한 제주도산 암컷 1마리를 오카모토(岡本件次郎)박사가 「제주도곤충상(濟州島の昆蟲相)」(1924: 92~93)에서 제주왕자팔랑나비를 *D. s. saishiuana n. var.*라고 기재한 것이 최초이며, 그 후 나카야마(中山昌之助) 씨는 「조선나비에 대한 일반정보 안내(A guide to general information concerning Corean butterflies)」(1932: 17)에 *Satarupa tethys saishuana* okamoto라고 하고, 또한 도이(土居寬暢) 씨는 『원색 조선의 나비(原色朝鮮の蝶類)』(1934: 54)에서 *Daimio tethys saishuana* okamoto라고 했다. 단, 나카야마 씨나 도이 씨 모두 *saishuana*라고 한 것은 *saishiuana*의 오류일 것이다.

그러나 다수의 본형을 조사해 보면 이것은 틀림없는 조선 왕자팔랑나비(*Daimio sinica moorei*)이다. 나는 제주도에서 1936년 7월 21일~8월 20일에 수컷 53, 암컷 10, 합계 63마리의 본형을 채집할 수 있었지만, 이와 다른 *Daimio*에 속하는 것은 한 마리도 없었다. 오카모토 박사가 자신의 논문에 왕자팔랑나비(*Daimio tethys Ménétriès*)도 제주도에서 이

---

2) 오늘날에는 *Daimio sinica moorei Mabille,, D. s. saishiuana n. var., Daimio tethys saishuana* okamoto를 모두 왕자팔랑나비(Daimio tethys [Ménétriès, 1857])의 이명으로 다루고 있다.

노우에(C. Inouye) 씨에 의해 다수 채집되었다고 보고하고 있으나, 참으로 의아한 일이 아닐 수 없다.

원명아종도 왕자팔랑나비와 마찬가지로 자웅감별은 복부관찰 외에 다른 방법이 없다. 또한 원명아종이 왕자팔랑나비와 다른 점은 도이 씨가 앞서 밝힌 책에서 언급한 것처럼 뒷날개의 흰색 띠가 명료하다는 것뿐이다.

본형은 중국 스촨성(四川省) 모우핑(牟坪, Moupin)에서 채집, 기록된 것으로 제주도에서 본형이 생식하고 있다니 매우 흥미로운 일이 아닐 수 없다. 본형도 다음 앞날개 길이의 변이표에 나타나는 것처럼, 왕자팔랑나비와 마찬가지로 암컷이 수컷에 비해 약간 크다.

앞날개 길이 측정표

mm	15	16	17	18	19	20	計
♂	1	4	9	29	10	–	53
♀	–	–	1	1	3	5	10
						합계	63

1936년 여름 무렵, 스나이더(L. H. Snyder) 씨의 알선으로 미국 자연사 박물관의 왓슨(F. E. Watson) 씨의 보조를 받아 조수 두 명을 데리고 제주도로 인시류鱗翅類 채집을 떠났다. 예로부터 우리 내륙(육지) 사람들은 제주도를 전설의 나라, 불가사의한 나라, 수수께끼의 나라 또는 기이한 나라 등으로 불러왔다. 그러나 최근에는 따뜻한 섬, 해녀의 섬, 풍광이 빼어난 섬 또는 동경의 섬이라고까지 불릴 만큼 그들의 제주도에 대한 시각은 완전히 달라졌다. 실제로 제주도의 언어풍습이 육지와 조금 달랐기 때문에 옛 한반도 내륙 사람들이 제주도에 대해 본토와는 다른 정취를 느꼈던 것은 어쩌면 당연한 일일지도 모른다. 그러다가 인류사회의 문화가 개방되어 제주의 인문환경이 알려짐에 따

라 그들이 제주도를 보는 시각이 좀 더 사실적으로 바뀌게 된 것이다. 지난해에는 오사카 마이니치신문이 주최한 조선팔경에 그 내용은 차치하더라도 1등으로 당선되었을 정도로 제주도의 풍광이 널리 알려지게 되었다. 사실 제주도에는 1,950m의 한라산과 깊은 계곡, 호수, 바다와 숲과 바위가 있으며, 초원에는 우마가 방목되어 있어, 거의 완벽한 풍경을 갖추고 있다. 이런 말을 들으면 여러분은 어쩌면 내가 그 풍경에 매료되어 제주도로 가게 되었다고 생각할지도 모르겠다. 하지만 실제로 제주도는 이미 3년 전부터 채집프로그램에 포함되어 있었다.

제주도의 자연 및 인문에 관해서는 이미 여러 논저가 있으므로 여기에서는 지면을 조금 할애하여 채집지 약도 3점을 첨부하고, 쉽게 접할 수 있는 문헌 한 권을 소개하는 정도로 그치고자 한다. 『제주도세요람濟州島勢要覽』, 본문 234쪽, 도판 9점, 제주도청 편집, 1935, 비매품이라고 되어 있으나 제주읍내 다구치(田口)상점에서 실비 30전에 거래되고 있다.

제주도에서 우리들이 인시류를 채집했다고 했으나 실제로는 거의 나비만을 채집했다. 올해는 유례없이 전국에 장기간 비가 내렸는데 제주도는 피해가 적은 것이 다행일 정도로, 곤충채집을 하고 있을 때가 아니었다. 우리는 7월 21일에서 8월 22일까지 33일간 제주도에 머물렀지만, 맑은 날이 적을뿐더러 조수 두 명이 차례로 아프고 때로는 인부마저 아파 계획한 코스를 무리하면서 걷기만 했던 날이 오히려 많았다. 그래도 낮에는 어느 정도 활동이 가능하여 궂은 날씨에 비해 나비채집은 어느 정도의 수확은 있었다. 그러나 나방은 대체로 야간채집을 해야 하는데 궂은 날씨와 섬이라는 특성상 밤에도 부는 바람 때문에 겨우 몇 번 억지로 채집을 시도하기는 했지만, 결국 이번 채집여행을 보조해주신 산누에나방과(Saturniidae)의 전문가 왓슨(Watson) 씨를 위한 나방은 채집은커녕 한 마리도 보이지 않았다.

노무라(野村健一) 씨가 규슈낙도채집기(九州離島採集記)[1936]에 언급한 것처럼 섬에는 대시류나방[Macro.]은 적을지도 모른다. 이것은 내가 노무라(野村) 씨의 논문을 보기 전에 이미 느꼈던 것으로 제주도에 오기 전 울릉도에서 동물을 채집하고 있었던 조수 왕호

王鎬의 인시류 표본을 보고 의문은 품고 있었지만, 나 역시 제주도에 와서 직접 산누에나방과를 한 마리도 볼 수 없었기에 그 의문은 더욱이 하나의 암시처럼 생각하게 되어 갔다. 그렇지만 제주농학교[현 제주고등학교]의 표본실에서 한두 마리의 산누에나방과를 보았기 때문에 틀림없이 이 섬에 대시류나방도 서식하고 있다. 그러나 이 표본실의 표본에서 알 수 있듯이 이 섬에는 대시류나방 수가 적었다. 그 후 돌아와서 나비류의 표본정리를 마쳤는데, 마침 어제(10월 17일) 앞서 언급한 노무라 씨의 별쇄본이 도착해서 미리 읽어서인지 매우 재미있었다. 내친김에 덧붙이고 싶은 것은 노무라 씨의 논문에도 나와 있는 얘기지만, 나 역시 왕 군과 교대로 울릉도에 간 조수 장재순 군이 채집한 울릉도산 산제비나비의 치수를 재어 보니 작은 독도산의 나비는 역시 작다는 느낌이

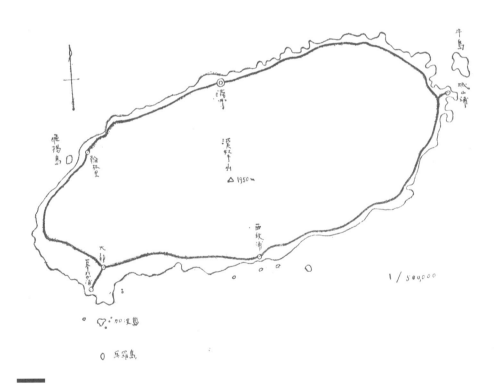

〈그림 2〉 저자의 노정(1)

들었다. 아니, 이 산제비나비는 확실히 작았다. 그렇지만 한반도 내륙산에도 이보다 작은 개체가 많기에 형을 새로 만들 필요는 전혀 없다. 이상 주제로부터 상당히 벗어나 나방 얘기에서 다른 섬 접류까지 언급하게 된 점 대단히 죄송스럽게 생각한다. 그러나 서로 연관된 것이니만큼 독자 여러분들이 널리 양해해주셨으면 한다. 제주도에서 우리들은 위의 나방 외에도 파충류, 양서류 등도 채집했으나 여기서는 주로 나비에 대해서만 언급하겠다. 이어서 그 당시의 일기장을 따라가면서 요건만을 보기로 하겠다.

7월 18일(토) 맑음. 어젯밤, 기사에게 운전시간 외라는 이유로 일단 거절당했으나 임금을 배로 준다는 조건으로 교섭이 이루어짐. 이 고마운 시골(그러나 개성부) 택시를 타고 조수로 동행한 동생 주일과 울릉도로 가는 장재순 군, 나 이렇게 세 명이 함께 출발. 몇몇 학생들의 전송을 받으며 오전 5시 10분에 개성을 떠남. 중간에 경성에서 물건을 사기 위해 주일은 하차, 대전에서 나는 호남선으로 갈아타기 위해 장군과 헤어져 하차, 약 1시간 기다려 승차, 오후 3시 45분 정읍 도착. 정읍에 하차한 이유는 정읍농학교에 분양할 표본을 갖고 왔기 때문으로, 선배인 가와니시(川西) 교장이 역으로 마중을 나와 선배 집에서 1박.

7월 19일(일) 맑음. 오전 7시 7분 정읍 출발, 마침 어제 경성에서 하차했던 주일이 가 타고 있었음. 9시 50분 목포 도착. 남쪽 지방 채집을 위해 지난 4월 30일 개성을 출발하여 80일간을 내장산, 백양사, 무등산, 완도, 해남 대흥사, 진도 등지에서 채집을 하고 어제 목포에 돌아왔다는 조수 우종인 군을 만나 셋이서 쾌담. 제주도행 멤버는 이제 다 모임. 오후 6시 출발인 배가 그 시각까지 입항조차 하지 않음. 부두에서 지금쯤일까 조바심을 내며 기다리길 어느덧 밤 1시 반, 마침내 회사 측에서 다음 날 출항을 선언함. 그 시간에 여관으로 감.

7월 20일(월) 맑음. 짙은 안개. 어제 출항 예정이었던 배가 아직도 입항하지 않아 목포부립병원의 가미조(上条斎昭) 씨를 만나 곤충 얘기를 나눴다. 오후 1시 30분 드디어 타이세이마루(太西丸) 입항, 2시 30분에 제주를 향해 출항했다. 이 배는 매우 큰데 상당히 빠른 속도로 항해한다. 홀수 날 오후 6시 목포 출발, 다음 날 오전 4시 제주 도착, 동일(짝수 날) 오전 9시 제주 출발, 동일 오후 5시 목포 도착, 하루 쉬고 다음 날 홀수 일에 다시 같은 일정을 소화한다. 제주도 배편은 여수는 물론 다른 항구에서도 구할 수는 있지만 그다지 편리한 편은 아니다. 교통은 다소 불편하다. 이미 다도해의 대부분을 통과하여 망망대해를 달리고 있던 타이세이마루는 오후 6시 30분경 운항을 중지했다. 동요하는 승객들을 향해 선장이 말하길 "전방에 보이는 짙은 안개는 오늘 밤 안에 걷힐 기미가 보이지 않습니다. 계속 운행하는 것은 위험하므로 어젯밤과 마찬가지로 해상에서 1박 하겠습니다." 십수 년 같은 코스를 왕래해 온 명 선장의 선언에 아무 말도 하지 못했다. 우리의 계획은 처음부터 이렇게 빗나가기 시작했다. 더욱이 배 안에 광인이 한 사람 있어 우리들 행장에 관심을 가지는 바람에 우리들은 물론 다른 승객들까지 잠을 자지 못했다.

7월 21일(화) 맑음. 오전 6시 30분경 어젯밤의 짙은 안개도 거의 사라져 배가 다시 움직였다. 구름 탓에 좀처럼 모습을 드러내지 않는다는 한라산의 파노라마를 볼 수 있었기에 좋은 첫인상을 가지고 오전 11시 제주도에 도착. 실제로 이후 제주를 떠나는 날까지 한라산의 전경을 볼 수 있었던 것은 손꼽을 정도였다. 상륙 후 여관에 짐을 풀고 후루카와(古川) 도사島司, 하가(芳賀) 농학교장, 타나카(田中) 삼림관리서장을 방문. 다나카 서장은 공교롭게도 출장 중. 하가 교장에게는 마지막까지 여러모로 신세를 많이 져서 감사의 마음을 이루 다 표현할 수가 없다. 오후에는 제주도에 귀향 중인 중학생 강문숙 군의 안내로 근처에 있는 삼성혈을 비롯한 명소구적名所舊蹟을 견학하면서 채집을 했다. 진작부터 궁금했던 제주도산 흰뱀눈나비, 남방부전나비를 풍부하게 채집하여 한반도내륙산과 서로 일치한다는 것을 확인할 수 있어 기분이 좋았다.(돌아와 천천히 조사해 봐도 다른 점은 없었다.)

7월 22일(수) 비, 바람, 흐림. 근처에 있는 사라봉, 별도봉에서 형식적으로 채집.

7월 23일(목) 맑음. 제주농학교 졸업생으로 이후에도 며칠 동안 우리들과 동행한 김영식군의 안내로 열안지오름(578m)[현 제주시 오라동 위치]으로 채집을 나감. 그 오름 아래 계곡에서 왕오색나비 암컷 한 마리를 잡아 매우 기뻤던 일, 정상에서 팬티 한 장 차림으로 채집하면서 상쾌했던 일 등이 인상 깊음. 밤에는 하가 교장의 배려로 인부 김용원이 오고 내일부터 시작되는 프로그램을 상담.

7월 24일(금) 맑음. 이른 아침 인부에게 내일 일을 부탁하고 4명이 함께 출발함. 산의양오름(575m)[현 제주시 영평동 위치]에서는 어제와 마찬가지로 팬티 한 장 차림으로 실컷 채집함. 관음사에서 묵음.

7월 25일(토) 비. 오늘은 한라산 정상에 오를 예정이었으나 아침부터 내린 비로 포기해야 했다. 아래 해안지대는 맑았는지 어제 약속한 인부 2명이 식량 등을 지고 관음사까지 찾아왔다. 하지만 관음사 부근에는 비가 계속 내려 모두 하루 종일 갇혀 있었다.

7월 26일(일) 흐림, 비. 아침에 일어나 보니 맑은 하늘은 아니었지만 그나마 비가 내리지 않아 다행이다. 올해는 수십 년 만에 비가 많이 오는 해다. 그러니 분에 넘치는 애기는 할 수 없다. 외출하기로 했다. 먼저 인부들을 출발시키고, 우리들 다섯 명(경성의 중학생 한 명 추가)은 채집하면서 천천히 나아갔다. 그쳤다가 내리기를 반복하는 빗속에서 두 차례나 길을 잃어 정말로 고생했다. 이전에 수차례 오른 적이 있다는 김 군을 믿었건만 구름으로 앞이 보이지 않아 그도 어쩔 수가 없는 모양이다. 우 군과 주일이 그리고 나 이렇게 셋은 몇 해 전에 백두산도 함께 올랐던 멤버인데, 우 군은 어제부터 몸이 아파 쇠약해진 탓인지 백두산의 무두봉無頭峰 사건(*Zephyrus*, vol. 5, 264쪽)을 연상하는 듯

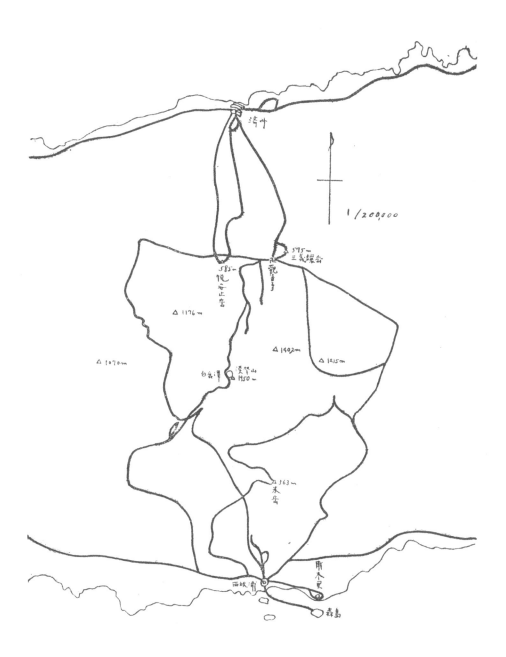

〈그림 3〉 저자의 노정(2)

하다. 그때와 상황이 비슷하다며 비명에 가까운 소리를 낸다. 우 군의 몸이 많이 쇠약해진 모양이다. 그때와 지금은 다르다. 무두봉에서 마을까지 가려면 3일 걸리지만, 제주도에서는 만일의 경우엔 그날 밤에라도 내려올 수 있는 곳이 아닌가? 하지만 두 번이나 길을 잘못 들어 세 번째 길에 들어설 때는 무척이나 망설였다. 게다가 곧 어두워질 것이었다. 그렇지만 모처럼 나선 외출이라 그런지 이제 와서 내려가고 싶지는 않았다. 네 명의 동의를 얻어 다시 걷기 시작했다. 해는 떨어지기 시작했지만 구름이 흩어지면서 앞이 조금 보이기 시작했다. 제대로 들어선 듯했다. 그러나 산막에 도달하려면 통과해야 하는 조릿대지대 부근에서는 강풍에 금방이라도 쓸려 버릴 것 같은 약간의 위험마저 느꼈기 때문에 모두가 손을 잡고 정상을 넘었다. 날은 이미 지물었다. 틀림없이 산막으로 가는 길이라고 여겨 걷고 있는데 산막은 여전히 보이지 않는다. 걷기가 힘들다. 그렇게 시간이 얼마나 지났을까. 선두에 있던 우 군이 외쳤다. "산막이다."

산막에는 인부 김 씨가 다른 한 사람은 돌려보내고 혼자서 밥을 지어 놓고 기다리고 있는 것이 아닌가? 아귀가 있다면 바로 우리가 그 모습이었을 것이다. 우리는 모두 아귀처럼 밥 먹기 운동에 전념했다. 통조림 뚜껑을 딸 생각은 하지도 못했다. 단무지만 먹었다. 그래도 꿀맛이었다. 한평생 이렇게 맛있는 식사는 흔치 않을 것이다. 식후에는 총동원하여 땔나무를 가득 모았다. 불을 지펴 젖은 옷을 말리고 채집표본도 정리하면서 6명이 난로를 에워싼 채 아세틸렌등 불빛 속에서 함석지붕을 두드리는 빗소리를 들으면서 앉았다가 누웠다가 얘기를 나누다가 졸기도 하면서 밤을 지새웠다. 이곳이 바로 조선 남단 제주도 한라산 꼭대기의 산막이었다.

7월 27일(월) 흐림, 비, 흐림. 날씨가 나빠 오늘은 모두 산막에 더부살이하는 것 외에 달리 방법이 없다. 오후 한때 비가 그친 틈을 이용하여 의무적으로 채집을 시도했다. 세상에! 예전에 내가 명명하여 발표한 니시(ニシ)가락지장사(사실은 가락지장사의 원형으로 이에 관해서는 얼마 후 『동물학잡지』에 졸저가 게재됨)와 산부전나비가 있는 게 아닌가? 곧바로

씩씩한 우 군을 불러 이것을 20마리 정도라도 잡아야 하지 않는가 하고 외쳤다. 비가 내렸다가 그쳤다가 오락가락할 때라 오히려 잡기 쉬워 약 2시간 만에 상당한 수의 나비를 채집했다. 특히 가락지장사는 수백 개체에 이르러 '나비부자'가 된 기분이었다. 저녁이 되면서 서너 명의 새로운 침입자가 생겼다. 우리들만의 밤은 어제로 끝났다.

7월 28일(화) 비, 맑음. 아침에 일어났더니 또 비가 내린다. 오전 9시경에 겨우 비가 그쳤다. 식량도 다 떨어져 어쩔 수 없이 산막을 나와야 했다. 우리 4명은 어차피 가야 한다면 정상을 넘어 남쪽으로 내려가기로 하고 김 군 일행과 헤어져 정상을 향해 오르기 시작했다. 부근이 가락지장사나비와 산부전나비의 다산지여서 미련을 남기지 않을 작정으로 천천히 채집하면서 걷기를 약 1시간. 그 사이 날씨는 확 바뀌어 정상에 올랐을 때는 더할 나위 없이 화창했다. 우리들 넷은 체념하고 하산했던 김 군 일행이 매우 후회할 것이라고 수군거렸다.(나중에 제주에 돌아왔을 때 김 군은 실제로 그랬다고 했다.) 지금 오르는 곳은 정상 외륜산의 북측으로 그 남측에는 화구호 백록담이 눈 아래 아름답게 펼쳐졌다. 이 조선남단의 백록담은 북단 백두산의 천지처럼 웅대하지는 않지만 아담하고 깔끔한 모습이 눈을 떼기 어렵게 만든다. 백록담에 내려가 수생동물을 잠시 채집. 이번에는 남측의 외륜산을 올라가야만 했다. 산을 오른 지 얼마 지나지 않아 모양이 다른 나비 한 마리가 수상하게 날고 있는 것이 느껴졌다. 열심히 따라가 잡아보니 그때까지 우려하고 있던 산굴뚝나비였다. 이 나비는 몇 년 전 원병기 군이 채집한 것으로 나는 *Satyrus alcyone zezutonis* Seok(가고시마고농 25주년 기념 논문집 전편 p.710~711, 1934)으로, 일본명은 도이(土居寬暢) 씨가 명명한 것이었다. 산굴뚝나비를 잡고 싶은 마음에 부근을 샅샅이 뒤지길 30분. 그러나 더 이상 보이지 않아 조금 실망한 채 정상을 향해 발을 옮겼다. 그런데 정상에 오르고 보니 산굴뚝나비 같은 것이 많이 날아다니는 것이 아닌가? 잡아보니 틀림없는 그 녀석이었다. 어제 진귀한 나비 2종을 잡을 때처럼 부지런히 쫓아다녀 여러 마리를 잡았다. 충분히 잡았다는 생각이 들어 다시 걷기 시작했다. 오백나한의 명승지를 통과하여 그 근처에 있는 표고버섯 산막까지 내려갈 계획이었다. 우 군이 도시처녀나비 한 마리를 채집한 것을 보니 기뻤다. 안내인 겸 인부인 김 씨를 따라 꽤나 돌았는데도 오백나한이 나타나질 않았다. 날도 어두워지기 시작해 카바시마(樺島) 씨의 표고버섯 산막을 찾아 내려갔다. 제주도의 채집여행에서는 이와 같은 표고버섯재배 산막을 의지해 걷는 것이 좋다. 그러나 산막의 위치는 5만분의 1 지도에 표시된 것과는 달리 훨씬 높은 곳에 위치해 있다. 왜냐하면 산 밑에서부터 표고버섯 재배용으로 사용되는 서어나무를 자르며 점점 높은 곳으로 올라오기 때문이다. 오늘 밤은 산막이라고 하기에는 너무나도 멋있는 방에서 재워 줘 고마웠다. 이것저것 성가신 일도 있었지만, 사람들 모두가 친절하게 대해 줘 불편함은 그다지 느끼지 못했다. 또한 다른 곳에서 만난 사람들도 대부분 친절해서 정말로 제주도는 따뜻한 섬이라는 생각이 들었다.

7월 29일(수) 흐림, 비. 아침식사 후 일행은 다시 오백나한을 찾아 나섰다. 반 리 정도밖에 가지 못했는데 서투른 안내와 내리는 비로 아무런 수확도 없이 다시 카바시마 씨 댁으로 돌아와 종일 내리는 비만 바라보고 있어야 했다.

7월 30일(목) 비, 맑음. 오백나한으로 가는 길은 상당히 난코스인가 보다. 아침에 비만 내리지 않으면 카바시마 씨 댁 인부에게 안내를 받기로 어젯밤 그와 의논을 해 두었는데 아침에 눈을 떠 보니 여전히 비는 그치지 않고 있다. 그에 따르면 이 비는 산중턱 위쪽에만 내리고 있는데 하루 이틀 사이에 그칠 기미는 보이지 않는다는 것이다. 우리는 오백나한을 통과하여 서쪽으로 산중턱을 일주하는 코스는 뒤로 미루고, 일단 하산하기로 하고 가랑비가 내리는 가운데 출발했다. 그의 말처럼 산록부터는 맑은 하늘이었다. 저녁 무렵 서귀포에 도착할 때까지는 도중에 약간 채집도 했고 고생도 했다. 은줄표범나비의 다수를 채집한 일, 청띠제비나비 한 마리가 하늘 높이 날아가고 있는 것을 보고 조금 무모한 추적을 했던 일, 서투른 안내로 인해 벼랑 아래로 떨어졌던 일, 다행히 다치지는 않았지만, 약품이 약간 파손됐던 일 등이 기억에 남아있다. 밤에 그곳 농업실수(實修)학교 교원 모리야마(森山實治) 씨를 방문하여 다음 날부터 이어지는 프로그램을 상담.

7월 31일(금) 맑음. 아침에 먼저 모리야마 씨의 안내를 받으며 아직 채집하지 못한 청띠제비나비의 군락지라고 불리는 거지덩굴과 환삼덩굴 군락지에 갔다. 그곳에서 세 사람이 한 시간 정도에 15~16마리나 되는 청띠제비나비를 채집했다. 그만큼 잡아버렸으니 군락지의 나비의 수가 줄어서인지 나비들도 더 이상 모습을 보이지 않았다. 그것으로 그날의 나비채집을 끝냈다. 그 후에도 가끔 군락지를 찾아가 보았지만 그다지 채집하지는 못했다. 군락지를 나와 건너편에 있는 섶섬에 가기 위해 모리야마 씨의 안내를 받으며 보목리에 갔다. 그러나 조석간만의 관계로 도저히 건널 수 없다고 하여 단념하고 서귀포로 돌아가기로 했다. 점심도 먹고 해안 부근에서 채집도 하면서 돌아왔다. 해안의 순비기나무군락에서 제주도꼬마팔랑나비를 많이 채집했다. 또 걷는 도중에 앞에서 말한 신아종 제주도부전나비도 채집했다. 이 나비를 채집했을 당시에는 한반도 내륙산부전나비와 같은 것으로 생각하여, 채집종이 한 종류 늘었다는 것만을 기뻐했다. 그런데 그것이 이번 여행 중에 얻은 유일한 새로운 사실이라고 생각하니 새삼스레 유쾌해진다.

8월 1일(토) 비. 종일 여관에 틀어박혀 있었다.

8월 2일(일) 비, 흐림, 비. 궂은 날씨가 이어져 어쩔 수 없이 인부 김 씨를 돌려보내고 짐 일부는 여관에 맡긴 채 서쪽으로 출발하기로 했다. 버스로 덕수리까지 와 산방산에서 채집을 시도해 보았다. 언뜻 보기에 산방산이 그리 높지 않은 탓에 처음부터 너무 쉽게 생각해서 순서대로 길을 찾지 않았기에 정상까지 가는 데 무척 애를 먹었다. 비가 올 것 같아 하산하는 도중에 거의 우 군 혼자서 5~6마리의 청띠제비나비를 채집했다. 하산하자마자 바로 비가 쏟아져 채집품만 젖지 않도록 챙겨 세 사람은 마라톤. 모슬포까지 가려면 2리 성노 더 가야 하고 도중에 사계리도 있지만, 어차피 젖은 바에 좀 더 큰 마을에 가자고 하여 모슬포행을 서둘렀다.

8월 3일(월) 비, 흐림. 어제 모슬포에 도착하여 주재소장인 스기야마(杉山幸一) 씨와 상담했다. 계획했던 마라도행은 바람으로 보류되어 그 근처를 산책했다. 주위에 채집할 만한 장소는 전무했다. 채집하기에 산방산만큼 적당한 장소는 없는 것 같다.

8월 4일(화) 흐림, 폭풍. 주재소에는 아침부터 폭풍경계 표시가 걸려 있다. 물어볼 필요도 없이 마라도행은 단념하고 스기야마(杉山) 씨에게 인사하고 한림으로 향하는 버스를 탔다. 한림도 별다른 것이 없는 곳이어서 다음 버스를 타고 세주읍으로 향함.

8월 5일(수) 비, 흐림. 비로 인해 다시 움직일 수 없었음.

8월 6일(목) 흐림, 맑음. 아침에 먼저 다나카(田中勇) 씨를 방문하고 산중턱 일주 코스를 상담하여 지도 작성. 오늘부터는 좋은 날씨가 예상되어 아침부터 기뻐하고 있을 때였다. 일행 중 한 명인 주일이가 아픈 것 같아 휴양을 위해 이곳 도립의원에 입원시켰다. 남은 우리 두 명은 인부 김 씨와 함께 서둘러 차를 타고 관음사로 떠났다. 지난번 등산 때 길을 헤매다 들어간 곳에서 넉넉하게 채집했다.

8월 7일(금) 맑음. 오늘은 새로운 임도에서 채집했다. 나비 종류는 물론 개체 수도 풍부하였고 채집하기도 쉬운 장소였다. 채집한 여러 종류의 나비 중에서도 나를 가장 기쁘게 한 것은 푸른큰수리팔랑나비였다. 이 나비는 상당히 채집하기 어려운 나비인데, 오늘 열 마리나 잡았다. 세계적인 기록이었다. 너무 통쾌했다. 오후 2시쯤, 세월(洗越: 하천을 건너기 위해 놓았던 작은 다리) 12호를 건너다가 옆을 보니 하천 바닥에 검은색의 커다란 무엇인가가 덩어리를 이루고 있는 것이 아닌가! 자세히 보니 나비 무리였다. 동작이 민첩한 우 군은 벌써 나비 무리 곁으로 건너가 포충망을 휘두르고 있었다. 카메라를 휴대하지 않은 게 유감이었다. 어쩔 수가 없다. 조심해서 망을 휘둘렀다. 이때만큼은 훨씬 큰 망이었으면 좋겠다는 생각을 한다. 그건 그렇고 우 군의 망 속에는 과연 몇 마리나 들어있을까? 망을 휘두르는 사이에 도망간 것 4~5마리, 망 속의 나비를 꺼내는 사이에 날아간 것 2마리를 제외해도 제비나비 수컷 19, 긴꼬리제비나비 수컷 16마리로 합계 35마리가 우 군의 한 포충망 속에 들어있었다. 이만큼의 대형 나비를 그것도 한 망에 35마리씩이나 잡은 일은 전무후무할 것이다. 이 점에서 우 군은 단연 세계최고기록 보유자인 셈이다. 몇 년 전 내가 백두산에서 한 망에 지옥나비류 54마리를 한 번에 잡은 일이 있었는데(*Zephyrus*, vol. 5, 266쪽), 숫자에서는 앞선다고 해도 상관적으로 생각하면 우 군의 제비나비[Papilio]가 단연 수상감이다. 이 기념비적인 장소를 떠나기 전에 이유를 밝히려 나비떼가 있던 장소를 조사해 봤으나 별다른 점은 없었고 유일하게 암모니아 냄새가 날 뿐으로, 그 냄새의 주인공은 근처에 방목 중인 소와 말임이 분명하다. 이것으로 나도 시라키(素木)식 소변채취법(*Zephyrus*, vol. 6, 386쪽)의 진미를 알게 되었다. 천천히 채집하면서 내려오다가 5시쯤에는 적당한 표고버섯재배 산막에서 묵을 계획이었다. 그러나 우리의 길 안내자인 그 김 씨가 지난번처럼 어처구니없는 길로 데려가 버려 길을 헤매기 시작했다. 그 바람에 저녁도 먹지 못하고 날도 저물어 결국에는 야간채집용 아세틸렌등 불빛에 의지하면서 걷기를 계속하다가 밤 10시 반에야 겨우 서귀포 근처 산림회 사택에 도착했다. 주임 무라이 마사루 씨 부부에게 신세를 졌다.

8월 8일(토) 흐림. 칡오름에서 채집. 결과물 제로. 서귀포로 내려옴.

8월 9일(일) 흐림, 맑음. 오늘부터 드디어 산중턱 일주에 나서기로 하였다. 그러나 얼마 가지도 못했는데 우리의 안내자 그 김 씨가 또 길을 잘못 들어선 것 같았다. 게다가 우 군마저 발병했기 때문에 계획을 중지하고 서귀포로 다시 돌아와 차후 방안을 강구했다. 김 씨는 길 안내 겸 인부로 선발되어 비교적 많은 임금을 받는다. 그럼에도 불구하고 최근 경험에서 그가 우리의 길 안내자로서는 적합하지 않다는 결론을 내리고 추후의 불안도 크고 해서 그를 해직시켰다. 우 군은 지난 4월 말부터 여행을 시작해서 그런지 장기간 여행으로 몸이 약해진 모양이다. 휴양이 필요할 것 같아 우 군은 여관에 남기로 했다.

8월 10일(월) 구름, 맑음, 바람. 우 군의 상태도 나쁘지는 않은 듯하다. 나는 혼자서 무료함을 달래던 중, 우리들이 예전에 가려다가 실패했던 마라도행이 떠올라 혼자서라도 가 보기로 하고 바로 버스를 탔다. 버스 안에서 우연히 나처럼 채집을 하려 섬을 찾은 경성여자사범학교 구리하라(栗原) 씨를 만나 모슬포까지 동행. 곧바로 해안으로 갔더니 마침 가파도행 작은 배가 있어, 먼저 가파도부터 가기로 했다. 가파도는 마라도로 가는 중간에 위치한 섬으로 부근에는 물결이 세서 섬에 가는 배편을 구하기가 힘들다. 지난번 마라도행을 계획할 수 있었던 것도 상당히 큰 발동선을 구할 수 있었기 때문이었다. 별도의 배편이라고 하는 것은 한 달에 몇 번 마라도 등대에 식량을 공급하는 운반선 정도라고 한다. 마라도에는 인가가 약 30호, 가파도는 섬이 좀 커서인지 인가가 170여 호. 인가가 많은 덕택에 마라도보다 교통이 좀 편리하다고 하나, 그 교통이라는 것도 가파도 주민들이 왕래에 이용하는 작은 범선을 말한다. 나도 이 작은 범선을 타고 모슬포-가파도를 왕래한 경험이 있다. 그 경험에서 말해둔다. 웬만한 사람이 아니고서는 그 작은 범선을 탈 수 없다고.

각설, 구리하라 씨와 헤어져 나는 작은 범선에 몸을 의탁하여 가파도에 건너갔는데 파도가 얼마나 센지는 두말할 나위가 없다. 비명을 질러댔다. 가파도에 상륙하고서도 바로 걸을 수가 없어 부두에 잠시 누워 쉰 후 기운을 차리고 구장인 허치현 씨를 방문. 그리고 가파도에서 유일한 학원 신유의숙(辛酉義塾) 교원 문시욱 씨를 방문했고, 숙박할 곳이 없는 곳이라 문 선생님 댁에 신세를 지기로 했다.

8월 11일(화) 맑음, 바람. 날씨는 맑았지만 바람이 세어 마라도행 배가 뜨지 않았다. 섬 전체를 뒤져 인가 근처에서 배추흰나비 4마리와 바람이 불지 않는 북측 해안 근처에서 남방부전나비와 먹부전나비를 많이 채집했다. 특히 먹부전나비가 많다는 것이 흥미로웠다. 제주 본섬에서도 별로 채집하지 못했고, 다음 날 송악산 부근에서는 먹부전나비를 구경조차 못 했다. 이유가 무엇인지 모르겠다. 나비로서는 그들 3종을 채집한 것이지만 그 3종의 나비는 가파도의 전체 나비상을 대표하는 것이리라. 원래 가파도는 작은 언덕조차 없는 전체가 평면인 작은 섬으로 처음으로 개척된 것은 지금으로부터 약 80년 전이라고 한다. 그 후 개간되어 지금은 섬 전체가 농지로 변해 나무는 한 그루도 없고 잡초도 거의 없다고 할 정도이며, 바람이 세기 때문에 앞에서 언급

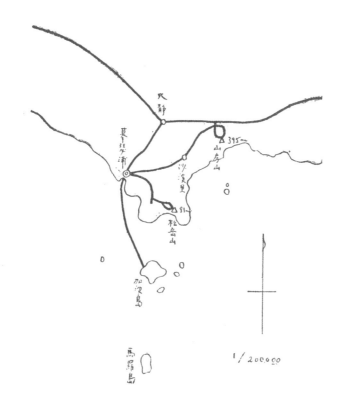

〈그림 4〉 저자의 노정(3)

한 3종의 나비도 그 운명이 길지 않을 것으로 볼 수 있다. 내가 채집한 이 3종 나비는 나중에는 기념물이 될지도 모른다. 이 때문에 더욱 남쪽 섬 마라도에 가고 싶은 마음이 간절해졌다. 하지만 불고 있는 바람은 마라도는커녕 본섬으로 돌아가는 것마저 허락하지 않는다. 뱃삯을 아무리 많이 준다고 해도 배는 나갈 수가 없고, 하는 수 없이 가파도에서 하루 더 머물러야 했다.

8월 12일(수) 맑음, 바람. 이른 아침 아직 자고 있던 나를 흔들어 깨우는 자가 있다. 잔잔해져서 출항이 가능해지면 잊지 말고 본섬으로 가는 배를 태워달라고 어제 뱃사람에게 부탁해 놓았더니 그는 지금이야말로 좋은 기회라면서 지금 이 기회를 놓치면 오늘 중에 다시 돌아갈 수 없을 거라며 나를 깨웠던 것이었다. 허둥지둥 짐을 꾸리고 해안가로 나갔을 때는 이미 10명 정도의 사람을 태운 작은 배가 나를 기다리고 있었다. 아직 날이 채 밝지 않아 어두침침한 가운데 뱃사람들에 떠밀려 파도가 센 바다로 나가는 것은 실로 불유쾌한 것이다. 마치 지옥으로 떠밀리는 기분이다. 이미 열 명이나 타고 있다. 목숨이 아깝지 않은 사람이 어디 있으랴마는 나도 배에 올랐고 바로 드러누웠다. 친절한 문 씨 부부의 배웅을 받고 중간에 다소 난관은 있었지만, 무사히 모슬포로 돌아올 수 있었다. 마라도에 가려고 두 번이나 모슬포에 갔으나 가파도까지밖에 갈 수 없었던 것은 안타깝지만 어찌 보면 다행이기도 했다. 서귀포에서는 이미 우 군이 건강을 회복해 있었고 영림서장 안자이(安西) 씨를 방문하여 상담. 아리키(有木正雄) 씨에게 안내를 받아 그 후 산중턱 일주 코스에는 별 문제가 없었다. 안자이 씨에게는 전후 수차례에 걸쳐 여러모로 신세를 많이 져서 어떻게 다 감사의 말을 전해야 할지 모르겠다.

8월 13일(목) 흐림, 비. 짐 일부를 우편으로 부치고 일부는 여관에 맡겼기 때문에 아리키씨 배낭은 비교적 가벼워져 편하게 되었다. 우 군, 아리키, 나 세 사람은 서귀포를 나와 서홍리, 생물골生水洞 왕벚나무 원산지 등을 지나 강응정 씨 표고버섯 산막에 도착했다. 비를 맞으며 채집하는 가운데 잎사귀 뒤쪽에 앉아 있는 푸른큰수리팔랑나비를 잡을 수 있어 기분이 좋았던 기억이 아직도 남아 있다. 젖은 옷을 말려 주는 등의 도움을 주신 강응정康應政, 강군평姜君平 씨의 호의 또한 잊을 수가 없다.

8월 14일(금) 흐림, 비. 오백나한 아래를 지나 김남천 씨 표고버섯 산막까지 가는 코스였으나 흐린 날씨로 방향을 완전히 잃어 오백나한이 나오지 않는다. 다소 어려움을 느껴 오백나한은 단념하고 김남천 씨 댁을 겨우 찾아서 도착할 수 있었다. 비 오는 날 인가가 없는 곳을 걸어 목적지를 찾아가는 것은 결코 쉬운 일이 아니다.

8월 15일(토) 비, 맑음, 비. 비가 내려 움직이지 못하고 있다가 오후 한때 갠 틈을 이용, 잠시 채집을 나가보았다.

8월 16일(일) 비. 우 군은 등에 종기가 생겨 병원에 가야만 했다. 채집여행도 이제 며칠 남지 않았기 때문에 비가 그치기를 기다릴 수만도 없다. 빗속 행군이다. 마침 김남천 씨도 제주읍에 갈 일이 있어 4명이 함께 움직이게 되었다. 도중에 내(하천)를 만나 고생하기를 수차례, 특히 한 번은 도저히 건너지 못할 것 같은 상황이었다. 조금 완만한 하류를 찾아 길을 많이 돌아서 건너보려고 했으나 이 또한 너무 깊고 급류였다. 할 수 없이 네 명이 서로 어깨동무하여 가슴 위까지 오는 내를 건넜다. 귀중품은 배낭에 들어있었기 때문에 큰 피해는 없었지만 채집용구 및 입은 옷은 비참함 그 자체였다. 이것은 채집여행에서는 결코 있을 수 없는 탐험여행 체험이었다. 잠시 걸어내려와 김 씨와 우 군은 제주읍으로, 나와 아리키 씨는 관음사로 각각 헤어졌다. 오늘까지 하면 관음사에 오는 것은 벌써 세 번째다.

8월 17일(월) 구름, 맑음. 아침 하늘은 흐리지만 차차 날씨가 맑아질 것 같다. 처음에 세 명이 입도하였으나 지금까지 채집을 계속하고 있는 사람은 나뿐이다. 게다가 더 이상 시간이 없다. 나소 늦긴 했으나 최소한 남은 코스를 걷는 것만으로도 만족한다. 그런데 역시 애쓴 보람이 있었다. 관음사를 나와서 바로 옛길로 들어섰는데 그곳에서 첫 애물결나비 1마리를 채집할 수 있었다. 성판악 서쪽에 올라와서는 밑에 펼쳐진 천연의 정원을 보면서 잠시 쉬었다. 내가 휴식을 취하고 있는 사이에 아리키 씨가 제주왕나비 1마리를 채집하였다. 무척 기뻤다. 왜냐하면 제주도에서는 희귀개체도 아닌 제주왕나비를 한 마리도 잡지 못해 비관하고 있었기 때문이다. 그리고 어젯밤에는 그에게 제주왕나비의 형태와 생태를 설명해 주면서 길을 걸을 때 잘 살펴보라고 부탁까지 해 두었었다. 이번 여행의 유일 개체인 제주왕나비를 아리키 씨가 잡다니. 재미있다. 아리키 씨가 운이 좋은 것 같아 그 운을 기대하면서 그에게 포충망을 권했다. 강문옥 씨 표고버섯 산막에 도착한 것은 오후 4시경이었을 것이다. 오늘은 채집품도 많았고 날씨도 좋았다. 숙소에 도착한 것도 이른 시각으로 오랜만에 기분 좋은 날이다. 마침 강 씨와 공동경영자의 아들로 경성배재고보 5학년 학생인 고택구 군이 있었는데, 친절하게 대해 줘서 매우 기뻤다.

8월 18일(화) 맑음. 고 군 집에서 횡단도로, 즉 새로운 임도로 나갔다. 어젯밤에는 아리키 씨에게 먹그림나비와 물결부전나비를 설명해 주었다. 제주왕나비를 잡은 행운이 따르기를 기대하면서. 이 임도는 어제처럼 무언가 수확도 있을 것 같은 장소였다. 그리 걷지도 않았는데 길 옆 교목 가지 끝에 먹그림나비 한 마리가 앉아 있는 것이 보였다. 돌멩이를 던지는 것은 위험하므로 그 나무 아래에 서서 상황을 보고 있었다. 그때 나보다 열 걸음 정도 앞에 서 있던 아리키 씨가 자기 옆에 쓰러져 있는 나뭇가지에 먹그림나비가 앉아 있다고 알려왔다. 아리키 씨와 서로 위치를 바꿔 가 봤더니 정말로 수액을 빨고 있는 먹그림나비 한 마리가 수 마리의 청띠신선나비 등과 섞여 있는 게 아닌가? 조심해서 망을 휘두른 후 지면에 엎드려 확인해 보니 망 속에는 세 마리의 나비가 파닥거리고 있다. 첫 번째 개체는 청띠신선나비, 두 번째도 마찬가지로 청띠신선나비, 걱정스럽게 세 번째를 봤더니 그놈이 바로 나의 목표물, 먹그림나비였다. 기대하던 것이 이루어져서 참 기뻤다. 그새 앞서 말한 교목의 먹그림나비는 날아가 버렸지만 기다리고 있으면 다시 잡을 가능성도 있어 좀 더 힘을 내기로 했다. 청띠신선나비의 수가 너무 줄어들면 먹그림나비가 날아오지 않을 것 같아 청띠신선나비 채집을 중지했다. 부근에서 두 시간 정도 기다렸지만, 먹그림나비는 모습을 드러내지 않았다. 할 수 없이 단념하고 걷기 시작했다. 노상의 말똥 위에 한 종 또는 여러 종의 호랑나비, 제비나비, 긴꼬리제비나비 그리고 남방제비나비가 3~4마리 혹은 5~6마리씩 무리를 지어 앉아 있었다. 한차례 휘두른 포충망에 호랑나비, 제비나비, 긴꼬리제비나비 각각 수컷 2, 남방제비나비 암컷 1, 총 7마리가 들어있기도 했다. 내가 그것들을 포장하고 있는 사이에 아리키 씨는 처음 먹그림나비를 잡았던 곳을 살펴보러 길을 되돌아갔다. 실제로 우리가 걸어온 거리는 얼마 되지 않아 그 정도 돌아간다 해도 그다지 어려운 건 아니었다. 거기에 가서 살펴보던 아리키 씨가 먹그림나비가 두 마리 있다는 신호를 보내는 게 아닌가? 내가 그렇게나 잡고 싶었지만 내 손으로 직접 잡지 못한 먹그림나비, 바로 뛰어갔다. 가 보니 수십 마리 무리 속에 먹그림나비 두 마리가 양쪽 끝에 한 마리씩 앉아 있었다. 그런데 두 마리긴 했지만 서로 떨어져 있어 한 망에 두 마리를 잡는 것이 불가능해 보였다. 그렇지만 심기일전하고서 수액을 빠는 데 정신이 팔린 그들에게 망을 가져갔다. 채를 휘둘러 땅에 갖다 댄 후 엎드려서 보니 망 속에 세 마리가 들어있다. 틀림없이 먹그림나비가 한 마리는 들어있을 거라 생각하면서 살펴봤더니 첫 번째가 먹그림나비, 두 번째는 청띠신선나비, 세 번째가 또 먹그림나비였다. 먹그림나비가 두 마리나 들어있다. 정말 엄청나게 기뻤다. 물론 이것은 기뻐할 만한 일이기도 했다. 먹그림나비는 더 이상 오지 않을 것이다. 그런데 다시 걷기 시작한 지 얼마 안 되어 먹그림나비가 또 한 마리 앉아 있는 것이 보였다. 곧바로 휘둘렀는데 놓쳤고 다시 그 위에 있는 큰 나뭇가지 끝에 앉았다. 아래서 아무리 기다려도 내려오지 않아 넉살 좋게 다시 먼저 잡았던 장소에 가 보았다. 이번에는 청띠신선나비조차 한 마리도 보이지 않았다. 다시 걷기 시작해 방금 놓친 그 자리에 도착했더니 바로 그 먹그림나비가 내려와 앉아 있는 게 아닌가? 이번에 다시 놓치면 매우 부끄러운 일이라고 생각하면서 신중하게 채를 휘둘러 무사히 네 마리째의 먹그림나비를 잡을 수 있었다. 어제까지는 한 마리도 잡지 못했던 먹그림나비를 오늘 하루에 그것도 4마리씩이나 잡을 수 있을 거라고는 생각하지 못했는데, 통쾌하기 그지없다. 그리고 그 후 도요시마(豊島), 고노(河野), 한두만, 고지마(小島) 씨 등의 모든 표고버섯 재배장을 지나 저녁 6시 반 부명선 씨 표고버섯 산막에 도착하기까지는 별다른 수확이 없었다.

8월 19일(수) 맑음. 부명선 씨 댁에서 극진한 대접을 받았다. 그곳을 나와 미악산(563m)에 올라 채집을 하였다. 정상에는 제비나비, 산제비나비 등이 떼를 지어 날아다니고 있었다. 많은 여러 종을 채집했지만, 그중에서도 가장 큰 것을 미악산 정상에서 잡을 수 있었다. 그것은 암붉은오색나비 수컷 한 마리로, 뒷날개가 많이 찢어진 탓인지 아니면 내가 열의를 다해 잡아서인지 채집은 그리 어렵지 않았다. 무엇보다 이 나비가 조선 기록에 없던 것이어서 더욱 기뻤다. 청띠제비나비도 채집했지만, 그것을 잡기 위해 흰 셔츠를 벗고 반나체가 되기도 했다. 이 종 역시 흰색을 경계하는 모양이다. 각수암, 서호리를 거쳐 서귀포에 도착한 게 밤 9시쯤이다. 늦은 시간임에도 불구하고 안자이 씨와 내일 아침 일정인 섶섬행을 의논했다.

8월 20일(목) 맑음. 안자이 씨의 도움으로 발동선을 한 척 빌려, 안자이 씨의 친구 오가타(緒方) 씨 그리고 아리키 씨와 나 이렇게 셋이 동행. 섶섬에서 채집한 종류는 제비나비, 청띠제비나비 여름형, 푸른부전나비, 남방부전나비 등 2과 4종이다. 지세도 험준하고 나비는 특이성도 없어 채집지로서는 좋지 않다. 오후 2시경 서귀포로 돌아왔다. 4번이나 온지라 정이 든 서귀포, 그리고 일주일이나 조수로 일해 준 아리키 씨와도 헤어져 나는 혼자서 오후 3시발 버스로 성산포로 향했다. 성산포에서 1박.

8월 21일(금) 맑음. 아침에 성산포를 둘러보며 채집도 하였다. 버스로 성산포를 출발하여 제주읍으로 향했다. 제주읍에 와 보니 주일이는 이미 귀향했고 우 군은 건강을

〈그림 5〉 암붉은오색나비

회복하여 내가 돌아오기를 기다리고 있었다. 내일 아침에 출발하는지라 여기저기 인사하러 돌아다녔다.

8월 22일(토) 흐림. 아침 9시 출발, 타이세이마루를 타고 제주도를 떠났다. 오늘로 우리들은 제주도여행과 작별을 고했다. 33일간 제주도에서 채집활동을 하면서 얻은 점(채집에 능률을 올릴 수 있는 점)을 다음 3가지로 요약해 본다.

    1. 제주읍에서 출발하여 관음사, 산막, 정상, 고지마(小島) 또는 카바시마(樺島) 표고버섯 산막을 지나 서귀포로 내려가고, 다음으로는 서귀포를 출발하여 횡단도로를 걸어 제주읍으로 돌아오는 코스로 채집할 것. 이 코스를 걸으면서 성실하게 채집한다면 제주도 각지를 구석구석 걸어서 채집하는 것보다 효과적일 것이다.

    2. 제주도 해안도로를 일주할 필요는 전혀 없다.

    3. 마라도는 조선 남단이기도 하므로 조사할 필요가 있다고 생각된다.

등이다.

    타이세이마루가 목포에 도착한 것은 오후 5시 반. 배가 상당히 흔들렸던 만큼 상륙하니 기뻤다. 목포부립병원의 가미조上条 씨가 마중을 나와 주었고 또한 오후 7시 40분 목포발 배웅도 해 주었다.

8월 23일(일) 맑음. 오전 9시 44분 우 군과 둘이서 개성에 무사히 도착.

고찰

제주도 주도主島산 채집 나비 총목록은 다음과 같으며, 그에 대한 지리적 고찰도 두세 가지 기록이 있으나, 그것은 훗날 조선 전체에 대한 것을 논해야 할 때 전부를 할애하고 여기서는 다만 아래의 총목록만을 보면서 특별히 고려해야 할 점만을 논하고자 한다.

1. 제주도 고유종은 산굴뚝나비(*Satyrus alcyone zezutonis* Seok)와 제주부전나비(*Lycaena argus zezuensis* Seok)이다.
2. 남방계의 암붉은오색나비, 제주도꼬마팔랑나비 등과 북방계의 가락지장사 등이 나온다는 것은 매우 흥미있는 것으로 특히 그 북방계 두 종이 한라산 정상 부근에만 한정되어 나오는 것은 제주도와 대륙으로 이어진 조선반도와의 깊은 관계를 암시하는 것이라 생각된다.
3. 왕자팔랑나비(제주왕자팔랑나비: *Daimio sinica moorei* Mabille)는 상당히 많이 채집했지만, 이것은 그 외에 서중국 사천성에서 기록되고 있는 만큼 대단히 흥미를 불러일으키는 것이다.
4. 남방제비나비, 청띠제비나비, 암끝검은표범나비, 제주꼬마팔랑나비 등의 남방계가 특히 남쪽에 많은 것을 보면 이미 여러 논자에게도 인정받고 있는 것처럼 남쪽이 북쪽에 비해 기상학상 좀 더 남방형을 띠고 있기 때문일 것이다. 암붉은오색나비도 남쪽에서 잡힌 것이다.

- 1936년 11월 24일 개성에서

제주도산 나비채집
총목록

번호	학명	우리말 이름	채집년월일 vii. 21- viii. 21, 1936	채집지					비고
				북측 평지	북측 사면	정상 부근	남측 사면	남측 평지	
1	*Papilio bianor* Cramer	제비나비	vii.23.24.26.31. viii.2.6.7.13.15-20.	×	×		×	×	
2	*P. demertrius* Cramer	남방제비나비	vii.23.24.31. viii.2.6.8.9.13.18.	×	×		×	×	남측에 훨씬 많음.
*3	*P. maackii* Menertries f. aest.	산제비나비 (여름형)	vii.23.24.26. viii.2.6.9.17.19	×	×		×	×	
4	*P. machaon* Linne	산호랑나비	vii.23.24.30. viii.19.21.	×	×		×		
5	*P. macilentus* Janson f.aest.	긴꼬리제비나비 (여름형)	vii.21.23-27.30. viii.2.6.7.13-19.	×	×	×	×		
6	*P. sarpedon* Linne f. east.	청띠제비나비 (여름형)	vii.31. viii.2.8.				×	×	북측에도 있지만, 남측에 비교적 많음. 거지덩굴이나 환삼덩굴에 모이는 성질이 있음.
7	*P. xuthus* Linne f. east.	호랑나비 (여름형)	vii.21-24.26-28.30. viii.2.3.6-9.12.13.17-19.						
계	Papiliodae	호랑나비科		6	6	2	7	5	
1	*Colias hyale* Linne	노랑나비	vii.22-24.30. viii.2.6.7.12.16.20.	×	×		×	×	

번호	학명	우리말 이름	채집년월일 vii. 21- viii. 21, 1936	채집지					비고
				북측 평지	북측 사면	정상 부근	남측 사면	남측 평지	
2	*Eurema hecabe* Linne f. east.	남방노랑나비 (여름형)	vii.21-23.26.30.31. viii.2.6-9.18.19.	x	x		x	x	
*3	*E. laeta* Boisduval f. east.	극남노랑나비 (여름형)	vii.23-26.30.31. viii.2.8.9.12.13.19.	x	x		x	x	
4	*Pieris napi napi* Linne f. east.	줄흰나비 (여름형)	vii.21.26-30. viii.7.14.16-19.	x	x	x	x		
5	*P. rapae* Linne	배추흰나비	vii.21-23. viii.2.12.20.	x	x		x	x	
계	Pieridae	흰나비과		5	5	1	5	4	
1	*Danais tytia* Gray	제주왕나비	viii.17.			x			남측에도 확실히 있음.
계	Danaidae	제주왕나비과				1			
1	*Aphantopus hyperantus hyperantus* Linne	가락지장사나비	vii.27.28.			x			정상 부근에만 아주 많아 재미있다.
*2	*Coenomympha hero koreuja* Seok	처녀나비	vii.28.				x		1마리뿐
3	*Lethe diana* Butler	먹그늘나비	vii.24.26-28. viii.6.7.13-18.8.		x	x	x		
4	*Melanargia halimede* Menetries	흰뱀눈나비	vii.21-24.26-28. viii.26.13.17.19.	x	x	x	x	x	가는 곳마다 많고 변이도 매우 심함.
*5	*Mycalesis francisca perdiccas* Hewitson	부처사촌나비	viii.13.17-19.		x		x		
*6	*Pararge achine achinoides* Butler	눈많은그늘나비	vii.22-28.30.		x	x	x		

번호	학명	우리말 이름	채집년월일 vii. 21- viii. 21, 1936	채집지					비고
				북측 평지	북측 사면	정상 부근	남측 사면	남측 평지	
7	*Satyrus alcyone zezutonis* Seok	산굴뚝나비	vii.28.			x			현재로서는 제주 고유의 것으로 백록담 남측 정상에 아주 많음.
8	*S. dryas* Scopoli	굴뚝나비	vii.22-24.26.30.31. viii.6-8.13.17.19.21.	x	x		x	x	
*9	*Ypthima baldus* Fabricius	애물결나비	vii.17.				x		1마리 채집했을 뿐으로 매우 희박한 듯
10	*Y. motschulskyi* Bremer et Grey	물결나비	vii.23.24.26.29.30. viii.6.7.13.14.17-19.21.		x		x		
계	Satyridae	뱀눈나비과		2	6	5	8	2	
1	*Argynnis laodice* Pallas	흰줄표범나비	vii.23.24.26.29.30. viii.6.7.15.		x		x		
2	*A. locuples* Butler	은점표범나비	vii.22.23.26-29. vii.6.14-17.	x	x	x	x		변이성이 매우 발달한 만큼 반도산과는 조금 구별되지만, 다른 형으로 구분할 것은 아닌 것처럼 생각됨.
3	*A. nerippe* Felder	왕은점표범나비	vii.23.24.28.30. viii.2.		x		x		우도산과 차이 없음.
4	*A. niphe* Linne	암끝검은 표범나비	vii.24·30. viii.8.9.13.18.19.		x		x	x	북측에는 드물고 남측에는 매우 많음.
5	*A. paphia paphia* Linne	은줄표범나비	vii.26.30. viii.6.7.14.15.17-19.		x		x		비교적 풍부
6	*A. sagana* Doubleday	암검은 표범나비	vii.22. viii.19.	x			x		

번호	학명	우리말 이름	채집년월일 vii. 21- viii. 21, 1936	채집지					비고
				북측 평지	북측 사면	정상 부근	남측 사면	남측 평지	
7	*A. vorax* Butler	긴은점표범나비	vii.22-24.26.28. viii.6.7.17.19.	X	X	X	X		
8	*Dichorragia neshimachus nesiotes* Fuhstorfer	먹그림나비	viii.18.				X		드물다.
9	*Hestina assimilis* Linne	홍점알락나비	vii.24.30.31. viii.2.9.19.		X		X	X	
**10	*Hypolimnas misippus* Linne	암붉은오색나비	viii.19.				X		조선 미기록속 屬으로 솔오름 [米뚝] 정상에서 채집 (그림56)
11	*Limenitis helmanni* Lederer	제일줄나비	vii.6.7.13.17-19.		X		X		
12	*Neptis hylas intermedia* Pryer	애기세줄나비	vii.23.24.26. viii.6.7.17.		X				상당히 많은 개체를 채집했으나 北사면에서만 잡혔다는 것이 이상함.
13	*Polygenia c-aureum* Linne f. aest.	네발나비 (여름형)	vii.21.31. viii.8.13.21.	X				X	
14	*Pyrameis cardui* Linne	작은멋쟁이나비	viii.23.24. viii.7.19.		X		X		
15	*P. indica indica* Herbst	큰멋쟁이나비	vii.23.24.27. vii.7.9.18.19.	X	X	X	X	X	
*16	*Sasakia charonda charonda* Hewitson	왕오색나비	vii.23. viii.6.7.10.		X		X		
17	*Vanessa canace* Linne	청띠신선나비	viii.6.7.14.18.19.		X		X		

번호	학명	우리말 이름	채집년월일 vii. 21- viii. 21, 1936	채집지					비고
				북측 평지	북측 사면	정상 부근	남측 사면	남측 평지	
18	*V. xanthomelas japonica* Stichel	들신선나비	vii.24.26-28. viii.6.7.13-18.8.		x				1마리
계	Nymphalidae	네발나비과	viii.6.	5	14	3	15	4	
1	*Chrysophanus phlaeas chinensis* Felder f.aest.	작은주홍부전나비(여름형)	vii.21.24.26.31. viii.6.7.19.21.	x	x		x	x	
2	*Everes argiades amurensis* Ruhl-heyne	암먹부전나비	vii.21-24.26.30.31. vii.2.6.7.19.	x	x		x	x	
3	*E. fischeri* Eversmann	먹부전나비	vii.2.21.	x			x		드물다.
***4	*Lycaena argus zezuensis* Seok	산꼬마부전나비(제주부전나비)	vii.31.					x	別記 있음.
*5	*L. putealis* Matsumura	산부전나비	vii.27.28.			x			頂上直下의 북 사면에만 있는 곳. 매우 많음.
6	*Lycaenopsis argiolus* Linne	푸른부전나비	vii.23.24.30. viii.2.6.7.15-19.		x		x		
*7	*Niphanda fusca* Bremer et Grey	담흑부전나비	vii.23.24.26.30. viii.6.7.18.19.		x		x		
*8	*Zizera maha argia* Menetries	남방부전나비	vii.21-23.30.31. viii.2.5.8.9.12.19-21.	x	x		x	x	
*9	*Z. M. japonica* Murray	남방부전나비	vii.23-24. viii.2.12.21.	x	x		x	x	전자에 비해 훨씬 적음.
계	Lycaenidae	부전나비과		5	6	1	7	5	

번호	학명	우리말 이름	채집년월일 vii. 21- viii. 21, 1936	채집지					비고
				북측 평지	북측 사면	정상 부근	남측 사면	남측 평지	
*1	*Augiades ochracea rikuchina* Butler	검은테떠들석 팔랑나비	vii.27-29.			x	x		산부전나비와 섞여서 많이 있음.
2	*A. subhyalina* Bremer et Grey	유리창떠들석 팔랑나비	vii.23.26.28-30. viii.6.7.15.16.		x	x	x		
*3	*Erynnis floinda* Butler	꽃팔랑나비	vii.27.28				x		정상 부근에 만 있음.
4	*Daimio sinica moorei* Mabille	왕자팔랑나비 (제주왕자팔랑나비)	vii.23.24.26.30. viii.2.6.7.13.18.19.		x		x		
5	*Hesperia zona* Mabille	흰점팔랑나비	vii.22-24.26.30.31. viii.2.6.7.13.19.	x	x		x	x	
6	*Parnara guttata* Bremer	줄점팔랑나비	viii.7.19.		x		x		
7	*P. mathias* Fabricius	제주꼬마팔랑 나비	vii.23.24.26.28.30.31. viii.2.8.	x	x	x	x	x	남측 해안의 순비기나무 군락에 특히 많다.
8	*Rhopalocampta benjamini japonica* Murray	푸른큰수리팔 랑나비	vii.30 viii.7.13.18.		x		x		
계	Hesperiidae	팔랑나비과		2	6	4	7	2	
총계	7 Families	7과		25	44	16	49	22	

총괄

科名	채집종	* 제주도 미기록종	** 조선 미기록종	*** 신아종	기지종(旣知種) 중 미채집종
호랑나비과	7	1	–	–	1
흰나비과	5	1	–	–	2
제주왕나비과	1	–	–	–	–
뱀눈나비과	10	4	–	–	6
네발나비과	18	1	1	–	5
부전나비과	9	4	–	1	4
팔랑나비과	8	2	–	–	3
7과	58	13	1	1	21

* 역주: 이 논문에 쓰인 나비이름은 본래 일본명이었으나, 해방 후 발간된 석주명의 『조선나비이름의 유래기』(1947), 『한국산접류분포도』(1973), 『제주도곤충상』(1970), 국립산림과학원의 『한국의 나비분포 변화』(2012) 등을 참조하여 우리말 이름으로 번역하였음.

석주명의
제주도 행적

제주도 나비채집여행

(1936년 7월 21일~8월 22일)

7월 21일(맑음) - 제주 도착, 삼성혈 견학

    22일(비, 바람, 흐림) - 사라봉, 별도봉 나비채집

    23일(맑음) - 열안지오름 나비채집

    24일(맑음) - 삼의양오름 나비채집

    25일(비) - 관음사 부근 체류

    26일(흐림, 비) - 관음사 부근 나비채집, 표고버섯 산막 숙박

    27일(흐림, 비, 흐림) - 표고버섯 산막 체류

    28일(비, 맑음) - 한라산 정상 나비채집, 표고버섯 산막 숙박

    29일(흐림, 비) - 영실 근처 답사, 표고버섯 산막 숙박

    30일(비, 맑음) - 하산하면서 나비채집, 서귀포 도착

    31일(맑음) - 서귀포 부근 나비채집, 보목리 답사

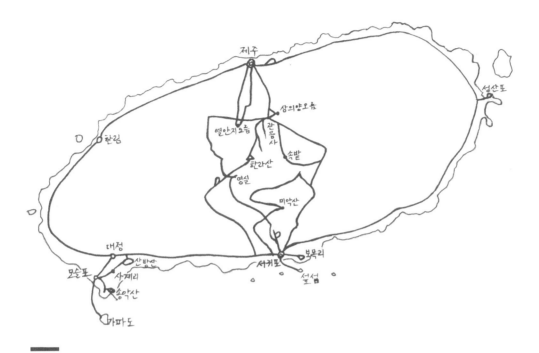

〈그림 1〉 석주명 제주도 나비채집 여행지도

8월 1일(비) - 여관 체류

　2일(비, 흐림, 비) - 산방산 나비채집, 모슬포 숙박

　3일(비, 흐림) - 모슬포 산책

　4일(흐림, 폭풍) - 모슬포에서 한림을 거쳐 제주 도착

　5일(비, 흐림) - 제주 체류

　6일(흐림, 맑음) - 관음사 나비채집

　7일(맑음) - 횡단도로(새 임도林道) 근처 나비채집, 서귀포 도착

　8일(흐림) - 칡오름 나비채집, 서귀포 체류

　9일(흐림, 맑음) - 서귀포 체류

10일(흐림, 맑음, 바람) - 모슬포 도착, 가파도 도착

11일(맑음, 바람) - 가파도 나비채집

12일(맑음, 바람) - 가파도 출발, 서귀포 도착

13일(흐림, 비) - 서홍리, 왕벚나무원산지 나비채집, 표고버섯 산막 숙박

14일(흐림, 비) - 영실 근처 헤맴, 표고버섯 산막 숙박

15일(비, 맑음, 비) - 표고버섯 산막 부근 체류

16일(비) - 산중하천 탐험체험, 관음사 도착

17일(흐림, 맑음) - 성널오름, 속밭 근처 나비채집, 표고버섯 산막 숙박

18일(맑음) - 횡단도로 근처 나비채집, 도착, 표고버섯 산막 숙박

19일(맑음) - 미악산 나비채집, 각수바위, 서호리 거쳐 서귀포 도착

20일(맑음) - 섶섬 나비채집, 성산포 숙박

21일(맑음) - 성산포 나비채집, 제주 도착

22일(흐림) - 제주 출발, 목포 도착

경성제대 부속생약연구소 제주도시험장 근무

(1943년 4월 24일~1945년 5월)

1943년

○ 경성제국대학 부속 생약연구소 제주도시험장 책임자로 부임(1943년 4월 24일)

○ 제주도시험장에서 디기탈리스 시험재배

○ 제주도시험장에서 목향(木香) 시험재배(4월 24일~11월 10일)

○ 피마자 1차 시험재배(4월 24일~1944년 1월 14일)

○ 제주도 방언 수집(1943년 4월~1945년 5월)

○ 마라도 본향당 전설채록(5월 28~30일)

○ 제주도 나비채집

- 마라도 나비채집(5월 28~30일)

- 가파도 나비채집(5월 30일)

- 송악산 나비채집(5월 31일)

- 산방산 나비채집(5월 31일, 7월 25일, 9월 16일, 10월 28일)

- 서귀포 제주도시험장 부근 나비채집(6월 1,19,21,24일, 9월 11,17,24일, 10월 3일)

1944년

○ 제주도시험장 둘레에 동백나무 1,230그루 삽목

○ 제주도시험장에 탱자, 감귤, 비파, 무화과, 차茶, 올리브 식재

○ 제주도 나비채집

- 산방산 나비채집(4월 28일, 6월 23일, 7월 7일)

- 서귀포 제주도시험장 부근 나비채집(4월 21,26일, 8월 14일, 9월 21일)

○ 제주도 인구조사(1944년 2월~11월)

- 토평리 조사(2월 7~25일) 분석(3월 12일)

- 법환리 조사(4월 15~18일) 분석(4월 30일)

- 신하효리 조사(7월 4~17일) 분석(7월 23일)

- 함덕리 조사(10월 26~30일) 분석(11월 19일)

- 교래리 조사(10월 31~11월 1일) 분석(11월 19일)

1945년

○ 제주도 인구조사(1945년 1월~4월)

- 상도리 조사(1월 29~30일) 분석(2월 15일)

- 송당리 조사(1월 31일~2월 1일) 분석(2월 17일)

- 성읍리 조사(2월 3~4일) 분석(2월 19일)

- 오라리 조사(2월 24~25일) 분석(3월 8일)

- 녕월리 조사(2월 27일~3월 2일) 분석(3월 21일)

- 대정[인성·보성·안성] 조사(3월 13~14일) 분석(4월 8일)

- 화순리 조사(3월 14~16일) 분석(5월 31일, 개성)

- 의귀리 조사(3월 27~28일) 분석(6월 1일, 개성)

- 토산리 조사(3월 28~29일) 분석(6월 2일, 개성)

- 저지리 조사(4월 3~4일) 분석(6월 8일, 개성)

- 용수리 조사(4월 4~5일) 분석(6월 9일, 개성)

조선산악회 한라산등반대 적설기 조난 수습차 방문

(1948년 1월 30일 ~2월 6일)

○ 조선산악회 회장대리 자격으로 한라산동기등반대漢拏山冬期登攀隊 대장 전탁田鐸 씨 조난사고 수습을 위해 제주도에 왔으나 심한 적설로 수습 불가(1월 30일)

○ 제주도 일주

○ 제주신보사 방문(2월 4일)

○ 제주신보에 〈조선의 자태〉 칼럼 기고(2월 6일자)

석주명의 제주학 관련 논저 및 학술 행사

■ 제주학 관련 석주명의 발표 논저

〈범례〉 ● 저서 * 논문 및 에세이

1937년

* 석주명, 「제주도산나비채집기(濟州島産蝶類採集記)」, *Zephyrus*, 7.
* 석주명, 「제주도의 회상(濟州島の思ひ出)」, 『지리학연구』 14[5].

1941년

* 석주명, 「제주도의 곤충(濟州島の昆蟲)」, 『문화조선』 3[4] (청풍호, 제주도특집).

1944년

* 석주명, 「마라도 엘레지(エレヂー)」, 《성대학보》 18.

1945년

* 석주명, 「제주도의 나비(濟州島の蝶類)」, 『과학시대』 19.
* 석주명, 「제주도의 나비(濟州島의 蝶類)」, 『조광』 11[1].
* 석주명, 「제주도의 여다현상女多現象」, 『조광』 11[2],

1946년

* 석주명, 「토산당유래기兔山堂由來記」, 『향토』 9.

* 석주명, 「제주도지명을 포함한 동식물명」, 『국립과학박물관동물학부연구보고』 1[1].

* 석주명, 「경성대학 부속생약연구소 제주도시험장 부근의 접상蝶相」, 상동.

* 석주명, 「제주도 남단부의 자연 더우기 그곳의 접상蝶相에 대하여」, 상동.

1947년

● 석주명, 『제주도방언집』 발간(서울신문사).

* 석주명, 「제주도의 나비(蝶類)」, 『국립과학박물관동물부연구보고』 2[2].

* 석주명, 「담라고사枇羅古史」, 『국학』 3.

* 석주명, 「제주도와 울릉도」, 『소학생』 10월호.

1948년

* 석주명, 「조선의 자태姿態」, 《제주신보》 2월 6일자.

* 석주명, 「제주도의 상피병」, 『조선의보』 2[1].

* 석주명, 「제주도청론濟州島廳論」, 《제주신보》 10월 20일자.

1949년

● 석주명, 『제주도의 생명조사서』 발간(서울신문사).

● 석주명, 『제주도문헌집』 발간(서울신문사).

* 석주명, 「신문기사로 본 해방후 1년간의 제주도」, 『학풍』 2[1].

* 석주명, 「신문기사로 본 해방후 둘째해의 제주도」, 『학풍』 2[2].

* 석주명, 「신문기사로 본 해방후 셋째해의 제주도」, 『학풍』 2[3].

* 석주명, 「제주도방언과 비도어(比島語)」, 『조선교육』 3[3].

* 석주명, 「남녀수의 지배선支配線'의 위치, 부附 제주도통계에 대하여」, 『대한민국통

계월보』5.

* 석주명, 「제주명산 '불로차不老茶' 예찬」, 불로차제조본포 서울출장소선전지.

1950년

* 석주명, 「제주도방언과 마래어馬來語」, 『어문』2.

* 석주명, 「신문기사로 본 해방후 넷째해의 제주도」, 《제주신보》 부록 제1호(4월 5일자).

* 석주명, 「제주시조 고양부(高·良·夫) 삼씨고」, 『주간서울』87.

1968년

● 유고집 『제주도수필』 발간(보진재).

1970년

● 유고집 『제주도곤충상』 발간(보진재).

1971년

● 유고집 『제주도자료집』 발간(보진재).

■ 석주녕이 남긴 제주학 관련자료

1. 제주어 관련 자료

7,000 제주어 어휘 수집:『제주도방언집』(1947).

제주속담 수집:『제주도방언집』(1947),『제주도수필』(1968).

제주방언과 다른 방언과 비교:『제주도방언집』(1947).

제주도방언과 조선고어 비교:『제주도자료집』(1971).

외국어에서 유래한 제주도방언:『제주도자료집』(1971).

제주도방언과 말레이어(馬來語):『어문』2(1950).

제주도방언과 필리핀어(比島語):『조선교육』3(1949).

제주도방언과 베트남어(安南語):『제주도자료집』(1971).

제주도지명을 포함한 동식물명:『국립과학박물관동물학부연구보고』1(1946).

제주도 식물이름(植物名):『제주도자료집』(1971).

제주도 동물이름(動物名):『제주도자료집』(1971).

제주도 마을이름(洞里名):『제주도자료집』(1971).

한자의 제주 읽기(濟州名):『제주도자료집』(1971).

농업 관계의 제주어:『제주도자료집』(1971).

임업 관계의 제주어:『제주도자료집』(1971).

목축 관계의 제주어:『제주도자료집』(1971).

해산海産 관계의 제주어,『제주도자료집』(1971).

2. 제주도 전설 및 역사 관련자료

제주도여행기:「제주도의 회상」,『지리학연구』14[5] (1937).

제주도전설1(마라도본향당): 「마라도 엘레지」,《성대학보》제18호(1944).

제주도전설2(토산당 유래기): 『향토』 9월호(1946).

제주도전설3(제주도전설 눈까진 장서방): 『제주도자료집』(1971).

제주도전설4(독버르니): 『제주도자료집』(1971).

제주신화(제주시조 고양부삼씨고): 주간서울, 87호(1950).

제주역사(탐라고사耽羅古史): 『국학』 3 (1947).

기타 제주민속 자료: 『제주도수필』(1968).

기타 제주역사 자료: 『제주도수필』(1968).

3. 제주도의 자연 관련자료

제주도나비채집기: *Zephyrus*, vol.7[2/3](1937).

제주도의 곤충: 『문화조선』, 3[4](청풍호, 제주도특집) (1941).

경성대학 부속생약연구소 제주도시험장 부근의 나비: 『국립과학박물관동물학부연구보고』 1(1946).

「제주도 남단부의 자연, 더욱이 그곳의 나비에 대하여」, 상동.

「제주도의 나비」, 『국립과학박물관동물학부연구보고』 2(1947).

「제주명산 '불로차不老茶' 예찬」, 불로차제조본포 서울출장소선전지(1949).

『제주도곤충상』(1970).

목향의 재배시험: 『제주도자료집』(1971).

피마자의 재배시험: 『제주도자료집』(1971).

주요작물 파종량 비교표: 『제주도자료집』(1971).

기타 제주자연 자료: 『제주도수필』(1968).

4. 제주도의 사회관련 자료

「제주도의 여다女多현상」,『조광』20호(1945).

제주도의 상피병:『조선의보』, 2[2](1948).

「남녀수의 지배선'의 위치-제주도 통계에 대하여」,『대한민국통계월보』5호(1949).

『제주도의 생명조사서-제주도 인구론』(1949).

대한민국의 여다女多지역:『대한민국통계월보』8호(1950).

제주도민의 식료품 조사:『제주도자료집』(1971).

기타 제주사회분야 자료:『제주도수필』(1968).

5. 제주도 관련문헌 수집 자료

제주관련 논저 1,000종 수집 및 조사:『제주도문헌집』(1949).

신문기사로 본 해방후 1년간의 제주도:『학풍』제2권 제1호(1949).

신문기사로 본 해방후 둘째해의 제주도:『학풍』제2권 제2호(1949).

신문기사로 본 해방후 셋째해의 제주도:『학풍』제2권 제3호(1949).

신문기사로 본 해방후 넷째해의 제주도:『제주신보』부록 제1호(1950. 4. 5.).

6. 신문 및 잡지 기고

조선의 자태:《제주신보》(1948년 2월 6일자 1면).

제주도청론濟州島廳論:《제주신보》(1948년 10월 20일).

추자해협:《국도신문》(1949년 11월 5일).

제주도와 울릉도:『소학생』(1947년 10월호).

7. 제주도총서

『제주도방언집』, 서울신문사, 1947.

『제주도의 생명조사서』, 서울신문사, 1949.

『제주도문헌집』, 서울신문사, 1949.

『제주도수필』, 보진재, 1968.

『제주도곤충상』, 보진재, 1970.

『제주도자료집』, 보진재, 1971.

■ 석주명 관련 학술행사 및 논저

<범례> ●저서 *논문/발표문 ★행사

1965년

* 김광협, 석주명 모델 시 「어느 곤충학자의 죽음」 발표, 서울대학교 《대학신문》(6월 21일).

1990년

* 이병철, 「석주명과 제주도」, 제주도연구회 44회 연구발표회(5월 26일).

2000년

★ 석주명 선생 50주기 제주전통문화연구소 2000년 학술세미나

〈제주학 연구의 선구자 고故 석주명 선생 재조명〉

    일시: 2000년 10월 7일

    장소: 제주민예총 회의실

    주최: 제주전통문화연구소

* 전경수, 「석주명의 학문세계: 나비학과 에스페란토, 그리고 제주학」

* 강영봉, 「제주어와 석주명」

* 홍순만, 「제주도학 연구와 석주명 선생의 공헌」

* 이승모, 「석주명 선생 회고」

* 한림화, 「국학자 석주명의 생애에 대한 고찰」

2001년

* 전경수, 「석주명의 학문세계: 나비학과 에스페란토, 그리고 제주학」, 『민속학연구』 8.

2002년

☆ 강영봉, 「제주어와 석주명」, 『탐라문화』 22.

2003년

★ 석주명 선생 기념비 제막(6월 11일, 서귀포시 토평동사거리)

★ 서귀포시 석주명 선생 학술세미나

〈제주학의 선구자, 나비박사 석주명 선생의 삶〉

　　일시: 2003년 6월 11일

　　장소: 서귀포시청

　　주최: 서귀포시청

＊오성찬, 「석주명 선생의 생애와 제주에서의 업적」

＊김성수, 「석주명과 제주도의 나비」

＊강영봉, 「석주명의 '제주도방언집'에 대하여」

＊전경수, 「석주명 선생의 업적과 향후과제」

2004년

● 오성찬, 석주명 실명소설 『나비와 함께 날아가다』 출판(푸른사상).

2005년

★ **석주명 선생 기념사업을 위한 세미나**

　　일시: 2005년 10월 19일

　　장소: 제주도난대산림연구소

　　주최: 제주도난대림연구소

＊오성찬, 「나비박사 석주명의 생애와 학문적 업적」

＊남상호, 「나비연구에 일생을 바친 석주명 선생」

2006년

★ 석주명선생기념사업회 발기인대회(제주대, 12월 8일).

2007년

★ '석주명선생기념사업회' 창립 및 기념세미나

　　일시: 2007년 3월 24일

　　장소: 제주도난대산림연구소

　　주최: 석주명선생기념사업회

* 문태영, 「변이에 대한 석주명의 인식과 실험」

* 이영구, 「석주명과 평화의 언어 에스페란토」

* 강만생, 「석주명과 제주도」

2008년

★ 석주명 선생 탄생 100주년 기념세미나

〈나비, 그리고 아름다운 비행- 석주명 선생과 제주와의 아름다운 만남〉

　　일시: 2008년 10월 18일

　　장소: 제주특별자치도민속자연사박물관

　　주최: 석주명선생기념사업회

* 현용준, 석주명 선생에 대한 강연(발제)

* 이영구, 「석주명 선생과 에스페란토 정신」

* 김태일, 「석주명 선생 활동기반이었던 아열대농업연구소 보존과 활용」

* 강영봉, 「석주명의 제주어와 몽골어」

* 최낙진, 「석주명의 제주도총서의 출판학적 의의」

★ 한국과학기술원한림원에서 석주명을 '명예로운 과학자'로 선정.

★ 서귀포문화원에서 석주명 '제주도총서' 6권을 '서귀포문화원 연구총서'로 복간.

2009년

★ 한국과학기술원한림원에서 석주명을 '과학기술인명예의 전당'에 헌정.

2010년

★ **석주명 선생 타계 60주기 기념세미나**

〈석주명 선생과 아열대생명과학연구소〉

　일시: 2010년 2월 10일

　장소: 제주대학교

　주최: 제주대아열대농업생명과학연구소, 석주명기념사업회

＊이석창, 「제주도를 빛낸 석주명 선생과 문화유산 보존·활용방안」

＊홍현선, 「과학자 석주명의 한국과학기술사적 의미」

＊김인중, 「석주명 선생 기념사업과 아열대생명과학연구소의 발전방안 연계성」

2011년

★ **석주명 기념사업 활성화 방안 세미나 및 토론회**

　일시: 2011년 1월 24일

　장소: 제주대 평생교육원 화상강의실

　주최: 제주대아열대농업생명과학연구소

＊김인중, 「연구소와 석주명 선생 기념사업의 공동발전 방안」

＊김태일, 「석주명 나비공원의 조성 방향 및 아열대연구소 시설정비 방안」

＊고성보, 「석주명기념관 경제성 확보방안」

＊양영철, 「제주에서의 석주명 선생 기념사업 운영방안」

＊이영화, 「아열대연구소 근대문화유산으로서의 등록문화재 지정방안」

● 제주대 아열대농업생명과학연구소, 〈석주명기념사업 활성화방안 수립조사〉

　연구책임자: 김인중

발주처: 제주특별자치도 서귀포시

보고서발간일: 2018년 1월 26일

* 윤용택, 「석주명의 제주학 연구의 의의」, 『탐라문화』 39.

★ 서귀포시민 책읽기운동 도서로 석주명 실명소설 『나비와 함께 날아가다』 선정.

★ 석주명 선생 탄생 103주년 기념학술대회

〈학문융복합의 선구자 석주명을 조명하다〉

일시: 2011년 10월 7-8일

장소: 제주대, 서귀포시청

주최: 제주대탐라문화연구소, 석주명선생기념사업회

* 이병철, 「'석주명 제대로 알기' 여정을 돌아보다」

* 송상용, 「한국 현대 학문사에서 석주명의 위치」

* 신동원, 「한국과학사에서 본 석주명」

* 윤용택, 「학문 융복합의 선구자 석주명」

* 문태영, 「석주명의 나비학 연구의 의의」

* 문만용, 「나비분류학에서 국학까지-석주명식 나비연구의 한살이」

* 정세호, 「석주명의 제주도 곤충 연구에 대한 의의」

* 이영구, 「석주명의 에스페란토운동의 의의」

* 강영봉, 「석주명의 제주어 연구 의의와 과제」

* 양창용, 「세계어, 지역어, 그리고 영어의 위상」

* 최 현, 「1930-40년대 제주의 삶과 석주명」

* 김치완, 「석주명의 제주도 자료에 비친 제주문화」

* 윤봉택, 「석주명의 서적출판에 관한 연구」

* 유철인, 「석주명이 남긴 제주학의 과제」

* 김인중, 「제주의 가치로서 석주명 선생을 기념하기 위한 제언」

★ 제주문화예술재단 2011년 하반기 강좌(4기)

〈제주학의 선구자들, 제주를 빛내다〉

* 전경수, 「석주명의 '제주도학'과 국토구명사업」

* 오창명, 「석주명, 제주학의 불을 밝히다」

2012년

● 윤용택 외, 『학문 융복합의 선구자 석주명』 발간(제주대탐라문화연구소)

★ 제주MBC, WCC총회 기념 특집 라디오드라마 2부작 석주명 일대기 "나비의 꿈"

　　방송(PD: 지건보, 작가: 한진오)

* 강영봉, 「석주명의 제주어 연구의 의의와 과제」, 『탐라문화』 40.

2014년

★ 석주명나비길 개장(7월. 바르게살기운동영천동위원회)

★ 제1회돈내코원앙축제 '석주명나비길 걷기행사' 개최(8월. 영천동주민자치위원회)

2015년

★ (석주명 테마) 서귀포시 영천동 농촌중심지 활성화 사업 선정(1월)

★ 석주명선생기념관건립추진위원회 발족(3월. 공동위원장 이석창, 남상호, 현을생)

★ 제2회돈내코원앙축제 '석주명나비길 걷기행사' 개최(8월. 영천동주민자치위원회)

2016년

★ KBS제주TV, 제주학개론[제주학의 선구자. 석주명] 방영(6월 22일~7월 20일. 총4회)

★ 제3회돈내코원앙축제 '석주명나비길 걷기행사' 개최(8월. 영천동주민자치위원회)

2017년

★ (석주명 테마) 영천동 농촌중심지 활성화사업 기본계획 수립 발표(5월)

★ 서귀포시 석주명선생기념관건립 부지 4필지 16,162m²(4,889평, 시가 98억 원) 확보

★ KBS제주라디오, 제주의 오늘[인문학으로 보는 제주. 석주명] 방송(3월 9일~5월18일, 총11회)

★ 석주명, 우장춘, 이휘소 등을 첫 과학기술유공자로 선정(과학기술통신부)

2018년

★ 2018년 제주학회 세미나
〈제주학의 선구자 석주명에 대한 기초연구〉

일시: 2018년 8월 24일

장소: 제주대학교 인문대 2호관

주최: 사단법인 제주학회, 제주학연구센터

* 강영봉, 「제주방언집' 해제」

* 양정필, 「제주도의 생명조사서' 해제」

* 윤용택, 「제주도문헌집' 해제」

* 정세호, 「제주도곤충상' 해제」

* 안행순, 「나비채집기' 번역」

★ 제주학회, 석주명 탄생 110주년 기념 전국학술발표대회
〈석주명의 삶과 학문세계〉

일시: 2018년 10월 12일

장소: 제주대학교 인문대 2호관

주최: 사단법인 제주학회, 제주학연구센터

* 송상용, 「석주명의 삶과 학문」

* 전경수, 「석주명의 야학(필드사이언스)과 가고시마고등농림학교의 교육과정: 인과론」

* 정 민, 「정인보와 석주명, 그리고 남계우」

* 문만용, 「석주명의 한국산 나비 연구 3부작」

* 정세호, 「석주명의 제주도 곤충 연구의 의의」

* 이영구, 「석주명의 에스페란토운동의 의의」

* 정승철, 「석주명의 방언연구-'제주도방언'(1947)을 중심으로」

* 강영봉, 「'제주도수필'의 분석과 평가」

* 양정필, 「'제주도자료집'의 분석과 평가」

* 정세호, 「'제주도곤충상'의 분석과 평가」

* 윤용택, 「석주명의 '제주도총서'의 의의」

* 안행순, 「석주명의 '나비채집기' 소개」

* 윤용택, 「석주명의 유품과 관련 물품들」

● 윤용택, 『한국의 르네상스인 석주명 –석주명의 삶과 사상』 발간(궁리)

● 애산학회, 『애산학보』 석주명 특집호 발간

* 이병근, 「석주명 선생 특집에 즈음하여」

* 문만용, 「석주명 연구의 굳건한 토대가 되기를 기대하며」

* 정승철, 「석주명의 생애와 학문」

* 문만용, 「석주명의 한국산 나비연구 3부작」

* 서민우, 「교사와 학자-해방기 과학 보급과 과학 연구, 그리고 석주명의 교과서 정치」

* 정승철, 「석주명의 방언연구」

* 윤용택, 「석주명의 '제주도의 생명조사서' 분석과 평가」

* 신동원, 「석주명의 '한국본위 세계박물학연표'에 대하여」

* 윤용택, 「석주명의 '제주도총서' 해제와 평가」

* 이영구, 「석주명과 에스페란토」

● 제주학센터, 〈제주학 선구자 석주명에 대한 기초연구〉

　　연구책임자: 양정필

　　발주처: 제특별자치도 제주학연구센터

보고서 발간일: 2018년 11월

● 〈영천동농촌중심지활성화사업 석주명 선생 기념사업 연구용역-국가등록문화
재 신청을 위한 조사〉

연구책임자: 김태일

발주처: 제주대산학협력단, 한국농어촌공사제주지역본부

보고서 발간일: 2018년 12월

2019년

★ 영천동 2019 인문자연 학습프로그램

일시: 2019년 5월 7일

장소: 영천동주민센터

주최: 영천동농촌중심지활성화사업추진위원회

* 윤용택, 「나비박사 석주명의 삶과 업적」

2020년

★ 윤용택, '제주학의 선구자 나비박사 석주명', 『서귀포신문』 기획연재 (2020년 1월 2
일부터 2021년 4월 14일까지 65회 연재)

★ 구 경성제국대학 부속 생약연구소 제주도시험장 연구동 건물 근대문화유산 국
가등록문화재 제785호 등재(등록고시일 2020년 6월 24일)

* 윤용택, 「석주명이 본 제주문화 속 몽골적 요소에 대한 재검토」, 『제주도연구』 53.

● 〈영천동 농촌중심지 활성화 사업 석주명선생기념관 관련 연구용역〉

연구책임자: 김태일

발주처: 제주특별자치도 서귀포시

보고서 발간일: 2020년 10월

2021년

* 윤용택, 「제주도 근대인물 유산으로서 석주명」, 『제주도연구』 55.

★ 2021 단국대학교 석주선기념박물관 특별전

　　〈나비박사 석주명의 아름다운 날〉

　　일시: 2021년 10월 1일 ~ 11월 30일

　　장소: 단국대학교 석주선기념박물관 제5전시실

　　주최: 석주선기념박물관, 경기도, 용인시

★ 2021 단국대학교 석주선기념박물관 학술강연회

　　〈나비박사 석주명의 생애와 학문세계〉

　　일시: 2021년 10월 18일

　　진행방법: Zoom 참가

　　주최: 단국대학교 석주선기념박물관

* 윤용택, 「석주명의 삶과 사상, 그리고 제주학의 의의」

* 홍성조, 「한국에스페란토 운동의 선구자 석주명」

* 문만용, 「한반도 나비는 내 손 안에-나비박사 석주명의 나비연구 3부작」

* 서진수, 「에스페란토 관련 기증자료의 현황과 의의」

* 오호석, 「한국 근현대사의 타임캡슐, 석주명 선생의 유물」

● 제주학회 제주학총서2 『제주학의 선구자 석주명』(한그루) 발간

제주학의 선구자
석주명

──────

찾아보기

찾아보기_인명

182, 242, 341

토머스(Thomas O.) 151, 160, 176

페루즈(J. F. G. De la Pérouse) 175

ㅍ

ㅎ

ㄱ

ㄴ

ㄷ

ㅁ

ㅂ